U0925435

承德统计年鉴

CHENGDE STATISTICAL YEARBOOK

2015

承 德 市 统 计 局
国家统计局承德调查队 编

中国统计出版社
China Statistics Press

图书在版编目（CIP）数据

承德统计年鉴. 2015 / 承德市统计局, 国家统计局承德调查队编. -- 北京 : 中国统计出版社, 2015.11
ISBN 978-7-5037-7620-5

Ⅰ. ①承… Ⅱ. ①承… ②国… Ⅲ. ①统计资料—承德市—2015—年鉴 Ⅳ. ①C832.223-64

中国版本图书馆 CIP 数据核字(2015)第 213324 号

承德统计年鉴-2015

作　　者/ 承德市统计局　国家统计局承德调查队
责任编辑/ 陈越月
装帧设计/ 杨旸
出版发行/ 中国统计出版社
地　　址/ 北京市丰台区西三环南路甲 6 号　邮政编码/100073
电　　话/ 邮购（010）63376909　书店（010）68783171
网　　址/ http://csp.stats.gov.cn
印　　刷/ 北京尚品千秋汇昌包装制品有限公司
经　　销/ 新华书店
开　　本/ 890mm×1240mm　1/16
字　　数/ 490 千字
印　　张/ 36
版　　别/ 2015 年 11 月第 1 版
版　　次/ 2015 年 11 月第 1 次印刷
定　　价/ 280 元

如有印装差错，由本社发行部调换。

《承德统计年鉴-2015》编委会、编辑人员名单

编辑委员会

主　　任　李晋宇　承德市人民政府常务副市长

副 主 任　李　强　承德市人民政府副秘书长

胡伟纲　承德市统计局局长

何海龙　国家统计局承德调查队队长

王　宇　承德市财政局局长

王　毅　承德市发展和改革委员会主任

编 辑 部

主　　编　胡伟纲

副 主 编　任树怀　张秀红　陈再东　汤立春　孙桂英

鲍景欣　鞠建茹　刘长龙　杜明礼

执行编辑　杨　旸　陈立永　李晓雪

编　　辑　（按姓氏笔画）

牛舜卿　王　欣　王　静　尹文超　石丽华

张晓楠　李宏平　吴丽华　迟宪辉　宋艳芝

孟兆熙　赵秀丽　崔靖山

编 辑 说 明

一、《承德统计年鉴－2015》收录了全市和各县区2014年国民经济和社会发展各方面的统计数据以及多个重要历史年份和近年主要统计数据，是一部全面反映2014年承德市国民经济和社会发展情况的资料性年刊，与往年《承德市统计资料》和《承德统计年鉴》形成系列。

二、本年鉴共分十七个部分，即：综合，农村经济，工业，建筑业，固定资产投资，房地产，国内贸易，其他服务业，外经、旅游，能源，财政、金融、保险，交通、邮电，城镇就业，价格，科学技术，教育、卫生、广播、体育，居民生活；各部分资料取自市统计局专业年报或相关部门的统计报表，根据需要进行加工整理。

三、本年鉴以反映承德市情况为主，一些指标分列分县（自治县、区）的情况；为印刷方便，资料中：宽城满族自治县、丰宁满族自治县、围场满族蒙古族自治县简印为宽城县、丰宁县、围场县。为反映承德高新技术产业开发区情况，部分指标进行单列，并简印为高新区。

四、本年鉴所使用的度量衡单位均采用国际统一标准计量单位，并统一使用最新颁布实施的产品目录。地区生产总值、人均GDP、产业增加值、产值指标绝对值按现行价格计算，增长速度按不变价（可比价格）计算。

五、年鉴中符号使用说明："空格"，表示该项统计指标数据不详或无该项统计指标数据；"#"表示其中的主要项。

六、由于各种原因，本《年鉴》对以前发表的统计资料进行了核实，相应调整了部分数据。读者在使用历史资料时，如数据有出入，请以本年鉴数据为准。

如有错误与不当之处，恳请批评指正。

《承德统计年鉴》编辑部

目　录

一、综　合

二、农村经济

三、工　业

四、建 筑 业

五、固定资产投资

六、房 地 产

十六、教育、卫生、广播、体育

十七、居民生活

一 综 合

1-1 全市行政区划

（2014年底）

单位：个

县区名称	乡镇数				村民委员会	居民委员会
	合计	乡数	镇数	街道办事处		
全市	217	121	84	12	2485	165
市辖区	27	2	15	10	169	98
双桥区	14		7	7	91	70
双滦区	8	2	4	2	63	18
营子区	5		4	1	15	10
承德县	23	17	6		378	7
兴隆县	20	11	9		290	8
平泉县	19	7	12		260	12
滦平县	21	13	7	1	200	13
隆化县	26	15	10	1	362	5
丰宁县	26	17	9		309	11
宽城县	18	10	8		205	5
围场县	37	29	8		312	6

1-2 全市土地状况

（2014年）

县区名称	土地面积（平方公里）	常住人口密度（人/平方公里）
全市	39489.54	89.3
市辖区	1252.72	522.8
双桥区	651.67	528.2
双滦区	451.74	336.4
营子区	149.31	421.5
承德县	3648.07	107.6
兴隆县	3116.45	102.1
平泉县	3294.11	137.2
滦平县	2992.96	97.4
隆化县	5473.45	68.7
丰宁县	8738.67	41.3
宽城县	1935.73	131.5
围场县	9037.38	47.3

注：土地面积数由国土资源局提供，为根据全国第二次土地调查后调整数。

1-3 全市人

（2014年）

县区名称	年末总户数	年末总人口数	在总人口中		在总人口中	
			男	女	非农业	农业
全市	1354473	3807364	1966339	1841025	1161569	2645795
市辖区	224181	592676	296349	296327	502806	89870
双桥区	143115	379410	187993	191417	327214	52196
双滦区	55540	147878	75226	72652	116085	31793
营子区	25526	65388	33130	32258	59507	5881
承德县	148254	423550	222032	201518	65760	357790
兴隆县	120566	328593	168358	160235	77750	250843
平泉县	167125	482185	249547	232638	135232	346953
滦平县	117982	326514	166994	159520	71594	254920
隆化县	154077	446605	234539	212066	82640	363965
丰宁县	152248	408578	211057	197521	71143	337435
宽城县	78546	258162	135321	122841	53443	204719
围场县	191494	540501	282142	258359	101201	439300

注：人口状况数据由市公安局户籍科提供，少数民族人口由市民宗局提供。

1-4 气象

（2014年）

县区名称	年平均气温（℃）	极端最高气温		极端最低气温		年内相对湿度（%）	年降水量（毫米）	最长连续降水日（天）
		（℃）	日/月	（℃）	日/月			
市区	9.9	36.8	29/5	-18.6	10/1	54	534.1	5
承德县	10.4	37.9	29/5	-18.8	9/1	55	377.1	6
兴隆县	8.6	35.1	29/5	-20.5	10/2	60	518.0	6
平泉县	8.5	35.4	29/5	-21.4	10/2	55	445.9	8
滦平县	8.8	35.5	3/8	-21.4	10/1	56	484.1	6
隆化县	8.2	36.5	19/7	-22.4	9/1	54	536.8	4
丰宁县	7.9	36.8	29/5	-22.3	10/1	54	434.7	6
宽城县	10.9	37.3	29/5	-16.3	10/1	52	466.8	6
围场县	5.5	34.9	19/7	-24.6	9/2	56	391.6	9

口 状 况

单位：户、人

年内人口变动情况				2014年平均人口	2014年末少数民族人口
出生人口	死亡人口	迁入人口	迁出人口		
51938	20952	14755	18075	3794420	1638534
7135	3458	4396	4312	590915	100267
4659	2324	3360	3179	377974	53287
1919	635	702	597	147348	39660
557	499	334	536	65593	7320
5664	2440	1191	1700	422130	65121
3930	2815	1190	1317	328339	31768
6430	1960	1688	2217	480267	171176
4743	2199	1284	1037	325134	206241
6268	2572	1386	2119	445336	262604
5169	1629	1233	1647	407027	290859
4886	1010	738	787	256343	172685
7713	2869	1419	2939	538931	337813

状 况

连续降水量（毫米）	一日最大降水量（毫米）	全年无霜期（天）	初霜日期（日/月）	终霜日期（日/月）	年日照时数（小时）	最长连续无降水日（天）	年平均风速（米/秒）
92.4	70.0	179	30/9	3/4	2249.3	86	1.7
59.3	32.2	176	30/9	6/4	2327.4	57	1.4
45.6	41.2	185	6/10	4/4	2364.0	66	1.8
67.0	51.2	160	30/9	22/4	2535.5	52	1.8
32.1	54.5	147	30/9	5/5	2532.7	66	1.9
15.2	48.5	146	30/9	6/5	2536.9	66	1.5
35.9	27.5	175	30/9	7/4	2605.7	88	3.1
61.4	55.2	190	30/9	22/3	2187.0	56	1.3
24.0	39.9	146	30/9	6/5	2554.3	37	2.4

1-5 主要年份国民经济指标

指标名称	单位	2005年	2010年	2011年	2012年	2013年	2014年
土地面积	平方公里	39512.98	39512.98	39489.54	39489.54	39489.54	39489.54
年末总人口	万人	361.28	372.96	374.31	376.92	378.15	380.74
#非农业人口	万人	87.13	112.42	113.21	114.04	115.08	116.16
人口自然增长率	‰	6.1	4	4.8	8.3	4.2	8.2
年末常住人口	万人	336.87	347.63	348.91	350.63	351.51	352.72
#城镇人口	万人	115.7	137	142.04	146.98	152.1	156.96
从业人员	万人	193.2	214.52	217.62	212.05	219.57	222.52
第一产业	万人	99.19	96.56	96.75	96.46	96.96	96.12
第二产业	万人	49.5	58.06	59.68	59.76	63.06	61.85
第三产业	万人	44.51	59.90	61.19	55.83	59.54	64.55
地区生产总值	万元	3600120	8889619	11042013	11819213	12720917	13425500
第一产业	万元	651059	1394058	1655462	1851577	2138068	2257413
第二产业	万元	1838417	4537041	6054324	6253952	6500380	6710434
第三产业	万元	1110644	2958520	3332227	3713684	4082469	4457653
地区生产总值指数	%	116.5	111.4	112.1	110.5	109.3	107.8
第一产业	%	112.3	111.4	108	104.6	106.2	104.6
第二产业	%	123.9	110.2	114	113	110.5	107.6
第三产业	%	109.7	113.3	111.1	109.4	108.8	109.6
人均地区生产总值	元	9971.18	25698	31705	33791	36235	38128
人均地区生产总值指数	%	119.8	110.3	111.3	110.1	108.9	107.5
城镇化率	%	32.03	39.41	40.71	41.92	43.27	44.5
农村用电量	万千瓦时	111243	147034	157585	166844	188997	202526
化肥施用量(折纯量）	吨	90315	106123	108001	107950	111517	113189

主要年份国民经济指标

1-5 续表1

指标名称	单位	2005年	2010年	2011年	2012年	2013年	2014年
农林牧渔业总产值	万元	1143441	2360777	2807001	3173011	3643777	3902310
农　业	万元	469362	1150742	1389623	1640010	1965273	2140612
林　业	万元	109394	168306	181031	217676	248732	262673
牧　业	万元	547307	958750	1142571	1216479	1320267	1384331
渔　业	万元	7405	31559	36762	37424	43016	43626
服务业	万元	9973	51420	57014	61422	66489	71068
农林牧渔业总产值指数	%	113.6	111.5	107.88	104.41	105.7	104.4
农　业	%	117.1	114.0	111.25	106.57	109.1	105.7
林　业	%	116.6	111.4	101.06	103.34	106.3	105.7
牧　业	%	110.2	107.8	105.39	102.07	100.9	102.3
渔　业	%	185	168.0	102.28	100.2	110.7	100.8
服 务 业	%	106	104.9	104.8	105	105	105
粮食产量	万吨	111.6	130.8	140.49	135.19	147.43	124.01
油料产量	吨	7804	9954	12909	12136	14760	13138
干鲜果产量	万吨	43.97	66.49	91.41	105.83	119.22	127.88
#鲜果产量	万吨	39.34	58.95	81.51	93.54	102.34	112.39
肉类总产量	吨	338047	386883	414262	426538	435467	453919
#猪牛羊肉产量	吨	297153	261371	272888	276570	279155	290827
禽蛋产量	吨	90010	108395	107124	107307	108303	112548
水产品产量	吨	11316	33801	35504	36482	39987	40163
大牲畜年末存栏	百头	9294	8819	8955	8966	8729	8592
年末猪存栏	百头	19381	14955	15712	15398	15952	16255

主要年份国民经济指标

1-5 续表2

指标名称	单位	2005年	2010年	2011年	2012年	2013年	2014年
规模以上工业产值	亿元	379.04	1207.2	1612.3	1714.4	1887.42	1795.5
工业主营业务收入	亿元	334.74	1232.0	1559.9	1629.5	1412.87	1781.51
工业增加值	亿元	111.03	346.7	478.0	484.04	528.08	531
工业利税总额	亿元	41.25	111.6	192.9	188.5	219.2	192.8
全社会固定资产投资	万元	1893765	7512872	8300152	10221292	12269171	14271480
#城镇	万元	1419444	6950731	7542984	9489945	11301124	
农村	万元	474321	562141	757168	731347	968047	
公路通车里程	公里	9086	18803.7	19027	19369	20110	20701.2
邮电业务总量	亿元	11.08	16.5	17.00	22.76	24.47	24.34
年末固定电话用户数	万部	54.1	41.7	37.75	37.15	36.7	33.85
年末移动电话用户数	万户	79.42	244.8	263.31	288.99	273.33	294.8
社会消费品零售总额	亿元	117.9	254.6	303.88	349.72	392.6	441.9
进出口总值	万美元	22758	31893	18827	15241.5	25581.4	64539
#出口总值	万美元	10629	23449	16216	14056.8	23010.1	52165
实际利用外资	万美元	11047	10080	5695	13043	4137	14940
全部财政收入	亿元	45.33	113.99	153.4	175.5	192.4	196.6
#公共财政预算收入	亿元	18.08	54.84	71.1	82.5	102.5	107.6
公共财政预算支出	亿元	51.04	149.50	186.7	235.8	261.8	265.5
金融机构各项存款余额	亿元	376.6	1087.6	1193.4	1359.1	1601.3	1755.5
#城乡居民储蓄存款余额	亿元	255.3	657.3	764.6	888.2	1032.5	1139.8
金融机构各项贷款余额	亿元	229.6	766.2	853.5	971.2	1108.8	1297

注：1、工业主营业务收入：2000-2005年为国有及年销售收入500万元以上的工业企业产品销售收入。2010年以后为主营业务收入2000万元以上的工业企业主营业务收入。

2、工业增加值、工业利税总额口径：2000年以前为全部独立核算工业增加值，2000年（含2000年）-2009年为国有及年销售收入500万元以上工业企业。2010年以后为年主营业务收入2000万元以上工业企业。

3、2005年以后邮电业务总量指标为邮电业务总收入数，2014年数据由邮政局和工信局提供。年末固定电话和移动电话数由工信局提供。

主要年份国民经济指标

1-5 续表3

指标名称	单位	2005年	2010年	2011年	2012年	2013年	2014年
居民消费价格指数	%	101.8	102.3	105.1	102.1	102.4	102.4
城镇非私营单位从业人员	万人	23.36	25.7	25.4	26.4	30.2	29.9
城镇非私营单位从业人员工资总额	亿元	33.16	76.3	86.7	101.3	125.5	130.9
城镇非私营单位在岗职工平均工资（含劳务派遣）	元	13898	29960	34134	37787	41992	44281
城镇居民人均可支配收入（市区）	元	7436	13212	15037.6	16832.2	20636.8	20983
城市居民人均可支配收入（市区）	元	7844	14668	16637.6	18706		
城镇居民人均居住面积	平方米	16.11	28.74	28.86	29.19	28	28.91
农村居民人均可支配收入	元	2582	4382	4935	5546.2	6225.6	7163
农村居民人均居住面积	平方米	21.71	23.04	25.3	25.3	25.5	25.51
各类学校在校学生数	人	544469	597453	572289	524336	605395	504388
#中等专业学校在校学生数	人	25140	46320	49589	47675	43309	39343
普通中学在校生数	人	210875	184370	176519	165795	158420	162118
各类学校教师数	人	32310	39548	36078	31379	44245	33292
#中等专业学校教师	人	1249	2676	2242	2011	2005	1992
普通中学教师	人	14238	15285	12264	11553	11765	12001
学龄儿童入学率	%	100	98.48	100	100	100	100
卫生机构数	所	279	3831	3800	3787	3787	3751
卫生机构床位数	张	9338	13697	14308	16057	16507	17588
专业卫生技术人员	人	11670	16565	16401	16594	16594	17623
#执业（助理）医师	人	4967	7511	7257	7473	7473	7979

注：1、城镇非私营单位从业人员、城镇非私营单位从业人员工资总额、城镇非私营单位在岗职工平均工资（含劳务派遣）从2014年口径调整，2014年以前为城镇单位口径。

2、城镇居民人均居住面积2009年以后为人均总建筑面积。

3、卫生机构、床位、专业卫生技术人员及医生数中含村卫生室。

1-6 历年常住人口情况（2008-2014年）

单位：人

县区名称	2008年	2009年	2010年	2011年	2012年	2013年	2014年
全　市	3406700	3442000	3476300	3489100	3506300	3515100	3527200
双桥区	333684	339361	425277	430723	434995	437575	439981
双滦区	106645	133901	147013	148003	149653	150553	151971
营子区	70523	67771	62510	62630	62750	62820	62936
承德县	427243	427423	388901	389660	390898	391518	392366
兴隆县	311666	312681	315010	315325	316525	317105	318097
平泉县	447670	449519	447335	448208	449888	450588	451839
滦平县	300682	287117	288242	288805	289895	290495	291495
隆化县	379304	381364	372362	373089	374439	375089	375880
丰宁县	347322	354042	357348	358045	359295	359945	360984
宽城县	233918	239471	250525	251013	252863	253513	254486
围场县	448043	449350	421776	423599	425099	425899	427165

1-7 城乡劳动力资源配置情况

（2014年）

单位：万人

指标名称	城乡合计	城镇	乡村
经济活动人口	224.37		
就业人员	222.52	59.96	162.56
按国民经济行业分组			
农、林、牧、渔业	96.12	1.64	94.48
采矿业	12.33	2.17	10.16
制造业	13.92	7.59	6.33
电力、燃气及水的生产和供应业	1.88	1.14	0.74
建筑业	33.71	5.88	27.83
交通运输、仓储和邮政业	8.72	3.03	5.69
信息传输、计算机服务和软件业	2.23	1.67	0.56
批发和零售业	16.26	10.52	5.73
住宿和餐饮业	8.36	4.13	4.23
金融业	2.30	2.17	0.13
房地产业	0.85	0.78	0.07
租赁和商务服务业	1.90	1.44	0.46
科学研究、科技服务和地质勘查业	0.95	0.87	0.07
水利、环境和公共设施管理业	0.96	0.85	0.11
居民服务和其它服务业	5.80	2.61	3.19
教育	5.88	5.02	0.86
卫生、社会保障和社会福利业	2.89	2.26	0.63
文化、体育和娱乐业	1.03	0.67	0.36
公共管理和社会组织	6.43	5.51	0.92
失业人口			
#城镇登记失业人员	1.85		

1-8 城市社会基本情况

指标名称	单位	2014年		2013年	
		全市	市区	全市	市区
社会保障					
基本养老保险参保人数	人	567421	277653	539974	268414
基本医疗保险参保人数	人	928933	337620	929366	359750
失业保险参保人数	人	233697	128530	236000	137713
社会福利院数	个	102	23	109	15
社会福利院床位数	张	14321	1600	19000	813
社区服务设施数	个	176	106	176	106
城市居民最低生活保障人数	人	71850	21118	79393	24082
社会治安					
交通事故死亡人数	人	78	15	78	10
交通事故损失额	万元	148.75	23.4	137.3	23
火灾事故死亡人数	人			12	
火灾事故损失额	万元	1359.46	544.44	2173.8	918.38
罪犯人数	人	2490	654	2234	575
#青少人数	人	514	130	278	30
环境保护					
工业废水排放量	万吨	1560		1638	
工业二氧化硫产生量	吨	159640.0		173346.5	
工业二氧化硫排放量	吨	71938		72424	
工业烟（粉）尘产生量	吨	1765018		2094058	
工业烟（粉）尘排放量	吨	76895		32032	
一般工业固体废物综合利用率	%	6		5.49	
污水集中处理率	%	92.34		88.11	
生活垃圾无害化处理率	%	88.41		85.86	
空气质量达标天数	天	242		249	
市政公用事业					
城市维护建设资金支出	万元		48319		42335
年末实有城市道路面积	万平方米		733		733
排水管道长度	公里		473		461.1
供水综合生产能力（包括自备水源）	万立方米/日		32.15		31.7
城市供水总量	万吨		4978		5497.5
售水量	万吨		3830		4658.1
#居民生活用水量	万吨		1653		1851.6
用水人口	万人		55.36		47.7
供气总量(人工、天然气)	万立方米		6244		5207
#家庭用量	万立方米		2268		2233.1
液化石油气供气总量	吨		4811		4455.2
#家庭用量	吨		4688		3965
用液化气人口	万人		36.18		25.78
年末实有公共汽(电)车营运车辆数	辆	872	659	838	634
全年公共汽(电)车客运总量	万人次	15082	13218	14732	13019
年末实有出租汽车数	辆	5893	2468	5892	2459
绿地面积	公顷		4406		4698
#公园绿地面积	公顷		1371		1320.4
建成区绿化覆盖面积	公顷		4820		4676

1-9 历年全市生产总值（1952-2014年）

（按当年价格计算）

单位：万元

年 份	地区生产总值	第一产业	第二产业	#工 业	#规模以上工业	第三产业	人均地区生产总值（元/人）
1952	14364	12378	609	502		1377	92
1955	18412	14094	1708	1493		2610	105
1960	29501	12523	12210	11275		4768	143
1965	28523	19788	5079	4731		3656	122
1970	44061	26405	11360	10920		6296	165
1975	64260	27561	21263	20399		15436	219
1978	81509	32040	29223	27401		20246	273
1979	85635	34177	31553	29228		19905	284
1980	96368	34567	41460	38459		20341	318
1981	82302	31739	34871	31425		15692	269
1982	108189	44187	41200	38281		22802	350
1983	126364	48287	50901	46922		27176	404
1984	131371	45304	57116	52463		28951	416
1985	169432	73770	60015	53852		35647	531
1986	183135	62751	71302	63745		49082	568
1987	227808	83321	81679	72159		62808	698
1988	299304	115931	102134	90002		81239	908
1989	346664	114906	133504	121272		98254	1041
1990	400606	135833	145719	133617		119054	1192
1991	452294	145822	154640	140443		151832	1338
1992	558562	182062	199361	178594		177139	1645
1993	662685	187772	292245	260012		182668	1944
1994	831635	272114	339540	294384		219981	2428
1995	974671	343430	318398	269298		312843	2832
1996	1212050	377146	448050	386161		386854	3551
1997	1397503	400228	546879	466731		450396	4010
1998	1578187	454562	613194	512995		510431	4507
1999	1555862	313555	667485	559809		574822	4418
2000	1586293	241131	706939	588869	311171	638223	4486
2001	1765937	331323	747392	615475	339788	687222	4979
2002	1922054	346874	817381	676153	384542	757799	5389
2003	2219372	369761	1023785	849458	506364	825826	6191

历年全市生产总值（1952-2014年）

1-9 续表1

单位：万元

年 份	地区生产总值	第一产业	第二产业	#工 业	#规模以上工业	第三产业	人均地区生产总值（元/人）
2004	2856473	478373	1405073	1175173	835657	973027	7936
2005	3531979	586458	1835377	1552177	1135306	1110144	10485
2006	4274993	683199	2217767	1893867	1416280	1374027	12682
2007	5698112	917872	3025958	2664758	2161266	1754282	16858
2008	7436757	1084660	4090300	3677300	3148000	2261797	21894
2009	7601136	1133566	3922877	3430177	2950000	2544693	22198
2010	8889619	1394058	4537041	3989141	3468341	2958520	25698
2011	11042013	1655462	6054324	5417698	4780200	3332227	31705
2012	11819213	1851577	6253952	5537700	4840000	3713684	33791
2013	12720917	2104025	6436988	5588680	5280816	4179904	36235
2014	13425500	2257413	6710434	5890718	5310481	4457653	38128

注：1995年-2006年第一产业增加值为第二次农业普查后历史修订数据，1992年-2004年地区生产总值及第二、三产业增加值为第一次经济普查后历史修订数据，2005年-2008年地区生产总值及第二、三产业增加值为第二次经济普查后历史修订数据。2013年-2014年地区生产总值及第一、二、三产数据为第三次经济普查后历史修订数据（以下各表同）。

1-10 历年全市生产总值指数（1952-2014年）

（按可比价格计算，以上为100）

单位：%

年 份	地区生产总值	第一产业	第二产业	#工 业	#规模以上工业	第二产业	人均地区生产总值
1952	100.0	100.0	100.0	100.0		100.0	100.0
1955	108.3	107.2	106.1	109.9		115.9	103.3
1960	106.9	77.4	136.6	139.8		175.2	104.6
1965	113.6	107.5	119.7	119.9		140.7	109.2
1970	119.8	98.3	162.9	164.8		145.0	116.4
1975	107.3	100.1	123.8	129.2		96.9	106.6
1978	102.3	91.8	111.1	109.2		101.5	101.8
1979	102.6	100.3	106.8	104.7		98.3	101.8
1980	118.1	126.3	118.0	119.1		109.2	117.2
1981	100.7	110.5	96.7	96.2		92.2	99.7
1982	107.2	111.0	99.4	99.8		116.7	106.2
1983	118.7	112.4	123.5	124.1		122.0	117.4
1984	106.0	97.8	112.5	112.4		108.6	105.2
1985	127.2	156.7	105.9	105.6		121.4	125.7

历年全市生产总值指数（1952-2014年）

1-10 续表1

单位：%

年 份	地区生产总值	第一产业	第二产业	#工 业	#规模以上工业	第三产业	人均地区生产总值
1986	86.0	62.0	101.4	100.1		109.8	86.0
1987	119.4	130.8	105.7	105.8		127.5	118.0
1988	119.5	109.4	119.7	119.6		131.2	118.2
1989	103.8	89.9	119.9	121.4		98.7	102.8
1990	108.5	122.0	100.1	99.7		108.3	107.4
1991	109.0	101.2	116.5	116.8		111.2	108.4
1992	107.1	108.6	116.8	114.9		92.4	111.4
1993	116.5	101.7	121.1	121.6		132.0	116.1
1994	109.2	104.2	117.4	118.7		102.9	108.7
1995	102.6	111.0	91.1	90.0		112.2	102.1
1996	116.5	110.9	122.4	122.8		115.2	118.1
1997	112.8	102.0	120.4	119.9		114.1	111.7
1998	111.4	104.1	114.5	113.0		114.3	112.5
1999	101.7	71.2	112.2	112.7		113.8	101.3
2000	103.4	87.3	104.7	104.4	111.3	110.7	101.7
2001	110.5	124.3	107.1	106.3	112.3	109.2	111.1
2002	109.3	103.6	109.6	110.1	113.2	111.5	109.3
2003	111.7	109.0	116.7	116.4	121.3	107.5	111.0
2004	115.4	111.9	116.8	116.1	136.2	115.1	115.0
2005	116.7	113.7	122.7	126.2	136.6	111.0	124.7
2006	120.2	112.5	122.5	126.2	130.4	120.4	120.1
2007	120.4	111.5	117.1	119.0	122.5	130.2	118.1
2008	113.5	112.4	113.0	113.4	115.9	114.8	112.9
2009	111.0	105.0	112.6	112.0	113.2	111.2	110.2
2010	111.4	111.4	110.2	110.7	111.5	113.3	110.3
2011	112.1	108.0	114.0	114.9	116.5	111.1	111.3
2012	110.5	104.6	113.0	113.1	113.8	109.4	110.1
2013	109.3	106.2	110.5	111.3	111.9	108.8	108.9
2014	107.8	104.6	107.6	107.5	107.8	109.6	107.5

注：1995年-2006年第一产业增加值为第二次农业普查后历史修订数据，1992年-2004年地区生产总值及第二、三产业增加值为第一次经济普查后历史修订数据，2005年-2008年地区生产总值及第二、三产业增加值为第二次经济普查后历史修订数据。2013年-2014年地区生产总值及第一、二、三产数据为第三次经济普查后历史修订数据。

1-11 分县区生产总值及增速

单位：万元、%

县区名称	地区生产总值		第一产业		第二产业	
	绝对值	增 速	绝对值	增 速	绝对值	增 速
2014年全市	**13425500**	**7.8**	**2257413**	**4.6**	**6710434**	**7.6**
双桥区	1453944	5.2	22798	-2.9	501896	0.6
双滦区	1049623	7.7	20617	-0.1	786882	7.3
营子区	295511	9.3	8728	19.1	210300	10.3
承德县	1235724	8.6	270043	8.2	626813	10.4
兴隆县	938038	5.6	206485	6.5	460873	5.3
平泉县	1481363	7.3	408125	3.2	640935	9.0
滦平县	1512204	9.8	240837	8.1	872442	11.1
隆化县	1087601	7.2	290539	5.1	511438	7.8
丰宁县	916188	5.9	228841	2.7	383242	6.4
宽城县	2120259	7.5	180206	2.9	1371583	7.6
围场县	949788	6.3	409581	4.0	235118	5.4
2013年全市	**12720917**	**9.3**	**2104025**	**6.2**	**6436988**	**10.5**
双桥区	1377616	3.2	24302	-5.3	514165	1.6
双滦区	1028791	12.2	22962	0.3	791757	12.0
营子区	277792	12.2	7335	8.9	198077	13.0
承德县	1141280	9.0	228852	4.1	594113	11.8
兴隆县	890034	8.6	178938	9.2	457976	9.3
平泉县	1391971	10.0	381828	7.2	616724	5.2
滦平县	1423189	12.3	238621	9.6	818925	14.6
隆化县	1021450	10.8	266350	5.7	494496	13.1
丰宁县	870100	8.6	217016	5.9	374946	10.2
宽城县	2179975	8.7	172097	8.1	1488522	8.6
围场县	895030	10.1	390486	10.7	230879	11.1

分县区生产总值及增速

1-11 续表1

单位：万元、%

县区名称	工业				第三产业		人均地区生产总值	
			规模以上工业					
	绝对值	增速	绝对值	增速	绝对值	增速	绝对值(元/人)	增速
2014年全市	5890718	7.5	5310481	7.8	4457653	9.6	38128	7.5
双桥区	291919	0.9	290321	0.6	929250	8.7	33135	4.6
双滦区	703784	5.6	600684	5.6	242124	10.1	69374	6.8
营子区	183300	9.9	183164	11.5	76483	4.3	46981	6.1
承德县	581736	9.9	557603	10.4	338868	5.4	31532	8.4
兴隆县	426073	5.4	390673	5.4	270680	5.7	29535	5.3
平泉县	585100	7.1	512009	6.5	432303	8.5	32832	7.1
滦平县	797639	10.9	755694	12.9	398925	8.0	51966	9.5
隆化县	430873	8.6	398400	10.0	285624	7.9	28964	7.0
丰宁县	317321	7.9	280636	8.8	304105	7.4	25414	5.2
宽城县	1305000	7.8	1187000	7.9	568470	8.3	83475	7.2
围场县	160525	3.2	154191	3.1	305089	9.7	22269	6.0
2013年全市	5588680	11.3	5280816	11.9	4179904	8.8	36235	8.9
双桥区	296021	0.7	295146	0.2	839149	4.7	31575	3.0
双滦区	710982	11.5	637751	11.0	214072	14.2	68540	11.2
营子区	165629	14.4	144285	15.1	72380	9.0	44234	6.0
承德县	547053	12.2	555785	13.6	318315	7.3	29174	8.7
兴隆县	416020	10.0	411314	10.4	253120	7.0	28095	8.3
平泉县	560699	11.0	487808	11.9	393419	19.5	30919	9.7
滦平县	745844	14.8	699654	15.4	365643	9.0	49042	12.0
隆化县	409234	13.1	413798	12.1	260604	11.0	27253	10.5
丰宁县	300255	10.8	272080	11.3	278138	8.7	24196	8.5
宽城县	1418965	8.5	1261121	8.3	519356	9.2	86097	8.9
围场县	162784	10.6	107540	10.8	273665	8.6	21035	9.8

1-12 分行业总产出

单位：万元、%

指 标 名 称	按当年价格计算		以上年为100的发展速度
	2014年	2013年	
总 产 出	39001615	34971364	105.7
农、林、牧、渔业	3902310	3643777	104.4
农业	2140612	1965273	105.7
林业	262673	248732	105.7
畜牧业	1384331	1320267	102.3
渔业	43626	43016	103.7
农、林、牧、渔服务业	71068	66489	105.0
工业	20898768	20786503	103.1
按规模划分			
规模以上	18590768	19179895	103.9
规模以下	2308000	2220500	106.5
按行业划分			
采矿业	8898954	8423301	103.0
#开采辅助活动	858	812	102.9
制造业	10268503	10785061	103.3
#金属制品、机械和设备修理业	5148	4884	103.3
电力、燃气及水的生产和供应业	1731311	1578141	100.4
建筑业	3067118	3173525	108.7
房屋建筑业	1601035	1656579	109.7
土木工程建筑业	1076558	1113907	107.5
建筑安装业	260706	269751	108.7
建筑装饰和其他建筑业	128819	133288	106.2
批发和零售业	3641335	795260	132.8
批发业	2884863	313369	73.3
零售业	756472	481891	165.2
交通运输、仓储和邮政业	1670044	1578968	102.3
道路运输业	1579337	1494026	102.2
仓储业	252	239	103.0
邮政业	21613	18064	104.1
住宿和餐饮业	503552	396904	113.6
住宿业	154359	111210	128.5
餐饮业	349193	285694	110.5
信息传输、软件和信息技术服务业	349639	250314	122.8
金融业	1766571	1302383	115.2
房地产业	392918	365055	110.7
租赁和商务服务业	207250	206433	116.8
科学研究和技术服务业	189846	139285	132.7
水利、环境和公共设施管理业	77858	83566	94.2
居民服务、修理和其他服务业	423634	381558	111.8
教育	369266	347775	106.1
卫生和社会工作	711652	726806	106.4
文化、体育和娱乐业	112516	103436	127.7
公共管理、社会保障和社会组织	717338	689816	107.6
第一产业	3831242	3577288	104.4
第二产业	23959880	23954332	103.8
第三产业	11210493	7439744	112.5

1-13 地区生产总值构成项目及分行业增加值

（2014年）

单位：万元

指 标 名 称	增加值	劳动者报酬	生产税净额	固定资产折旧	营业盈余
地区生产总值	**13425500**	**6637666**	**2097544**	**1431443**	**3258847**
农、林、牧、渔业	2293799	2287312		6487	
农业	1358142	1353921		4221	
林业	201469	201469			
畜牧业	671626	669360		2266	
渔业	26176	26176			
农、林、牧、渔服务业	36386	36386			
工业	5890718	1162132	1647022	734021	2347543
按规模划分					
规模以上	5310481	913623	1494965	661364	2240529
规模以下	798600	248509	152057	83532	314502
按行业划分					
采矿业	3139614	703283	1135202	390270	910859
#开采辅助活动	186	42	67	23	54
制造业	2360934	400340	461641	250688	1248265
#金属制品、机械和设备修理业	1598	269	312	170	847
电力、燃气及水的生产和供应业	390170	58509	50179	93063	188419
建筑业	821500	480225	102229	37008	202038
房屋建筑业	410665	262169	61605	3283	83608
土木工程建筑业	268121	111396	28816	26857	101052
建筑安装业	90074	70786	7523	2700	9065
建筑装饰和其他建筑业	52640	35874	4285	4168	8313
批发和零售业	619614	196380	131928	86810	204496
批发业	285022	120672	37046	52808	74496
零售业	334592	75708	94882	34002	130000
交通运输、仓储和邮政业	797920	643174	35432	73274	46040
道路运输业	754058	622680	26311	67463	37604
仓储业	25	-50	-2	-19	96
邮政业	7017	7310	562	795	-1650
住宿和餐饮业	218425	190423	14478	34893	-21369
住宿业	50238	47380	8139	21575	-26856
餐饮业	168187	143043	6339	13318	5487
信息传输、软件和信息技术服务业	183655	69038	5990	65820	42807
金融业	848011	325126	53247	111345	358293
房地产业	289747	29647	74433	171108	14559
租赁和商务服务业	80238	70535	2980	5851	872
科学研究和技术服务业	98068	66272	6583	5880	19333
水利、环境和公共设施管理业	49034	40359	1091	5830	1754
居民服务、修理和其他服务业	205052	175357	15788	9207	4700
教育	298663	275230	257	20125	3051
卫生和社会工作	236256	199017	530	25253	11456
文化、体育和娱乐业	71322	47421	5556	7349	10996
公共管理、社会保障和社会组织	423478	380018		31182	12278
第一产业	2257413	2250926		6487	
第二产业	6710434	1642046	1748872	770836	2548680
第三产业	4457653	2744694	348672	654120	710167

1-14 全市生产总值（按当年价格计算）

单位：万元

指标名称	绝对数		构成（%）	
	2014年	2013年	2014年	2013年
地区生产总值	13425500	12720917	100.0	100.0
第一产业	2257413	2104025	16.8	16.5
第二产业	6710434	6436988	50.0	50.6
第三产业	4457653	4179904	33.2	32.9
国(地区)外净要素收入				
地区收入总值	13425500	12720917		

补充资料：1.年平均人口：本年352.12万人；上年351.07万人。
2.人均地区生产总值：本年38128元；上年36235元。

1-15 地区生产总值及增速

单位：万元、%

指标名称	按当年价格计算		比上年增长
	2014年	2013年	
地区生产总值	13425500	12720917	7.8
农、林、牧、渔业	2293799	2138067	4.6
工业	5890718	5588680	7.5
建筑业	821500	850000	8.7
批发和零售业	619614	588197	10.3
交通运输、仓储和邮政业	797920	748564	3.2
住宿和餐饮业	218425	179111	10.8
信息传输、软件和信息技术服务业	183655	137026	17.2
金融业	848011	839257	15.6
房地产业	289747	275136	8.0
租赁和商务服务业	80238	79980	16.7
科学研究和技术服务业	98068	70534	35.4
水利、环境和公共设施管理业	49034	49179	0.1
居民服务、修理和其他服务业	205052	191516	8.3
教育	298663	281480	6.0
卫生和社会工作	236256	232449	0.4
文化、体育和娱乐业	71322	64511	25.5
公共管理、社会保障和社会组织	423478	407230	7.6
第一产业	2257413	2104025	4.6
第二产业	6710434	6436988	7.6
第三产业	4457653	4179904	9.6

1-16 按支出法计算的地区生产总值

单位：万元、%

指标名称	按当年价格计算		以上年为100的速度	
	2014年	2013年	2014年	2013年
地区生产总值	13425500	12720917	107.8	109.3
最终消费支出	5572846	5015354	110.3	107.2
居民消费支出	4028464	3577303	110.8	115.0
农村居民	1491607	1393062	105.2	112.8
城镇居民	2536857	2184241	114.3	116.4
政府消费支出	1544382	1438051	108.9	92.5
资本形成总额	9897817	9154725	107.9	131.9
固定资本形成总额	8964967	8257115	108.2	132.8
存货增加	932850	897610		
货物和服务净流出	-2045163	-1449162		
流出	1814905	1719657	107.8	109.3
流入	3860068	3168819	111.3	175.9

1-17 按行业划分的资本形成总额

单位：万元

指标名称	2014年	2013年
固定资本形成总额	8964967	8257115
住宅	-234999	-379731
非住宅建筑物	6262993	5772344
机器和设备	1864801	1541964
土地改良支出	34991	26062
矿藏勘探费		
计算机软件		
其他	1037181	1296476
存货增加	932850	897610
农林牧渔服务业	16114	9336
工业	263622	377185
建筑业	78229	59836
交通运输、仓储和邮政业	38539	30887
批发和零售业	226479	175492
住宿和餐饮业	1336	2262
房地产业	308433	237256
其他服务业	98	5356

1-18 全市最终消费

单位：万元

指 标 名 称	2014年	2013年
最终消费支出	5572846	5015354
居民消费支出	4028464	3577303
农村居民	1491607	1393062
食品烟酒	451276	460275
衣着	109980	100807
居住（含自有住房服务）	179056	155278
生活用品及服务	46376	39706
交通和通信	124893	113539
教育文化娱乐	90063	85775
医疗保健	118696	99494
银行中介服务	343804	311732
保险服务	10721	7665
其他商品和服务	16742	18791
城镇居民	2536857	2184241
食品烟酒	578702	519949
衣着	192937	155469
居住（含自有住房服务）	606825	567126
生活用品及服务	106809	90517
交通和通信	163841	156039
教育文化娱乐	212077	161733
医疗保健	184640	172239
银行中介服务	346009	243778
保险服务	96794	68981
其它商品和服务	48223	48410
政府消费支出	1544382	1438051

1-19 全市居民消费水平

指 标 名 称	单 位	2014年	2013年	以上年为100的速度	
				2014年	2013年
当年价格居民消费水平	元/人	11441	10190	112.3	116.4
农村居民	元/人	7549	6912	109.2	117.8
城镇居民	元/人	16417	14606	112.4	113.7
可比价格居民消费水平	元/人	10197	9227	110.5	114.6
农村居民	元/人	6627	6175	107.3	114.9
城镇居民	元/人	14761	13340	110.7	112.5
居民年平均人口	万人	352.12	351.07	100.3	100.4
农村居民	万人	197.59	201.53	98.1	98.2
城镇居民	万人	154.53	149.54	103.4	103.5

1-20 分县区民营经济主要指标

单位：万元、人、%

县区名称	民营经济增加值		民营经济增加值占地区生产总值比重		民营经济实缴税金	
	2014年	2013年	2014年	2013年	2014年	2013年
全市	8293495	7798073	61.77	61.30	1632821	1612878
双桥区	713230	696335	49.05	50.55	342370	344822
双滦区	357893	347299	34.00	33.76	123917	128050
营子区	232192	217662	78.57	78.35	20442	16572
承德县	918884	875019	74.36	76.67	131111	129523
兴隆县	686438	670011	73.18	75.28	89259	88272
平泉县	997966	931873	67.37	66.98	146531	137134
滦平县	1248312	1170876	82.55	82.36	216332	214594
隆化县	848896	797126	78.05	78.01	103306	109320
丰宁县	734741	698169	80.20	80.19	103453	83430
宽城县	1779600	1854677	83.93	85.07	261105	239618
围场县	578716	529408	60.93	59.15	65995	57377

1-20 续表1

县区名称	民营经济实缴税金占财政收入比重		民营经济从业人员		民营经济从业人员占全社会二三产业从业人员比重	
	2014年	2013年	2014年	2013年	2014年	2013年
全市	83.11	83.99	881418	874609	75.65	77.85
双桥区	44.13	47.18	110705	107713	58.59	57.54
双滦区	110.59	97.59	46964	43662	54.61	54.30
营子区	71.39	64.18	22018	21285	41.05	41.50
承德县	79.45	78.98	99260	95640	76.06	74.39
兴隆县	99.92	91.00	77811	76682	93.68	93.30
平泉县	85.66	76.18	96773	92060	59.04	57.35
滦平县	91.94	93.27	102590	101847	93.59	93.10
隆化县	92.10	87.40	68187	63628	62.67	61.41
丰宁县	91.16	89.21	63098	62699	75.42	75.39
宽城县	93.58	87.11	75839	78756	85.06	86.45
围场县	91.15	98.85	78749	77561	86.24	85.95

注：本表为年快报通报指标数据。

二

农村经济

2-1 历年农作物播种面积(1949-2014年)

单位：万亩

年 份	总播种面积	粮食作物					
		合 计	稻 谷	玉 米	高 粱	谷 子	小 麦
1949	374.67	351.15	7.05	34.36	62.58	138.23	1.04
1950	432.12	411.91	9.62	38.74	63.62	122.27	5.54
1951	450.43	425.42	11.07	41.88	54.03	129.47	2.04
1952	476.78	443.1	8.2	43.41	54.59	143.1	2.97
1953	504.68	481.12	4.23	42.93	62.77	170.19	4.1
1954	510.65	483.58	6.76	38.99	64.83	167.25	8.12
1955	514.74	481.39	7.91	48.26	55.18	160.76	6.8
1956	560.33	526.72	14.33	85.43	41.6	175.22	8.33
1957	569.73	534.52	12.61	57.39	51.79	170.75	10.15
1958	560.9	531.88	11.36	119.62	32.28	133.26	34.74
1959	525.14	489.33	6.35	89.26	37.44	142.74	22.58
1960	534.85	490.69	8.38	135.49	30.45	116.6	23.44
1961	542.89	510.23	4.5	88.41	46.02	134.76	11.88
1962	557.84	528.24	3.78	68.26	56.7	151.88	9.63
1963	548.77	521.05	4.69	60.51	57.12	161.57	9.83
1964	559.05	530.59	7.5	65.86	57.27	174.69	8.39
1965	557.74	524.83	8.49	77.48	54.95	79.85	6.95
1966	553.26	522.5	7.78	105.1	51.49	163.62	9.27
1967	549	518.71	8.24	94.86	53.96	164.16	9.75
1968	546.13	514.97	9.24	86.03	55.13	173.31	7.2
1969	543.6	513.43	8.87	90.97	55.77	172.88	8.04
1970	542.9	514.23	7.62	100.6	53.81	171.48	7.35
1971	545.88	517.81	8.81	103.99	75.95	162.44	5.98
1972	543	511.8	9.1	98.9	59.6	132.9	6.6
1973	545.79	514.14	7.05	104.85	58.63	141.93	8.58
1974	539.63	508.19	7.25	131.17	72.58	127.75	10.07
1975	539.77	498.1	8.9	133.63	67.91	123.04	18.58
1976	549.86	509.86	10.2	140.55	95.21	91.88	50.69
1977	543.57	501.73	9.3	151.46	72.03	95.93	31.22
1978	542.52	495.52	8.63	163.44	63.05	99.06	27.98
1979	539.95	483.45	8.88	177	53.91	98.44	15.73
1980	533.68	479.05	9.59	182.07	41.75	96.6	14.75
1981	531.68	479.3	10.61	169.53	37.96	112.27	14.28

历年农作物播种面积(1949-2014年)

2-1 续表1

单位：万亩

年 份	粮食作物			油 料	麻 类	蔬 菜	其他作物
	大 豆	薯 类	其 他				
1949	27.28	12.59	60.61	2.29	2.14	0.48	14.73
1950	31.54	22	107.45	3.53	1.98	1.34	9.42
1951	30.7	35.51	111.87	2.98	3.63	1.2	9.07
1952	26.23	34.8	119.91	5.46	2.55	2.46	15.64
1953	32.91	31.73	122.5	5.49	3.59	1.29	10.04
1954	38.79	27.86	120.15	5.65	3.73	2.69	12.62
1955	42.28	24.04	128.89	7.87	3.95	2.72	15.54
1956	71.84	32.61	92.19	9.15	3.62	14.72	1.36
1957	82.23	25.02	118.46	8.27	3.85	15.34	6.1
1958	61.39	50.75	80.6	8.51	3.74	13.18	3.07
1959	59.38	36.64	88.3	11.72	4.77	12.33	2
1960	38.09	40.03	87.16	11.71	5.35	19.26	5.6
1961	49.98	35.86	128.58	8.9	2.76	20.14	0.08
1962	64.68	38.04	134.47	7.58	2.68	17.4	1
1963	59.22	24.45	119.64	7.55	3.19	15.17	0.69
1964	63.86	25.19	102.99	8.19	3.61	14.69	0.73
1965	58.59	27.32	90.05	9.34	3.73	17.98	0.74
1966	53.52	34.88	94.61	9.21	3.44	14.87	2.54
1967	50.07	36.2	99.81	6.55	3.18		19.78
1968	44.53	33.98	89.51	8.06	3.15	17.45	1.79
1969	50.2	32.87	95.55	7.71	3.37	17.27	1.11
1970	44.78	28.11	88.09	6.86	3.18	17.19	0.71
1971	37.45	29.45	123.78	6.88	3.45	16.38	0.54
1972	29.8	41.7	133.2	6.4	2.8	19.5	0.2
1973	39.87	49.84	103.39	6.75	2.92	17.98	2.18
1974	34.03	39.47	85.87	6.64	2.91	17.15	2.13
1975	31	33.24	81.8	18.3	3.08	16.87	1.79
1976	23.81	26.2	71.32	17.76	2.42	14.16	3.32
1977	26.71	33.72	81.34	17.36	2.66	15.97	2.91
1978	24.31	40.99	68.06	23.12	2.74	16.73	1.15
1979	25.68	38.02	65.79	30.87	2.58	17.48	1.71
1980	25.48	37.87	71.54	28.92	2.59	17.45	2.09
1981	25.37	37.22	71.96	27.83	1.86	16.52	2.56

历年农作物播种面积(1949-2014年)

2-1 续表2

单位：万亩

年份	总播种面积	粮食作物					
		合计	稻谷	玉米	高粱	谷子	小麦
1982	530.12	483.26	9.48	161.35	45.69	119.07	12.82
1983	529.5	484.16	9.55	159.07	47.08	116.53	14.15
1984	525.83	481.02	9.67	155.69	47.41	118.87	11.52
1985	517.26	455.19	12.85	146.62	38.55	115.67	13.62
1986	512.23	452.26	13.17	146.01	35.43	104.16	14.22
1987	515.05	454.94	15.11	174.09	32.6	96.97	15.08
1988	516.15	457.27	14.58	176.4	35.14	93.55	17.81
1989	512.17	459.48	18.67	177.8	30.72	93.65	17.56
1990	512.99	461.85	19.22	189.28	25.97	89.03	21.02
1991	516.49	460.09	20.14	192.4	23.53	81.94	34.46
1992	516.48	467.11	23.56	191.41	20.9	80.02	43.68
1993	516.08	469.55	23.12	191.4	19.11	73.49	46.16
1994	523.96	463.38	39.01	216.96	11.1	43.56	44.45
1995	511.05	459.7	26.13	210.22	15.18	51.46	43.94
1996	516.3	457.47	29.88	218.08	15.26	46.18	41.03
1997	523.96	463.38	39.01	216.96	11.1	43.56	44.45
1998	524.87	456.81	43.76	216.84	11.04	34.48	40.37
1999	524.99	456.88	44.23	227.4	9.88	30.5	35.33
2000	523.37	459.7	48.55	209.39	9.82	28.6	27.83
2001	466.48	392.6	35.67	189.52	8.24	33.18	17.92
2002	466.35	384.24	34.12	195.19	8.36	25.34	10.59
2003	420.36	330.78	30.55	171.93	5.63	17.83	6.01
2004	414.22	323.29	23.57	171.86	4.33	17.82	8.87
2005	438.18	343.17	24.4	189.5	3.99	17.45	11.56
2006	454.66	364.39	22.6	204.35	3.71	18.06	13.8
2007	475.64	377.93	23.2	224.17	3.14	15.65	12.62
2008	476.04	364.94	25.13	219.8	2.92	16.34	6.78
2009	503.5	388.78	25.29	242.36	2.63	15.64	6.9
2010	539.5	425.38	23.84	264.8	2.82	15.43	16.7
2011	552.56	433	11.6	271.28	2.6	18.22	15.2
2012	568.66	437.53	25.9	279.35	2.5	16.7	14.7
2013	574.44	441.75	25.9	282.86	2.43	15.21	18.21
2014	582.78	443.23	25.05	286.3	2.15	15.81	23.56

历年农作物播种面积(1949-2014年)

2-1 续表3

单位：万亩

年 份	粮 食 作 物			油 料	麻 类	蔬 菜	其他作物
	大 豆	薯 类	其 他				
1982	25.71	38.35	70.79	21.31	1.09	19.03	1.96
1983	24.68	42.57	70.53	20.9	0.89	18.7	1.33
1984	23.92	43.74	70.2	20.28	0.83	18.08	1.16
1985	27.36	41.34	59.18	31.04	0.88	18.46	4.92
1986	24.52	35.09	79.66	29.16	0.88	18.96	5.12
1987	26.15	38.8	56.14	28.1	0.86	18.18	8.17
1988	26.21	39.7	53.88	25.49	0.85	17.68	8.11
1989	26.46	41.65	52.97	25.21	0.39	18.66	3.58
1990	25.61	37.7	54.02	24.83	0.37	17.73	3.27
1991	26.63	36.46	44.53	27.27	0.33	16.39	3.79
1992	25.03	38.7	43.81	26.04	0.29	17.2	2.83
1993	31.32	38.68	46.27	18.95	0.32	18.94	3.3
1994	23.5	52.37	32.43	16.55	0.19	39.55	1.77
1995	25.03	45.61	42.13	18.96	0.29	24.83	1.42
1996	22.97	54.58	32.49	16.92	0.16	37.23	1.26
1997	23.5	52.37	32.43	16.55	0.19	39.55	1.77
1998	23.28	59.25	27.79	16.92	0.18	46.23	3.2
1999	21.17	61.31	27.06	16.75	0.14	47.94	2.59
2000	22.75	66.79	45.94	16.75	0.06	59.75	1.1
2001	22.6	56.28	29.19	7.73	0.08	59.28	4.93
2002	20.68	65.84	24.12	10.61	0.06	64.35	5.44
2003	18.81	61.35	18.67	10.07	0.04	65.25	11.05
2004	21.57	56.85	18.42	8.88	0.03	67.28	12.11
2005	23.3	56.57	11.14	7.51	0.01	73.88	13.61
2006	20.92	57.41	23.54	6.96	0.01	79.01	3.15
2007	19.28	56.56	23.31	8.35	0.01	85.04	2.8
2008	18.85	58.21	12.72	9.26	0.01	89.95	4.93
2009	17.3	58.15	20.51	11.46	0.01	93.74	9.51
2010	14.84	71.6	15.53	8.56	0.01	95.72	8.09
2011	13.97	71.89	28.24	11.66	0.01	98.42	9.47
2012	12.87	70.08	28.38	12.46	0.01	104.06	14.5
2013	12.38	68.6	16.37	12.55	0.01	105.65	14.48
2014	14.01	64.8	11.55	11.25	0.01	111.6	16.71

2-2 农村基本情况

（2014年）

单位：个

县区名称	农村基层组织情况			
	乡个数	镇个数	街道办事处数个数	村委会个数
全 市	121	84	12	2485
双桥区		7	7	91
双滦区	2	4	2	63
营子区		4	1	15
承德县	17	6		378
兴隆县	11	9		290
平泉县	7	12		260
滦平县	13	7	1	200
隆化县	15	10	1	362
丰宁县	17	9		309
宽城县	10	8		205
围场县	29	8		312

2-2 续表1

县区名称	农村基础设施			
	自来水受益村数	通有线电视村数	通宽带村数	通公共交通村数
全 市	1783	2331	2147	737
双桥区	66	82	86	48
双滦区	51	61	63	58
营子区	14	15	15	10
承德县	277	374	313	20
兴隆县	129	209	245	23
平泉县	178	260	248	28
滦平县	119	198	187	6
隆化县	244	352	285	
丰宁县	290	270	221	49
宽城县	161	199	187	185
围场县	254	311	297	310

2-3 乡村人口

（2014年）

县区名称	乡村户数（户）	乡村人口数	#男	女	乡村劳动力资源数	#男
全市	914270	3019155	1583435	1435720	1843311	1016865
双桥区	46011	137738	67874	69864	88431	46061
双滦区	26421	81148	41274	39874	49738	27464
营子区	6009	19347	10331	9016	11252	6423
承德县	114992	386139	205114	181025	248029	137159
兴隆县	85852	292826	153681	139145	174002	99559
平泉县	122700	420478	221479	198999	256938	141426
滦平县	84056	268582	140529	128053	165603	92172
隆化县	113352	373982	197567	176415	254346	141052
丰宁县	112961	342261	179112	163149	200141	110152
宽城县	68583	227789	119418	108371	132134	73278
围场县	133333	468865	247056	221809	262697	142119

2-3 续表1

县区名称	从业人员					
	建筑业	批发和零售业	交通运输、仓储和邮政业	住宿和餐饮业	信息传输、软件和信息服务业	金融业
全市	278289	57341	56888	42338	5614	1331
双桥区	18323	4334	2872	3958	808	56
双滦区	10514	1736	1999	1810	99	40
营子区	1514	825	688	470	22	8
承德县	43129	7227	4628	5998	437	141
兴隆县	15859	4263	6384	2689	234	125
平泉县	53897	6353	4899	4194	672	175
滦平县	38314	6672	7936	4002	646	84
隆化县	36119	8184	7427	7010	1130	147
丰宁县	27449	5771	4967	5099	515	144
宽城县	14394	4562	6944	3786	74	172
围场县	18777	7414	8144	3322	977	239

与从业人员

单位：人

				从业人员按行业分组	
女	乡村从业人员数	#男	女	农林牧渔业	工 业
826446	1625599	911851	713748	944788	172374
42370	71165	38144	33021	28012	6503
22274	43527	25143	18384	15404	8919
4829	9917	5684	4233	2989	2546
110870	218196	123380	94816	129384	21289
74443	155157	90089	65068	99972	20650
115512	217855	121302	96553	115609	22171
73431	150546	85063	65483	66888	20668
113294	224529	126331	98198	142008	12892
89989	182486	100962	81524	116788	14712
58856	114374	66213	48161	52126	28044
120578	237847	129540	108307	175608	13980

单位：人

按行业分组					
房地产业	租赁和商务服务业	科学研究和技术服务业	水利、环境和公共设施管理业	居民服务、修理和其他服务业	教 育
733	4553	740	1061	31895	8626
87	1314	285	89	2071	265
43	63		36	2278	118
	70			176	14
67	222	32	65	2772	592
81	411	19	85	2206	630
88	635	174	184	5093	1614
44	406	50	177	2469	574
52	496	31	49	5541	1936
86	244	25	144	4182	397
81	167		45	1471	904
104	525	124	187	3636	1582

乡村人口

2-3 续表2

（2014年）

县 区 名 称	卫生和社会工作	文化、体育和娱乐业	公共管理、社会保障和社会组织	从业人员按 未上过学	小学文化程度
全 市	6256	3570	9202	16370	444744
双桥区	444	996	748	870	16092
双滦区	157	208	103	629	12013
营子区	27	250	318	124	1511
承德县	613	193	1407	2402	58097
兴隆县	504	135	910	738	51715
平泉县	800	332	965	3866	50758
滦平县	571	338	707	2210	44139
隆化县	631	329	547	1114	63501
丰宁县	600	205	1158	1589	47953
宽城县	549	93	962	1747	25171
围场县	1360	491	1377	1081	73794

2-4 农业机械化、水利

（2014年）

县 区 名 称	农用机械总动力（千瓦）	主要农业 #柴油发动机动力	汽油发动机动力	电动机动力	大中型拖拉机（台）	小型拖拉机
全 市	3900340	3237180	23603	639557	14988	43872
双桥区	57637	48507	57	9073	115	410
双滦区	113952	96416	638	16898	158	1005
营子区	62477	54522	151	7804	33	106
承德县	308638	245907	374	62357	1045	1108
兴隆县	293882	251006	4429	38447	132	1051
平泉县	519792	404259	2350	113183	1206	6430
滦平县	449520	360067	5528	83925	1202	3829
隆化县	546196	492292	664	53240	1444	4061
丰宁县	607063	484689	3364	119010	4268	10194
宽城县	195805	161247	208	34350	254	1078
围场县	745378	638268	5840	101270	5131	14600

与从业人员

单位：人

文化程度划分			全部从业人员中: 第二产业外出从业人员	第三产业外出从业人员
初中文化程度	高中文化程度	大专及以上文化程度		
783701	337289	43495	188652	94773
34311	16786	3106	5969	6826
22134	7441	1310	4709	1838
5311	2375	596	565	445
108813	44495	4389	31438	8797
73590	26533	2581	11772	4714
113923	45176	4132	31397	7804
70457	30098	3642	25646	9935
105171	46432	8311	25458	15257
82666	42812	7466	24023	15594
56693	27413	3350	9701	6515
110632	47728	4612	17974	17048

设施及主要能源物质消耗

机械与设备						
大中型拖拉机配套农具	小型拖拉机配套农具	农用排灌电动机	农用排灌柴油机	联合收割机	割晒机	机动脱粒机
15544	48979	38077	11924	235	63	15099
167	276	462	98			30
825	740	1054	275			150
28	11	1504				100
1099	1243	4193	887	12		1249
95	1220	1248	680			407
1366	7168	4540	1930	20		1380
1025	3225	7412	2145	13		868
1994	5348	2629	1298	7		4673
4894	15401	10625	1836	164	63	4212
296	1297	1341	890			750
3755	13050	3069	1885	19		1280

农业机械化、水利

2-4 续表1

（2014年）

县区名称	农用运输车	节水灌溉机械（套）	农用水泵	农机作业项目 机耕面积（公顷）	机播面积（公顷）	机收面积（公顷）
全市	84503	6044	61061	203283	179881	75596
双桥区	1835	137	345	2500	500	
双滦区	1790		1050	1500	1500	
营子区	1608	1417	87	446		
承德县	6181	2075	3012	22000	17000	2000
兴隆县	8692		8835	9000	3010	
平泉县	9718	725	7604	16120	30000	2267
滦平县	8521	190	13900	19498	15510	1200
隆化县	14350		3900	30000	18000	4000
丰宁县	9529	985	15086	55073	56211	27609
宽城县	5311	117	3660	7100	1500	
围场县	16968	398	3582	40046	36650	38520

2-4 续表2

县区名称	农业主要能源 农用化肥施用量(按实物量计算)	#氮肥	磷肥	钾肥	复合肥	农用化肥施用量(按折纯法计算)	#氮肥
全市	338234	177471	54304	19872	86587	113189	54876
双桥区	4973	3181	721	73	998	1815	1176
双滦区	4533	2851	533	148	1001	1370	844
营子区	712	357	69	29	257	322	166
承德县	38331	22035	2884	1225	12187	14374	6871
兴隆县	21283	10982	1989	377	7935	8188	4352
平泉县	72385	37200	10531	4344	20310	21178	8930
滦平县	29618	16655	5861	1604	5498	10258	5687
隆化县	51105	30785	8806	2617	8897	16131	9256
丰宁县	33786	17170	7965	1225	7426	11427	6010
宽城县	12992	5746	1494	471	5281	6183	2183
围场县	68516	30509	13451	7759	16797	21943	9401

设施及主要能源物质消耗

农田水利建设情况			农业主要能源及物质消耗			
有效灌溉面积（公顷）	旱涝保收面积（公顷）	年末机电井数（眼）	农村水电站数（处）	装机容量（千瓦）	发电量（千瓦时）	农村用电量（万千瓦时）
116130	61043	26462	30	48430	47210000	202526
2160	40	718	3	4530	5280000	4333
1540	1540	426	1	4000	4090000	3662
350	350	191				1300
14520	7954	4880	3	3760	1020000	14310
5830	5030	1222	5	1745	730000	12344
12040	10700	5393				15645
13300	10890	2572	2	2670	4220000	38170
17370	993	2201	4	3590	5110000	11127
27270	17284	4605	4	21390	21340000	9315
4340	1966	1431	4	3230	3490000	79684
17410	4296	2823	4	3515	1930000	12636

及　物　质　消　耗							
			农用塑料薄膜使用量（吨）			农用柴油使用量（吨）	农药使用量（吨）
磷肥	钾肥	复合肥		#地膜使用量	地膜覆盖面积（公顷）		
13527	8770	36016	9468	2917	48312	140984	1494
184	18	437	54	6	82	820	23
117	72	337	254	9	208	5100	5
22	28	106	4	3	63	7492	9
592	565	6346	161	3	39	3230	176
539	155	3142	50	41	883	13714	259
2056	2181	8011	1587	228	3864	15335	90
1512	795	2264	1680	45	742	20090	191
2079	1245	3551	78	66	1022	10523	73
2254	564	2599	387	217	3907	10432	99
450	274	3276	201	8	124	12713	55
3722	2873	5947	5012	2291	37378	41535	514

2-5 种植业

（2014年）

县 区 名 称	农作物播种面积	一、粮食作物 播种面积	播种单产	总产量	（一）谷物播种面积
全 市	388525	295487	4197	1240099	242947
双桥区	2933	1614	5079	8198	1550
高新区	3657	3018	2759	8326	2788
双滦区	3606	2837	5414	15360	2667
营子区	867	329	5413	1781	292
承德县	39852	32460	5889	191144	30309
兴隆县	9084	7782	3857	30013	7189
平泉县	50989	41939	4831	202603	39692
滦平县	28748	17907	4252	76144	16583
隆化县	61686	43755	6322	276604	41550
丰宁县	78918	60478	2268	137146	57547
宽城县	17583	13951	3197	44600	12221
围场县	90606	69417	3575	248180	30559

2-5 续表1

县 区 名 称	播种单产	总产量	#玉米繁种面积	播种单产	产量
全 市	4385	836920	420	3269	1373
双桥区	5107	7528			
高新区	2873	7390			
双滦区	5695	14021			
营子区	5821	1432			
承德县	6094	171931	50	3000	150
兴隆县	3840	26181			
平泉县	5273	194647			
滦平县	4320	64873			
隆化县	5908	146920	140	4600	644
丰宁县	2670	92951			
宽城县	3607	37803	90	2333	210
围场县	2640	71243	140	2636	369

生产情况

单位：公顷、公斤/公顷、吨

播种单产	总产量	1、稻谷播种面积	播种单产	总产量	2、玉米播种面积
4251	1032808	16697	7583	126620	190866
5066	7852				1474
2759	7693				2572
5580	14881	53	6132	325	2462
5736	1675				246
6085	184428	620	8748	5424	28215
3860	27751				6818
4997	198341	72	4639	334	36916
4293	71193	605	5134	3106	15017
6456	268241	14852	7648	113588	24867
2192	126129	37	5946	220	34813
3395	41487	178	7770	1383	10480
2721	83137	280	8000	2240	26986

单位：公顷、公斤/公顷、吨

3、谷子播种面积	播种单产	总产量	4、高粱播种面积	播种单产	总产量
10537	2900	30561	1432	2714	3886
54	4037	218	22	4818	106
167	1401	234	38	1684	64
129	3264	421	16	5188	83
33	5242	173	7	4286	30
994	5282	5250	188	4404	828
336	4217	1417	35	4371	153
1989	1042	2073	425	1807	768
669	3481	2329	247	3198	790
1609	4308	6932	88	4148	365
900	2044	1840	4	1000	4
1029	1339	1378	352	1946	685
2628	3157	8296	10	1000	10

种植业

（2014年）

2-5 续表2

县区名称	5、秋收小麦播种面积	播种单产	总产量	6、莜麦播种面积	播种单产
全　市	15708	1390	21841	6209	1628
双桥区					
高新区					
双滦区					
营子区					
承德县					
兴隆县					
平泉县					
滦平县					
隆化县					
丰宁县	15439	1390	21456	5871	1578
宽城县					
围场县	269	1431	385	338	2512

2-5 续表3

县区名称	总产量	（二）豆类播种面积	播种单产	总产量	#大豆播种面积
全　市	2681	9337	2198	20524	7647
双桥区		19	4000	76	14
高新区	5	108	1120	121	88
双滦区	31	149	2899	432	146
营子区	40	30	2400	72	24
承德县	995	1604	2585	4146	1329
兴隆县		454	2313	1050	446
平泉县	519	1594	1047	1669	1317
滦平县	95	1110	2863	3178	961
隆化县	436	1697	3126	5304	1426
丰宁县	268	667	1771	1181	487
宽城县	238	1250	1406	1758	882
围场县	54	655	2347	1537	527

生产情况

单位：公顷、公斤/公顷、吨

总产量	7、荞麦播种面积	播种单产	总产量	8、其它谷物播种面积	播种单产
10111	278	676	188	1220	2198
				11	455
				7	4429
				6	6667
				292	3408
				290	1790
				45	2111
				134	3254
9262	263	487	128	220	1218
				182	1308
849	15	4000	60	33	1636

单位：公顷、公斤/公顷、吨

播种单产	总产量	绿豆播种面积	播种单产	总产量	红小豆播种面积
2322	17753	593	1491	884	663
4786	67	3	1667	5	2
1170	103	7	571	4	13
2904	424	2	1500	3	1
2292	55	2	3000	6	4
2652	3524	112	2009	225	135
2309	1030				8
1098	1446	131	771	101	140
3022	2904	71	1972	140	76
3461	4936	139	1403	195	132
1969	959	5	800	4	14
1322	1166	120	1625	195	130
2161	1139	1	6000	6	8

种植业
（2014年）

2-5 续表4

县区名称	播种单产	总产量	（三）薯类播种面积	播种单产	总产量
全市	1532	1016	43203	21615	933834
双桥区	2000	4	45	30000	1350
高新区	1077	14	122	20984	2560
双滦区	4000	4	21	11190	235
营子区	2750	11	7	24286	170
承德县	2326	314	547	23492	12850
兴隆县	2500	20	139	43597	6060
平泉县	843	118	653	19855	12965
滦平县	1763	134	214	41425	8865
隆化县	1311	173	508	30108	15295
丰宁县	643	9	2264	21723	49180
宽城县	1562	203	480	14115	6775
围场县	1500	12	38203	21400	817530

2-5 续表5

县区名称	（一）花生播种面积	播种单产	总产量	（二）油菜籽播种面积	播种单产
全市	273	3062	836	955	1529
双桥区					
高新区	6	1167	7		
双滦区					
营子区					
承德县	82	3073	252		
兴隆县	53	3811	202		
平泉县	5	2200	11	2	2000
滦平县	79	2418	191		
隆化县				8	2250
丰宁县				381	1063
宽城县	48	3604	173		
围场县				564	1832

生产情况

单位：公顷、公斤/公顷、吨

#马铃薯播种面积	播种单产	总产量	二、油料播种面积	播种单产	总产量
42258	21582	912016	7498	1752	13138
16	30938	495			
10	24000	240	15	867	13
5	7000	35	16	3563	57
3	16667	50			
322	23137	7450	126	2683	338
54	47222	2550	63	3381	213
516	20087	10365	185	892	165
107	46075	4930	94	2245	211
508	30108	15295	1411	2985	4212
2258	21767	49150	3823	1035	3957
256	15332	3925	211	3246	685
38203	21400	817530	1554	2115	3287

单位：公顷、公斤/公顷、吨

总产量	（三）芝麻播种面积	播种单产	总产量	（四）胡麻籽播种面积	播种单产
1460	69	2203	152	2582	813
	2	1000	2		
	16	1188	19		
	10	1100	11		
4					
	1	1000	1		
18					
405				2576	808
	40	2975	119		
1033				6	3000

种植业

2-5 续表6 （2014年）

县 区 名 称	总产量	（五）葵花籽播种面积	播种单产	总产量	（六）其他油料播种面积	播种单产	总产量
全 市	2100	3503	2341	8200	116	3362	390
双桥区							
高新区		7	571	4			
双滦区		8	3375	27	8	3750	30
营子区							
承德县		28	2393	67			
兴隆县							
平泉县		173	763	132	5	3600	18
滦平县		14	1357	19			
隆化县		1403	2989	4194			
丰宁县	2082	866	1697	1470			
宽城县		27	3444	93	96	3125	300
围场县	18	977	2246	2194	7	6000	42

2-5 续表7

县 区 名 称	总产量	六、中草药材播种面积	总产量	七、蔬菜播种面积	播种单产	总产量	八、瓜果类播种面积
全 市	38	8815	57393	74399	55272	4112148	617
双桥区		3	3	1316	48331	63603	
高新区		9	38	607	54511	33088	4
双滦区		1		750	95715	71786	2
营子区				538	44600	23995	
承德县		142	172	7100	47501	337256	24
兴隆县		102	2150	1137	36879	41931	
平泉县	3	1685	4282	6800	93297	634419	41
滦平县	2	494	5524	10023	61135	612752	220
隆化县		3767	22214	12486	39778	496666	253
丰宁县		363	6203	14096	47650	671678	2
宽城县	33	1200	4666	2018	70284	141833	1
围场县		1049	12141	17528	56090	983141	70

生产情况

单位：公顷、公斤/公顷、吨

三、生麻播种面积	播种单产	总产量	四、甜菜播种面积	播种单产	总产量	五、烟叶播种面积	播种单产
1	6000	6	66	65455	4320	27	1407
1	6000	6	53	66792	3540	3	1000
						2	1000
						22	1500
			13	60000	780		

单位：公顷、公斤/公顷、吨

播种单产	总产量	九、其他农作物播种面积	#青饲料播种面积	#饲用玉米面积	十、特种农作物		
					花卉种植面积	鲜切花（万枝）	盆栽、盆景观赏植物(盆)
37269	22995	1615	972	686	327	2100	1999960
15000	60	4			4		
20500	41						
					2	45	360
10375	249						
					1	18	1070200
80854	3315	282			135	1685	51500
30877	6793	8	3		5	6	398000
36996	9360	14	13	13	1		30000
18000	36	156	156	66			
41000	41	180			20	13	420000
44286	3100	975	800	673	159	333	29900

2-6 设施农业

（2014年）

县区名称	蔬菜							
			芹菜		油菜		菠菜	
	面积	产量	面积	产量	面积	产量	面积	产量
全市	9250	555562	539	22537	173	6393	586	17295
双桥区	233	13801	100	5560			18	1120
双滦区	471	47025					2	56
营子区	42	1164	8	216	3	41	14	403
承德县	700	15984	27	485	13	650	28	731
兴隆县	114	3138	1	40			1	29
平泉县	2735	160140	4	132	8	263	15	440
滦平县	3003	250858	32	3799	43	3389	109	8486
隆化县	771	28154	63	2304	19	317	82	1061
丰宁县	670	16265	268	9205	51	771	288	4183
宽城县	124	5792	5	223	5	242	4	199
围场县	387	13241	31	573	31	720	25	587

2-6 续表1

县区名称			花卉苗木（万支）		食用菌	
	草莓					
	面积	产量	面积	产量	面积	产量
全市	102	2502	85	1740	4612	535540
双桥区						
双滦区	1	15			3	276
营子区					7	350
承德县	18	51			456	153000
兴隆县					144	7874
平泉县			65	1685	2871	328211
滦平县	8	151			351	10505
隆化县	71	2199			160	13025
丰宁县					2	27
宽城县	1	41	20	55	490	17955
围场县	3	45			128	4317

生产情况

单位：公顷、吨

黄瓜		西红柿		辣椒		瓜果类	
面积	产量	面积	产量	面积	产量	面积	产量
5012	357599	1300	90138	395	11306	119	3066
79	3995	34	3107	2	19	4	60
461	46583	8	386			2	25
11	340	6	164				
81	3419	77	2047			18	51
19	586	37	788				
2029	103096	540	49526	128	5749		
2008	185662	337	19401	177	3307	13	337
186	7906	121	5648	44	1083	71	2199
45	1306	5	450	13	350		
56	2866	5	225	6	257	1	41
37	1840	130	8396	25	541	10	353

单位：公顷、吨

干品		鲜品		蘑菇		设施数量（个）	设施占地面积	设施实际使用面积
面积	产量	面积	产量	面积	产量			
2009	59395	2603	476145	2603	476145	90410	10233	7262
						981	77	71
		3	276	3	276	3719	510	336
4	200	3	150	3	150	202	21	17
57	15180	399	137820	399	137820	6571	551	476
120	7322	24	552	24	552	84	229	187
1216	21664	1655	306547	1655	306547	49695	4831	3413
42	935	309	9570	309	9570	8806	1811	973
68	670	92	12355	92	12355	6320	571	431
		2	27	2	27	3652	576	491
444	13070	46	4885	46	4885	8057	572	458
58	354	70	3963	70	3963	2323	484	409

2-7 林业生

（2014年）

县区名称	造林面积	按造林方式分		按经济成份分		
		人工造林面积	无林地和疏林地新封	公有经济造林	#国有经济造林	集体经济造林
全市	49603	42270	7333	32675	10889	21786
双桥区	1237	1237		1237	1237	
双滦区	799	466	333	666		666
营子区	679	346	333	533		533
承德县	4267	3600	667	4267	312	3955
兴隆县	3879	3546	333	3879	433	3446
平泉县	3447	2780	667	3447	127	3320
滦平县	5823	4490	1333	1680	1580	100
隆化县	4634	3967	667	1734	367	1367
丰宁县	12223	11223	1000	10644	2552	8092
宽城县	2800	1800	1000			
围场县	9815	8815	1000	4588	4281	307

2-7续表1

县区名称	当年四旁(零星)植树（万株）	年末实有封山（沙）育林面积	低产低效林改造面积	未成林抚育作业面积	#中、幼龄林抚育面积	林木种子采集量
全市	802.8	333208	179	12019	45481	1446
双桥区	45	12000			333	
双滦区	20	8467			733	
营子区	10	5000			333	
承德县	27.8	9334	25	365	6020	
兴隆县	90	29733			3200	
平泉县	90	34000	67		2800	750
滦平县	100	42005			2467	400
隆化县	110	34666	7	1667	4701	186
丰宁县	125	42950		4200	6661	80
宽城县	65	46132			1600	
围场县	120	68921	80	5787	16633	30

产 情 况

单位：公顷

	按林种用途分				
非公有经济造林	用材林	经济林	防护林	特种用途林	更新造林
16928	3722	13998	31550	333	2106
		267	970		
133		133	666		
146		280	399		
	1753	1200	1314		131
	80	2546	920	333	
		1913	1534		425
4143	274	1146	4403		6
2900		2534	2100		181
1579		2078	10145		41
2800		1000	1800		
5227	1615	901	7299		1322

单位：公顷

			主要林产品产量			
苗木产量（万株）	育苗面积	#本年新增育苗面积	山杏仁（吨）	花 椒（吨）	商品材（立方米）	#村及村以下各级组织和农民生 产 的 木 材
77916.5	4380	2078	16920	630	377755	131457
640	42	20	6		1215	1215
250	20	14	220		1123	1123
0.5			150		773	748
5000	267	137	4364		7897	5378
1678	130	30		280	12826	5100
9960	467	267	2000		32756	15952
8271	800	133	3510		7185	988
12350	367	267	1720		15899	7742
22000	1467	667	2350		50040	29521
4270	168	113	600	350	8690	8690
13497	652	430	2000		239351	55000

2-8 蔬菜瓜果类及

（2014年）

县区名称	一、蔬菜播种面积	播种单产	总产量	（一）叶菜类播种面积	播种单产	总产量	#芹菜播种面积	播种单产
全市	74399	55272	4112148	6393	32608	208462	2399	42231
双桥区	1923	50281	96691	399	51288	20464	329	52502
双滦区	750	95715	71786	10	25100	251	1	30000
营子区	538	44600	23995	74	27297	2020	15	41333
承德县	7100	47501	337256	1067	13479	14382	120	19883
兴隆县	1137	36879	41931	131	22824	2990	7	21000
平泉县	6800	93297	634419	550	30807	16944	108	22704
滦平县	10023	61135	612752	967	47007	45456	346	53410
隆化县	12486	39778	496666	1027	26442	27156	456	38963
丰宁县	14096	47650	671678	1026	22769	23361	418	31689
宽城县	2018	70284	141833	288	50483	14539	43	52721
围场县	17528	56090	983141	854	47891	40899	556	47921

2-8 续表1

县区名称	#大白菜播种面积	播种单产	总产量	（三）甘蓝播种面积	播种单产	总产量	#卷心菜播种面积	播种单产	总产量
全市	19589	60884	1192659	6469	53240	344410	6451	53250	343515
双桥区	533	49726	26504	16	33625	538	6	23000	138
双滦区	145	84545	12259	3	28667	86	3	28667	86
营子区	77	79870	6150	12	36667	440	12	36667	440
承德县	1165	49487	57652	63	28667	1806	62	28323	1756
兴隆县	357	40261	14373	1	20000	20	1	20000	20
平泉县	640	67217	43019	38	56132	2133	38	56132	2133
滦平县	1444	62037	89582	294	66663	19599	294	66493	19549
隆化县	3236	66511	215228	786	39174	30791	786	39174	30791
丰宁县	6809	65423	445464	1976	40545	80117	1976	40545	80117
宽城县	381	92580	35273	47	57426	2699	40	57600	2304
围场县	4802	51469	247155	3233	63774	206181	3233	63774	206181

特种作物生产情况

单位：公顷、公斤/公顷、吨

总产量	油菜播种面积	播种单产	总产量	菠菜播种面积	播种单产	总产量	（二）白菜类播种面积	播种单产	总产量
101312	857	32065	27480	2998	24796	74338	19761	60636	1198230
17273	7	33857	237	63	46889	2954	533	49726	26504
30	2	18500	37	7	25571	179	145	84545	12259
620	29	16207	470	30	31000	930	77	79870	6150
2386	78	18192	1419	798	10890	8690	1167	49458	57717
147	19	24579	467	105	22619	2375	376	38303	14402
2452	174	30971	5389	268	33966	9103	640	67217	43019
18480	166	47361	7862	455	42009	19114	1547	58317	90217
17767	114	15193	1732	457	16755	7657	3236	66511	215228
13246	123	23699	2915	485	14845	7200	6809	65570	446464
2267	70	47829	3348	134	50448	6760	429	91177	39115
26644	75	48053	3604	196	47837	9376	4802	51469	247155

单位：公顷、公斤/公顷、吨

（四）根茎类播种面积	播种单产	总产量	#白萝卜播种面积	播种单产	总产量	胡萝卜播种面积	播种单产	总产量	生姜播种面积	播种单产	总产量	（五）瓜菜类播种面积	播种单产	总产量
10065	54112	544635	2184	58277	127277	7384	53894	397956	7	40857	286	10726	55997	600627
125	40592	5074	115	41817	4809	10	26500	265				296	56841	16825
												473	114708	54257
34	36471	1240	31	35484	1100	3	46667	140				38	44211	1680
309	42906	13258	250	45672	11418	56	31250	1750				691	28289	19548
100	31840	3184	81	33222	2691							293	25164	7373
192	51682	9923	119	69227	8238	66	21197	1399	7	40857	286	3384	39181	132587
725	93041	67455	633	95197	60260	21	45571	957				3164	83844	265281
976	22674	22130	516	25188	12997	460	19854	9133				977	44215	43198
913	25854	23605	154	32838	5057	371	17949	6659				472	26229	12380
248	72359	17945	192	77589	14897	47	56213	2642				363	50160	18208
6443	59106	380821	93	62473	5810	6350	59057	375011				575	50939	29290

蔬菜瓜果类及

2-8 续表2

（2014年）

县区名称	黄瓜播种面积	播种单产	总产量	南瓜播种面积	播种单产	总产量	西葫芦播种面积	播种单产	总产量	（六）豆类(菜用)播种面积	播种单产	总产量
全市	8927	59318	529530	115	54383	6254	1581	38939	61563	2243	25289	56724
双桥区	265	58377	15470				31	42968	1332	44	24295	1069
双滦区	471	115079	54202				2	27500	55	38	21737	826
营子区	30	40000	1200				8	60000	480	30	23333	700
承德县	380	30634	11641	15	43000	645	259	26336	6821	331	19184	6350
兴隆县	125	20984	2623	5	14600	73	156	29712	4635	52	18058	939
平泉县	3200	38348	122713	25	38520	963	154	56643	8723	176	25375	4466
滦平县	2890	85961	248426	35	79400	2779	215	60116	12925	530	25174	13342
隆化县	696	55210	38426				281	16982	4772	427	21265	9080
丰宁县	345	22861	7887				127	35378	4493	109	18330	1998
宽城县	170	50541	8592	25	48960	1224	138	50413	6957	128	49469	6332
围场县	355	51690	18350	10	57000	570	210	49381	10370	378	30746	11622

2-8 续表3

县区名称	辣椒播种面积	播种单产	总产量	西红柿播种面积	播种单产	总产量	（八）葱蒜类播种面积	播种单产	总产量
全市	1287	29295	37703	3127	55059	172168	3697	30137	111417
双桥区	26	38154	992	309	61900	19127	91	35088	3193
双滦区	2	16500	33	44	64318	2830	12	25750	309
营子区	3	41667	125	15	31333	470	55	26545	1460
承德县	74	22878	1693	360	24022	8648	347	20651	7166
兴隆县	7	21286	149	64	24719	1582	82	20659	1694
平泉县	281	37772	10614	717	87257	62563	374	36430	13625
滦平县	348	21434	7459	559	46864	26197	669	29726	19887
隆化县	213	21573	4595	497	44151	21943	999	25192	25167
丰宁县	88	29273	2576	186	26801	4985	500	22290	11145
宽城县	68	44279	3011	47	47766	2245	275	49465	13603
围场县	177	36475	6456	329	65587	21578	293	48355	14168

特种作物生产情况

单位：公顷、公斤/公顷、吨

#豇豆播种面积	播种单产	总产量	四季豆播种面积	播种单产	总产量	（七）茄果类播种面积	播种单产	总产量	#茄子播种面积	播种单产	总产量
54	30889	1668	2032	23864	48492	7201	42514	306145	2596	35102	91125
3	73333	220	39	20564	802	372	59075	21976	37	50189	1857
8	23500	188	30	21267	638	67	51910	3478	21	29286	615
			30	23333	700	42	31548	1325	24	30417	730
21	15619	328	306	19500	5967	749	23426	17546	274	24920	6828
2	15000	30	14	8429	118	102	25049	2555	30	27033	811
4	46250	185	171	25035	4281	1227	65209	80011	229	29843	6834
2	28000	56	528	25163	13286	1756	38068	66847	707	41006	28991
			427	21265	9080	1448	34439	49868	738	31612	23330
			109	18330	1998	365	23929	8734	91	12890	1173
14	47214	661				199	47854	9523	77	51727	3983
			378	30746	11622	874	50666	44282	368	43405	15973

单位：公顷、公斤/公顷、吨

#大葱播种面积	播种单产	总产量	蒜头播种面积	播种单产	总产量	韭菜播种面积	播种单产	总产量	（九）水生菜类播种面积	播种单产	总产量	#莲藕播种面积	播种单产	总产量
2489	32656	81280	447	20170	9016	750	27124	20343	5	3000	15	5	3000	15
78	33051	2578	2	21500	43	11	52000	572						
9	29778	268				2	20500	41						
20	21000	420	23	28261	650	12	32500	390						
265	21060	5581	23	12174	280	59	21390	1262						
51	17706	903	8	35375	283	22	22864	503						
268	37739	10114	20	39900	798	86	31547	2713						
384	32784	12589	143	19986	2858	137	28409	3892	5	3000	15	5	3000	15
732	28467	20838	107	14776	1581	160	17175	2748						
317	29328	9297	66	3682	243	117	13718	1605						
155	52432	8127	55	41455	2280	61	49410	3014						
210	50310	10565				83	43410	3603						

蔬菜瓜果类及特

2-8 续表4

（2014年）

县区名称	(十)其他蔬菜播种面积	播种单产	总产量	(十一)食用菌(干鲜混合)	#干品	香菇	黑木耳	鲜品	蘑菇	二、瓜果类播种面积	播种单产
全　市	7839	25750	201855	539628	60565	46215	2047	479063	479063	617	37269
双桥区	47	22298	1048							4	15000
双滦区	2	22000	44	276				276	276	2	20500
营子区	176	49034	8630	350	200	200		150	150		
承德县	2376	19564	46483	153000	15180	3160	10	137820	137820	24	10375
兴隆县				8774	8222	7797	425	552	552		
平泉县	219	15982	3500	328211	21664	20753	911	306547	306547	41	80854
滦平县	366	38628	14138	10515	935	590	52	9580	9580	220	30877
隆化县	2610	22767	59423	14625	670	383	287	13955	13955	253	36996
丰宁县	1926	32331	62269	1605	270	270		1335	1335	2	18000
宽城县	41	46683	1914	17955	13070	12930	140	4885	4885	1	41000
围场县	76	57974	4406	4317	354	132	222	3963	3963	70	44286

2-9 水果及食用

（2014年）

县区名称	园林水果产量	苹果	#红富士苹果	国光苹果	梨	#雪花梨	鸭梨	桃	葡萄	红枣(干枣应折成鲜枣)	柿子(柿饼应折成鲜柿)
全　市	1123852	616104	151215	208084	166491	8543	3727	15917	3354	4075	13616
双桥区	3084	975	106	159	1275	80	535	120	3	202	
双滦区	821	132			315			33	240	20	
营子区	902	100			150			55	2	10	
承德县	192410	162358	49519	99850	14827			1974	419	590	
兴隆县	373946	65769	40840	21277	56866	8463	3192	12553		978	13606
平泉县	195635	140000	50750	67750	50000			360	1000	675	
滦平县	28445	350		48	19323			302	480	1050	
隆化县	45120	10120			9070						
丰宁县	19712	5300			10470			350	1200	430	
宽城县	52120	30000	10000	19000	1600			170	10	120	10
围场县	211657	201000			2595						

种作物生产情况

单位：公顷、公斤/公顷、吨

										特种农作物		
总产量	#西瓜播种面积	播种单产	总产量	香瓜播种面积	播种单产	总产量	草莓播种面积	播种单产	总产量	花卉种植面积(公顷)	鲜切花(万枝)	盆栽观赏植物(万盆)
22995	138	62428	8615	158	30114	4758	226	29929	6764	327	2100	1999960
60							4	15000	60	4		
41				1	26000	26	1	15000	15			
										2	45	360
249	1	78000	78	5	24000	120	18	2833	51			
										1	18	1070200
3315	37	87297	3230	4	21250	85				135	1685	51500
6793	44	45568	2005	75	24080	1806	8	18875	151	5	6	398000
9360	27	74222	2004	35	27286	955	191	33513	6401	1		30000
36				2	18000	36						
41							1	41000	41	20	13	420000
3100	29	44759	1298	36	48056	1730	3	15000	45	159	333	29900

坚果生产情况

单位：公顷、吨

杏	红果	其他	食用坚果产量	#核桃	板栗	杏扁	年末果园面积	#苹果园	梨园	桃园	葡萄园
19332	261483	23480	154979	10793	133547	3679	149574	45215	17881	1202	823
79		430	33		17	16	1036	285	333	68	2
64	6	11	10			10	649	147	168	74	27
85	500		430	24	400	1	601	44	29	17	9
2075	9342	825	2638	32	2074	532	17635	12767	609	234	13
14709	209455	10	117966	9575	108000	391	20827	2787	2397	351	5
300	1300	2000	3280	80	2000	800	14250	7866	3760	160	287
1280	4200	1460	1585	62	988	510	9056	1333	4233	121	311
	16200	9730	89			89	11560	2967	1727		
530	480	952	1288	20	68	1200	7255	1154	2651	77	166
200	20000	10	21100	1000	20000	100	18000	8133	1798	100	1
10		8052	6560			30	48705	7732	176		2

2-10主要畜禽

（2014年）

县区名称	猪存栏	#能繁殖的母猪	牛存栏	#肉牛	奶牛	羊存栏	#山羊	绵羊
全市	16255	1839	7319	6608	711	11047	5793	5254
双桥区	250	28	2	2		115	103	12
双滦区	437	73	8	6	2	170	157	14
营子区	100	10	2	2		47	42	5
承德县	1885	209	480	441	39	1050	850	200
兴隆县	1148	74	60	52	9	759	488	271
平泉县	998	176	543	533	10	1473	757	716
滦平县	2829	427	219	170	49	824	654	170
隆化县	2689	194	2883	2862	21	1299	774	525
丰宁县	1996	204	1001	581	420	1705	512	1194
宽城县	1617	210	55	46	9	1355	1219	136
围场县	2306	235	2066	1913	153	2250	238	2012

2-10 续表1

县区名称	#活鸡	猪肉	牛肉	羊肉	#山羊肉	绵羊肉	禽肉
全市	959647	187962	83809	19056	9562	9494	155611
双桥区	6722	1995	76	86	85	1	839
双滦区	1696	2962	39	90	86	4	270
营子区	630	978	45	57	31	26	87
承德县	426570	21894	5968	1467	1097	370	66979
兴隆县	22127	13955	1265	1573	945	628	3986
平泉县	19464	12264	5689	2035	965	1070	3214
滦平县	350842	43194	2309	1363	913	450	58722
隆化县	21930	30392	27452	4947	2834	2113	4293
丰宁县	37126	19920	19840	2957	987	1970	5589
宽城县	12362	17992	912	1575	1415	160	2022
围场县	60178	22416	20214	2906	204	2702	9610

生产情况

单位：百只、百头、吨

活家禽存栏	#活鸡	猪出栏	牛出栏	羊出栏	#山羊	绵羊	活家禽出栏
293531	281054	24969	5233	13899	7685	6214	999398
4712	4702	266	5	72	71	1	6722
1286	1268	395	2	74	71	3	1789
780	780	130	3	45	26	19	630
79037	78528	2904	373	1158	920	238	428932
12535	11207	1861	80	1160	756	404	25428
24725	23742	1629	356	1470	800	670	20738
83106	75844	5757	146	1097	793	304	380693
11725	10439	3999	1707	3501	2180	1321	22567
35223	34891	2656	1240	2126	773	1353	37259
7402	7124	2383	57	1225	1122	103	12640
33000	32529	2989	1265	1971	173	1798	62000

单位：百只、百头、吨

#鸡肉	禽蛋	#鸡蛋	生牛奶	肉类总产量	奶类总产量
148490	112548	107172	153063	453919	153106
839	3253	3253		2998	
269	659	649	190	3364	190
87	655	655		1168	
66734	24857	23848	257	96373	257
3416	7140	6790	1753	20851	1753
3017	17450	16109	912	23454	943
53261	9830	9446	10890	106030	10902
4166	9849	8768	6825	68890	6825
5569	17419	16938	96660	49009	96660
1952	6980	6770	1691	23454	1691
9180	14456	13946	33885	58328	33885

2-11 其他畜牧业

（2014年）

县区名称	活性畜（除猪牛羊外）存栏	#马	驴	骡	活性畜（除猪牛羊外）出栏
全市	1274	599	359	316	547
双桥区	1				
双滦区	1		1	1	0
营子区					
承德县	18	6	7	5	5
兴隆县	1		0	1	1
平泉县	52	15	26	10	19
滦平县	69	26	23	20	34
隆化县	253	108	83	62	140
丰宁县	221	110	85	26	63
宽城县	8	3	4	1	5
围场县	650	330	130	190	280

2-11续表1

县区名称	家兔			其他肉产量	其他奶产量	山羊毛产量		
	家兔存栏	家兔出栏	家兔肉产量				#山羊粗毛	山羊绒
全市	1835	7219	1294	52	43	577	460	117
双桥区	2	4	1			2	1	1
双滦区	3	7	1			12	10	2
营子区	5	5	1					
承德县	100	100	15			54	44	10
兴隆县	94	246	39	24		23	13	10
平泉县	410	415	62		31	90	74	16
滦平县	340	515	91	21	12	127	100	27
隆化县	297	712	142			76	59	17
丰宁县	21	4	1			106	95	11
宽城县	301	5010	901			72	50	22
围场县	262	201	40	7		15	14	1

生产情况

单位：百只、百头、吨

			活性畜（除猪牛羊外）肉产量			
马	驴	骡		马	驴	骡
263	151	134	6135	3166	1334	1635
			1		1	
			2		1	1
2	2	1	50	20	18	12
		1	9		2	7
3	13	3	190	38	118	34
7	18	8	330	89	143	98
64	39	37	1664	832	351	481
38	18	7	702	459	162	81
2	2	1	52	24	16	12
146	58	76	3135	1704	522	909

单位：百只、百头、吨

绵羊毛产量			天然蜂蜜产量	其他禽蛋产量	蚕茧产量	
	#细羊毛	半细羊毛				#桑蚕茧
2450	1062	992	4746	637	55	55
			12			
			19			
4		4	8			
38	4	20	75	13		
76	18	44	1103			
725	725		3	11		
155	18	21	3244	103		
252			7			
330	185	145	36			
28		28	234		55	55
842	112	730	5	510		

2-12 渔业生

（2014年）

县区名称	水产品总产量	捕捞	#鱼类	虾蟹类	养殖
全市	40163	10593	10543	50	29570
双桥区	170	45	45		125
双滦区	470				470
营子区	300				300
承德县	1158	198	198		960
兴隆县	6100	900	900		5200
平泉县	1270	315	315		955
滦平县	1350	500	500		850
隆化县	620	160	160		460
丰宁县	4120	200	200		3920
宽城县	22050	7370	7320	50	14680
围场县	2555	905	905		1650

2-13 农林牧渔

（2014年）

县区名称	农林牧渔业总产值	一、农业产值	(一)谷物及其他作物	1、谷物	#小麦	稻谷	玉米	2、薯类	#马铃薯
全市	3902310	2140612	412843	250677	5307	44950	179938	131570	126770
双桥区	34936	21897	4601	3488			3207	801	102
双滦区	33086	19156	3845	3374		115	3015	49	5
营子区	13803	6074	510	413			308	33	7
承德县	451836	209692	48925	42002		1926	36965	2223	1036
兴隆县	367937	286382	8550	6395			5629	1127	354
平泉县	639609	523049	48887	43349		119	41849	2013	1441
滦平县	434760	156266	20739	16484		1103	13948	1551	685
隆化县	509440	204394	85006	75633		40324	31588	2126	2126
丰宁县	395392	119245	40128	29243	5214	78	19984	6838	6832
宽城县	295992	169666	12644	9566		491	8128	1173	546
围场县	676250	380261	139010	20730	94	795	15317	113637	113637

产情况

单位：公顷、吨

#鱼类	水产养殖面积	#池塘养殖	湖泊养殖	水库养殖
29570	5848	391	47	5410
125	39	5	33	1
470	38	38		
300	3	1		2
960	99	32		67
5200	866	40		826
955	275	35		240
850	175	15		160
460	70	29		41
3920	1100	50		1050
14680	2510	30		2480
1650	673	116	14	543

业总产值

单位：万元

3、油料	#花生	油菜籽	4、豆类	#大豆	5、生麻	6、糖类	7、烟草	8、其他农作物	#饲料作物
6209	502	847	10903	8965	2	173	34	13275	73
8	4		108	86				196	
20			220	214				182	
			42	28				22	
201	151		2263	1780				2236	
133	121		537	520				358	
72	7	2	915	730	2	142	3	2391	
124	115		1696	1467			2	882	
1856		10	2801	2493				2590	1
1860		235	579	484				1608	12
351	104		1000	589			30	524	
1584		599	742	575		31		2286	60

农林牧渔

2-13 续表1

（2014年）

县区名称	（二）蔬菜、食用菌及花卉盆景园艺产品	#蔬菜(含菜用瓜)	食用菌	花卉	（三）水果、坚果、饮料和香料	1、水果
全市	1124349	506489	612768	5092	539228	329654
双桥区	16158	16158			1086	1015
双滦区	14950	14776	174		361	328
营子区	4897	3094	1735	68	667	149
承德县	86257	21312	64945		74285	70169
兴隆县	70813	3773	65996	1044	205784	61066
平泉县	394058	61955	329493	2610	75721	69444
滦平县	117778	105883	11508	387	10651	7651
隆化县	73920	60208	13683	29	17864	17569
丰宁县	60934	57879	3055		10119	6035
宽城县	113895	16206	97252	419	39747	13626
围场县	125554	119731	5288	535	103646	83304

2-13 续表2

县区名称	二、林业产值	（一）林木的培育和种植	1、育种育苗	2、造林	3、抚育和管理	（二）竹木采运	#村及村以下	（三）林产品
全市	262673	92987	18702	49424	24861	25687	8939	143999
双桥区	2206	2107	180	1392	535	83	83	16
双滦区	1770	1122	126	609	387	76	76	572
营子区	2532	659		474	185	53	51	1820
承德县	28371	7488	1233	4220	2035	537	366	20346
兴隆县	9290	6060	270	4074	1716	872	347	2358
平泉县	16674	7717	2403	3298	2016	2227	1085	6730
滦平县	46958	8223	1197	5391	1635	489	67	38246
隆化县	32809	9956	2403	4633	2920	1081	526	21772
丰宁县	32518	23005	6003	12881	4121	3403	2007	6110
宽城县	20430	4355	1017	2280	1058	591	591	15484
围场县	63171	22295	3870	10172	8253	16276	3740	24600

业总产值

单位：万元

#园林水果	瓜果类	2、食用坚果	#核 桃	板 栗	3、香料及饮料原料	#花 椒	（四）中草药材
319994	9660	207180	26562	146902	2394	2394	64192
952	63	71		19			52
306	22	33					
149		518	59	440			
70077	92	4116	79	2281			225
61066		143654	23564	118800	1064	1064	1235
68972	472	6277	197	2200			4383
6542	1109	3000	153	1087			7098
10348	7221	295					27604
6027	8	4084	49	75			8064
13583	43	24791	2461	22000	1330	1330	3380
82675	629	20342					12051

单位：万元

三、牧业产值	（一）牲畜饲养	1、牛的饲养	2、羊的饲养	3、其他牲畜饲养	4、奶产品	5、毛绒产品	#羊 毛	山羊绒
1384331	653426	450045	131663	9157	55571	6990	3094	3896
9986	1075	430	607	3		35	1	33
8072	989	212	626	3	69	79	12	67
4606	686	258	424			4	4	
206412	42979	32078	10298	83	93	427	94	333
61550	18628	6840	10709	16	636	427	94	333
96504	46565	30581	13956	319	338	1371	839	532
217881	28198	12513	9980	566	3956	1183	284	899
263233	185102	146802	32579	2345	2477	899	333	566
231166	164705	106640	21106	1047	35088	824	458	366
69974	16959	4902	10537	83	614	823	91	732
223956	147572	108790	20872	4692	12300	918	885	33

农林牧渔

2-13 续表3

（2014年）

县区名称	（二）猪的饲养	（三）家禽饲养	#肉禽	禽蛋	（四）猎狩和捕捉动物	（五）其他畜牧业	#蚕茧
全市	377025	341307	225336	115971		12573	105
双桥区	4017	4881	1459	3422		13	
双滦区	5963	1099	408	691		21	
营子区	1963	826	137	689		1131	
承德县	43850	119476	93581	25895		107	
兴隆县	28096	13644	6221	7423		1182	
平泉县	24593	22791	4772	18019		2555	
滦平县	86936	99213	88969	10244	125	3409	
隆化县	60385	15122	5033	10089		2624	
丰宁县	40106	26318	8114	18204		37	
宽城县	35983	10092	2802	7290	342	6598	501
围场县	45134	28921	13842	15079		2329	

2-14 农林牧渔

（2014年）

县区名称	农林牧渔业商品产值	一、农业商品产值	（一）谷物及其他作物	谷物	薯类	油料	豆类
全市	3302364	1794612	279571	151535	114105	5052	4500
双桥区	24457	15345	3413	2612	592	4	73
双滦区	26046	17521	2530	2269	46	11	204
营子区	10991	5516	469	399	32		38
承德县	382576	173481	25538	23168	1127	86	1132
兴隆县	277454	226346	2702	2428	137	14	123
平泉县	519549	423080	21437	19148	718	23	339
滦平县	388721	135472	8272	5775	1172	70	1255
隆化县	441746	163237	52432	46245	1063	1837	1800
丰宁县	333783	98087	29063	20616	5465	1651	454
宽城县	246997	152631	6986	6035	398	260	293
围场县	569402	324519	122717	17284	102273	1426	588

业总产值

单位：万元

家兔	四、渔业产值	#养殖	1、鱼类	2、虾蟹类	五、农林牧渔服务业
1372	43626	32120	43476	150	71068
1	187	138	187		660
2	561	561	561		3527
2	371	371	371		220
32	1361	1128	1361		6000
79	5430	4629	5430		5285
133	1597	1201	1597		1785
165	1705	1073	1705		11950
228	748	555	748		8256
1	5603	5331	5603		6860
1603	25874	17226	25704	170	10048
64	2928	1891	2928		5934

业商品产值

单位：万元

糖类	烟草	其他农作物	（二）蔬菜、食用菌及花卉盆景园艺	蔬菜	食用菌	花卉	（三）水果、坚果、饮料和香料	水果
173	11	4195	989141	410106	574378	4657	469861	282121
		132	11122	11122			777	719
			14725	14574	151		266	263
			4380	3028	1306	46	667	149
		25	81086	19461	61625		66632	62725
			59901	716	58141	1044	162508	45981
142	3	1064	356761	44361	309791	2609	40499	35212
			111072	99761	10941	370	9030	6128
		1487	65592	51880	13683	29	17609	17315
		877	52260	49328	2932		8700	5131
			106531	8996	97098	419	35734	11578
30		1116	111691	106443	4763	485	78060	62781

农林牧渔

2-14 续表1

（2014年）

县区名称	#园林水果	瓜果类	食用坚果	香料及饮料原料	（四）中草药材	二、林业商品产值	林木的培育和种植
全市	273418	8703	186076	1664	56039	181012	15522
双桥区	672	47	58		33	1609	1538
双滦区	251	12	3			368	85
营子区	149		518			498	90
承德县	62640	85	3907		225	12590	1470
兴隆县	45981		116527		1235	856	
平泉县	34787	425	5287		4383	9808	2403
滦平县	5146	982	2902		7098	38683	980
隆化县	10094	7221	294		27604	17476	
丰宁县	5124	7	3569		8064	9513	
宽城县	11535	43	23225	931	3380	9171	1017
围场县	62202	579	15279		12051	39019	19691

2-14 续表2

县区名称	奶产品	毛绒产品	猪的饲养	家禽的饲养	#肉禽
全市	52103	6838	336684	305063	212345
双桥区		35	3020	3462	1042
双滦区	54	46	5889	875	347
营子区		4	1963	826	137
承德县	89	427	42096	112695	88872
兴隆县	608		25861	8880	3877
平泉县	338	1371	20904	17306	3461
滦平县	3834	1177	85197	96665	86924
隆化县	2477	899	60098	12737	4837
丰宁县	34387	824	32084	24995	7708
宽城县	614	823	30805	7409	2206
围场县	12269	916	38686	26029	12458

业商品产值

单位：万元

竹木采运	林产品	三、牧业商品产值	牲畜的饲养	#牛的饲养	羊的饲养	其他牲畜饲养
24004	141486	1284967	632184	443744	120461	9038
61	10	7349	858	344	478	1
75	208	7655	884	172	610	2
18	390	4606	686	258	424	
340	10780	195335	40446	30474	9398	58
856		46844	11406	4813	5985	
2205	5200	85080	46425	30581	13816	319
483	37220	212863	27547	12263	9747	526
1081	16395	260285	184826	146802	32303	2345
3403	6110	220691	163581	106640	20683	1047
591	7563	59839	15490	4902	9068	83
14648	4680	203238	137841	103200	17963	3493

单位：万元

禽 蛋	狩猎和捕捉动物	其他畜牧业	四、渔业商品产值
92718		11036	41773
2420		9	154
528		7	502
689		1131	371
23823		98	1170
5003		697	3408
13845		445	1581
9741	110	3344	1703
7900		2624	748
17287		31	5492
5203	342	5793	25356
13571		682	2626

2-15 农林牧渔业

（2014年）

县区名称	农林牧渔业生产中间消耗总值	一、农业中间消耗合计	物质消耗				
				#用种量	役畜用饲料、饲草	肥料	燃料
全市	1608511	782470	661265	70910	19422	309973	39079
双桥区	11800	5677	4839	525	21	2587	291
双滦区	10670	4025	3447	343	13	1723	216
营子区	4961	808	717	68	1	372	49
承德县	178721	57257	50449	3758	131	25892	2875
兴隆县	158745	111094	101391	4433	110	58058	5460
平泉县	230570	171102	152135	12080	260	75418	10156
滦平县	187769	60935	51989	6023	954	28094	2761
隆化县	214740	88584	78669	8771	580	28314	210
丰宁县	163037	41910	35375	5117	237	17435	1979
宽城县	110712	48543	41264	3012	909	19396	1361
围场县	263671	127031	113261	34178	1695	48600	5121

2-15 续表1

县区名称	二、林业中间消耗合计	物质消耗					
			用种量	肥料	燃料	农药	用电量
全市	61204	40409	7945	4111	5782	21410	431
双桥区	715	605	493	19	21	6	25
双滦区	1010	779	165	275	43	235	7
营子区	1749	1421	766	278	59	198	33
承德县	5335	4375	2762	550	174	425	117
兴隆县	5076	3963	1154	1216	211	1279	57
平泉县	4822	4033	3050	234	143	146	130
滦平县	14439	9807	615	763	1078	7261	32
隆化县	10109	7912	3	11	100	79	65
丰宁县	7339	6107	4410	467	227	322	187
宽城县	5110	4161	1319	1305	186	1026	55
围场县	20929	16463	6122	4379	810	3673	259

中间消耗和增加值

单位：万元

农 药	农用塑料薄膜	用电量	小农具购置	办公用品购置	其 他	生产服务支出
55069	41102	39747	8532	222	77209	121205
310	357	349	40	2	357	838
231	274	331	31	1	284	578
52	61	60	6		48	91
5807	3006	4409	368	15	4188	6808
15674	4273	4700	721	8	7954	9703
11612	14577	10724	1552	25	15731	18967
4321	3654	2965	498	22	2697	8946
2880	922	4910	245	40	31797	9915
2415	2126	3637	255	21	2153	6535
5365	1445	2145	220	4	7407	7279
8493	4358	5250	509	17	5040	13770

单位：万元

小农具购置	办公用品购置	其 他	生产服务支出	三、牧业中间消耗	物质消耗	#用种量
233	170	327	20795	712705	676230	220007
2	1	38	110	4956	4704	1491
		54	231	3646	3520	1153
2		85	328	2178	2113	894
5	2	340	960	112242	109167	24618
4	4	38	1113	36019	34848	10914
6	3	321	789	53205	51541	16061
14	15	29	4632	105474	102709	12286
5	2	7647	2197	111501	98494	3237
5	3	486	1232	108214	105122	31690
5	3	262	949	40300	37765	8913
13	5	1202	4466	110895	107556	30619

农林牧渔业中

2-15 续表2

（2014年）

县区名称						
						生产服务支出
	饲料、饲草	燃料	用电量	畜牧用药品	其他	
全市	433554	4564	1964	11914	4227	36475
双桥区	2980	59	28	84	62	252
双滦区	2259	32	18	46	12	126
营子区	1148	16	13	37	5	65
承德县	80555	1419	491	1790	294	3075
兴隆县	21916	321		489	1208	1171
平泉县	33868	392	276	742	202	1664
滦平县	87336	1546	411	720	410	2765
隆化县	68955	1800	1112	1006	22384	13007
丰宁县	70092	636	571	1620	513	3092
宽城县	27191	374	188	680	419	2535
围场县	73407	736	567	1709	518	3339

2-15 续表3

县区名称			五、农林牧渔服务业中间消耗		
		生产服务支出		物质消耗	生产服务支出
	其他				
全市	520	409	34682	24723	9959
双桥区	35	9	322	225	97
双滦区	55	18	1728	1209	519
营子区	14	8	106	82	24
承德县	198	65	2928	2049	879
兴隆县	993	270	2578	1805	773
平泉县	123	41	871	610	261
滦平县	286	14	5796	4291	1505
隆化县	94	31	4095	2866	1229
丰宁县	428	154	3346	2342	1004
宽城县	2041	1060	4974	3482	1492
围场县	391	127	2936	2337	599

间消耗和增加值

单位：万元

四、渔业中间消耗	物质消耗	#饲 料	燃 料	用电量	办公用品购置
17450	17041	15682	585	254	
130	121	80	2	4	
261	243	179	4	5	
120	112	96	1	1	
959	894	659	14	23	
3978	3708	2558	57	100	
570	529	383	9	14	
1125	1111	792	20	13	
451	420	319	5	2	
2228	2074	1561	30	54	1
11785	10725	8258	161	263	2
1880	1753	1293	24	45	

单位：万元

农林牧渔业增加值	农 业	林 业	牧 业	渔 业	农林牧渔服务业
2293799	1358142	201469	671626	26176	36386
23136	16220	1491	5030	57	338
22416	15131	760	4426	300	1799
8842	5266	783	2428	251	114
273115	152435	23036	94170	402	3072
209192	175288	4214	25531	1452	2707
409039	351947	11852	43299	1027	914
246991	95331	32519	112407	580	6154
294700	115810	22700	151732	297	4161
232355	77335	25179	122952	3375	3514
185280	121123	15320	29674	14089	5074
412579	253230	42242	113061	1048	2998

2-16 农业产业化龙头

（2014年）

县区名称	龙头经营组织总数（个）	按组织类型分						
		1.龙头企业带动型（个）	#销售收入2千万元以上	销售收入1亿元以上	2.专业市场带动型（个）	#成交额5千万元以上	成交额1亿元以上	3.中介服务组织带动型（个）
全市	152	137	81	22	6	5	5	9
双桥区	3	3	2	2				
双滦区	8	8	3					
营子区	2	2	2	1				
承德县	11	9	6	2		0		2
兴隆县	14	14	8	3				
平泉县	26	21	15	4	3	3	3	2
滦平县	6	6	4	2				
隆化县	15	11	9	3	2	1	1	2
丰宁县	27	27	12	2				
宽城县	16	15	6	1				1
围场县	24	21	14	2	1	1	1	2

2-16 续表1

县区名称	龙头经营组织产业类型							
	种植业	粮食	饲料	水果	蔬菜及食用菌	中药材	其他种植业	畜牧业	猪
全市	60	19	1	15	20	3	2	57	17
双桥区								1	
双滦区	4	3			1			3	
营子区									
承德县	4	1			2		1	5	4
兴隆县	12	1		11					
平泉县	7		1		6			5	2
滦平县								6	2
隆化县	9	3		2	3	1		6	
丰宁县	7	1			5		1	15	4
宽城县	5	2		2	1			8	5
围场县	12	8			2	2		8	

经营组织情况

		按利益联结方式分					
#专业合作经济组织	#服务收入100万元以上的专业合作经济组织	1.合同关系	#订单关系	年订单总额	年履约订单成交额	2.股份分红	3.其他
2	1	115	87	763175	709299	1	36
		3	2	90913	90913		
		7	2	6535	5206		1
		2	1	24200	8300		
		2	2	87967	87027		9
		11	10	72895	68805		3
		18	15	122650	115507		8
		4	2	198512	197692		2
1	1	14	13	40906	37036		1
		19	14	45970	47181	1	7
		16	12	31070	20605		
1		19	14	41557	31027		5

龙头经营组织产业类型									
牛	羊	禽肉	蛋类	奶类	皮毛类	其他畜牧业	水产业（个）	林业（个）	其他（个）
12	3	8	3	10	1	2	1	19	15
		1							2
		1		1					1
									2
			1					2	
								2	
3								12	2
		2	1	1					
5						1			
2	2	1	1	5				1	4
	1			1		1	1	1	1
2		3		2	1			1	3

农业产业化龙头

2-16 续表2

（2014年）

县区名称	龙头经营组织规模								
	从业人员（人）	1.龙头企业	2.专业市场	3.中介服务组织	#专业合作经济组织	固定资产净值（万元）	1.龙头企业	2.专业市场	3.中介服务组织
全　市	26197	25481	266	450	20	633165	614873	6650	11642
双桥区	2662	2662				30605	30605		
双滦区	470	470				6766	6766		
营子区	1406	1406				5317	5317		
承德县	1474	1388		86		50384	48531		1853
兴隆县	4456	4456				39396	39396		
平泉县	3218	3067	80	71		90404	84941	4700	763
滦平县	4094	4094				68192	68192		
隆化县	1352	981	176	195	15	38539	31167	1200	6172
丰宁县	2948	2948				179234	179234		
宽城县	1743	1675		68		58880	56649		2231
围场县	2374	2334	10	30	5	65448	64075	750	623

2-16 续表3

县区名称	龙头经营组织效益				
	销售总额（万元）	龙头企业	专业市场	中介服务组织	#专业合作经济组织
全　市	1594809	1524544	37748	32517	1751
双桥区	326629	326629			
双滦区	16801	16801			
营子区	23475	23475			
承德县	112715	107695		5020	
兴隆县	225458	225458			
平泉县	248324	237530	9458	1336	
滦平县	209423	209423			
隆化县	142645	96555	27090	19000	1700
丰宁县	126794	126794			
宽城县	53114	47004		6110	
围场县	109431	107180	1200	1051	51

经营组织情况

龙头经营组织规模								
带动农户（户）	#订单带动农户	1.龙头企业	#订单带动农户	#带动省外农户	2.专业市场	#订单带动农户	3.中介服务组织	#订单带动农户
847291	488956	718291	435506	42530	50600	6100	78400	47350
143000	103200	143000	103200	21050				
7375	5825	7375	5825	190				
8500	3500	8500	3500	400				
38400	3400	37850	3200	15			550	200
102027	70703	102027	70703	10000				
237323	139187	164923	120687	5000	40000	6100	32400	12400
11325	5185	11325	5185	200				
106685	73705	69435	46155	1585	9700		27550	27550
105064	40979	105064	40979	1059				
40580	18776	33380	11576				7200	7200
47012	24496	35412	24496	3031	900		10700	

上交税金（万元）	龙头企业	专业市场	中介服务组织	龙头企业出口创汇（万美元）	专业市场成交额（万元）
72562	71336	1011	216	7269	465907
36557	36557				
247	247				
1666	1666				
6829	6771		58		
6795	6795			300	
14907	14701	206		1615	192066
308	308			2197	
2584	1689	765	130	1362	247841
1099	1099			13	
57	29		28	481	
1513	1474	40		1301	26000

农业产业化龙头

2-16 续表4

（2014年）

县区名称	龙头经营组织其他分类				
	按重点级别分				按上市
	国家重点龙头（个）	省级重点龙头	市级重点龙头	县级重点龙头	境内上市（个）
全　市	5	37	106	4	3
双桥区	1	1	1		1
双滦区			8		
营子区	1		1		
承德县		2	9		
兴隆县		2	9	3	
平泉县	1	10	14	1	
滦平县	1	2	3		1
隆化县		4	11		
丰宁县	1	6	20		
宽城县		3	13		1
围场县		7	17		

2-17 农产品生

（2014年）

县区名称	农产品生产（加工）基地个数	按基地类型分		按带动基地的龙头经营组织类型分			
		种植业生产基地（含林果）	养殖业生产基地（含水产）	龙头企业带动型	专业市场带动型	中介服务组织带动型	无龙头带动
全　市	51	32	19	29	4	4	14
双滦区	1	1					1
承德县	8	5	3	5		2	1
兴隆县	4	3	1	2			2
平泉县	6	4	2	2	3		1
滦平县	7	3	4	3			4
隆化县	8	6	2	6	1	1	
丰宁县	4	2	2	3			1
宽城县	10	6	4	5		1	4
围场县	3	2	1	3			

经营组织情况

龙头经营组织其他分类			
情况分	按产品辐射范围分		
未上市	本省内（个）	跨省区	国 外
149	26	110	16
2	1	2	
8	7	1	
2		1	1
11	1	10	
14		12	2
26		21	5
5	1	4	1
15	1	12	2
27	8	19	
15	3	12	1
24	4	16	4

产基地情况

单位：个、万元

农产品生产(加工)基地规模效益						
基地产值	基地销售产值	基地上交税金	1、生产基地种植面积（公顷）	种植业产值	种植业销售产值	种植业上交税金
2110536	2031980	4491	148601	1282227	1227154	903
12346	11234		449	12346	11234	
268970	260649		12687	143070	137119	
194987	178359		3255	166913	152518	
388533	370507		9659	359708	344151	
235743	221338		2692	81966	75010	
294439	292957		45470	101309	99827	
187089	181992	4491	12335	59720	56980	903
186271	179785		6323	123827	121356	
342158	335159		55731	233368	228959	

农产品生产

（2014年）

2-17 续表1

县区名称	农产品生产(加工)基地规模效益					
	2、养殖业生产基地牲畜饲养量（百头）	禽类饲养量（百只）	水产养殖面积（公顷）	养殖业产值	养殖业销售产值	养殖业上交税金
全市	28637	911578	2510	828309	804826	3588
双滦区						
承德县	4080	519200		125900	123530	
兴隆县	3005			28074	25841	
平泉县	1557			28825	26356	
滦平县		392378		153777	146328	
隆化县	11095			193130	193130	
丰宁县	1241			127369	125012	3588
宽城县	4328		2510	62444	58429	
围场县	3331			108790	106200	

2-17 续表2

县区名称	牲畜饲养量（百头）	#有龙头企业带动的牲畜饲养量（百头）	禽类饲养量（百只）	#有龙头企业带动的禽类饲养量（百头）	农产品生产（加工）基地联系农户数（万户）	#订单带动农户数
全市	25632	17387	911578	911578	817069	125003
双滦区					3340	
承德县	4080	4080	519200	519200	58895	6745
兴隆县					77640	
平泉县	1557				89475	28329
滦平县			392378	392378	60845	12083
隆化县	11095	4407			113880	59360
丰宁县	1241	1241			111740	
宽城县	4328	4328			66680	18486
围场县	3331	3331			234574	

基地情况

单位：个、万元

有龙头经营组织带动的生产基地规模			
种植面积（公顷）	#有龙头企业带动的种植面积	水产养殖面积	#有龙头企业带动的水产养殖面积
130247	129705	2510	2510
6767	6400		
3255	3255		
2012			
45470	45330		
12335	12335		
4677	6654	2510	2510
55731	55731		

单位：个、万元

种植业生产基地联系农户数（万户）	#订单联系农户数	养殖业生产基地联系农户数（万户）	#订单联系农户数	基地联系农户的户均纯收入（元）	#从产业化经营中得到的户均纯收入
551971	88855	265098	36148	21208	8892
3340				28818	16188
25580	3750	33315	2995	12760	6756
68895		8745		28284	14489
84485	28329	4990		24678	5187
21472	1876	39373	10207	63801	21980
65580	39060	48300	20300	15370	10076
57415		54325		14552	6683
48650	15840	18030	2646	36219	14890
176554		58020		10246	4264

2-18 自然灾

（2014年）

县区名称	受灾面积	#成灾	旱灾	#成灾	水灾	#成灾	风雹灾
全市	129312	104292	105548	87272	6470	4210	13809
双桥区	970	80	390		8	8	572
高新区	2531	2457	2432	2358			99
双滦区	1207	941	761	639	173	58	265
营子区	270	257	104	104	76	63	64
承德县	16254	15114	15853	14814			401
兴隆县	2200	1811	1910	1621	290	190	
平泉县	39241	33520	39241	33520			
滦平县	10978	8459	6595	5297	1334	863	2755
隆化县							
丰宁县	31851	26237	20085	15888	1869	1379	9243
宽城县	16383	11533	16383	11533			
围场县	7427	3883	1794	1498	2720	1649	410

2-18 续表1

县区名称	成灾面积					
	粮食作物减产3--5成	减产5--8成	减产8成以上	经济作物减产3--5成	减产5－8成	减产8成以上
全市	40085	27679	25967	2541	2100	898
双桥区	80					
高新区	492	898	1011	5	1	
双滦区	450	52	170			
营子区	192	25	35	5		
承德县	9133	4522	791	314	288	7
兴隆县	1000	561	100	100	40	10
平泉县	6520	11700	15300			
滦平县	3161	1248	232	118	45	20
隆化县						
丰宁县	15267	5138	2138	1466	1096	195
宽城县	982	2772	6067	418	628	666
围场县	2808	763	123	115	2	

害情况

单位：公顷、吨

	霜冻灾		病虫灾		其他灾	
#成 灾		#成 灾		#成 灾		#成 灾
11507	3348	1191	17	13	120	99
72						
99						
236					8	8
64	18	18	8	8		
300						
2009	284	284	5	1	5	5
8417	543	463	4	4	107	86
310	2503	426				

单位：公顷、吨

因灾损失情况						
死亡人口（人）	减产粮食	减产棉花	减产油料	减产烤烟	死亡大牲畜（头）	牧区死亡羊（只）
2	301873		581		157	220
	436					
	10036		33			
	2702					
	908					
	38791		33			
	2000		30			
	148000					
	22749		45			
2	30051		228		157	220
	34200		138			
	12000		74			

自然灾害情况

（2014年）

2-18 续表2

单位：公顷、吨

县区名称			成灾人口（人）		
	倒塌民房（间）	损坏民房（间）		特重灾民	重灾民
全　市	30	711	915055	215732	258170
双桥区		45	134		15
高新区			17759	270	2480
双滦区	17	62	12092		1942
营子区			6961		2278
承德县			116495	1958	34506
兴隆县			21000	500	1000
平泉县			340837	127000	118000
滦平县	7	160	69772	3325	10674
隆化县					
丰宁县	6	434	118562	6573	31005
宽城县			200141	76003	55862
围场县		10	11302	103	408

2-18 续表3

单位：公顷、吨

县区名称		因灾缺粮情况		得到国家救济的人次数
	轻灾民	缺粮数量	缺粮人口（人）	
全　市	441153	61895	325248	114577
双桥区	119			15
高新区	15009	1663	9992	
双滦区	10150			2127
营子区	4683	858	3645	
承德县	80031	826	7173	
兴隆县	19500	1250	4100	3200
平泉县	95837	25600	149800	99377
滦平县	55773	4883	34497	3234
隆化县				
丰宁县	80984	18016	54425	2597
宽城县	68276	5785	57474	2600
围场县	10791	3014	4142	1427

三 工业

3-1 历年工业总产值、增加值及增速（1949-2014年）

年 份	工业企业单位数（个）	全部工业总产值当年价格（万元）	工业增加值（万元）	
			当年价格	可比价增速±%
1949		402		
1952		1577	502	
1957		7631	2315	41.4
1962		12345	3968	-24.6
1963		10465	3381	-11.9
1964		12465	4035	21.6
1965		14598	4731	19.9
1966		19610	6491	34.0
1967		17976	5815	-10.4
1968		18535	6886	18.4
1969		23419	7560	9.8
1970		34463	10920	64.8
1971		45137	13651	21.7
1972		45327	13612	-0.3
1973		55122	16106	16.0
1974		56921	16627	10.4
1975		65492	20399	29.2
1976		72697	20958	8.0
1977		81179	22995	11.7
1978		88961	27401	9.2
1979		93633	29228	4.7
1980		98993	38459	19.1
1981	1487	100115	31425	-3.8
1982	1721	107270	38281	-0.2
1983	1693	110422	46922	24.1
1984	1971	132314	52463	12.4
1985	962	171673	53852	5.6
1986	14211	187609	63745	0.1
1987	14687	199662	72159	5.8

历年工业总产值、增加值及增速（1949-2014年）

3－1 续表1

年 份	工业企业单位数（个）	全部工业总产值当年价格（万元）	工业增加值（万元）	
			当年价格	可比价增速±%
1988	15172	265272	90002	19.6
1989	15674	328842	121272	21.4
1990	16192	402990	133617	-0.3
1991	16727	462634	140443	16.8
1992	17280	596487	178594	14.9
1993	18105	844890	260012	21.6
1994	19317	1058013	294384	18.7
1995	5762	1016720	269298	-10.0
1996	5917	1143327	386161	22.8
1997	5999	1370162	466731	19.9
1998	9301	1515007	512995	13.0
1999	10712	1552342	559809	12.7
2000	12420	1746649	588869	4.4
2001	13546	1907393	615475	6.3
2002	14170	2159640	676153	10.1
2003	16033	2866051	849458	16.4
2004	2349	3451742	1175173	16.1
2005	2419	4997873	1552177	26.2
2006	2475	6268196	1893867	26.2
2007	2524	8711309	2664758	19.0
2008	2586	12230180	3677300	13.4
2009	2631	11259416	3430177	12.0
2010	3074	13889312	3989141	10.7
2011	3107	17946865	5417698	14.9
2012	2865	19311072	5537700	13.1
2013	3179	20713485	5588680	11.3
2014	2967	20515100	5890718	7.5

注:2004年以后企业个数中不含个体。

3-2 规模以上工业企业主要经济指标

（2014年）

单位：万元

指 标 名 称	企业单位数（个）	亏损企业	工业总产值(当年价格)	工业销售产值(当年价格)	出口交货值	年初存货
总 计	572	198	17955129.7	17592902.6	337654.7	1909066.7
按登记注册类型分						
内资企业	562	197	17713256.3	17362854.8	308527.8	1893454.1
国有企业	8	1	61094.9	58783.1		10826.1
中央企业	1		13027.0	13027.0		
地方企业	7	1	48067.9	45756.1		10826.1
集体企业	3	2	9654.5	9654.5		486.9
有限责任公司	175	58	8774812.7	8615930.2	272171.6	1213275.1
国有独资公司	5	2	1027639.1	1025986.6		20407.1
其他有限责任公司	170	56	7747173.6	7589943.6	272171.6	1192868.0
股份有限公司	11	3	589266.4	704246.1	420.2	107450.6
私营企业	365	133	8278427.8	7974240.9	35936.0	561415.4
私营独资企业	15	3	140915.3	133080.1		23554.0
私营合伙企业	5	2	27591.8	26841.4		3321.1
私营有限责任公司	328	120	6772528.2	6496417.6	34196.2	476501.3
私营股份有限公司	17	8	1337392.5	1317901.8	1739.8	58039.0
港、澳、台商投资企业	3		148848.4	140635.0		1887.7
合资经营企业(港或澳、台资)	2		53424.0	48951.3		1272.2
合作经营企业(港或澳、台资)	1		95424.4	91683.7		615.5
外商投资企业	7	1	93025.0	89412.8	29126.9	13724.9
中外合资经营企业	6	1	48302.5	50009.5	4066.3	9221.2
中外合作经营企业	1		44722.5	39403.3	25060.6	4503.7
按企业组织形式分						
独资企业	26	6	211664.7	201517.7		34867.0
国有企业	8	1	61094.9	58783.1		10826.1
集体企业	3	2	9654.5	9654.5		486.9
私营独资企业	15	3	140915.3	133080.1		23554.0
合作、合伙企业	7	2	167738.7	157928.4	25060.6	8440.3
私营合伙企业	5	2	27591.8	26841.4		3321.1
合作经营企业(港或澳、台资)	1		95424.4	91683.7		615.5
中外合作经营企业	1		44722.5	39403.3	25060.6	4503.7
股份有限公司	28	11	1926658.9	2022147.9	2160.0	165489.6
股份有限公司(内资)	11	3	589266.4	704246.1	420.2	107450.6
私营股份有限公司	17	8	1337392.5	1317901.8	1739.8	58039.0
有限责任公司	511	179	15649067.4	15211308.6	310434.1	1700269.8
国有独资公司	5	2	1027639.1	1025986.6		20407.1
私营有限责任公司	328	120	6772528.2	6496417.6	34196.2	476501.3
合资经营企业(港或澳、台资)	2		53424.0	48951.3		1272.2
中外合资经营企业	6	1	48302.5	50009.5	4066.3	9221.2
其他有限责任公司	170	56	7747173.6	7589943.6	272171.6	1192868.0
在总计中：亏损企业	198	198	3011641.0	2819690.2	8521.9	281127.5
在总计中：国有控股企业	58	17	5032442.4	5024741.4	238345.5	985520.1
在总计中：农村工业	1	1	1594.3	1594.3		

注:规模以上工业指年主营业务收入2000万元以上的企业。

规模以上工业企

3-2 续表1

（2014年）

指标名称	#产成品	资产总计	流动资产合计	#应收账款	存货	#产成品	在产品
总计	430133.9	22019286.2	8762707.1	1556415.6	2027717.8	582038.6	173068.6
按登记注册类型分							
内资企业	423841.2	21681808.9	8650720.5	1520388.2	2006503.2	567445.3	172086.4
国有企业	5867.9	135297.3	104891.0	34849.9	12775.3	5725.7	2657.8
中央企业		37693.8	28877.5	28830.7			
地方企业	5867.9	97603.5	76013.5	6019.2	12775.3	5725.7	2657.8
集体企业	486.9	10228.3	7372.9	3706.0	446.8	446.8	
有限责任公司	198923.9	12419352.3	4402331.7	782841.2	1221113.7	208538.6	68690.5
国有独资公司	11801.6	1423347.0	111201.3	21408.5	20579.7	11940.6	
其他有限责任公司	187122.3	10996005.3	4291130.4	761432.7	1200534.0	196598.0	68690.5
股份有限公司	43675.8	876269.2	303411.1	38885.8	87356.5	27705.9	17938.8
私营企业	174886.7	8240661.8	3832713.8	660105.3	684810.9	325028.3	82799.3
私营独资企业	11140.7	754470.3	228936.9	24741.3	20522.2	10987.7	350.8
私营合伙企业	794.5	35081.8	27171.3	2829.2	2371.7	2195.8	
私营有限责任公司	152325.3	7097013.2	3429439.3	607168.8	623816.7	298171.3	81883.5
私营股份有限公司	10626.2	354096.5	147166.3	25366.0	38100.3	13673.5	565.0
港、澳、台商投资企业	664.7	245094.0	61388.4	12205.2	8276.3	7413.7	
合资经营企业(港或澳、台资)	664.7	163111.4	26628.1	12024.4	1682.0	1069.6	
合作经营企业(港或澳、台资)		81982.6	34760.3	180.8	6594.3	6344.1	
外商投资企业	5628.0	92383.3	50598.2	23822.2	12938.3	7179.6	982.2
中外合资经营企业	3690.2	60605.7	43176.3	20189.5	10048.2	5241.8	982.2
中外合作经营企业	1937.8	31777.6	7421.9	3632.7	2890.1	1937.8	
按企业组织形式分							
独资企业	17495.5	899995.9	341200.8	63297.2	33744.3	17160.2	3008.6
国有企业	5867.9	135297.3	104891.0	34849.9	12775.3	5725.7	2657.8
集体企业	486.9	10228.3	7372.9	3706.0	446.8	446.8	
私营独资企业	11140.7	754470.3	228936.9	24741.3	20522.2	10987.7	350.8
合作、合伙企业	2732.3	148842.0	69353.5	6642.7	11856.1	10477.7	
私营合伙企业	794.5	35081.8	27171.3	2829.2	2371.7	2195.8	
合作经营企业(港或澳、台资)		81982.6	34760.3	180.8	6594.3	6344.1	
中外合作经营企业	1937.8	31777.6	7421.9	3632.7	2890.1	1937.8	
股份有限公司	54302.0	1230365.7	450577.4	64251.8	125456.8	41379.4	18503.8
股份有限公司(内资)	43675.8	876269.2	303411.1	38885.8	87356.5	27705.9	17938.8
私营股份有限公司	10626.2	354096.5	147166.3	25366.0	38100.3	13673.5	565.0
有限责任公司	355604.1	19740082.6	7901575.4	1422223.9	1856660.6	513021.3	151556.2
国有独资公司	11801.6	1423347.0	111201.3	21408.5	20579.7	11940.6	
私营有限责任公司	152325.3	7097013.2	3429439.3	607168.8	623816.7	298171.3	81883.5
合资经营企业(港或澳、台资)	664.7	163111.4	26628.1	12024.4	1682.0	1069.6	
中外合资经营企业	3690.2	60605.7	43176.3	20189.5	10048.2	5241.8	982.2
其他有限责任公司	187122.3	10996005.3	4291130.4	761432.7	1200534.0	196598.0	68690.5
在总计中：亏损企业	94878.5	5412090.1	2458172.7	212610.3	306585.0	137280.6	46768.5
在总计中：国有控股企业	100914.9	8535243.1	2488189.5	282331.6	970730.8	101012.6	29607.4
在总计中：农村工业		2468.8	1051.7	274.3			

业主要经济指标

单位：万元

固定资产合计	固定资产原价	累计折旧	#本年折旧	在建工程	负债合计	流动负债合计
10167268.8	13208671.1	4034322.5	962110.8	1179517.9	15858842.0	13412114.7
9959848.6	12953498.5	3969424.9	944162.4	1158224.3	15703581.5	13282972.1
20431.5	47898.3	31254.6	1358.7	6012.3	130834.1	113912.5
1416.8	18199.8	16783.0	102.0		54211.0	53293.2
19014.7	29698.5	14471.6	1256.7	6012.3	76623.1	60619.3
2402.9	4598.5	2236.7	201.9	41.1	6104.3	4436.8
6480672.9	8562034.3	2518111.7	587327.4	663445.7	9116177.3	7649429.3
940409.6	1578717.8	638433.4	74971.5	102125.2	811333.7	574570.6
5540263.3	6983316.5	1879678.3	512355.9	561320.5	8304843.6	7074858.7
481840.8	444571.8	175246.5	50099.5	213519.4	511832.8	346594.7
2974500.5	3894395.6	1242575.4	305174.9	275205.8	5938633.0	5168598.8
44813.8	43989.7	12578.6	3817.2	1432.3	669334.1	667569.3
5972.1	9786.8	3814.7	603.6		25603.4	24636.9
2743497.0	3542090.3	1104024.9	274312.2	266725.5	4949285.8	4187931.5
180217.6	298528.8	122157.2	26441.9	7048.0	294409.7	288461.1
176216.1	224610.3	50160.7	16636.2	5915.0	96551.5	70481.1
131839.6	165850.0	35044.8	9666.7	3494.8	40586.8	14516.4
44376.5	58760.3	15115.9	6969.5	2420.2	55964.7	55964.7
31204.1	30562.3	14736.9	1312.2	15378.6	58709.0	58661.5
14768.0	24977.5	12846.9	951.2	2637.4	30694.9	30647.4
16436.1	5584.8	1890.0	361.0	12741.2	28014.1	28014.1
67648.2	96486.5	46069.9	5377.8	7485.7	806272.5	785918.6
20431.5	47898.3	31254.6	1358.7	6012.3	130834.1	113912.5
2402.9	4598.5	2236.7	201.9	41.1	6104.3	4436.8
44813.8	43989.7	12578.6	3817.2	1432.3	669334.1	667569.3
66784.7	74131.9	20820.6	7934.1	15161.4	109582.2	108615.7
5972.1	9786.8	3814.7	603.6		25603.4	24636.9
44376.5	58760.3	15115.9	6969.5	2420.2	55964.7	55964.7
16436.1	5584.8	1890.0	361.0	12741.2	28014.1	28014.1
662058.4	743100.6	297403.7	76541.4	220567.4	806242.5	635055.8
481840.8	444571.8	175246.5	50099.5	213519.4	511832.8	346594.7
180217.6	298528.8	122157.2	26441.9	7048.0	294409.7	288461.1
9370777.5	12294952.1	3670028.3	872257.5	936303.4	14136744.8	11882524.6
940409.6	1578717.8	638433.4	74971.5	102125.2	811333.7	574570.6
2743497.0	3542090.3	1104024.9	274312.2	266725.5	4949285.8	4187931.5
131839.6	165850.0	35044.8	9666.7	3494.8	40586.8	14516.4
14768.0	24977.5	12846.9	951.2	2637.4	30694.9	30647.4
5540263.3	6983316.5	1879678.3	512355.9	561320.5	8304843.6	7074858.7
2118381.8	2642655.5	649137.7	177692.9	233779.5	4166591.7	3559862.1
5033441.5	6628489.8	2068619.2	473742.0	687829.2	6512642.9	5348681.6
964.6	2034.5	1069.9	84.9		523.5	523.5

规模以上工业企

3-2 续表2

（2014年）

指标名称	#应付账款	非流动负债合计	所有者权益合计	#实收资本	国家资本	集体资本	法人资本
总计	2334382.7	1821651.4	6094629.9	2733569.5	1062113.4	23371.7	819311.2
按登记注册类型分							
内资企业	2308734.6	1795533.6	5920754.1	2642046.1	989761.3	23371.7	814429.9
国有企业	23576.7	16917.2	20984.5	11656.0	11656.0		
中央企业	7413.0	917.8					
地方企业	16163.7	15999.4	20984.5	11656.0	11656.0		
集体企业	1788.9	1667.5	3857.3	166.0		153.0	13.0
有限责任公司	1190583.5	1335745.3	3274358.2	1534328.6	874092.8	19218.7	432075.8
国有独资公司	167867.5	161912.9	612013.1	280057.9	280057.9		
其他有限责任公司	1022716.0	1173832.4	2662345.1	1254270.7	594034.9	19218.7	432075.8
股份有限公司	72552.9	27363.7	364436.2	241062.6	101512.5	1500.0	120877.4
私营企业	1020232.6	413839.9	2257117.9	854832.9	2500.0	2500.0	261463.7
私营独资企业	23500.3	331.3	84932.7	12300.2			3256.5
私营合伙企业	594.0		9463.1	7394.8			27.5
私营有限责任公司	826589.0	411789.7	2103135.6	791899.3	2500.0	2500.0	255064.7
私营股份有限公司	169549.3	1718.9	59586.5	43238.6			3115.0
港、澳、台商投资企业	15793.7	26070.4	140289.5	78465.7	72352.1		213.6
合资经营企业(港或澳、台资)	-583.7	26070.4	122524.6	72465.7	72352.1		113.6
合作经营企业(港或澳、台资)	16377.4		17764.9	6000.0			100.0
外商投资企业	9854.4	47.4	33586.3	13057.7			4667.7
中外合资经营企业	5318.5	47.4	29822.8	12728.8			4454.5
中外合作经营企业	4535.9		3763.5	328.9			213.2
按企业组织形式分							
独资企业	48865.9	18916.0	109774.5	24122.2	11656.0	153.0	3269.5
国有企业	23576.7	16917.2	20984.5	11656.0	11656.0		
集体企业	1788.9	1667.5	3857.3	166.0		153.0	13.0
私营独资企业	23500.3	331.3	84932.7	12300.2			3256.5
合作、合伙企业	21507.3		30991.5	13723.7			340.7
私营合伙企业	594.0		9463.1	7394.8			27.5
合作经营企业(港或澳、台资)	16377.4		17764.9	6000.0			100.0
中外合作经营企业	4535.9		3763.5	328.9			213.2
股份有限公司	242102.2	29082.6	424022.7	284301.2	101512.5	1500.0	123992.4
股份有限公司(内资)	72552.9	27363.7	364436.2	241062.6	101512.5	1500.0	120877.4
私营股份有限公司	169549.3	1718.9	59586.5	43238.6			3115.0
有限责任公司	2021907.3	1773652.8	5529841.2	2411422.4	948944.9	21718.7	691708.6
国有独资公司	167867.5	161912.9	612013.1	280057.9	280057.9		
私营有限责任公司	826589.0	411789.7	2103135.6	791899.3	2500.0	2500.0	255064.7
合资经营企业(港或澳、台资)	-583.7	26070.4	122524.6	72465.7	72352.1		113.6
中外合资经营企业	5318.5	47.4	29822.8	12728.8			4454.5
其他有限责任公司	1022716.0	1173832.4	2662345.1	1254270.7	594034.9	19218.7	432075.8
在总计中：亏损企业	556762.4	434120.4	1230599.9	596051.3	219180.4	1681.0	209791.0
在总计中：国有控股企业	760056.6	1087675.6	2031191.7	1251429.9	968077.4	12165.7	241746.0
在总计中：农村工业			1678.8	150.0		150.0	

业主要经济指标

单位：万元

个人资本	港澳台资本	外商资本	营业收入	#主营业务收入	营业成本	#主营业务成本
821565.2	2900.0	4308.0	17448721.5	16769301.2	14687495.0	14167755.7
814483.2			17251254.6	16572335.2	14572147.2	14052819.3
			77847.3	44288.5	51985.5	35624.9
			32710.5	-77.7	16194.4	445.0
			45136.8	44366.2	35791.1	35179.9
			9654.5	9654.5	8713.2	8713.2
208941.3			8802108.3	8372664.8	7467761.6	7116140.4
			1279220.6	1271671.0	1226987.5	1221038.4
208941.3			7522887.7	7100993.8	6240774.1	5895102.0
17172.7			722159.2	694972.4	569630.2	547268.7
588369.2			7639485.3	7450755.0	6474056.7	6345072.1
9043.7			117032.1	117032.1	86871.6	86871.6
7367.3			28709.6	27951.8	26019.8	25661.3
531834.6			6202249.4	6018024.4	5159899.5	5033405.0
40123.6			1291494.2	1287746.7	1201265.8	1199134.2
3000.0	2900.0		112787.8	112485.8	60908.5	60598.8
			35272.0	34970.0	14580.2	14270.5
3000.0	2900.0		77515.8	77515.8	46328.3	46328.3
4082.0		4308.0	84679.1	84480.2	54439.3	54337.6
4082.0		4192.3	49975.8	49776.9	30141.3	30039.6
		115.7	34703.3	34703.3	24298.0	24298.0
9043.7			204533.9	170975.1	147570.3	131209.7
			77847.3	44288.5	51985.5	35624.9
			9654.5	9654.5	8713.2	8713.2
9043.7			117032.1	117032.1	86871.6	86871.6
10367.3	2900.0	115.7	140928.7	140170.9	96646.1	96287.6
7367.3			28709.6	27951.8	26019.8	25661.3
3000.0	2900.0		77515.8	77515.8	46328.3	46328.3
		115.7	34703.3	34703.3	24298.0	24298.0
57296.3			2013653.4	1982719.1	1770896.0	1746402.9
17172.7			722159.2	694972.4	569630.2	547268.7
40123.6			1291494.2	1287746.7	1201265.8	1199134.2
744857.9		4192.3	15089605.5	14475436.1	12672382.6	12193855.5
			1279220.6	1271671.0	1226987.5	1221038.4
531834.6			6202249.4	6018024.4	5159899.5	5033405.0
			35272.0	34970.0	14580.2	14270.5
4082.0		4192.3	49975.8	49776.9	30141.3	30039.6
208941.3			7522887.7	7100993.8	6240774.1	5895102.0
165398.9			3134975.8	2821795.5	2823989.2	2590533.5
28957.8		483.0	5192187.5	4908522.5	4583316.1	4335812.1
			1594.3	1594.3	1341.4	1341.4

规模以上工业企

3-2 续表3

（2014年）

指标名称	营业税金及附加	#主营业务税金及附加	其他业务收入	其他业务利润	销售费用	管理费用	#税金
总计	299416.0	229617.9	679420.3	98684.9	326216.4	715308.7	34604.4
按登记注册类型分							
内资企业	293197.3	223399.2	678919.4	98595.4	312050.4	693538.9	31349.0
国有企业	1045.4	510.8	33558.8	1.5	1890.8	7158.2	234.6
中央企业	534.5		32788.2				
地方企业	510.9	510.8	770.6	1.5	1890.8	7158.2	234.6
集体企业	85.9	85.9			314.2	754.5	187.1
有限责任公司	130139.7	95940.2	429443.5	51198.0	143807.6	368904.7	16180.7
国有独资公司	3680.5	3558.6	7549.6	-88.2	2176.2	12332.5	822.3
其他有限责任公司	126459.2	92381.6	421893.9	51286.2	141631.4	356572.2	15358.4
股份有限公司	4304.2	4304.2	27186.8	9434.3	45604.8	30262.5	2066.7
私营企业	157622.1	122558.1	188730.3	37961.6	120433.0	286459.0	12679.9
私营独资企业	7672.0	6590.2			827.0	6034.3	145.4
私营合伙企业	337.8	337.8	757.8		29.9	1013.6	10.1
私营有限责任公司	147275.3	113293.1	184225.0	36345.7	110914.8	267212.2	11742.0
私营股份有限公司	2337.0	2337.0	3747.5	1615.9	8661.3	12198.9	782.4
港、澳、台商投资企业	5690.1	5690.1	302.0	-7.7	7674.9	17342.7	2891.0
合资经营企业(港或澳、台资)	206.4	206.4	302.0	-7.7	6564.3	2363.3	164.9
合作经营企业(港或澳、台资)	5483.7	5483.7			1110.6	14979.4	2726.1
外商投资企业	528.6	528.6	198.9	97.2	6491.1	4427.1	364.4
中外合资经营企业	490.1	490.1	198.9	97.2	5623.8	3266.7	161.3
中外合作经营企业	38.5	38.5			867.3	1160.4	203.1
按企业组织形式分							
独资企业	8803.3	7186.9	33558.8	1.5	3032.0	13947.0	567.1
国有企业	1045.4	510.8	33558.8	1.5	1890.8	7158.2	234.6
集体企业	85.9	85.9			314.2	754.5	187.1
私营独资企业	7672.0	6590.2			827.0	6034.3	145.4
合作、合伙企业	5860.0	5860.0	757.8		2007.8	17153.4	2939.3
私营合伙企业	337.8	337.8	757.8		29.9	1013.6	10.1
合作经营企业(港或澳、台资)	5483.7	5483.7			1110.6	14979.4	2726.1
中外合作经营企业	38.5	38.5			867.3	1160.4	203.1
股份有限公司	6641.2	6641.2	30934.3	11050.2	54266.1	42461.4	2849.1
股份有限公司(内资)	4304.2	4304.2	27186.8	9434.3	45604.8	30262.5	2066.7
私营股份有限公司	2337.0	2337.0	3747.5	1615.9	8661.3	12198.9	782.4
有限责任公司	278111.5	209929.8	614169.4	87633.2	266910.5	641746.9	28248.9
国有独资公司	3680.5	3558.6	7549.6	-88.2	2176.2	12332.5	822.3
私营有限责任公司	147275.3	113293.1	184225.0	36345.7	110914.8	267212.2	11742.0
合资经营企业(港或澳、台资)	206.4	206.4	302.0	-7.7	6564.3	2363.3	164.9
中外合资经营企业	490.1	490.1	198.9	97.2	5623.8	3266.7	161.3
其他有限责任公司	126459.2	92381.6	421893.9	51286.2	141631.4	356572.2	15358.4
在总计中：亏损企业	107278.7	39878.6	313180.3	78390.1	36904.1	210961.5	6374.8
在总计中：国有控股企业	17886.6	16822.1	283665.0	2811.3	33603.5	229109.3	11998.9
在总计中：农村工业	3.3	3.3				455.9	1.6

业主要经济指标

单位：万元

财务费用	#利息收入	利息支出	营业利润	资产减值损失	公允价值变动收益	投资收益
502650.7	13989.9	444308.4	950396.3	5312.8	10.4	35618.6
497898.9	13944.1	440076.3	915832.9	4663.3	10.4	35618.6
206.9	9.6	223.9	13455.2	2105.3		
-5.7	5.8		13890.9	2096.4		
212.6	3.8	223.9	-435.7	8.9		
81.5	0.5	79.0	-294.8			
297667.5	5813.4	272816.5	406227.9	3280.1	10.4	15232.9
22281.5	245.0	21663.8	12052.1	1.1		241.2
275386.0	5568.4	251152.7	394175.8	3279.0	10.4	14991.7
12152.3	2227.0	13980.5	74587.5	-771.6		13610.7
187790.7	5893.6	152976.4	421857.1	49.5		6775.0
4023.7	5.2	3967.6	11603.5			
422.3		418.2	886.2			
178832.5	5602.5	144971.0	346898.4	49.5		6825.0
4512.2	285.9	3619.6	62469.0			-50.0
2929.3	-16.3	2683.0	18242.3			
1396.5	37.4	1417.1	10161.3			
1532.8	-53.7	1265.9	8081.0			
1822.5	62.1	1549.1	16321.1	649.5		
867.7	55.9	588.1	8936.8	649.5		
954.8	6.2	961.0	7384.3			
4312.1	15.3	4270.5	24763.9	2105.3		
206.9	9.6	223.9	13455.2	2105.3		
81.5	0.5	79.0	-294.8			
4023.7	5.2	3967.6	11603.5			
2909.9	-47.5	2645.1	16351.5			
422.3		418.2	886.2			
1532.8	-53.7	1265.9	8081.0			
954.8	6.2	961.0	7384.3			
16664.5	2512.9	17600.1	137056.5	-771.6		13560.7
12152.3	2227.0	13980.5	74587.5	-771.6		13610.7
4512.2	285.9	3619.6	62469.0			-50.0
478764.2	11509.2	419792.7	772224.4	3979.1	10.4	22057.9
22281.5	245.0	21663.8	12052.1	1.1		241.2
178832.5	5602.5	144971.0	346898.4	49.5		6825.0
1396.5	37.4	1417.1	10161.3			
867.7	55.9	588.1	8936.8	649.5		
275386.0	5568.4	251152.7	394175.8	3279.0	10.4	14991.7
132122.9	-1151.6	106925.1	-172283.4	826.0	10.4	1899.8
207573.8	6717.9	205036.7	128805.7	4173.9		12052.8
47.8		47.8	-254.1			

规模以上工业企

3-2 续表4

（2014年）

指 标 名 称	营业外收入	补贴收入	营业外支出	利润总额	所得税费用	亏损企业亏损总额
总 计	90345.3	45177.2	41239.5	992674.8	114646.8	157314.9
按登记注册类型分						
内资企业	89026.2	44025.6	40381.0	957650.8	111393.9	157095.7
国有企业	4097.5	1400.5	105.8	17446.9	166.0	455.3
中央企业	3233.2	1398.5		17124.1		
地方企业	864.3	2.0	105.8	322.8	166.0	455.3
集体企业	78.8		6.6	-222.6		291.7
有限责任公司	61703.3	34671.4	16349.6	442500.5	46530.4	55580.3
国有独资公司	25376.2	12159.7	801.7	27545.5	6123.1	823.9
其他有限责任公司	36327.1	22511.7	15547.9	414955.0	40407.3	54756.4
股份有限公司	3644.5	723.3	643.0	77589.1	13196.0	3204.4
私营企业	19502.1	7230.4	23276.0	420336.9	51501.5	97564.0
私营独资企业	53.0		157.1	11499.4	678.3	608.5
私营合伙企业	3.0		35.1	854.1	159.0	732.3
私营有限责任公司	18647.2	7104.4	22295.1	345504.2	50503.4	94306.2
私营股份有限公司	798.9	126.0	788.7	62479.2	160.8	1917.0
港、澳、台商投资企业	404.4	345.0	492.5	18154.2	988.8	
合资经营企业(港或澳、台资)	404.4	345.0	492.5	10073.2	947.4	
合作经营企业(港或澳、台资)				8081.0	41.4	
外商投资企业	914.7	806.6	366.0	16869.8	2264.1	219.2
中外合资经营企业	914.7	806.6	366.0	9485.5	2264.1	219.2
中外合作经营企业				7384.3		
按企业组织形式分						
独资企业	4229.3	1400.5	269.5	28723.7	844.3	1355.5
国有企业	4097.5	1400.5	105.8	17446.9	166.0	455.3
集体企业	78.8		6.6	-222.6		291.7
私营独资企业	53.0		157.1	11499.4	678.3	608.5
合作、合伙企业	3.0		35.1	16319.4	200.4	732.3
私营合伙企业	3.0		35.1	854.1	159.0	732.3
合作经营企业(港或澳、台资)				8081.0	41.4	
中外合作经营企业				7384.3		
股份有限公司	4443.4	849.3	1431.7	140068.3	13356.8	5121.4
股份有限公司(内资)	3644.5	723.3	643.0	77589.1	13196.0	3204.4
私营股份有限公司	798.9	126.0	788.7	62479.2	160.8	1917.0
有限责任公司	81669.6	42927.4	39503.2	807563.4	100245.3	150105.7
国有独资公司	25376.2	12159.7	801.7	27545.5	6123.1	823.9
私营有限责任公司	18647.2	7104.4	22295.1	345504.2	50503.4	94306.2
合资经营企业(港或澳、台资)	404.4	345.0	492.5	10073.2	947.4	
中外合资经营企业	914.7	806.6	366.0	9485.5	2264.1	219.2
其他有限责任公司	36327.1	22511.7	15547.9	414955.0	40407.3	54756.4
在总计中：亏损企业	40023.4	22943.5	16186.5	-157314.9	6747.5	157314.9
在总计中：国有控股企业	49881.4	29502.4	7574.8	162031.3	19601.0	16966.7
在总计中：农村工业				-254.1		254.1

业主要经济指标

单位：万元

利税总额	应交税金及附加	本年应付职工薪酬	本年应交增值税	从业人员平均人数（人）	从业人员期末人数（人）	平均用工人数	期末用工人数
1927729.0	1084305.4	834155.8	635638.2	141524	139004	146234	141134
1871110.9	1056203.0	815654.5	620262.8	139070	136483	143812	138594
25864.4	8818.1	5145.3	7372.1	1253	1296	1290	1110
21967.3	4843.2		4308.7				
3897.1	3974.9	5145.3	3063.4	1253	1296	1290	1110
684.7	1094.4	908.1	821.4	417	416	416	416
853715.5	473926.1	457148.5	281075.3	68368	67022	68319	66183
67622.2	47022.1	67699.4	36396.2	7013	6947	7013	6947
786093.3	426904.0	389449.1	244679.1	61355	60075	61306	59236
109742.9	47416.5	47395.7	27849.6	6534	6470	6653	6587
881103.4	524947.9	305056.9	303144.4	62498	61279	67134	64298
28384.8	17709.1	4771.1	9213.4	1286	1258	1280	836
1849.2	1164.2	1393.1	657.3	372	346	365	346
771927.5	488668.7	248534.7	279148.0	55797	54679	57461	55115
78941.9	17405.9	50358.0	14125.7	5043	4996	8028	8001
34967.8	20693.4	9705.4	11123.5	820	821	770	771
12459.8	3498.9	1730.4	2180.2	220	221	220	221
22508.0	17194.5	7975.0	8943.3	600	600	550	550
21650.3	7409.0	8795.9	4251.9	1634	1700	1652	1769
12585.2	5525.1	5999.4	2609.6	871	877	889	946
9065.1	1883.9	2796.5	1642.3	763	823	763	823
54933.9	27621.6	10824.5	17406.9	2956	2970	2986	2362
25864.4	8818.1	5145.3	7372.1	1253	1296	1290	1110
684.7	1094.4	908.1	821.4	417	416	416	416
28384.8	17709.1	4771.1	9213.4	1286	1258	1280	836
33422.3	20242.6	12164.6	11242.9	1735	1769	1678	1719
1849.2	1164.2	1393.1	657.3	372	346	365	346
22508.0	17194.5	7975.0	8943.3	600	600	550	550
9065.1	1883.9	2796.5	1642.3	763	823	763	823
188684.8	64822.4	97753.7	41975.3	11577	11466	14681	14588
109742.9	47416.5	47395.7	27849.6	6534	6470	6653	6587
78941.9	17405.9	50358.0	14125.7	5043	4996	8028	8001
1650688.0	971618.8	713413.0	565013.1	125256	122799	126889	122465
67622.2	47022.1	67699.4	36396.2	7013	6947	7013	6947
771927.5	488668.7	248534.7	279148.0	55797	54679	57461	55115
12459.8	3498.9	1730.4	2180.2	220	221	220	221
12585.2	5525.1	5999.4	2609.6	871	877	889	946
786093.3	426904.0	389449.1	244679.1	61355	60075	61306	59236
75128.6	245565.8	188768.3	125164.8	42659	41295	43840	40872
306211.8	175780.4	332481.2	126293.9	39902	39575	39667	39332
−250.8	4.9	532.1		189	190	190	190

3-3 按行业大类分规模以上

（2014年）

指标名称	企业单位数（个）	亏损企业	工业总产值（当年价格）	工业销售产值（当年价格）	出口交货值
总计	572	198	17955129.7	17592902.6	337654.7
煤炭开采和洗选业	4	3	53252.0	52049.8	
黑色金属矿采选业	223	107	7127626.8	6788090.4	6.8
有色金属矿采选业	9	2	331169.5	303285.2	
非金属矿采选业	21	10	61273.0	57909.5	
农副食品加工业	35	6	546492.7	540575.6	26831.5
食品制造业	27	2	367121.0	362556.8	21308.6
酒、饮料和精制茶制造业	20	4	642204.0	744852.4	
纺织业	3		15254.2	14989.3	955.7
纺织服装、服饰业	3	2	11411.0	11411.0	6856.4
木材加工和木、竹、藤、棕、草制品业	2		69059.8	67216.9	
家具制造业	1		3107.9	2658.4	
造纸和纸制品业	1	1	2346.2	2346.2	
印刷和记录媒介复制业	3	1	12558.8	12058.3	267.9
文教、工美、体育和娱乐用品制造业	9	2	22696.9	22609.8	14.6
石油加工、炼焦和核燃料加工业	1		255372.0	255372.0	
化学原料和化学制品制造业	23	7	217203.5	190899.0	
医药制造业	11		133591.4	122481.9	5419.5
橡胶和塑料制品业	3	2	12103.5	9909.1	
非金属矿物制品业	64	19	365918.8	348461.6	13061.2
黑色金属冶炼和压延加工业	15	4	5243101.1	5235540.1	221443.3
有色金属冶炼和压延加工业	11	5	228218.6	223449.1	
金属制品业	11	6	73276.3	66770.5	25258.6
通用设备制造业	17	6	126323.7	129198.4	14013.1
专用设备制造业	5	2	27715.4	25600.7	
汽车制造业	4	1	145188.5	140556.8	420.2
电气机械和器材制造业	11		351945.4	350818.2	
仪器仪表制造业	8		37048.1	41082.2	1797.3
电力、热力生产和供应业	23	5	1457265.0	1454868.8	
燃气生产和供应业	1		2992.0	2992.0	
水的生产和供应业	3	1	12292.6	12292.6	

工业企业主要经济指标

单位：万元

年初存货	#产成品	资产总计	流动资产合计	#应收账款	存 货
1909066.7	430133.9	22019286.2	8762707.1	1556415.6	2027717.8
17430.1	12742.3	264371.4	71733.8	9860.3	16823.4
365029.9	139352.0	7821128.7	3811494.9	838667.9	477545.1
14030.7	6625.9	218726.3	70434.8	8986.9	17058.9
8449.2	3739.5	77249.4	43276.3	18244.0	9103.6
81116.1	41077.5	510497.1	227717.1	31463.8	94740.6
36210.5	14298.0	278782.8	124845.6	26627.3	55487.4
114970.1	62587.2	639832.0	351193.9	13673.0	114713.0
5195.9	1627.6	17766.8	12096.2	1030.2	4889.9
8432.5	1397.2	17461.6	12110.4	1627.7	7696.0
6906.4	4340.0	92558.6	24629.5	1128.7	7057.7
942.9	284.2	7840.8	2843.4	697.2	855.5
536.4	218.9	78686.2	31818.8	495.6	3208.1
2295.3	623.5	22205.6	12456.7	3368.4	3213.5
3470.0	1626.3	20634.6	10833.7	3607.3	4114.7
21252.9	778.7	180505.9	32176.6	14187.9	14187.9
26629.6	7363.7	318392.7	131860.0	36499.1	30601.1
18760.0	6517.5	154538.1	102146.2	22022.1	24707.8
1770.3	564.3	33446.5	16185.2	2095.0	2965.7
62481.4	16173.5	1082387.0	441290.3	146680.7	74097.5
954826.0	51024.1	5928916.9	2349851.4	104282.1	911483.3
35142.4	6497.9	221654.7	76497.2	7600.3	25643.7
10147.0	4588.8	90967.3	33697.1	12557.0	10369.3
44194.4	11318.4	225356.4	136064.1	50686.0	44381.8
8672.0	3190.9	47898.8	31421.8	16966.8	8230.3
18482.0	12357.3	192922.5	51135.5	11194.9	17391.8
20109.1	13402.0	159383.0	100733.4	26796.8	18980.2
7320.0	4398.0	50042.3	39721.6	18206.8	8094.8
13735.9	1418.7	3213290.8	395926.1	124472.5	19255.9
33.6		6214.1	625.1		326.5
494.1		45627.3	15890.4	2689.3	492.8

按行业大类分规模以上

3-3续表1

（2014年）

指 标 名 称						
			固定资产合　计	固定资产原　价	累计折旧	
	#产成品	在产品				#本年折旧
总　计	582038.6	173068.6	10167268.8	13208671.1	4034322.5	962110.8
煤炭开采和洗选业	11984.6		103020.8	96183.9	25425.7	5486.4
黑色金属矿采选业	278793.6	44435.6	2593131.8	3322471.5	1013083.0	268071.0
有色金属矿采选业	8633.3	654.6	144666.6	185460.7	66176.2	17525.4
非金属矿采选业	4408.1	912.6	20637.0	29521.1	10318.0	1616.2
农副食品加工业	48835.7	7345.8	215472.0	265395.9	73710.4	18099.5
食品制造业	20004.8	2323.3	100515.5	124051.7	36619.5	7749.1
酒、饮料和精制茶制造业	38896.9	35957.3	190835.6	253654.2	97526.5	15171.8
纺织业	2098.1	353.8	2002.9	3857.9	1856.1	239.8
纺织服装、服饰业	1285.9	1163.6	4295.7	7877.3	3581.6	1021.3
木材加工和木、竹、藤、棕、草制品业	4440.1		46116.1	56879.2	13040.3	4579.8
家具制造业			4997.3	5395.9	398.6	52.9
造纸和纸制品业	2790.4		6422.3	12537.0	8038.7	
印刷和记录媒介复制业	1698.5		7191.2	9303.5	2112.3	772.9
文教、工美、体育和娱乐用品制造业	2365.1	1102.3	6284.6	9050.9	2826.1	383.5
石油加工、炼焦和核燃料加工业	1670.6	12517.3	142591.1	24512.1	24350.8	24350.8
化学原料和化学制品制造业	8941.7	205.4	87955.6	116352.7	40877.5	8285.4
医药制造业	9225.6	1779.8	33152.2	53499.8	25029.8	3166.1
橡胶和塑料制品业	1315.1	217.0	16288.8	18230.0	1941.2	1081.6
非金属矿物制品业	23042.9	7699.8	538518.2	651291.3	138211.5	27878.9
黑色金属冶炼和压延加工业	49141.3	41650.4	3050268.1	4131221.8	1257201.6	312489.6
有色金属冶炼和压延加工业	5931.9	1523.8	109241.5	110419.0	51245.3	9543.1
金属制品业	5033.1	2571.0	29271.1	15627.0	5275.7	1696.3
通用设备制造业	17088.5	6616.9	35236.6	46382.7	22400.7	3134.7
专用设备制造业	3290.8	2002.7	12156.0	12222.4	6480.3	725.2
汽车制造业	12218.9	836.5	106502.4	121424.3	15425.7	8526.2
电气机械和器材制造业	11763.2	184.2	53740.3	44689.2	13885.4	3007.5
仪器仪表制造业	3286.6	858.4	7627.5	15475.8	8434.4	977.1
电力、热力生产和供应业	3250.1		2464279.6	3416856.5	1048130.8	214978.3
燃气生产和供应业	170.0	156.5	5589.0	1201.5	56.2	56.2
水的生产和供应业	433.2		29261.4	47624.3	20662.6	1444.2

工业企业主要经济指标

单位：万元

在建工程	负债合计	流动负债合计	#应付账款	非流动负债合计	所有者权益合计
1179517.9	15858842.0	13412114.7	2334382.7	1821651.4	6094629.9
15550.6	112037.2	89444.5	22913.9	22273.7	152333.9
278270.1	5831864.4	5175961.6	954276.3	378330.0	1926035.3
14372.9	123709.4	106179.0	22856.4	367.7	95016.9
7152.4	46426.4	45529.4	13908.6	590.8	30078.9
21562.1	292368.1	263515.9	43270.0	26565.9	217447.2
17490.4	145369.9	98896.3	17566.0	38673.4	130418.9
35137.6	390839.4	356874.6	78075.1	9261.5	248595.5
1410.2	11125.4	11023.4	666.2	102.0	6567.5
15.2	15355.8	15355.8	2428.7		2105.8
1980.7	76714.3	75614.6	3185.6	333.6	15844.3
	3475.5	3475.5	264.5		4365.3
455.5	73786.4	73106.4	4979.9		3120.4
538.9	16968.0	15383.3	3352.8	1584.6	5237.4
282.2	12428.8	12221.8	1193.7	3.7	8205.9
180505.9	98530.9	97184.1	1346.8	1346.8	81974.9
16537.1	138907.1	86267.8	18690.8	46666.2	171475.7
2944.4	76940.4	74265.0	5048.6	2675.4	77597.7
	19296.5	19153.5	294.0	143.0	14149.9
41564.4	737021.2	613315.0	108391.4	53987.6	342953.5
239124.0	4859243.8	4506856.0	636053.8	352378.6	1069521.6
34998.4	187648.0	157917.8	27375.4	29730.2	33662.3
23697.6	72118.0	71700.1	7790.9	417.9	18783.3
9125.0	128502.5	117015.1	36685.1	11148.7	96621.1
6304.4	18397.4	18180.7	10564.8	205.9	28848.8
18900.9	116684.0	75037.5	20658.3	41646.5	76164.8
735.0	73660.8	68297.0	17187.7	127.5	85426.9
600.9	16980.3	15927.3	4298.5	47.3	32665.1
204280.3	2120339.8	1130896.5	267225.9	778459.9	1109672.1
4443.6	4821.0	4821.0	292.0		1393.0
1537.2	37281.3	12698.2	3541.0	24583.0	8346.0

按行业大类分规模以上

3-3续表2

（2014年）

指标名称	所有者权益合计					
	#实收资本	国家资本	集体资本	法人资本	个人资本	港澳台资本
总计	2733569.5	1062113.4	23371.7	819311.2	821565.2	2900.0
煤炭开采和洗选业	110213.0	82676.8		12480.2	15056.0	
黑色金属矿采选业	547756.6	19870.0	7028.0	206839.9	311118.7	2900.0
有色金属矿采选业	31160.4			10259.5	20900.9	
非金属矿采选业	18727.5			7977.1	10647.5	
农副食品加工业	77060.5	6923.0	1500.0	24340.7	44296.8	
食品制造业	38212.8	186.5		5369.3	31657.4	
酒、饮料和精制茶制造业	100784.5	1645.1	1000.0	65563.6	32575.8	
纺织业	2885.6			156.3	2729.3	
纺织服装、服饰业	3131.6				3131.6	
木材加工和木、竹、藤、棕、草制品业	12000.0	10000.0			2000.0	
家具制造业	650.0				650.0	
造纸和纸制品业	9000.0				9000.0	
印刷和记录媒介复制业	4094.0			150.0	3944.0	
文教、工美、体育和娱乐用品制造业	7565.0			3428.0	4137.0	
石油加工、炼焦和核燃料加工业	77800.0	77800.0				
化学原料和化学制品制造业	61126.3	12546.4		14898.2	33681.7	
医药制造业	23488.4			9813.6	13674.8	
橡胶和塑料制品业	8790.0			350.0	8440.0	
非金属矿物制品业	237523.6	34800.0	28.0	140701.9	61510.7	
黑色金属冶炼和压延加工业	505222.0	330000.0		17967.5	157254.5	
有色金属冶炼和压延加工业	25496.2	11695.3	150.0	7031.8	6619.1	
金属制品业	10688.9			3338.2	7235.0	
通用设备制造业	51760.7	14242.5	1500.0	16505.5	19512.7	
专用设备制造业	20196.2	14639.0		2000.0	3557.2	
汽车制造业	59100.0	52500.0		4800.0	1800.0	
电气机械和器材制造业	21002.9	6207.2		3828.2	10967.5	
仪器仪表制造业	11288.7			4114.9	4567.0	
电力、热力生产和供应业	649457.7	379995.2	12165.7	256396.8	900.0	
燃气生产和供应业	1000.0			1000.0		
水的生产和供应业	6386.4	6386.4				

工业企业主要经济指标

单位：万元

外商资本	营业收入	#主营业务收入	营业成本	#主营业务成本	营业税金及附加	#主营业务税金及附加
4308.0	17448721.5	16769301.2	14687495.0	14167755.7	299416.0	229617.9
	297009.9	290334.5	290382.2	284546.7	894.7	761.4
	6455916.3	6271566.7	5316820.0	5189650.8	195940.1	160834.7
	301016.4	290094.6	216565.3	208959.0	2943.1	2943.1
102.9	56547.8	56547.8	41500.8	41500.8	937.3	937.3
	480010.9	478016.0	425460.9	425167.3	1306.8	1306.8
999.6	364046.4	363755.5	309631.7	309531.7	1591.8	1591.8
	762313.7	729150.3	520769.3	499406.8	36357.8	36357.8
	14989.3	14989.3	12348.7	12348.7	51.5	51.5
	11358.8	11358.8	10242.9	10242.9	36.6	36.6
	64781.1	64781.1	50174.1	50174.1	133.7	133.7
	2656.4	2656.4	1750.2	1750.2	20.4	20.4
	2118.0	2118.0	2431.9	2431.9	37.6	37.6
	12269.3	12269.3	10434.3	10434.3	40.7	40.7
	21639.1	21639.1	18899.5	18899.5	245.1	245.1
	242028.7	241622.9	227971.1	227572.4	317.8	317.8
	202530.7	201974.0	144947.2	144523.4	1073.0	1073.0
	118656.9	118418.8	57414.0	57414.0	1338.0	1338.0
	9865.8	9543.8	8632.1	8481.0	15.6	15.6
483.0	348448.3	345794.1	279695.6	277511.9	3335.7	3335.7
	5255377.6	4885766.0	4725768.8	4418773.2	41316.8	7999.8
	209671.1	207066.4	163692.8	162369.6	1241.3	1241.3
115.7	60391.4	60383.3	47540.3	47540.3	159.5	159.5
	143881.4	139297.3	121290.1	116594.5	1234.1	1234.1
	26487.8	26360.8	20868.8	20746.5	297.9	297.9
	113418.2	113079.4	85502.5	85255.6	725.0	725.0
	333200.2	327308.0	292250.3	288538.3	624.3	301.1
2606.8	41141.7	41135.2	23101.1	23100.9	423.5	423.5
	1479369.6	1427521.6	1248947.7	1213440.3	6492.5	5573.4
	2992.0	2992.0	2320.4	2320.4	8.6	8.6
	14586.7	11760.2	10140.4	8528.7	275.2	275.1

按行业大类分规模以上

3-3续表3

（2014年）

指标名称	其他业务收入	其他业务利润	销售费用	管理费用	#税金
总计	679420.3	98684.9	326216.4	715308.7	34604.4
煤炭开采和洗选业	6675.4	183.6	3480.8	13195.1	457.4
黑色金属矿采选业	184349.6	39019.0	81764.0	278178.7	12229.0
有色金属矿采选业	10921.8	150.6	418.3	18102.6	249.4
非金属矿采选业			10229.4	4275.6	214.5
农副食品加工业	1994.9	341.7	5865.1	10565.6	654.4
食品制造业	290.9	187.4	11621.0	10135.4	1067.7
酒、饮料和精制茶制造业	33163.4	1801.0	85801.5	26405.0	1400.6
纺织业			152.9	818.5	59.6
纺织服装、服饰业			134.5	886.3	14.1
木材加工和木、竹、藤、棕、草制品业			390.7	889.3	79.5
家具制造业				117.1	9.3
造纸和纸制品业			26.4	532.9	
印刷和记录媒介复制业			359.8	1129.6	29.9
文教、工美、体育和娱乐用品制造业			822.2	1706.3	151.5
石油加工、炼焦和核燃料加工业	405.8	7.1		4566.0	592.5
化学原料和化学制品制造业	556.7	8.4	13260.6	13411.8	700.4
医药制造业	238.1	238.0	37771.0	11729.4	419.0
橡胶和塑料制品业	322.0	170.9	97.2	833.5	51.4
非金属矿物制品业	2654.2	851.8	14657.1	28086.9	1921.7
黑色金属冶炼和压延加工业	369611.6	47235.2	32137.5	202233.8	9990.5
有色金属冶炼和压延加工业	2604.7	571.8	1015.6	18113.2	218.6
金属制品业	8.1		1454.0	3079.1	356.2
通用设备制造业	4584.1	-123.3	4245.3	13834.2	556.5
专用设备制造业	127.0	4.6	981.4	2874.5	287.3
汽车制造业	338.8	91.8	8497.2	16051.0	880.7
电气机械和器材制造业	5892.2	2008.5	1841.7	6334.0	212.0
仪器仪表制造业	6.5	6.3	4123.1	4193.2	161.7
电力、热力生产和供应业	51848.0	4701.8	3261.5	20536.6	1446.8
燃气生产和供应业				129.0	1.2
水的生产和供应业	2826.5	1228.7	1806.6	2364.5	191.0

工业企业主要经济指标

单位：万元

财务费用			营业利润	资产减值损失	公允价值变动收益	投资收益
	#利息收入	利息支出				
502650.7	13989.9	444308.4	950396.3	5312.8	10.4	35618.6
2475.9	296.9	2173.3	-13369.3			
184401.6	2925.0	155441.5	410551.5	342.5	10.4	9596.0
1187.9	7.5	1138.8	62799.2			1000.0
1163.4	104.8	734.2	-1607.2	48.5		
9851.4	26.6	9394.8	27136.6	0.3		175.9
4763.6	66.6	4364.9	20967.9			-5335.0
5181.1	1425.2	5955.6	99764.1	91.1		12530.0
597.5	0.3	597.1	1020.2			
845.8	187.5	981.1	-778.3			
4739.2	1.5	3816.0	8454.1			
109.3			659.4			
158.8		158.8	-877.1			
576.0	35.0	538.6	-271.1			
484.1	1.9	474.8	-518.1			
1947.4	125.6	1969.1	8201.8	-975.4		
5477.7	38.0	4853.5	28461.0	91.9		4013.6
1440.9	-66.6	1195.8	9618.2			654.6
489.3	0.8	470.1	-201.9			
23504.7	357.0	19544.5	788.5	127.8		1741.6
162678.2	7094.4	145094.2	103164.8	1795.4		13701.1
4860.2	0.2	4713.8	20700.7	47.5		0.2
2647.8	7.0	2400.4	5409.7			-100.9
3696.9	7.8	3252.8	-829.9	410.7		
270.0	2.7	240.8	1127.1	68.1		
4007.6	149.5	4133.3	-1412.5	47.4		
1008.5	11.9	912.4	28077.3	13.2		-3050.9
99.3	-68.4	130.5	8555.2	649.5		3.5
73382.9	1224.5	69009.0	124874.1	2554.3		679.9
162.0		161.9	372.0			
441.7	26.7	456.8	-441.7			

按行业大类分规模以上

3-3续表4

（2014年）

指标名称	营业外收入	补贴收入	营业外支出	利润总额	所得税费用	亏损企业亏损总额
总计	90345.3	45177.2	41239.5	992674.8	114646.8	157314.9
煤炭开采和洗选业	19904.4	9081.1	221.4	-2767.4	471.9	3409.0
黑色金属矿采选业	12847.6	6299.2	14692.3	408919.3	47203.7	95322.3
有色金属矿采选业	68.1		1518.3	61349.0	10643.1	523.0
非金属矿采选业	402.7	260.4	164.7	-1369.2	107.3	2177.8
农副食品加工业	3809.3	5008.5	686.8	32300.2	3981.3	3809.9
食品制造业	1863.9	542.5	2137.3	20694.5	2520.7	1511.9
酒、饮料和精制茶制造业	4159.7	3348.2	1576.6	102347.2	12022.3	5714.4
纺织业				1020.2	64.4	
纺织服装、服饰业	3.6	1.2	2.2	-776.9		807.9
木材加工和木、竹、藤、棕、草制品业	61.8		51.6	8464.3		
家具制造业				659.4	164.9	
造纸和纸制品业				-877.1	1.8	877.1
印刷和记录媒介复制业	221.5	26.0	0.1	-49.7	35.2	113.9
文教、工美、体育和娱乐用品制造业	0.8		8.1	-525.4	91.7	1410.3
石油加工、炼焦和核燃料加工业	26.0	227.2	227.2	8000.6	2090.1	
化学原料和化学制品制造业	470.0	373.5	245.5	28685.6	3858.3	2260.0
医药制造业	1448.4	90.0	1130.2	9936.4	1521.6	
橡胶和塑料制品业	87.6	85.0	6.5	-120.8	67.5	395.1
非金属矿物制品业	5325.2	2531.0	1062.8	5050.9	1590.4	12599.9
黑色金属冶炼和压延加工业	7255.7		12264.3	98156.2	-4459.5	8737.5
有色金属冶炼和压延加工业	1310.4	109.4	975.2	21035.9	1714.9	2142.0
金属制品业	154.6	148.0	44.4	5519.9	37.2	2240.4
通用设备制造业	2758.8	80.0	996.4	932.6	4658.2	5953.8
专用设备制造业	150.6		154.8	1122.9	394.4	288.2
汽车制造业	11561.6	11477.9	46.1	10103.0	3254.8	4515.0
电气机械和器材制造业	97.1	19.5	149.8	28024.6	573.8	
仪器仪表制造业	241.5	161.4	66.7	8730.0	2028.9	
电力、热力生产和供应业	15619.3	4934.7	2649.0	137844.4	19942.7	2187.3
燃气生产和供应业				372.0		
水的生产和供应业	495.1	372.5	161.2	-107.8	65.2	318.2

工业企业主要经济指标

单位：万元

利税总额	应交税金及附加	本年应付职工薪酬	本年应交增值税	从业人员平均人数（人）	从业人员期末人数	平均用工人数	期末用工人数
1927729.0	1084305.4	834155.8	635638.2	141524	139004	146234	141134
1493.0	5189.7	21283.4	3365.7	4167	3891	4102	3829
920075.1	570588.5	246077.8	315215.7	47764	46119	49078	46064
86412.8	35956.3	6745.0	22120.7	1797	1825	1771	1774
1723.4	3414.4	4074.7	2155.3	1191	1180	1218	1086
38265.7	10601.2	39681.4	4658.7	7293	7271	7382	7378
33049.1	15943.0	20385.8	10762.8	6071	6322	6278	6511
166874.9	77950.6	26338.4	28169.9	5171	5046	5872	5908
1250.8	354.6	1282.3	179.1	560	568	520	528
-390.8	400.2	2051.4	349.5	1108	1114	1110	1110
11399.9	3015.1	2812.4	2801.9	687	695	687	695
679.8	194.6	345.8		90	96	96	102
-467.9	411.0	389.4	371.6	121	121	121	121
84.8	199.6	1144.7	93.8	320	319	320	319
455.7	1224.3	1456.3	736.0	552	556	541	407
11521.3	6203.3	9658.7	3202.9	828	831	852	852
37814.4	13687.5	14020.2	8055.8	3816	3829	3859	3697
21153.4	13157.6	6840.6	9879.0	1870	1869	1898	1904
28.5	268.2	920.3	133.7	275	277	276	275
19244.2	17705.4	28018.3	10857.6	7565	7145	7363	7203
249860.9	157235.7	248467.9	110387.9	27978	27751	30607	29478
26311.0	7208.6	20037.9	4033.8	3966	3872	3856	4020
7582.0	2455.5	4921.6	1902.6	1503	1582	1534	1598
7775.3	12057.4	9816.6	5608.6	3301	3083	3172	3082
3292.5	2851.3	1860.1	1871.7	612	605	610	442
15956.7	9989.2	19275.0	5128.7	3283	3207	3283	3207
41787.8	14549.0	8962.2	13138.9	1521	1534	1552	1562
12049.5	5510.1	5794.2	2896.0	826	847	840	861
211512.2	95057.3	77115.3	67175.3	6362	6518	6513	6190
380.6	9.8	132.0		54	54	54	54
552.4	916.4	4246.1	385.0	872	877	869	877

3-4 按行业大中小类分规模以上

（2014年）

指标名称	企业单位数（个）	亏损企业	工业总产值（当年价格）	工业销售产值（当年价格）	出口交货值	年初存货
总计	572	198	17955129.7	17592902.6	337654.7	1909066.7
采矿业	257	122	7573321.3	7201334.9	6.8	404939.9
煤炭开采和洗选业	4	3	53252.0	52049.8		17430.1
烟煤和无烟煤开采洗选	4	3	53252.0	52049.8		17430.1
黑色金属矿采选业	223	107	7127626.8	6788090.4	6.8	365029.9
铁矿采选	222	106	7125530.8	6785499.4	6.8	364712.9
其他黑色金属矿采选	1	1	2096.0	2591.0		317.0
有色金属矿采选业	9	2	331169.5	303285.2		14030.7
常用有色金属矿采选	1	1	2220.0	2012.3		814.3
铅锌矿采选	1	1	2220.0	2012.3		814.3
贵金属矿采选	5	1	49614.1	48128.5		5406.9
金矿采选	4	1	21281.6	20002.5		3124.0
银矿采选	1		28332.5	28126.0		2282.9
稀有稀土金属矿采选	3		279335.4	253144.4		7809.5
钨钼矿采选	3		279335.4	253144.4		7809.5
非金属矿采选业	21	10	61273.0	57909.5		8449.2
土砂石开采	20	9	59118.9	55755.4		7621.0
石灰石、石膏开采	5	4	14751.4	14803.6		561.5
建筑装饰用石开采	2	1	4488.2	4488.2		1718.3
耐火土石开采	4	2	10979.0	10857.3		2506.4
粘土及其他土砂石开采	9	2	28900.3	25606.3		2834.8
化学矿开采	1	1	2154.1	2154.1		828.2
制造业	288	70	8909258.8	8921414.3	337647.9	1489863.2
农副食品加工业	35	6	546492.7	540575.6	26831.5	81116.1
谷物磨制	3		22964.6	21657.4		4795.5
饲料加工	2	1	6956.3	6885.0		522.2
植物油加工	2		6629.1	5733.6		600.5
食用植物油加工	2		6629.1	5733.6		600.5
屠宰及肉类加工	8	2	355674.3	355802.3	16482.0	35649.5
牲畜屠宰	2		11915.4	11714.5		12780.6
禽类屠宰	5	2	341620.9	342044.6	16482.0	22660.0

工业企业主要经济指标

单位：万元

#产成品	资产总计	流动资产合计					固定资产合计
			#应收账款	存 货	#产成品	在产品	
430133.9	**22019286.2**	**8762707.1**	**1556415.6**	**2027717.8**	**582038.6**	**173068.6**	**10167268.8**
162459.7	**8381475.8**	**3996939.8**	**875759.1**	**520531.0**	**303819.6**	**46002.8**	**2861456.2**
12742.3	264371.4	71733.8	9860.3	16823.4	11984.6		103020.8
12742.3	264371.4	71733.8	9860.3	16823.4	11984.6		103020.8
139352.0	7821128.7	3811494.9	838667.9	477545.1	278793.6	44435.6	2593131.8
139035.0	7818898.1	3809900.8	838716.0	477520.8	278769.3	44435.6	2592577.8
317.0	2230.6	1594.1	-48.1	24.3	24.3		554.0
6625.9	218726.3	70434.8	8986.9	17058.9	8633.3	654.6	144666.6
	7201.4	1988.5	359.9	1527.6	459.7	613.0	4078.0
	7201.4	1988.5	359.9	1527.6	459.7	613.0	4078.0
1419.7	103447.2	47483.8	1843.9	6446.2	3185.3		53473.4
1419.7	38664.6	18853.7	1762.7	3484.9	1484.8		17320.9
	64782.6	28630.1	81.2	2961.3	1700.5		36152.5
5206.2	108077.7	20962.5	6783.1	9085.1	4988.3	41.6	87115.2
5206.2	108077.7	20962.5	6783.1	9085.1	4988.3	41.6	87115.2
3739.5	77249.4	43276.3	18244.0	9103.6	4408.1	912.6	20637.0
2911.3	72505.8	42100.8	18142.6	8744.5	4049.0	912.6	17356.3
371.2	19543.2	10089.6	4372.8	555.5	372.8	23.3	4808.8
1028.5	9180.4	3266.0	644.6	2024.4	1163.6	857.4	2278.4
249.3	13686.5	6628.8	2015.7	3018.9	379.7		6527.7
1262.3	30095.7	22116.4	11109.5	3145.7	2132.9	31.9	3741.4
828.2	4743.6	1175.5	101.4	359.1	359.1		3280.7
266255.5	**10372678.2**	**4353325.7**	**553494.7**	**1487111.6**	**274365.7**	**126909.3**	**4806682.6**
41077.5	510497.1	227717.1	31463.8	94740.6	48835.7	7345.8	215472.0
1097.4	18558.0	7701.1	1908.1	4493.4	949.4	200.0	8817.7
138.2	8399.2	1590.9	764.1	566.0	287.7		2836.3
169.3	7568.4	3219.6	1228.3	1396.2	490.9	485.3	4070.7
169.3	7568.4	3219.6	1228.3	1396.2	490.9	485.3	4070.7
33305.4	224702.9	127331.0	14802.6	42457.1	37558.0	3328.6	73937.9
12780.6	26521.0	19449.2	78.6	16275.6	16275.6		4726.6
20432.5	195658.0	107024.5	14701.0	25893.9	21144.2	3328.6	67544.7

按行业大中小类分规模以

3-4 续表1

（2014年）

指标名称	固定资产原价	累计折旧	#本年折旧	在建工程	负债合计	流动负债合计
总计	13208671.1	4034322.5	962110.8	1179517.9	15858842.0	13412114.7
采矿业	3633637.2	1115002.9	292699.0	315346.0	6114037.4	5417114.5
煤炭开采和洗选业	96183.9	25425.7	5486.4	15550.6	112037.2	89444.5
烟煤和无烟煤开采洗选	96183.9	25425.7	5486.4	15550.6	112037.2	89444.5
黑色金属矿采选业	3322471.5	1013083.0	268071.0	278270.1	5831864.4	5175961.6
铁矿采选	3321513.5	1012679.0	268013.2	278270.1	5828593.8	5172691.0
其他黑色金属矿采选	958.0	404.0	57.8		3270.6	3270.6
有色金属矿采选业	185460.7	66176.2	17525.4	14372.9	123709.4	106179.0
常用有色金属矿采选	4823.7	1134.9	201.2		6462.4	6462.4
铅锌矿采选	4823.7	1134.9	201.2		6462.4	6462.4
贵金属矿采选	40013.0	10743.8	3706.0	5711.0	66419.4	48889.0
金矿采选	21820.7	6940.1	1854.6	779.3	23363.3	5832.9
银矿采选	18192.3	3803.7	1851.4	4931.7	43056.1	43056.1
稀有稀土金属矿采选	140624.0	54297.5	13618.2	8661.9	50827.6	50827.6
钨钼矿采选	140624.0	54297.5	13618.2	8661.9	50827.6	50827.6
非金属矿采选业	29521.1	10318.0	1616.2	7152.4	46426.4	45529.4
土砂石开采	25524.9	9602.5	1512.6	6501.6	42105.5	41208.5
石灰石、石膏开采	5918.5	1248.6	387.6	4205.2	15708.0	15487.0
建筑装饰用石开采	4775.3	2519.1	238.2	11.3	1821.5	1731.1
耐火土石开采	6703.6	1114.9	289.7	939.0	9198.5	8892.8
粘土及其他土砂石开采	8127.5	4719.9	597.1	1346.1	15377.5	15097.6
化学矿开采	3996.2	715.5	103.6	650.8	4320.9	4320.9
制造业	6109351.6	1850470.0	452933.1	653910.8	7582362.5	6846584.5
农副食品加工业	265395.9	73710.4	18099.5	21562.1	292368.1	263515.9
谷物磨制	6145.2	1732.5	287.9	4405.1	7685.6	5141.6
饲料加工	3448.2	611.9	211.9		7976.4	7976.4
植物油加工	4484.9	414.2	110.8		2217.7	2017.7
食用植物油加工	4484.9	414.2	110.8		2217.7	2017.7
屠宰及肉类加工	109527.2	37847.1	11595.7	723.7	172759.2	155670.3
牲畜屠宰	5131.1	420.7	44.7	16.2	8124.5	8124.5
禽类屠宰	102667.6	37364.5	11519.8	707.5	163548.7	146459.8

上工业企业主要经济指标

单位：万元

#应付账款	非流动负债合计	所有者权益合计	#实收资本	国家资本	集体资本	法人资本	个人资本	港澳台资本	外商资本
2334382.7	1821651.4	6094629.9	2733569.5	1062113.4	23371.7	819311.2	821565.2	2900.0	4308.0
1013955.2	401562.2	2203465.0	707857.5	102546.8	7028.0	237556.7	357723.1	2900.0	102.9
22913.9	22273.7	152333.9	110213.0	82676.8		12480.2	15056.0		
22913.9	22273.7	152333.9	110213.0	82676.8		12480.2	15056.0		
954276.3	378330.0	1926035.3	547756.6	19870.0	7028.0	206839.9	311118.7	2900.0	
954276.3	378330.0	1927075.3	547306.6	19870.0	7028.0	206389.9	311118.7	2900.0	
		-1040.0	450.0			450.0			
22856.4	367.7	95016.9	31160.4			10259.5	20900.9		
6354.3		739.0	739.0				739.0		
6354.3		739.0	739.0				739.0		
3257.8	367.7	37027.8	11021.4			9759.5	1261.9		
1416.5	367.7	15301.3	10021.4			8759.5	1261.9		
1841.3		21726.5	1000.0			1000.0			
13244.3		57250.1	19400.0			500.0	18900.0		
13244.3		57250.1	19400.0			500.0	18900.0		
13908.6	590.8	30078.9	18727.5			7977.1	10647.5		102.9
13632.7	590.8	29656.3	15727.5			5967.1	9657.5		102.9
6183.2	221.0	3835.1	4270.0				4270.0		
865.3	90.0	7358.9	5210.0			5210.0			
2594.8		4488.0	1986.0			500.0	1486.0		
3989.4	279.8	13974.3	4261.5			257.1	3901.5		102.9
275.9		422.6	3000.0			2010.0	990.0		
1049368.6	617046.3	2771753.8	1368867.9	573185.0	4178.0	324357.7	462942.1		4205.1
43270.0	26565.9	217447.2	77060.5	6923.0	1500.0	24340.7	44296.8		
43.6	2544.0	10872.4	3600.0			1000.0	2600.0		
277.6		422.8	213.6			100.0	113.6		
49.7	200.0	5350.5	610.0				610.0		
49.7	200.0	5350.5	610.0				610.0		
37853.7	17088.9	51781.8	22200.0	4000.0		14525.0	3675.0		
		18389.4	5050.0			4525.0	525.0		
37853.7	17088.9	31954.5	16000.0	4000.0		10000.0	2000.0		

按行业大中小类分规模以

3-4 续表2

（2014年）

指标名称	营业收入	#主营业务收入	营业成本	#主营业务成本	营业税金及附加
总计	17448721.5	16769301.2	14687495.0	14167755.7	299416.0
采矿业	7110490.4	6908543.6	5865268.3	5724657.3	200715.2
煤炭开采和洗选业	297009.9	290334.5	290382.2	284546.7	894.7
烟煤和无烟煤开采洗选	297009.9	290334.5	290382.2	284546.7	894.7
黑色金属矿采选业	6455916.3	6271566.7	5316820.0	5189650.8	195940.1
铁矿采选	6454057.3	6269707.7	5314929.7	5187760.5	195938.4
其他黑色金属矿采选	1859.0	1859.0	1890.3	1890.3	1.7
有色金属矿采选业	301016.4	290094.6	216565.3	208959.0	2943.1
常用有色金属矿采选	2012.3	2012.3	1885.3	1885.3	78.0
铅锌矿采选	2012.3	2012.3	1885.3	1885.3	78.0
贵金属矿采选	45342.0	45342.0	29353.0	29353.0	393.0
金矿采选	17579.0	17579.0	11683.9	11683.9	143.1
银矿采选	27763.0	27763.0	17669.1	17669.1	249.9
稀有稀土金属矿采选	253662.1	242740.3	185327.0	177720.7	2472.1
钨钼矿采选	253662.1	242740.3	185327.0	177720.7	2472.1
非金属矿采选业	56547.8	56547.8	41500.8	41500.8	937.3
土砂石开采	54381.9	54381.9	38921.0	38921.0	934.7
石灰石、石膏开采	12161.4	12161.4	9230.8	9230.8	345.8
建筑装饰用石开采	4536.3	4536.3	4067.7	4067.7	19.1
耐火土石开采	10618.9	10618.9	9678.1	9678.1	52.8
粘土及其他土砂石开采	27065.3	27065.3	15944.4	15944.4	517.0
化学矿开采	2165.9	2165.9	2579.8	2579.8	2.6
制造业	8841282.8	8418483.8	7560818.2	7218809.0	91924.5
农副食品加工业	480010.9	478016.0	425460.9	425167.3	1306.8
谷物磨制	21789.3	21789.3	18626.4	18626.4	41.2
饲料加工	6887.2	6887.2	6201.4	6201.4	
植物油加工	5784.9	5784.9	4469.4	4469.4	7.7
食用植物油加工	5784.9	5784.9	4469.4	4469.4	7.7
屠宰及肉类加工	293118.8	291328.6	272027.8	271762.7	900.0
牲畜屠宰	11915.4	11915.4	10444.7	10444.7	
禽类屠宰	279160.2	277370.0	259858.6	259593.5	899.8

上工业企业主要经济指标

单位：万元

#主营业务税金及附加	其他业务收入	其他业务利润	销售费用	管理费用	#税金	财务费用	#利息收入	利息支出	营业利润
229617.9	679420.3	98684.9	326216.4	715308.7	34604.4	502650.7	13989.9	444308.4	950396.3
165476.5	201946.8	39353.2	95892.5	313752.0	13150.3	189228.8	3334.2	159487.8	458374.2
761.4	6675.4	183.6	3480.8	13195.1	457.4	2475.9	296.9	2173.3	-13369.3
761.4	6675.4	183.6	3480.8	13195.1	457.4	2475.9	296.9	2173.3	-13369.3
160834.7	184349.6	39019.0	81764.0	278178.7	12229.0	184401.6	2925.0	155441.5	410551.5
160833.0	184349.6	39019.0	81764.0	278064.6	12227.3	184159.5	2925.0	155441.5	410940.7
1.7				114.1	1.7	242.1			-389.2
2943.1	10921.8	150.6	418.3	18102.6	249.4	1187.9	7.5	1138.8	62799.2
78.0				482.5	78.0	4.9			-438.4
78.0				482.5	78.0	4.9			-438.4
393.0			345.4	3926.9	25.3	207.2	7.2	162.7	12116.5
143.1				1304.8	15.1	104.3	1.4	54.0	4342.9
249.9			345.4	2622.1	10.2	102.9	5.8	108.7	7773.6
2472.1	10921.8	150.6	72.9	13693.2	146.1	975.8	0.3	976.1	51121.1
2472.1	10921.8	150.6	72.9	13693.2	146.1	975.8	0.3	976.1	51121.1
937.3			10229.4	4275.6	214.5	1163.4	104.8	734.2	-1607.2
934.7			10229.4	3919.9	206.1	1105.7	104.8	676.5	-777.3
345.8			1940.7	687.4	0.7	390.0	0.5	393.1	-433.3
19.1			171.5	445.6	22.3	16.3	0.2	14.8	-232.4
52.8			192.2	652.6	2.3	186.1	0.2	0.4	-142.9
517.0			7925.0	2134.3	180.8	513.3	103.9	268.2	31.3
2.6				355.7	8.4	57.7		57.7	-829.9
58284.3	422799.0	53401.2	225255.8	378526.6	19815.1	239435.3	9404.5	215192.9	367217.7
1306.8	1994.9	341.7	5865.1	10565.6	654.4	9851.4	26.6	9394.8	27136.6
41.2			239.3	653.2	20.0	516.2		516.2	1713.0
			88.7	344.9	52.0	216.3	0.1	216.2	35.9
7.7			116.3	135.5	6.7	135.2	0.3	60.1	920.4
7.7			116.3	135.5	6.7	135.2	0.3	60.1	920.4
900.0	1790.2	162.4	2118.3	4192.3	227.0	4810.3	6.6	4749.1	9236.3
			63.3	441.1	0.8	412.8	1.2	412.8	553.4
899.8	1790.2	162.4	1968.8	3618.8	215.2	4334.7	5.4	4273.5	8645.8

按行业大中小类分规模以

3-4 续表3

（2014年）

指标名称	资产减值损失	公允价值变动收益	投资收益	营业外收入	补贴收入	营业外支出	利润总额
总计	5312.8	10.4	35618.6	90345.3	45177.2	41239.5	992674.8
采矿业	391.0	10.4	10596.0	33222.8	15640.7	16596.7	466131.7
煤炭开采和洗选业				19904.4	9081.1	221.4	-2767.4
烟煤和无烟煤开采洗选				19904.4	9081.1	221.4	-2767.4
黑色金属矿采选业	342.5	10.4	9596.0	12847.6	6299.2	14692.3	408919.3
铁矿采选	342.5	10.4	9596.0	12847.6	6299.2	14692.3	409308.5
其他黑色金属矿采选							-389.2
有色金属矿采选业			1000.0	68.1		1518.3	61349.0
常用有色金属矿采选							-438.4
铅锌矿采选							-438.4
贵金属矿采选			1000.0			51.3	12065.2
金矿采选						51.3	4291.6
银矿采选			1000.0				7773.6
稀有稀土金属矿采选				68.1		1467.0	49722.2
钨钼矿采选				68.1		1467.0	49722.2
非金属矿采选业	48.5			402.7	260.4	164.7	-1369.2
土砂石开采	48.5			402.7	260.4	161.5	-536.1
石灰石、石膏开采				18.0		0.5	-415.8
建筑装饰用石开采	48.5			48.4		0.7	-184.7
耐火土石开采						48.4	-191.3
粘土及其他土砂石开采				336.3	260.4	111.9	255.7
化学矿开采						3.2	-833.1
制造业	2367.5		24342.7	41008.1	24229.3	21832.6	388434.5
农副食品加工业	0.3		175.9	3809.3	5008.5	686.8	32300.2
谷物磨制				213.0	213.0	9.1	1916.9
饲料加工						4.8	31.1
植物油加工	0.4						920.4
食用植物油加工	0.4						920.4
屠宰及肉类加工			166.3	673.3	2115.5	606.5	11344.2
牲畜屠宰					2041.0		2594.5
禽类屠宰			166.3	673.3	74.5	606.5	8712.6

上工业企业主要经济指标

单位：万元

所得税费用	亏损企业亏损总额	利税总额	应交税金及附加	本年应付职工薪酬	本年应交增值税	从业人员平均人数（人）	从业人员期末人数	平均用工人数	期末用工人数
114646.8	157314.9	1927729.0	1084305.4	834155.8	635638.2	141524	139004	146234	141134
58426.0	101432.1	1009704.3	615148.9	278180.9	342857.4	54919	53015	56169	52753
471.9	3409.0	1493.0	5189.7	21283.4	3365.7	4167	3891	4102	3829
471.9	3409.0	1493.0	5189.7	21283.4	3365.7	4167	3891	4102	3829
47203.7	95322.3	920075.1	570588.5	246077.8	315215.7	47764	46119	49078	46064
47203.7	94933.1	920460.9	570583.4	245979.8	315214.0	47734	46089	49048	46034
	389.2	-385.8	5.1	98.0	1.7	30	30	30	30
10643.1	523.0	86412.8	35956.3	6745.0	22120.7	1797	1825	1771	1774
	438.4	-209.2	307.2	1041.2	151.2	156	156	134	134
	438.4	-209.2	307.2	1041.2	151.2	156	156	134	134
766.2	84.6	14623.7	3350.0	2669.6	2165.5	798	826	794	797
515.6	84.6	4434.7	673.8	1277.6		504	536	504	507
250.6		10189.0	2676.2	1392.0	2165.5	294	290	290	290
9876.9		71998.3	32299.1	3034.2	19804.0	843	843	843	843
9876.9		71998.3	32299.1	3034.2	19804.0	843	843	843	843
107.3	2177.8	1723.4	3414.4	4074.7	2155.3	1191	1180	1218	1086
107.3	1344.7	2527.9	3377.4	3902.6	2129.3	1153	1142	1152	1046
-21.4	451.3	476.7	871.8	940.2	546.7	260	252	259	251
4.7	196.5	-65.3	146.4	284.0	100.3	82	67	82	75
8.3	377.9	-77.5	124.4	452.1	61.0	164	184	164	83
115.7	319.0	2194.0	2234.8	2226.3	1421.3	647	639	647	637
	833.1	-804.5	37.0	172.1	26.0	38	38	66	40
36212.9	53377.3	705579.5	373173.0	474481.5	225220.5	79317	78540	82629	81260
3981.3	3809.9	38265.7	10601.2	39681.4	4658.7	7293	7271	7382	7378
51.0		1980.8	134.9	364.5	22.7	134	134	134	134
	137.4	31.9	52.8	177.5	0.8	56	56	56	56
		929.6	15.9	125.3	1.5	66	45	65	46
		929.6	15.9	125.3	1.5	66	45	65	46
2.7	2323.3	16241.9	5127.4	30826.0	3997.7	4580	4560	4603	4612
		2594.5	0.8	102.1		35	36	35	29
1.5	2323.3	13608.0	5112.1	30660.7	3995.6	4517	4501	4540	4560

按行业大中小类分规模以

3-4 续表4

（2014年）

指标名称	企业单位数（个）	亏损企业	工业总产值（当年价格）	工业销售产值（当年价格）	出口交货值	年初存货
肉制品及副产品加工	1		2138.0	2043.2		208.9
水产品加工	1	1	2213.5	2213.5		500.0
其他水产品加工	1	1	2213.5	2213.5		500.0
蔬菜、水果和坚果加工	11	1	95017.6	90057.6	2388.8	14055.8
蔬菜加工	4		55655.5	51213.9	82.8	8108.2
水果和坚果加工	7	1	39362.1	38843.7	2306.0	5947.6
其他农副食品加工	8	1	57037.3	58226.2	7960.7	24992.6
淀粉及淀粉制品制造	5	1	13263.6	14646.6		3417.9
其他未列明农副食品加工	3		43773.7	43579.6	7960.7	21574.7
食品制造业	27	2	367121.0	362556.8	21308.6	36210.5
焙烤食品制造	2		5864.4	5800.4	765.0	1824.3
饼干及其他焙烤食品制造	2		5864.4	5800.4	765.0	1824.3
糖果、巧克力及蜜饯制造	12		202787.4	206346.5		10266.5
蜜饯制作	12		202787.4	206346.5		10266.5
方便食品制造	2		55758.0	55338.8		9219.3
方便面及其他方便食品制造	2		55758.0	55338.8		9219.3
乳制品制造	3		23059.9	23059.9		2491.7
罐头食品制造	4	2	35906.9	34887.2	15178.2	5301.5
蔬菜、水果罐头制造	4	2	35906.9	34887.2	15178.2	5301.5
调味品、发酵制品制造	2		7790.3	7790.3		858.8
酱油、食醋及类似制品制造	1		2573.5	2573.5		487.6
其他调味品、发酵制品制造	1		5216.8	5216.8		371.2
其他食品制造	2		35954.1	29333.7	5365.4	6248.4
保健食品制造	1		3017.9	3017.9		2444.0
食品及饲料添加剂制造	1		32936.2	26315.8	5365.4	3804.4
酒、饮料和精制茶制造业	20	4	642204.0	744852.4		114970.1
酒的制造	11	3	447783.6	427581.1		78503.4
酒精制造	1		291058.8	281524.9		13653.4
白酒制造	9	3	103244.1	95043.1		16552.4
啤酒制造	1		53480.7	51013.1		48297.6
饮料制造	9	1	194420.4	317271.3		36466.7

上工业企业主要经济指标

单位：万元

#产成品	资产总计	流动资产合计					固定资产合计
			#应收账款	存 货			
					#产成品	在产品	
92.3	2523.9	857.3	23.0	287.6	138.2		1666.6
	13309.0	1158.0		460.4			9695.8
	13309.0	1158.0		460.4			9695.8
3916.7	131857.5	40186.0	7041.7	16912.7	6622.6	1366.9	71405.3
1540.9	78967.6	22624.4	6172.6	6130.5	2943.0	1366.9	39233.5
2375.8	52889.9	17561.6	869.1	10782.2	3679.6		32171.8
2450.5	106102.1	46530.5	5719.0	28454.8	2927.1	1965.0	44708.3
2450.4	33444.3	12465.4	3125.7	3430.9	2694.7	165.5	18134.4
0.1	72657.8	34065.1	2593.3	25023.9	232.4	1799.5	26573.9
14298.0	278782.8	124845.6	26627.3	55487.4	20004.8	2323.3	100515.5
676.0	15468.3	8147.2	548.4	2114.4	676.0		6257.3
676.0	15468.3	8147.2	548.4	2114.4	676.0		6257.3
2850.0	84231.7	49276.3	8433.0	24384.2	4237.5	443.4	24250.9
2850.0	84231.7	49276.3	8433.0	24384.2	4237.5	443.4	24250.9
2894.4	49179.0	21952.8	4979.1	10655.6	3564.0		25659.6
2894.4	49179.0	21952.8	4979.1	10655.6	3564.0		25659.6
1441.5	29743.4	9897.7	1010.0	2936.9	1873.7		4838.6
1082.4	36639.4	10734.8	1012.8	6162.1	1863.4	1767.4	8656.1
1082.4	36639.4	10734.8	1012.8	6162.1	1863.4	1767.4	8656.1
294.0	5761.6	2703.0	280.0	896.7	468.6	112.5	2838.5
7.1	1581.9	921.1	81.3	203.2	7.1		660.8
286.9	4179.7	1781.9	198.7	693.5	461.5	112.5	2177.7
5059.7	57759.4	22133.8	10364.0	8337.5	7321.6		28014.5
2444.0	21893.6	10287.9	9253.6	1034.3	1034.3		5899.1
2615.7	35865.8	11845.9	1110.4	7303.2	6287.3		22115.4
62587.2	639832.0	351193.9	13673.0	114713.0	38896.9	35957.3	190835.6
33204.9	395165.1	205625.1	8172.9	86671.2	25978.2	35957.3	150658.6
6953.6	97155.2	55915.7	4189.9	16754.6	7655.8	5531.2	34878.8
7174.5	136453.7	82734.8	43.5	18896.1	8268.2	459.8	35058.4
19076.8	161556.2	66974.6	3939.5	51020.5	10054.2	29966.3	80721.4
29382.3	244666.9	145568.8	5500.1	28041.8	12918.7		40177.0

按行业大中小类分规模以

3-4 续表5

（2014年）

指标名称	固定资产原价	累计折旧	#本年折旧	在建工程	负债合计	流动负债合计
肉制品及副产品加工	1728.5	61.9	31.2		1086.0	1086.0
水产品加工	7076.1	884.2	523.7	3504.0	11317.4	11317.4
其他水产品加工	7076.1	884.2	523.7	3504.0	11317.4	11317.4
蔬菜、水果和坚果加工	83055.4	25269.9	3407.4	11529.9	48869.9	46929.4
蔬菜加工	48704.9	12436.2	2155.7	9509.1	31575.4	31272.3
水果和坚果加工	34350.5	12833.7	1251.7	2020.8	17294.5	15657.1
其他农副食品加工	51658.9	6950.6	1962.1	1399.4	41541.9	34463.1
淀粉及淀粉制品制造	19366.5	1232.1	130.6		17793.6	12514.8
其他未列明农副食品加工	32292.4	5718.5	1831.5	1399.4	23748.3	21948.3
食品制造业	124051.7	36619.5	7749.1	17490.4	145369.9	98896.3
焙烤食品制造	6989.3	732.0	212.0		7800.7	7800.7
饼干及其他焙烤食品制造	6989.3	732.0	212.0		7800.7	7800.7
糖果、巧克力及蜜饯制造	30457.8	13657.5	1656.4	5351.5	28369.8	20547.5
蜜饯制作	30457.8	13657.5	1656.4	5351.5	28369.8	20547.5
方便食品制造	32935.8	8488.7	2421.8	1193.3	9553.1	6943.9
方便面及其他方便食品制造	32935.8	8488.7	2421.8	1193.3	9553.1	6943.9
乳制品制造	6074.8	1315.3	186.9	78.0	20674.2	19678.7
罐头食品制造	11016.7	5834.5	485.8	10701.4	28440.6	28440.6
蔬菜、水果罐头制造	11016.7	5834.5	485.8	10701.4	28440.6	28440.6
调味品、发酵制品制造	3143.4	304.9	74.1		1238.1	1238.1
酱油、食醋及类似制品制造	676.0	15.2	3.1		20.6	20.6
其他调味品、发酵制品制造	2467.4	289.7	71.0		1217.5	1217.5
其他食品制造	33433.9	6286.6	2712.1	166.2	49293.4	14246.8
保健食品制造	5988.1	956.2	956.2	166.2	14697.9	10090.9
食品及饲料添加剂制造	27445.8	5330.4	1755.9		34595.5	4155.9
酒、饮料和精制茶制造业	253654.2	97526.5	15171.8	35137.6	390839.4	356874.6
酒的制造	178421.2	60937.3	13280.4	31797.5	289902.1	271755.7
酒精制造	47154.3	22837.7	4970.4	10562.2	58943.4	58943.4
白酒制造	44535.6	12089.3	5175.0	1234.9	106167.4	102335.3
啤酒制造	86731.3	26010.3	3135.0	20000.4	124791.3	110477.0
饮料制造	75233.0	36589.2	1891.4	3340.1	100937.3	85118.9

上工业企业主要经济指标

单位：万元

#应付账款	非流动负债合计	所有者权益合计	#实收资本	国家资本	集体资本	法人资本	个人资本	港澳台资本	外商资本
		1437.9	1150.0				1150.0		
109.6		1991.5	5000.0			5000.0			
109.6		1991.5	5000.0			5000.0			
1742.9	307.0	82887.2	35632.2	2923.0		913.1	31796.1		
741.2	303.0	47392.0	15524.7	2923.0			12601.7		
1001.7	4.0	35495.2	20107.5			913.1	19194.4		
3192.9	6426.0	64141.0	9804.7		1500.0	2802.6	5502.1		
1702.2	4626.0	15303.8	8367.1		1500.0	1467.1	5400.0		
1490.7	1800.0	48837.2	1437.6			1335.5	102.1		
17566.0	38673.4	130418.9	38212.8	186.5		5369.3	31657.4		999.6
2253.6		7667.6	6081.6				5082.0		999.6
2253.6		7667.6	6081.6				5082.0		999.6
5505.5	4641.7	55816.6	15637.0			1060.0	14577.0		
5505.5	4641.7	55816.6	15637.0			1060.0	14577.0		
24.7	2596.6	37118.4	6000.0				6000.0		
24.7	2596.6	37118.4	6000.0				6000.0		
2368.2	995.5	9069.2	1397.1	186.5		926.0	284.6		
1768.2		8198.9	4763.8			1050.0	3713.8		
1768.2		8198.9	4763.8			1050.0	3713.8		
330.7		4523.4	1500.0			500.0	1000.0		
1.8		1561.3	500.0			500.0			
328.9		2962.1	1000.0				1000.0		
5315.1	30439.6	8024.8	2833.3			1833.3	1000.0		
2073.8		6754.5	1333.3			333.3	1000.0		
3241.3	30439.6	1270.3	1500.0			1500.0			
78075.1	9261.5	248595.5	100784.5	1645.1	1000.0	65563.6	32575.8		
44311.6	1482.7	105262.7	37049.6	1645.1	1000.0	11228.7	23175.8		
20330.4		38211.8	7570.4	645.1		2481.0	4444.3		
9445.5	1482.7	30286.1	14479.2	1000.0	1000.0	7576.2	4903.0		
14535.7		36764.8	15000.0			1171.5	13828.5		
33763.5	7778.8	143332.8	63734.9			54334.9	9400.0		

按行业大中小类分规模以

3-4 续表6

（2014年）

指标名称	营业收入	#主营业务收入	营业成本	#主营业务成本	营业税金及附加
肉制品及副产品加工	2043.2	2043.2	1724.5	1724.5	0.2
水产品加工	2213.5	2213.5	2414.0	2414.0	
其他水产品加工	2213.5	2213.5	2414.0	2414.0	
蔬菜、水果和坚果加工	88740.5	88740.5	74601.9	74601.9	243.6
蔬菜加工	50847.1	50847.1	40707.4	40707.4	114.2
水果和坚果加工	37893.4	37893.4	33894.5	33894.5	129.4
其他农副食品加工	61476.7	61272.0	47120.0	47091.5	114.3
淀粉及淀粉制品制造	14772.9	14772.9	11522.4	11522.4	44.4
其他未列明农副食品加工	46703.8	46499.1	35597.6	35569.1	69.9
食品制造业	364046.4	363755.5	309631.7	309531.7	1591.8
焙烤食品制造	5845.4	5845.4	5055.8	5055.8	15.1
饼干及其他焙烤食品制造	5845.4	5845.4	5055.8	5055.8	15.1
糖果、巧克力及蜜饯制造	206491.6	206450.1	182498.8	182460.8	677.3
蜜饯制作	206491.6	206450.1	182498.8	182460.8	677.3
方便食品制造	55257.0	55257.0	41345.5	41345.5	336.8
方便面及其他方便食品制造	55257.0	55257.0	41345.5	41345.5	336.8
乳制品制造	23060.0	23060.0	19661.3	19661.3	217.8
罐头食品制造	37003.3	37003.3	33653.9	33653.9	246.4
蔬菜、水果罐头制造	37003.3	37003.3	33653.9	33653.9	246.4
调味品、发酵制品制造	7790.3	7790.3	6325.5	6325.5	36.0
酱油、食醋及类似制品制造	2573.5	2573.5	2132.0	2132.0	8.9
其他调味品、发酵制品制造	5216.8	5216.8	4193.5	4193.5	27.1
其他食品制造	28598.8	28349.4	21090.9	21028.9	62.4
保健食品制造	2033.6	2033.6	1324.6	1324.6	
食品及饲料添加剂制造	26565.2	26315.8	19766.3	19704.3	62.4
酒、饮料和精制茶制造业	762313.7	729150.3	520769.3	499406.8	36357.8
酒的制造	427861.0	409256.7	274169.6	266330.2	34568.4
酒精制造	302692.0	284533.7	194590.7	187090.7	21648.9
白酒制造	74962.5	74516.5	37801.3	37461.9	12536.1
啤酒制造	50206.5	50206.5	41777.6	41777.6	383.4
饮料制造	334452.7	319893.6	246599.7	233076.6	1789.4

上工业企业主要经济指标

单位：万元

#主营业务税金及附加	其他业务收入	其他业务利润	销售费用	管理费用	#税金	财务费用	#利息收入	利息支出	营业利润
0.2			86.2	132.4	11.0	62.8		62.8	37.1
			158.0	851.8		126.2		126.2	-1336.5
			158.0	851.8		126.2		126.2	-1336.5
243.6			1393.1	2862.3	121.9	2058.0	13.1	1951.4	7591.2
114.2			1097.4	2014.6	29.4	1414.2	1.6	1314.0	5499.3
129.4			295.7	847.7	92.5	643.8	11.5	637.4	2091.9
114.3	204.7	179.3	1751.4	1525.6	226.8	1989.2	6.5	1775.6	8976.3
44.4			464.4	469.3	14.4	366.9	0.2	366.9	1905.5
69.9	204.7	179.3	1287.0	1056.3	212.4	1622.3	6.3	1408.7	7070.8
1591.8	290.9	187.4	11621.0	10135.4	1067.7	4763.6	66.6	4364.9	20967.9
15.1			41.6	290.7	21.8	280.0		280.0	162.2
15.1			41.6	290.7	21.8	280.0		280.0	162.2
677.3	41.5		2973.5	2401.3	381.4	944.0	5.5	855.3	11661.7
677.3	41.5		2973.5	2401.3	381.4	944.0	5.5	855.3	11661.7
336.8			5439.8	869.9	86.8	1042.4	62.5	965.1	6222.6
336.8			5439.8	869.9	86.8	1042.4	62.5	965.1	6222.6
217.8			1101.6	1176.5	46.1	976.0		976.4	-73.2
246.4			686.5	1189.9	337.8	1410.4	-2.2	1225.6	-183.8
246.4			686.5	1189.9	337.8	1410.4	-2.2	1225.6	-183.8
36.0			213.8	232.0	4.1	45.5	0.8	45.5	937.5
8.9			101.2	103.6	1.5	21.7	0.8	21.7	206.1
27.1			112.6	128.4	2.6	23.8		23.8	731.4
62.4	249.4	187.4	1164.2	3975.1	189.7	65.3		17.0	2240.9
			259.6	213.6	3.9	99.6		19.2	136.2
62.4	249.4	187.4	904.6	3761.5	185.8	-34.3		-2.2	2104.7
36357.8	33163.4	1801.0	85801.5	26405.0	1400.6	5181.1	1425.2	5955.6	99764.1
34568.4	18604.3	765.0	43017.2	20826.7	983.2	4751.2	128.0	4828.5	49963.5
21648.9	18158.3	658.4	27714.6	6031.7	281.3	407.0		407.0	52299.1
12536.1	446.0	106.6	13207.0	12027.1	506.3	1970.1	64.3	2028.8	-3143.5
383.4			2095.6	2767.9	195.6	2374.1	63.7	2392.7	807.9
1789.4	14559.1	1036.0	42784.3	5578.3	417.4	429.9	1297.2	1127.1	49800.6

按行业大中小类分规模以

3-4 续表7

（2014年）

指标名称	资产减值损失	公允价值变动收益	投资收益	营业外收入	补贴收入	营业外支出	利润总额
肉制品及副产品加工							37.1
水产品加工				223.1		1.5	-1114.9
其他水产品加工				223.1		1.5	-1114.9
蔬菜、水果和坚果加工			9.6	2.1		5.4	7587.9
蔬菜加工				2.1		4.9	5496.5
水果和坚果加工			9.6			0.5	2091.4
其他农副食品加工	-0.1			2697.8	2680.0	59.5	11614.6
淀粉及淀粉制品制造				10.8			1916.3
其他未列明农副食品加工	-0.1			2687.0	2680.0	59.5	9698.3
食品制造业			-5335.0	1863.9	542.5	2137.3	20694.5
焙烤食品制造						21.5	140.7
饼干及其他焙烤食品制造						21.5	140.7
糖果、巧克力及蜜饯制造			-5335.0	184.2		1668.8	10177.1
蜜饯制作			-5335.0	184.2		1668.8	10177.1
方便食品制造				696.6	540.5	339.8	6579.4
方便面及其他方便食品制造				696.6	540.5	339.8	6579.4
乳制品制造				699.5	2.0	56.3	570.0
罐头食品制造				283.6		10.8	89.0
蔬菜、水果罐头制造				283.6		10.8	89.0
调味品、发酵制品制造						12.8	924.7
酱油、食醋及类似制品制造							206.1
其他调味品、发酵制品制造						12.8	718.6
其他食品制造						27.3	2213.6
保健食品制造							136.2
食品及饲料添加剂制造						27.3	2077.4
酒、饮料和精制茶制造业	91.1		12530.0	4159.7	3348.2	1576.6	102347.2
酒的制造	90.6			3532.7	2889.7	1552.4	51943.8
酒精制造				2909.2	2879.7	8.0	55200.3
白酒制造	90.6			623.5	10.0	1395.1	-3915.1
啤酒制造						149.3	658.6
饮料制造	0.5		12530.0	627.0	458.5	24.2	50403.4

上工业企业主要经济指标

单位：万元

所得税费用	亏损企业亏损总额	利税总额	应交税金及附加	本年应付职工薪酬	本年应交增值税	从业人员平均人数（人）	从业人员期末人数	平均用工人数	期末用工人数
1.2		39.4	14.5	63.2	2.1	28	23	28	23
	1114.9	-1114.9		267.9		77	77	77	77
	1114.9	-1114.9		267.9		77	77	77	77
1171.8	62.3	8146.2	1852.0	4522.8	314.7	1592	1541	1667	1619
1163.0		5824.5	1520.4	2676.9	213.8	823	817	853	847
8.8	62.3	2321.7	331.6	1845.9	100.9	769	724	814	772
2755.8	172.0	12050.2	3418.2	3397.4	321.3	788	858	780	834
367.4	172.0	2210.7	676.2	538.7	250.0	182	250	180	232
2388.4		9839.5	2742.0	2858.7	71.3	606	608	600	602
2520.7	1511.9	33049.1	15943.0	20385.8	10762.8	6071	6322	6278	6511
1.1		277.5	159.7	606.1	121.7	205	208	195	268
1.1		277.5	159.7	606.1	121.7	205	208	195	268
86.8		16978.6	7269.7	7117.8	6124.2	3346	3447	3486	3542
86.8		16978.6	7269.7	7117.8	6124.2	3346	3447	3486	3542
1641.7		10260.1	5409.2	2132.0	3343.9	482	483	453	454
1641.7		10260.1	5409.2	2132.0	3343.9	482	483	453	454
47.6		941.9	465.6	2141.1	154.1	338	335	337	335
96.7	1511.9	669.6	1015.1	1471.5	334.2	431	466	448	465
96.7	1511.9	669.6	1015.1	1471.5	334.2	431	466	448	465
179.8		1021.9	281.1	204.1	61.2	50	50	108	100
0.3		241.7	37.4	78.5	26.7	20	20	40	40
179.5		780.2	243.7	125.6	34.5	30	30	68	60
467.0		2899.5	1342.6	6713.2	623.5	1219	1333	1251	1347
		136.2	3.9	364.0		110	120	110	110
467.0		2763.3	1338.7	6349.2	623.5	1109	1213	1141	1237
12022.3	5714.4	166874.9	77950.6	26338.4	28169.9	5171	5046	5872	5908
3226.9	5341.1	100177.2	52443.5	12495.6	13665.0	3160	3071	3874	3945
1882.7		81284.0	28247.7	5455.4	4434.8	1439	1451	1439	1451
1344.2	5341.1	16214.3	21979.9	5626.8	7593.3	1286	1190	2000	2034
		2678.9	2215.9	1413.4	1636.9	435	430	435	460
8795.4	373.3	66697.7	25507.1	13842.8	14504.9	2011	1975	1998	1963

按行业大中小类分规模以

3-4 续表8

（2014年）

指标名称	企业单位数（个）	亏损企业	工业总产值（当年价格）	工业销售产值（当年价格）	出口交货值	年初存货
瓶（罐）装饮用水制造	1	1	964.8	964.8		74.3
果菜汁及果菜汁饮料制造	2		20844.5	18057.4		381.4
含乳饮料和植物蛋白饮料制造	6		172611.1	298249.1		36011.0
纺织业	3		15254.2	14989.3	955.7	5195.9
毛纺织及染整精加工	2		11839.1	11736.8	816.7	4133.8
毛条和毛纱线加工	1		2818.6	2818.6		104.5
毛织造加工	1		9020.5	8918.2	816.7	4029.3
针织或钩针编织物及其制品制造	1		3415.1	3252.5	139.0	1062.1
针织或钩针编织品制造	1		3415.1	3252.5	139.0	1062.1
纺织服装、服饰业	3	2	11411.0	11411.0	6856.4	8432.5
机织服装制造	1		3675.5	3675.5		208.8
针织或钩针编织服装制造	2	2	7735.5	7735.5	6856.4	8223.7
木材加工和木、竹、藤、棕、草制品业	2		69059.8	67216.9		6906.4
人造板制造	1		61096.0	60099.7		4690.3
纤维板制造	1		61096.0	60099.7		4690.3
木制品制造	1		7963.8	7117.2		2216.1
建筑用木料及木材组件加工	1		7963.8	7117.2		2216.1
家具制造业	1		3107.9	2658.4		942.9
木质家具制造	1		3107.9	2658.4		942.9
造纸和纸制品业	1	1	2346.2	2346.2		536.4
纸制品制造	1	1	2346.2	2346.2		536.4
纸和纸板容器制造	1	1	2346.2	2346.2		536.4
印刷和记录媒介复制业	3	1	12558.8	12058.3	267.9	2295.3
印刷	3	1	12558.8	12058.3	267.9	2295.3
包装装潢及其他印刷	3	1	12558.8	12058.3	267.9	2295.3
文教、工美、体育和娱乐用品制造业	9	2	22696.9	22609.8	14.6	3470.0
工艺美术品制造	6	2	14326.3	14239.2	14.6	2324.1
地毯、挂毯制造	1	1	1594.5	1746.0		1234.7
其他工艺美术品制造	5	1	12731.8	12493.2	14.6	1089.4
游艺器材及娱乐用品制造	3		8370.6	8370.6		1145.9
露天游乐场所游乐设备制造	3		8370.6	8370.6		1145.9

上工业企业主要经济指标

单位：万元

#产成品	资产总计	流动资产合计					固定资产合计
			#应收账款	存 货			
					#产成品	在产品	
	6625.1	1728.2	124.0	219.9			2008.0
176.2	27615.4	13939.5	3925.4	5480.8	1076.5		13298.6
29206.1	210426.4	129901.1	1450.7	22341.1	11842.2		24870.4
1627.6	17766.8	12096.2	1030.2	4889.9	2098.1	353.8	2002.9
1036.9	12617.2	9921.9	484.5	3802.3	1507.4	353.8	1497.5
	596.3	532.1	132.4	98.6	32.5		56.3
1036.9	12020.9	9389.8	352.1	3703.7	1474.9	353.8	1441.2
590.7	5149.6	2174.3	545.7	1087.6	590.7		505.4
590.7	5149.6	2174.3	545.7	1087.6	590.7		505.4
1397.2	17461.6	12110.4	1627.7	7696.0	1285.9	1163.6	4295.7
	642.8	446.7	407.4	14.4	10.4	4.0	180.9
1397.2	16818.8	11663.7	1220.3	7681.6	1275.5	1159.6	4114.8
4340.0	92558.6	24629.5	1128.7	7057.7	4440.1		46116.1
3316.6	60483.8	5518.9	1003.1	4145.2	3416.7		39752.4
3316.6	60483.8	5518.9	1003.1	4145.2	3416.7		39752.4
1023.4	32074.8	19110.6	125.6	2912.5	1023.4		6363.7
1023.4	32074.8	19110.6	125.6	2912.5	1023.4		6363.7
284.2	7840.8	2843.4	697.2	855.5			4997.3
284.2	7840.8	2843.4	697.2	855.5			4997.3
218.9	78686.2	31818.8	495.6	3208.1	2790.4		6422.3
218.9	78686.2	31818.8	495.6	3208.1	2790.4		6422.3
218.9	78686.2	31818.8	495.6	3208.1	2790.4		6422.3
623.5	22205.6	12456.7	3368.4	3213.5	1698.5		7191.2
623.5	22205.6	12456.7	3368.4	3213.5	1698.5		7191.2
623.5	22205.6	12456.7	3368.4	3213.5	1698.5		7191.2
1626.3	20634.6	10833.7	3607.3	4114.7	2365.1	1102.3	6284.6
1379.7	16873.8	8846.3	3195.9	2950.1	1803.4	749.4	4940.0
779.6	4941.9	1025.1	-82.7	1041.4	620.1	188.2	916.3
600.1	11931.9	7821.2	3278.6	1908.7	1183.3	561.2	4023.7
246.6	3760.8	1987.4	411.4	1164.6	561.7	352.9	1344.6
246.6	3760.8	1987.4	411.4	1164.6	561.7	352.9	1344.6

按行业大中小类分规模以

3-4 续表9

（2014年）

指标名称	固定资产原价	累计折旧	#本年折旧	在建工程	负债合计	流动负债合计
瓶（罐）装饮用水制造	2008.0				6166.1	
果菜汁及果菜汁饮料制造	12858.0	2459.2	293.6	1424.1	12452.3	7985.7
含乳饮料和植物蛋白饮料制造	60367.0	34130.0	1597.8	1916.0	82318.9	77133.2
纺织业	3857.9	1856.1	239.8	1410.2	11125.4	11023.4
毛纺织及染整精加工	3258.8	1762.4	220.4	300.8	9172.1	9070.1
毛条和毛纱线加工	56.3			299.7	366.1	366.1
毛织造加工	3202.5	1762.4	220.4	1.1	8806.0	8704.0
针织或钩针编织物及其制品制造	599.1	93.7	19.4	1109.4	1953.3	1953.3
针织或钩针编织品制造	599.1	93.7	19.4	1109.4	1953.3	1953.3
纺织服装、服饰业	7877.3	3581.6	1021.3	15.2	15355.8	15355.8
机织服装制造	391.1	210.2	21.0	15.2	640.3	640.3
针织或钩针编织服装制造	7486.2	3371.4	1000.3		14715.5	14715.5
木材加工和木、竹、藤、棕、草制品业	56879.2	13040.3	4579.8	1980.7	76714.3	75614.6
人造板制造	50515.5	10763.1	4047.3		53444.1	53444.1
纤维板制造	50515.5	10763.1	4047.3		53444.1	53444.1
木制品制造	6363.7	2277.2	532.5	1980.7	23270.2	22170.5
建筑用木料及木材组件加工	6363.7	2277.2	532.5	1980.7	23270.2	22170.5
家具制造业	5395.9	398.6	52.9		3475.5	3475.5
木质家具制造	5395.9	398.6	52.9		3475.5	3475.5
造纸和纸制品业	12537.0	8038.7		455.5	73786.4	73106.4
纸制品制造	12537.0	8038.7		455.5	73786.4	73106.4
纸和纸板容器制造	12537.0	8038.7		455.5	73786.4	73106.4
印刷和记录媒介复制业	9303.5	2112.3	772.9	538.9	16968.0	15383.3
印刷	9303.5	2112.3	772.9	538.9	16968.0	15383.3
包装装潢及其他印刷	9303.5	2112.3	772.9	538.9	16968.0	15383.3
文教、工美、体育和娱乐用品制造业	9050.9	2826.1	383.5	282.2	12428.8	12221.8
工艺美术品制造	7177.2	2297.0	211.8	87.0	11428.9	11425.2
地毯、挂毯制造	2657.0	1740.7	83.2		5298.1	5298.1
其他工艺美术品制造	4520.2	556.3	128.6	87.0	6130.8	6127.1
游艺器材及娱乐用品制造	1873.7	529.1	171.7	195.2	999.9	796.6
露天游乐场所游乐设备制造	1873.7	529.1	171.7	195.2	999.9	796.6

上工业企业主要经济指标

单位：万元

#应付账款	非流动负债合计	所有者权益合计	#实收资本	国家资本	集体资本	法人资本	个人资本	港澳台资本	外商资本
		459.0	1200.0				1200.0		
1435.5	4466.6	15163.1	4477.0			1477.0	3000.0		
32328.0	3312.2	127710.7	58057.9			52857.9	5200.0		
666.2	102.0	6567.5	2885.6			156.3	2729.3		
666.2	102.0	3371.2	2385.6			156.3	2229.3		
33.0		156.3	156.3			156.3			
633.2	102.0	3214.9	2229.3				2229.3		
		3196.3	500.0				500.0		
		3196.3	500.0				500.0		
2428.7		2105.8	3131.6				3131.6		
215.3		2.5	50.0				50.0		
2213.4		2103.3	3081.6				3081.6		
3185.6	333.6	15844.3	12000.0	10000.0			2000.0		
2852.0		7039.7	10000.0	10000.0					
2852.0		7039.7	10000.0	10000.0					
333.6	333.6	8804.6	2000.0				2000.0		
333.6	333.6	8804.6	2000.0				2000.0		
264.5		4365.3	650.0				650.0		
264.5		4365.3	650.0				650.0		
4979.9		3120.4	9000.0				9000.0		
4979.9		3120.4	9000.0				9000.0		
4979.9		3120.4	9000.0				9000.0		
3352.8	1584.6	5237.4	4094.0			150.0	3944.0		
3352.8	1584.6	5237.4	4094.0			150.0	3944.0		
3352.8	1584.6	5237.4	4094.0			150.0	3944.0		
1193.7	3.7	8205.9	7565.0			3428.0	4137.0		
652.7	3.7	5445.0	6359.0			3428.0	2931.0		
-66.9		-356.1	876.0				876.0		
719.6	3.7	5801.1	5483.0			3428.0	2055.0		
541.0		2760.9	1206.0				1206.0		
541.0		2760.9	1206.0				1206.0		

按行业大中小类分规模以

3-4 续表10

(2014年)

指标名称	营业收入	#主营业务收入	营业成本	#主营业务成本	营业税金及附加
瓶（罐）装饮用水制造	668.9	668.9	501.8	501.8	28.8
果菜汁及果菜汁饮料制造	20964.3	20964.3	15260.4	15260.4	85.3
含乳饮料和植物蛋白饮料制造	312819.5	298260.4	230837.5	217314.4	1675.3
纺织业	14989.3	14989.3	12348.7	12348.7	51.5
毛纺织及染整精加工	11736.8	11736.8	9734.2	9734.2	50.9
毛条和毛纱线加工	2818.6	2818.6	2622.4	2622.4	29.1
毛织造加工	8918.2	8918.2	7111.8	7111.8	21.8
针织或钩针编织物及其制品制造	3252.5	3252.5	2614.5	2614.5	0.6
针织或钩针编织品制造	3252.5	3252.5	2614.5	2614.5	0.6
纺织服装、服饰业	11358.8	11358.8	10242.9	10242.9	36.6
机织服装制造	3675.5	3675.5	3576.2	3576.2	6.6
针织或钩针编织服装制造	7683.3	7683.3	6666.7	6666.7	30.0
木材加工和木、竹、藤、棕、草制品业	64781.1	64781.1	50174.1	50174.1	133.7
人造板制造	58096.0	58096.0	44826.1	44826.1	
纤维板制造	58096.0	58096.0	44826.1	44826.1	
木制品制造	6685.1	6685.1	5348.0	5348.0	133.7
建筑用木料及木材组件加工	6685.1	6685.1	5348.0	5348.0	133.7
家具制造业	2656.4	2656.4	1750.2	1750.2	20.4
木质家具制造	2656.4	2656.4	1750.2	1750.2	20.4
造纸和纸制品业	2118.0	2118.0	2431.9	2431.9	37.6
纸制品制造	2118.0	2118.0	2431.9	2431.9	37.6
纸和纸板容器制造	2118.0	2118.0	2431.9	2431.9	37.6
印刷和记录媒介复制业	12269.3	12269.3	10434.3	10434.3	40.7
印刷	12269.3	12269.3	10434.3	10434.3	40.7
包装装潢及其他印刷	12269.3	12269.3	10434.3	10434.3	40.7
文教、工美、体育和娱乐用品制造业	21639.1	21639.1	18899.5	18899.5	245.1
工艺美术品制造	14484.6	14484.6	13529.7	13529.7	81.6
地毯、挂毯制造	1551.4	1551.4	1732.9	1732.9	38.0
其他工艺美术品制造	12933.2	12933.2	11796.8	11796.8	43.6
游艺器材及娱乐用品制造	7154.5	7154.5	5369.8	5369.8	163.5
露天游乐场所游乐设备制造	7154.5	7154.5	5369.8	5369.8	163.5

上工业企业主要经济指标

单位：万元

	其 他 业务收入	其 他 业务利润	销售费用	管理费用		财务费用			营业利润
#主营业务 税金及附加					#税 金		#利息收入	利息支出	
28.8			108.8	115.5		362.6			-448.6
85.3			1257.7	821.3	5.6	631.8		631.9	2907.3
1675.3	14559.1	1036.0	41417.8	4641.5	411.8	-564.5	1297.2	495.2	47341.9
51.5			152.9	818.5	59.6	597.5	0.3	597.1	1020.2
50.9			150.8	730.1	58.4	518.7	0.3	518.4	552.1
29.1			36.2	118.0	1.5	0.3	0.3		12.6
21.8			114.6	612.1	56.9	518.4		518.4	539.5
0.6			2.1	88.4	1.2	78.8		78.7	468.1
0.6			2.1	88.4	1.2	78.8		78.7	468.1
36.6			134.5	886.3	14.1	845.8	187.5	981.1	-778.3
6.6			18.9	21.6	0.1	21.2		21.2	31.0
30.0			115.6	864.7	14.0	824.6	187.5	959.9	-809.3
133.7			390.7	889.3	79.5	4739.2	1.5	3816.0	8454.1
			323.9	688.8	79.4	4521.3	1.5	3604.6	7735.9
			323.9	688.8	79.4	4521.3	1.5	3604.6	7735.9
133.7			66.8	200.5	0.1	217.9		211.4	718.2
133.7			66.8	200.5	0.1	217.9		211.4	718.2
20.4				117.1	9.3	109.3			659.4
20.4				117.1	9.3	109.3			659.4
37.6			26.4	532.9		158.8		158.8	-877.1
37.6			26.4	532.9		158.8		158.8	-877.1
37.6			26.4	532.9		158.8		158.8	-877.1
40.7			359.8	1129.6	29.9	576.0	35.0	538.6	-271.1
40.7			359.8	1129.6	29.9	576.0	35.0	538.6	-271.1
40.7			359.8	1129.6	29.9	576.0	35.0	538.6	-271.1
245.1			822.2	1706.3	151.5	484.1	1.9	474.8	-518.1
81.6			503.1	1287.3	4.7	474.3	1.1	474.8	-1391.4
38.0			16.1	746.2		421.3		420.7	-1403.1
43.6			487.0	541.1	4.7	53.0	1.1	54.1	11.7
163.5			319.1	419.0	146.8	9.8	0.8		873.3
163.5			319.1	419.0	146.8	9.8	0.8		873.3

按行业大中小类分规模以

3-4 续表11

（2014年）

指 标 名 称	资产减值损失	公允价值变动收益	投资收益	营业外收 入	补贴收入	营业外支 出	利润总额
瓶（罐）装饮用水制造				75.3			-373.3
果菜汁及果菜汁饮料制造	0.5			417.7	403.8	1.5	3323.5
含乳饮料和植物蛋白饮料制造			12530.0	134.0	54.7	22.7	47453.2
纺织业							1020.2
毛纺织及染整精加工							552.1
毛条和毛纱线加工							12.6
毛织造加工							539.5
针织或钩针编织物及其制品制造							468.1
针织或钩针编织品制造							468.1
纺织服装、服饰业			9.0	3.6	1.2	2.2	-776.9
机织服装制造							31.0
针织或钩针编织服装制造			9.0	3.6	1.2	2.2	-807.9
木材加工和木、竹、藤、棕、草制品业				61.8		51.6	8464.3
人造板制造				61.8		51.6	7746.1
纤维板制造				61.8		51.6	7746.1
木制品制造							718.2
建筑用木料及木材组件加工							718.2
家具制造业							659.4
木质家具制造							659.4
造纸和纸制品业							-877.1
纸制品制造							-877.1
纸和纸板容器制造							-877.1
印刷和记录媒介复制业				221.5	26.0	0.1	-49.7
印刷				221.5	26.0	0.1	-49.7
包装装潢及其他印刷				221.5	26.0	0.1	-49.7
文教、工美、体育和娱乐用品制造业				0.8		8.1	-525.4
工艺美术品制造				0.8		8.1	-1398.7
地毯、挂毯制造				0.3			-1402.8
其他工艺美术品制造				0.5		8.1	4.1
游艺器材及娱乐用品制造							873.3
露天游乐场所游乐设备制造							873.3

上工业企业主要经济指标

单位：万元

所得税费用	亏损企业亏损总额	利税总额	应交税金及附加	本年应付职工薪酬	本年应交增值税	从业人员平均人数（人）	从业人员期末人数	平均用工人数	期末用工人数
	373.3	-340.9	32.4	154.6	3.6	59	72	36	60
326.3		3815.0	823.4	991.5	406.2	266	266	266	266
8469.1		63223.6	24651.3	12696.7	14095.1	1686	1637	1696	1637
64.4		1250.8	354.6	1282.3	179.1	560	568	520	528
61.5		735.3	303.1	1172.0	132.3	510	518	470	478
		41.7	30.6			40	40		
61.5		693.6	272.5	1172.0	132.3	470	478	470	478
2.9		515.5	51.5	110.3	46.8	50	50	50	50
2.9		515.5	51.5	110.3	46.8	50	50	50	50
	807.9	-390.8	400.2	2051.4	349.5	1108	1114	1110	1110
		87.6	56.7	480.0	50.0	200	199	200	200
	807.9	-478.4	343.5	1571.4	299.5	908	915	910	910
		11399.9	3015.1	2812.4	2801.9	687	695	687	695
		10548.0	2881.3	2013.8	2801.9	389	395	389	395
		10548.0	2881.3	2013.8	2801.9	389	395	389	395
		851.9	133.8	798.6		298	300	298	300
		851.9	133.8	798.6		298	300	298	300
164.9		679.8	194.6	345.8		90	96	96	102
164.9		679.8	194.6	345.8		90	96	96	102
1.8	877.1	-467.9	411.0	389.4	371.6	121	121	121	121
1.8	877.1	-467.9	411.0	389.4	371.6	121	121	121	121
1.8	877.1	-467.9	411.0	389.4	371.6	121	121	121	121
35.2	113.9	84.8	199.6	1144.7	93.8	320	319	320	319
35.2	113.9	84.8	199.6	1144.7	93.8	320	319	320	319
35.2	113.9	84.8	199.6	1144.7	93.8	320	319	320	319
91.7	1410.3	455.7	1224.3	1456.3	736.0	552	556	541	407
5.5	1410.3	-900.3	508.6	1155.5	416.8	402	406	390	256
	1402.8	-1324.9	77.9	300.9	39.9	130	127	130	127
5.5	7.5	424.6	430.7	854.6	376.9	272	279	260	129
86.2		1356.0	715.7	300.8	319.2	150	150	151	151
86.2		1356.0	715.7	300.8	319.2	150	150	151	151

按行业大中小类分规模以

3-4 续表12

（2014年）

指标名称	企业单位数（个）	亏损企业	工业总产值（当年价格）	工业销售产值（当年价格）	出口交货值	年初存货
石油加工、炼焦和核燃料加工业	1		255372.0	255372.0		21252.9
炼焦	1		255372.0	255372.0		21252.9
化学原料和化学制品制造业	23	7	217203.5	190899.0		26629.6
基础化学原料制造	9	5	99907.9	88764.6		14414.0
无机酸制造	4	3	79144.7	68099.5		12541.2
无机盐制造	1	1				385.4
有机化学原料制造	3	1	7602.5	7504.4		1487.4
其他基础化学原料制造	1		13160.7	13160.7		
肥料制造	3	1	29393.3	19261.1		3317.7
复混肥料制造	2	1	20886.4	10754.2		3317.7
其他肥料制造	1		8506.9	8506.9		
合成材料制造	1					272.7
其他合成材料制造	1					272.7
专用化学产品制造	9	1	44947.3	40041.5		7201.6
化学试剂和助剂制造	1		2124.4	2124.4		1564.0
林产化学产品制造	6	1	32553.6	27140.0		2175.3
信息化学品制造	1		7807.5	8315.3		3287.8
环境污染处理专用药剂材料制造	1		2461.8	2461.8		174.5
炸药、火工及焰火产品制造	1		42955.0	42831.8		1423.6
炸药及火工产品制造	1		42955.0	42831.8		1423.6
医药制造业	11		133591.4	122481.9	5419.5	18760.0
化学药品原料药制造	1					
中药饮片加工	2		7831.6	7701.9	5333.0	3159.2
中成药生产	5		120728.7	109960.3	86.5	13307.9
兽用药品制造	2		2842.1	2630.7		1903.4
生物药品制造	1		2189.0	2189.0		389.5
橡胶和塑料制品业	3	2	12103.5	9909.1		1770.3
塑料制品业	3	2	12103.5	9909.1		1770.3
塑料板、管、型材制造	1		7614.3	5857.4		629.1
日用塑料制品制造	1	1	1470.7	1146.5		97.9
其他塑料制品制造	1	1	3018.5	2905.2		1043.3

上工业企业主要经济指标

单位：万元

#产成品	资产总计	流动资产合计	#应收账款	存 货			固定资产合计
					#产成品	在产品	
778.7	180505.9	32176.6	14187.9	14187.9	1670.6	12517.3	142591.1
778.7	180505.9	32176.6	14187.9	14187.9	1670.6	12517.3	142591.1
7363.7	318392.7	131860.0	36499.1	30601.1	8941.7	205.4	87955.6
3108.3	142103.3	65756.7	13127.7	12773.2	2937.2	192.9	40215.0
2780.2	98684.1	41122.5	8377.8	11225.6	2441.7	158.0	25899.7
	9205.2	5683.9	4.0	380.8	38.0		
328.1	17939.8	14961.6	1057.3	1166.8	457.5	34.9	2892.8
	16274.2	3988.7	3688.6				11422.5
1121.0	32418.6	18741.8	4016.0	8607.1	2913.2		12270.6
1121.0	24922.9	15467.5	3857.3	7795.5	2913.2		8159.4
	7495.7	3274.3	158.7	811.6			4111.2
260.6	3800.9	3086.5	2287.2	268.9	263.0		576.2
260.6	3800.9	3086.5	2287.2	268.9	263.0		576.2
2632.0	42532.7	21074.4	8650.1	7369.3	1935.7	12.5	12976.8
46.5	2557.9	403.3	251.3	148.5	35.4	12.5	2154.6
209.9	20750.2	10160.0	4062.3	2455.2	799.8		8820.5
2201.1	14689.4	8125.5	2434.1	4590.9	1100.5		1595.9
174.5	4535.2	2385.6	1902.4	174.7			405.8
241.8	97537.2	23200.6	8418.1	1582.6	892.6		21917.0
241.8	97537.2	23200.6	8418.1	1582.6	892.6		21917.0
6517.5	154538.1	102146.2	22022.1	24707.8	9225.6	1779.8	33152.2
1043.0	7412.0	2440.8	631.8	1784.6	979.9	66.8	2777.0
4149.9	129232.4	87857.4	17705.6	19201.0	6720.2	1655.3	26666.3
1135.6	15539.8	10073.3	3477.2	3024.6	1282.5	57.7	3129.7
189.0	2353.9	1774.7	207.5	697.6	243.0		579.2
564.3	33446.5	16185.2	2095.0	2965.7	1315.1	217.0	16288.8
564.3	33446.5	16185.2	2095.0	2965.7	1315.1	217.0	16288.8
	12732.6	5860.3	1854.2	1668.0	762.6		5899.8
96.3	394.7	391.3	48.3	117.9	6.5		3.4
468.0	20319.2	9933.6	192.5	1179.8	546.0	217.0	10385.6

按行业大中小类分规模以

3-4 续表13

（2014年）

指标名称	固定资产原价	累计折旧	#本年折旧	在建工程	负债合计	流动负债合计
石油加工、炼焦和核燃料加工业	24512.1	24350.8	24350.8	180505.9	98530.9	97184.1
炼焦	24512.1	24350.8	24350.8	180505.9	98530.9	97184.1
化学原料和化学制品制造业	116352.7	40877.5	8285.4	16537.1	138907.1	86267.8
基础化学原料制造	70845.9	30678.5	5940.9	367.8	54204.4	48399.5
无机酸制造	47647.8	21753.2	3887.8	333.4	43613.6	43136.5
无机盐制造					1430.8	
有机化学原料制造	4221.1	1370.8	230.7	34.4	4626.4	4529.4
其他基础化学原料制造	18977.0	7554.5	1822.4		4533.6	733.6
肥料制造	13135.7	940.3	206.1	75.2	12332.0	8060.6
复混肥料制造	9024.5	940.3	206.1	75.2	8100.3	8060.6
其他肥料制造	4111.2				4231.7	
合成材料制造	576.2	347.1	2.4		1686.3	1686.3
其他合成材料制造	576.2	347.1	2.4		1686.3	1686.3
专用化学产品制造	16090.8	3534.0	906.7	4518.5	21139.6	20799.6
化学试剂和助剂制造	2154.6	79.5	44.5		66.0	66.0
林产化学产品制造	10841.0	2361.0	753.8	1156.7	8341.6	8041.6
信息化学品制造	2469.1	873.2	108.4	3361.8	10295.6	10255.6
环境污染处理专用药剂材料制造	626.1	220.3			2436.4	2436.4
炸药、火工及焰火产品制造	15704.1	5377.6	1229.3	11575.6	49544.8	7321.8
炸药及火工产品制造	15704.1	5377.6	1229.3	11575.6	49544.8	7321.8
医药制造业	53499.8	25029.8	3166.1	2944.4	76940.4	74265.0
化学药品原料药制造						
中药饮片加工	2529.1	407.0	121.3	23.9	3387.1	3387.1
中成药生产	48235.8	23784.0	2897.2	2214.4	68318.9	66014.5
兽用药品制造	2189.6	592.0	116.1	706.1	4595.3	4595.3
生物药品制造	545.3	246.8	31.5		639.1	268.1
橡胶和塑料制品业	18230.0	1941.2	1081.6		19296.5	19153.5
塑料制品业	18230.0	1941.2	1081.6		19296.5	19153.5
塑料板、管、型材制造	6867.3	967.5	408.5		5284.0	5284.0
日用塑料制品制造	3.4				349.7	349.7
其他塑料制品制造	11359.3	973.7	673.1		13662.8	13519.8

上工业企业主要经济指标

单位：万元

#应付账款	非流动负债合计	所有者权益合计	#实收资本	国家资本	集体资本	法人资本	个人资本	港澳台资本	外商资本
1346.8	1346.8	81974.9	77800.0	77800.0					
1346.8	1346.8	81974.9	77800.0	77800.0					
18690.8	46666.2	171475.7	61126.3	12546.4		14898.2	33681.7		
6929.9	4373.2	80124.3	5973.7			4520.2	1453.5		
4719.8	476.2	55070.5	4925.2			3670.2	1255.0		
1899.4	97.0	13313.3	348.5			150.0	198.5		
310.7	3800.0	11740.5	700.0			700.0			
157.5		20086.6	8660.0			7300.0	1360.0		
157.5		16822.6	8300.0			7300.0	1000.0		
		3264.0	360.0				360.0		
415.3		2114.5	500.0			500.0			
415.3		2114.5	500.0			500.0			
6728.0	70.0	21157.9	6737.5			2088.0	4649.5		
66.0		2491.9	108.0			88.0	20.0		
1072.1	30.0	12173.5	4550.0			2000.0	2550.0		
4088.7	40.0	4393.8	2000.0				2000.0		
1501.2		2098.7	79.5				79.5		
4460.1	42223.0	47992.4	39255.1	12546.4		490.0	26218.7		
4460.1	42223.0	47992.4	39255.1	12546.4		490.0	26218.7		
5048.6	2675.4	77597.7	23488.4			9813.6	13674.8		
		4024.9	900.0			900.0			
4676.5	2304.4	60913.5	13788.3			8913.6	4874.7		
193.7		10944.5	8300.0				8300.0		
178.4	371.0	1714.8	500.1				500.1		
294.0	143.0	14149.9	8790.0			350.0	8440.0		
294.0	143.0	14149.9	8790.0			350.0	8440.0		
293.3		7448.5	6240.0				6240.0		
		45.0	50.0			50.0			
0.7	143.0	6656.4	2500.0			300.0	2200.0		

按行业大中小类分规模以

3-4 续表14

（2014年）

指标名称	营业收入	#主营业务收入	营业成本	#主营业务成本	营业税金及附加
石油加工、炼焦和核燃料加工业	242028.7	241622.9	227971.1	227572.4	317.8
炼焦	242028.7	241622.9	227971.1	227572.4	317.8
化学原料和化学制品制造业	202530.7	201974.0	144947.2	144523.4	1073.0
基础化学原料制造	94075.6	93782.7	64217.8	64045.1	625.2
无机酸制造	72976.3	72861.7	47212.3	47151.1	467.5
无机盐制造	6.7	6.7	178.8	178.8	
有机化学原料制造	7931.9	7753.6	6354.3	6242.8	56.2
其他基础化学原料制造	13160.7	13160.7	10472.4	10472.4	101.5
肥料制造	27288.4	27288.4	20289.8	20289.8	29.7
复混肥料制造	18781.5	18781.5	13114.0	13114.0	29.7
其他肥料制造	8506.9	8506.9	7175.8	7175.8	
合成材料制造	514.6	514.6	422.0	422.0	10.4
其他合成材料制造	514.6	514.6	422.0	422.0	10.4
专用化学产品制造	38926.8	38663.0	33535.3	33284.2	152.2
化学试剂和助剂制造	2124.4	2124.4	1854.5	1854.5	9.6
林产化学产品制造	25574.3	25574.3	22201.2	22201.2	121.8
信息化学品制造	8766.3	8502.5	7689.3	7438.2	2.2
环境污染处理专用药剂材料制造	2461.8	2461.8	1790.3	1790.3	18.6
炸药、火工及焰火产品制造	41725.3	41725.3	26482.3	26482.3	255.5
炸药及火工产品制造	41725.3	41725.3	26482.3	26482.3	255.5
医药制造业	118656.9	118418.8	57414.0	57414.0	1338.0
化学药品原料药制造					
中药饮片加工	5558.1	5558.1	4831.8	4831.8	49.5
中成药生产	104995.7	104757.6	47023.5	47023.5	1231.0
兽用药品制造	5987.3	5987.3	4052.1	4052.1	40.9
生物药品制造	2115.8	2115.8	1506.6	1506.6	16.6
橡胶和塑料制品业	9865.8	9543.8	8632.1	8481.0	15.6
塑料制品业	9865.8	9543.8	8632.1	8481.0	15.6
塑料板、管、型材制造	5857.3	5857.3	4988.1	4988.1	13.1
日用塑料制品制造	1148.5	1148.5	1084.0	1084.0	2.0
其他塑料制品制造	2860.0	2538.0	2560.0	2408.9	0.5

上工业企业主要经济指标

单位：万元

#主营业务税金及附加	其他业务收入	其他业务利润	销售费用	管理费用	#税金	财务费用	#利息收入	利息支出	营业利润
317.8	405.8	7.1		4566.0	592.5	1947.4	125.6	1969.1	8201.8
317.8	405.8	7.1		4566.0	592.5	1947.4	125.6	1969.1	8201.8
1073.0	556.7	8.4	13260.6	13411.8	700.4	5477.7	38.0	4853.5	28461.0
625.2	292.9	8.4	4322.6	5987.1	303.2	3006.6	22.1	2743.9	19658.0
467.5	114.6	8.4	4089.3	4826.7	231.3	2463.3	17.1	2306.6	17572.0
				178.7		0.1		0.1	-172.1
56.2	178.3		193.3	559.1	44.3	230.7	0.1	14.0	538.3
101.5			40.0	422.6	27.6	312.5	4.9	423.2	1719.8
29.7			2112.6	2307.8	29.7	636.2		316.7	1912.3
29.7			1887.0	2029.3	29.7	420.2		100.7	1301.3
			225.6	278.5		216.0		216.0	611.0
10.4			3.0	26.4	0.2	-0.1	0.1		53.0
10.4			3.0	26.4	0.2	-0.1	0.1		53.0
152.2	263.8		1054.1	2261.1	208.3	762.4	-0.1	715.6	1161.7
9.6			29.8	78.6	5.2	1.0			150.9
121.8			460.2	1395.0	151.9	431.7	-0.1	431.6	964.4
2.2	263.8		217.8	484.9	48.7	289.9		244.2	82.2
18.6			346.3	302.6	2.5	39.8		39.8	-35.8
255.5			5768.3	2829.4	159.0	1072.6	15.9	1077.3	5676.0
255.5			5768.3	2829.4	159.0	1072.6	15.9	1077.3	5676.0
1338.0	238.1	238.0	37771.0	11729.4	419.0	1440.9	-66.6	1195.8	9618.2
49.5			89.2	202.5	2.0	72.4			312.7
1231.0	238.1	238.0	37420.1	11002.7	411.0	952.8	-66.7	826.3	8020.2
40.9			168.8	337.0	5.7	406.2	0.1	369.5	982.3
16.6			92.9	187.2	0.3	9.5			303.0
15.6	322.0	170.9	97.2	833.5	51.4	489.3	0.8	470.1	-201.9
15.6	322.0	170.9	97.2	833.5	51.4	489.3	0.8	470.1	-201.9
13.1			50.1	372.2	33.1	164.2	0.6	149.5	269.6
2.0			17.2	46.3	0.3		0.2		-1.0
0.5	322.0	170.9	29.9	415.0	18.0	325.1		320.6	-470.5

按行业大中小类分规模以

3-4 续表15

（2014年）

指 标 名 称	资产减值损失	公允价值变动收益	投资收益	营业外收 入	补贴收入	营业外支 出	利润总额
石油加工、炼焦和核燃料加工业	-975.4			26.0	227.2	227.2	8000.6
炼焦	-975.4			26.0	227.2	227.2	8000.6
化学原料和化学制品制造业	91.9		4013.6	470.0	373.5	245.5	28685.6
基础化学原料制造	91.9		3654.8	137.7	222.8	139.8	19656.0
无机酸制造			3654.8	119.0		136.2	17554.9
无机盐制造							-172.1
有机化学原料制造				5.7	222.8	1.9	542.1
其他基础化学原料制造	91.9			13.0		1.7	1731.1
肥料制造							1912.3
复混肥料制造							1301.3
其他肥料制造							611.0
合成材料制造							53.0
其他合成材料制造							53.0
专用化学产品制造				307.3	150.7	18.5	1450.5
化学试剂和助剂制造							150.9
林产化学产品制造						0.2	964.2
信息化学品制造				152.7		6.3	228.6
环境污染处理专用药剂材料制造				154.6	150.7	12.0	106.8
炸药、火工及焰火产品制造			358.8	25.0		87.2	5613.8
炸药及火工产品制造			358.8	25.0		87.2	5613.8
医药制造业			654.6	1448.4	90.0	1130.2	9936.4
化学药品原料药制造							
中药饮片加工							312.7
中成药生产			654.6	1400.6	90.0	1124.5	8296.3
兽用药品制造				47.8		5.7	1024.4
生物药品制造							303.0
橡胶和塑料制品业				87.6	85.0	6.5	-120.8
塑料制品业				87.6	85.0	6.5	-120.8
塑料板、管、型材制造				6.7	5.0	2.0	274.3
日用塑料制品制造							-1.0
其他塑料制品制造				80.9	80.0	4.5	-394.1

上工业企业主要经济指标

单位：万元

所得税费用	亏损企业亏损总额	利税总额	应交税金及附加	本年应付职工薪酬	本年应交增值税	从业人员平均人数（人）	从业人员期末人数	平均用工人数	期末用工人数
2090.1		11521.3	6203.3	9658.7	3202.9	828	831	852	852
2090.1		11521.3	6203.3	9658.7	3202.9	828	831	852	852
3858.3	2260.0	37814.4	13687.5	14020.2	8055.8	3816	3829	3859	3697
2370.0	1657.6	24407.6	7424.8	11184.4	4126.4	2734	2739	2883	2732
2370.0	1309.1	21253.2	6299.6	10236.8	3230.8	2464	2470	2464	2470
	172.1	-172.1						156	
	176.4	649.7	151.9	547.6	51.4	207	207	200	200
		2676.8	973.3	400.0	844.2	63	62	63	62
	557.1	1942.0	59.4	325.4		216	216	127	126
	557.1	1331.0	59.4	147.8		151	151	62	62
		611.0		177.6		65	65	65	64
		149.8	97.0	30.0	86.4	42	59	50	50
		149.8	97.0	30.0	86.4	42	59	50	50
174.6	45.3	2886.6	1819.0	1558.1	1283.9	536	525	511	499
		160.5	14.8	26.5		35	35	10	10
109.8	45.3	1532.8	830.3	863.9	446.8	268	269	268	268
57.1		230.8	108.0	308.0		97	97	97	97
7.7		962.5	865.9	359.7	837.1	136	124	136	124
1313.7		8428.4	4287.3	922.3	2559.1	288	290	288	290
1313.7		8428.4	4287.3	922.3	2559.1	288	290	288	290
1521.6		21153.4	13157.6	6840.6	9879.0	1870	1869	1898	1904
		362.2	51.5	538.9		235	245	245	264
1230.0		19389.5	12734.2	5703.5	9862.2	1480	1465	1492	1482
255.9		1082.1	319.3	491.4	16.8	119	123	125	122
35.7		319.6	52.6	106.8		36	36	36	36
67.5	395.1	28.5	268.2	920.3	133.7	275	277	276	275
67.5	395.1	28.5	268.2	920.3	133.7	275	277	276	275
67.2		418.9	244.9	356.7	131.5	77	77	78	75
0.3	1.0	3.2	4.8	87.6	2.2	35	35	35	35
	394.1	-393.6	18.5	476.0		163	165	163	165

按行业大中小类分规模以

3-4 续表16

（2014年）

指 标 名 称	企业单位数（个）	亏损企业	工业总产值（当年价格）	工业销售产值（当年价格）	出口交货值	年初存货
非金属矿物制品业	64	19	365918.8	348461.6	13061.2	62481.4
水泥、石灰和石膏制造	20	7	200971.0	196260.6		29522.2
水泥制造	14	7	154858.1	151453.0		24788.2
石灰和石膏制造	6		46112.9	44807.6		4734.0
石膏、水泥制品及类似制品制造	20	4	64653.1	65687.6		14589.7
水泥制品制造	14	3	51791.0	52774.6		11894.1
砼结构构件制造	1		2003.2	2003.2		27.4
轻质建筑材料制造	4	1	7867.9	7918.8		1088.2
其他水泥类似制品制造	1		2991.0	2991.0		1580.0
砖瓦、石材等建筑材料制造	13	3	51896.8	39541.3		7420.8
粘土砖瓦及建筑砌块制造	7	1	25948.1	21969.2		5065.8
建筑用石加工	1		2255.9	2255.9		
防水建筑材料制造	1		2783.1	2502.4		874.6
隔热和隔音材料制造	1		7011.0	5850.0		1157.0
其他建筑材料制造	3	2	13898.7	6963.8		323.4
玻璃制品制造	2		13603.4	13802.9	13061.2	3247.0
日用玻璃制品制造	2		13603.4	13802.9	13061.2	3247.0
耐火材料制品制造	3	2	8532.8	8146.4		1550.5
耐火陶瓷制品及其他耐火材料制造	3	2	8532.8	8146.4		1550.5
石墨及其他非金属矿物制品制造	6	3	26261.7	25022.8		6151.2
石墨及碳素制品制造	2	1	12440.2	11046.7		5225.2
其他非金属矿物制品制造	4	2	13821.5	13976.1		926.0
黑色金属冶炼和压延加工业	15	4	5243101.1	5235540.1	221443.3	954826.0
炼铁	3	1	2015796.2	1973446.7		70153.1
黑色金属铸造	6	2	30664.8	29666.8		2209.8
钢压延加工	3		3187683.2	3223834.6	221443.3	878301.4
铁合金冶炼	3	1	8956.9	8592.0		4161.7
有色金属冶炼和压延加工业	11	5	228218.6	223449.1		35142.4
常用有色金属冶炼	3	1	126147.8	123981.1		22915.0
铜冶炼	1		81461.8	80336.1		20364.4
其他常用有色金属冶炼	2	1	44686.0	43645.0		2550.6

上工业企业主要经济指标

单位：万元

#产成品	资产总计	流动资产合计	#应收账款	存货		固定资产合计

#产成品	资产总计	流动资产合计	#应收账款	存货	#产成品	在产品	固定资产合计
16173.5	1082387.0	441290.3	146680.7	74097.5	23042.9	7699.8	538518.2
6789.3	654406.5	186432.5	54064.4	33290.3	9505.5	4335.9	409719.9
5691.9	553666.7	146630.7	31820.5	29707.3	7522.7	4335.9	370473.6
1097.4	100739.8	39801.8	22243.9	3583.0	1982.8		39246.3
1985.8	215460.3	127128.6	58899.9	19440.6	3316.7		66895.0
1975.6	171227.3	111567.2	55094.0	16907.8	2475.7		39747.1
	6715.6	5656.6	2803.3	49.0			1059.0
10.2	33500.4	6294.8	610.6	1331.8	841.0		25681.9
	4017.0	3610.0	392.0	1152.0			407.0
3061.1	154899.2	91019.3	18811.2	10696.9	4933.2	2932.5	43909.4
1856.7	102499.6	58510.9	4538.7	6543.1	3448.4	2802.5	30990.6
	605.1	102.4					332.7
625.9	5500.6	4018.2	359.3	1704.1	625.9		1262.8
578.5	10808.1	3996.1	822.0	890.0	228.0	130.0	6812.0
	35485.8	24391.7	13091.2	1559.7	630.9		4511.3
2833.0	13450.5	7350.4	1795.6	4837.2	3354.5	431.4	4261.6
2833.0	13450.5	7350.4	1795.6	4837.2	3354.5	431.4	4261.6
622.1	23184.2	19212.2	8740.4	1357.3	658.6		2915.0
622.1	23184.2	19212.2	8740.4	1357.3	658.6		2915.0
882.2	20986.3	10147.3	4369.2	4475.2	1274.4		10817.3
62.0	4204.4	3690.5	296.1	3193.6	91.5		513.8
820.2	16781.9	6456.8	4073.1	1281.6	1182.9		10303.5
51024.1	5928916.9	2349851.4	104282.1	911483.3	49141.3	41650.4	3050268.1
8273.3	1279953.9	550893.7	26515.1	41001.3	12105.9	10066.6	634519.7
850.5	29215.9	21061.1	9148.0	3214.5	2345.2	4.5	7600.6
41630.1	4610880.2	1772081.5	68469.0	865238.0	34541.9	30033.5	2405101.6
270.2	8866.9	5815.1	150.0	2029.5	148.3	1545.8	3046.2
6497.9	221654.7	76497.2	7600.3	25643.7	5931.9	1523.8	109241.5
4876.2	57647.5	25623.8	1932.1	8062.4	3221.1		23177.0
3075.3	44009.4	19594.1	1638.4	5420.2	1358.4		18771.1
1800.9	13638.1	6029.7	293.7	2642.2	1862.7		4405.9

按行业大中小类分规模以

3-4 续表17

（2014年）

指标名称	固定资产原价	累计折旧	#本年折旧	在建工程	负债合计	流动负债合计
非金属矿物制品业	651291.3	138211.5	27878.9	41564.4	737021.2	613315.0
水泥、石灰和石膏制造	501032.0	97036.6	17620.4	20695.2	471211.6	366067.9
水泥制造	445928.7	81138.5	16407.8	13150.2	426488.5	340344.8
石灰和石膏制造	55103.3	15898.1	1212.6	7545.0	44723.1	25723.1
石膏、水泥制品及类似制品制造	82275.3	24060.5	5504.8	6253.8	140628.9	133268.6
水泥制品制造	53855.8	21250.1	4293.4	6020.6	122182.3	118506.0
砼结构构件制造	1768.0	711.2	122.7	2.2	5802.3	5356.5
轻质建筑材料制造	25588.8	1443.5	870.2	231.0	9666.3	9406.1
其他水泥类似制品制造	1062.7	655.7	218.5		2978.0	
砖瓦、石材等建筑材料制造	40879.4	7156.7	3725.5	13815.9	95082.8	87989.5
粘土砖瓦及建筑砌块制造	30346.3	4998.8	2936.1	6046.2	54840.7	50256.2
建筑用石加工	347.4	42.0			27.4	27.4
防水建筑材料制造	1262.8	103.0	81.6	13.5	3413.8	3413.8
隔热和隔音材料制造	2881.9	483.2	209.9	3423.9	3900.0	3017.9
其他建筑材料制造	6041.0	1529.7	497.9	4332.3	32900.9	31274.2
玻璃制品制造	9410.6	5149.0	396.1		8555.8	5079.0
日用玻璃制品制造	9410.6	5149.0	396.1		8555.8	5079.0
耐火材料制品制造	4133.3	1944.6	106.1	794.3	14307.8	13675.7
耐火陶瓷制品及其他耐火材料制造	4133.3	1944.6	106.1	794.3	14307.8	13675.7
石墨及其他非金属矿物制品制造	13560.7	2864.1	526.0	5.2	7234.3	7234.3
石墨及碳素制品制造	1350.8	837.0	75.6		1740.9	1740.9
其他非金属矿物制品制造	12209.9	2027.1	450.4	5.2	5493.4	5493.4
黑色金属冶炼和压延加工业	4131221.8	1257201.6	312489.6	239124.0	4859243.8	4506856.0
炼铁	855909.2	228680.5	62977.1	19067.8	977325.3	891989.2
黑色金属铸造	9256.6	2157.2	557.8	241.2	21712.2	21643.2
钢压延加工	3260891.4	1024193.3	248596.4	219781.7	3854206.4	3589480.7
铁合金冶炼	5164.6	2170.6	358.3	33.3	5999.9	3742.9
有色金属冶炼和压延加工业	110419.0	51245.3	9543.1	34998.4	187648.0	157917.8
常用有色金属冶炼	26151.0	10228.6	3072.0	9801.7	49638.3	37904.9
铜冶炼	19346.4	7829.9	2321.5	7301.7	36837.3	25103.9
其他常用有色金属冶炼	6804.6	2398.7	750.5	2500.0	12801.0	12801.0

上工业企业主要经济指标

单位：万元

#应付账款	非流动负债合计	所有者权益合计	#实收资本	国家资本	集体资本	法人资本	个人资本	港澳台资本	外商资本
108391.4	53987.6	342953.5	237523.6	34800.0	28.0	140701.9	61510.7		483.0
60520.1	40885.2	183118.2	159727.3	31600.0		114558.0	13569.3		
41257.1	21885.2	127160.2	136844.3	31600.0		99445.0	5799.3		
19263.0	19000.0	55958.0	22883.0			15113.0	7770.0		
23301.9	2760.9	74635.2	30289.0	2000.0		12730.0	15076.0		483.0
21585.0	2054.9	48848.9	23479.0	2000.0		9530.0	11466.0		483.0
1627.0	445.8	913.2	1000.0			1000.0			
89.9	260.2	23834.1	4610.0			1000.0	3610.0		
		1039.0	1200.0			1200.0			
14640.1	6354.8	57677.1	35530.7	1200.0		7810.7	26520.0		
10310.5	3846.1	45607.6	28029.9	1200.0		5109.9	21720.0		
		577.6	500.0			500.0			
30.7		1999.0	2100.0				2100.0		
883.9	882.1	6908.1	1000.0				1000.0		
3415.0	1626.6	2584.8	3900.8			2200.8	1700.0		
1872.5	3476.7	4894.7	2153.7				2153.7		
1872.5	3476.7	4894.7	2153.7				2153.7		
5510.8	510.0	8876.4	1880.7			480.7	1400.0		
5510.8	510.0	8876.4	1880.7			480.7	1400.0		
2546.0		13751.9	7942.2		28.0	5122.5	2791.7		
268.0		2463.5	2562.2				2562.2		
2278.0		11288.4	5380.0		28.0	5122.5	229.5		
636053.8	352378.6	1069521.6	505222.0	330000.0		17967.5	157254.5		
247365.2	85335.9	302628.5	45898.0			14400.0	31498.0		
5936.8	60.0	7460.6	2889.0			567.5	2321.5		
382307.5	264725.7	756673.7	453000.0	330000.0		3000.0	120000.0		
444.3	2257.0	2758.8	3435.0				3435.0		
27375.4	29730.2	33662.3	25496.2	11695.3	150.0	7031.8	6619.1		
16233.2	11733.4	8009.2	5711.2	1345.3		4006.8	359.1		
14099.9	11733.4	7172.1	2476.0	1345.3		1006.8	123.9		
2133.3		837.1	3235.2			3000.0	235.2		

按行业大中小类分规模以

3-4 续表18

（2014年）

指 标 名 称	营业收入	#主营业务收 入	营业成本	#主营业务成 本	营业税金及附加
非金属矿物制品业	348448.3	345794.1	279695.6	277511.9	3335.7
水泥、石灰和石膏制造	190306.1	189216.6	157715.4	156412.6	1269.3
水泥制造	145367.2	144408.7	125884.2	125116.8	572.6
石灰和石膏制造	44938.9	44807.9	31831.2	31295.8	696.7
石膏、水泥制品及类似制品制造	67216.7	65679.2	49678.6	48814.9	1070.9
水泥制品制造	55011.0	53473.5	40552.0	39688.3	505.7
砼结构构件制造	2003.2	2003.2	1628.4	1628.4	
轻质建筑材料制造	7211.5	7211.5	5404.5	5404.5	409.2
其他水泥类似制品制造	2991.0	2991.0	2093.7	2093.7	156.0
砖瓦、石材等建筑材料制造	50606.1	50606.1	38033.2	38033.2	369.4
粘土砖瓦及建筑砌块制造	24308.2	24308.2	18847.8	18847.8	147.9
建筑用石加工	2183.6	2183.6	1969.1	1969.1	
防水建筑材料制造	2361.3	2361.3	1889.0	1889.0	8.5
隔热和隔音材料制造	5907.0	5907.0	2960.2	2960.2	142.6
其他建筑材料制造	15846.0	15846.0	12367.1	12367.1	70.4
玻璃制品制造	13588.3	13561.1	11494.0	11476.8	125.0
日用玻璃制品制造	13588.3	13561.1	11494.0	11476.8	125.0
耐火材料制品制造	8053.1	8053.1	5799.4	5799.4	413.2
耐火陶瓷制品及其他耐火材料制造	8053.1	8053.1	5799.4	5799.4	413.2
石墨及其他非金属矿物制品制造	18678.0	18678.0	16975.0	16975.0	87.9
石墨及碳素制品制造	8446.8	8446.8	8055.9	8055.9	22.6
其他非金属矿物制品制造	10231.2	10231.2	8919.1	8919.1	65.3
黑色金属冶炼和压延加工业	5255377.6	4885766.0	4725768.8	4418773.2	41316.8
炼铁	2107084.3	1962138.3	1908614.6	1802544.4	35009.5
黑色金属铸造	31640.3	31422.2	28327.2	28175.2	82.2
钢压延加工	3108309.7	2883862.2	2781795.4	2581022.0	6161.5
铁合金冶炼	8343.3	8343.3	7031.6	7031.6	63.6
有色金属冶炼和压延加工业	209671.1	207066.4	163692.8	162369.6	1241.3
常用有色金属冶炼	121681.7	119666.0	95849.6	94526.4	120.2
铜冶炼	87455.5	85439.8	66350.9	65027.7	58.0
其他常用有色金属冶炼	34226.2	34226.2	29498.7	29498.7	62.2

上工业企业主要经济指标

单位：万元

#主营业务税金及附加	其他业务收入	其他业务利润	销售费用	管理费用	#税金	财务费用	#利息收入	利息支出	营业利润
3335.7	2654.2	851.8	14657.1	28086.9	1921.7	23504.7	357.0	19544.5	788.5
1269.3	1089.5	168.1	5215.2	15504.2	1085.1	17077.7	306.4	15552.0	-5801.3
572.6	958.5	168.4	1822.4	13657.9	735.5	14410.0	26.6	12605.0	-10293.4
696.7	131.0	-0.3	3392.8	1846.3	349.6	2667.7	279.8	2947.0	4492.1
1070.9	1537.5	673.7	3735.6	4911.2	439.6	4412.1	44.4	3031.6	3522.7
505.7	1537.5	673.7	3555.9	3670.2	280.7	3542.1	20.8	2164.4	3299.5
				76.8	4.4	290.5	23.7	292.3	7.5
409.2			179.7	982.2	48.5	579.5	-0.3	574.7	-343.6
156.0				182.0	106.0		0.2	0.2	559.3
369.4			4266.8	5508.1	256.1	1428.2	5.4	659.8	1831.8
147.9			704.2	3343.5	76.8	694.6	2.0	457.8	1401.6
				99.8	72.0	0.2		0.2	114.5
8.5			47.5	76.1	2.0	6.5		5.8	333.7
142.6			571.8	493.6	70.0	192.6	3.4	196.0	1546.2
70.4			2943.3	1495.1	35.3	534.3			-1564.2
125.0	27.2	10.0	1019.5	760.2	117.3	144.5	0.7	177.5	45.1
125.0	27.2	10.0	1019.5	760.2	117.3	144.5	0.7	177.5	45.1
413.2			190.9	271.1	19.6	146.4	0.1	110.1	1232.1
413.2			190.9	271.1	19.6	146.4	0.1	110.1	1232.1
87.9			229.1	1132.1	4.0	295.8		13.5	-41.9
22.6			8.0	457.6	2.1	60.2		0.2	-157.5
65.3			221.1	674.5	1.9	235.6		13.3	115.6
7999.8	369611.6	47235.2	32137.5	202233.8	9990.5	162678.2	7094.4	145094.2	103164.8
1692.5	144946.0	38875.7	7381.6	34844.1	952.4	35678.1	-1364.3	22876.0	85758.5
82.2	218.1	42.9	774.9	1369.5	64.3	998.1	59.1	951.4	88.5
6161.5	224447.5	8316.6	23532.3	165225.9	8927.7	125756.4	8397.7	121006.7	17558.3
63.6			448.7	794.3	46.1	245.6	1.9	260.1	-240.5
1241.3	2604.7	571.8	1015.6	18113.2	218.6	4860.2	0.2	4713.8	20700.7
120.2	2015.7		662.2	3441.2	68.2	1628.7	0.8	1614.7	19980.0
58.0	2015.7		292.9	2343.0	57.9	1614.7		1614.7	16796.2
62.2			369.3	1098.2	10.3	14.0	0.8		3183.8

按行业大中小类分规模以

3-4 续表19

（2014年）

指 标 名 称	资产减值损失	公允价值变动收益	投资收益	营业外收入	补贴收入	营业外支出	利润总额
非金属矿物制品业	127.8		1741.6	5325.2	2531.0	1062.8	5050.9
水泥、石灰和石膏制造	242.1		910.2	2322.1	1358.0	541.7	-4021.0
水泥制造	230.0		910.2	2190.9	1358.0	473.7	-8576.3
石灰和石膏制造	12.1			131.2		68.0	4555.3
石膏、水泥制品及类似制品制造	-114.3			2030.5	1014.0	437.4	5115.8
水泥制品制造	-114.3			1978.5	984.0	437.3	4840.7
砼结构构件制造							7.5
轻质建筑材料制造				52.0	30.0	0.1	-291.7
其他水泥类似制品制造							559.3
砖瓦、石材等建筑材料制造			831.4	918.1	159.0	0.9	2749.0
粘土砖瓦及建筑砌块制造			831.4	298.4	159.0		1700.0
建筑用石加工							114.5
防水建筑材料制造							333.7
隔热和隔音材料制造							1546.2
其他建筑材料制造				619.7		0.9	-945.4
玻璃制品制造				0.1		24.6	20.7
日用玻璃制品制造				0.1		24.6	20.7
耐火材料制品制造				54.4		8.5	1278.0
耐火陶瓷制品及其他耐火材料制造				54.4		8.5	1278.0
石墨及其他非金属矿物制品制造						49.7	-91.6
石墨及碳素制品制造						46.9	-204.4
其他非金属矿物制品制造						2.8	112.8
黑色金属冶炼和压延加工业	1795.4		13701.1	7255.7		12264.3	98156.2
炼铁			185.5	1619.2		3989.8	83387.9
黑色金属铸造			0.1	746.9		20.0	815.4
钢压延加工	1795.4		13515.5	4883.7		7916.8	14525.2
铁合金冶炼				5.9		337.7	-572.3
有色金属冶炼和压延加工业	47.5		0.2	1310.4	109.4	975.2	21035.9
常用有色金属冶炼			0.2			844.3	19135.7
铜冶炼			0.2			844.3	15951.9
其他常用有色金属冶炼							3183.8

上工业企业主要经济指标

单位：万元

所得税费用	亏损企业亏损总额	利税总额	应交税金及附加	本年应付职工薪酬	本年应交增值税	从业人员平均人数（人）	从业人员期末人数	平均用工人数	期末用工人数
1590.4	12599.9	19244.2	17705.4	28018.3	10857.6	7565	7145	7363	7203
-105.9	9731.9	4892.8	9893.0	12782.9	7644.5	3132	2783	2952	2863
-908.4	9731.9	-2626.5	5776.9	10221.8	5377.2	2356	2002	2177	2088
802.5		7519.3	4116.1	2561.1	2267.3	776	781	775	775
936.7	1180.2	7272.6	3533.1	4767.9	1085.9	1223	1223	1196	1224
892.7	746.7	6113.7	2446.4	4200.6	767.3	1003	1007	1001	1008
1.8		7.5	6.2	119.7		41	41	41	41
42.2	433.5	346.1	728.5	447.6	228.6	154	150	154	150
		805.3	352.0		90.0	25	25		25
277.7	1094.1	3999.6	1784.4	3209.5	881.2	1270	1237	1279	1208
259.9	77.3	2573.1	1209.8	1724.6	725.2	932	931	961	922
		114.5	72.0	74.4		31	31	31	31
		342.2	10.5	84.5		27	28	27	28
		1688.8	212.6	365.7		70	72	70	72
17.8	1016.8	-719.0	279.5	960.3	156.0	210	175	190	155
0.8		283.5	380.9	4854.3	137.8	1199	1170	1199	1170
0.8		283.5	380.9	4854.3	137.8	1199	1170	1199	1170
345.1	102.4	2247.7	1334.4	830.9	556.5	185	187	185	187
345.1	102.4	2247.7	1334.4	830.9	556.5	185	187	185	187
136.0	491.3	548.0	779.6	1572.8	551.7	556	545	552	551
32.4	302.5	119.7	358.6	617.1	301.5	204	205	203	206
103.6	188.8	428.3	421.0	955.7	250.2	352	340	349	345
-4459.5	8737.5	249860.9	157235.7	248467.9	110387.9	27978	27751	30607	29478
	7622.9	186894.9	104459.4	83264.6	68497.5	9497	9487	12333	10991
42.1	419.0	1474.2	765.2	2647.3	576.6	618	628	625	635
-4519.7		61808.9	51691.7	161762.4	41122.2	17629	17407	17415	17623
18.1	695.6	-317.1	319.4	793.6	191.6	234	229	234	229
1714.9	2142.0	26311.0	7208.6	20037.9	4033.8	3966	3872	3856	4020
	190.6	22098.7	3031.2	4428.6	2842.8	1047	908	903	1062
		16548.5	654.5	4147.9	538.6	942	803	803	942
	190.6	5550.2	2376.7	280.7	2304.2	105	105	100	120

按行业大中小类分规模以

3-4 续表20

（2014年）

指 标 名 称	企业单位数（个）	亏损企业	工业总产值（当年价格）	工业销售产值（当年价格）	出口交货值	年初存货
贵金属冶炼	5	3	55705.8	55040.2		8118.8
金冶炼	5	3	55705.8	55040.2		8118.8
有色金属合金制造	3	1	46365.0	44427.8		4108.6
金属制品业	11	6	73276.3	66770.5	25258.6	10147.0
结构性金属制品制造	5	2	13544.4	13739.5		1182.5
金属结构制造	5	2	13544.4	13739.5		1182.5
金属工具制造	2	1	46722.5	41403.3	25060.6	4584.8
农用及园林用金属工具制造	1		44722.5	39403.3	25060.6	4503.7
其他金属工具制造	1	1	2000.0	2000.0		81.1
集装箱及金属包装容器制造	1	1	6102.6	5790.9		867.9
金属压力容器制造	1	1	6102.6	5790.9		867.9
建筑、安全用金属制品制造	2	1	4939.0	3869.0	198.0	1408.7
建筑装饰及水暖管道零件制造	2	1	4939.0	3869.0	198.0	1408.7
金属表面处理及热处理加工	1	1	1967.8	1967.8		2103.1
通用设备制造业	17	6	126323.7	129198.4	14013.1	44194.4
锅炉及原动设备制造	1		12426.6	12426.6	12426.6	1148.5
风能原动设备制造	1		12426.6	12426.6	12426.6	1148.5
金属加工机械制造	1	1	2497.4	2458.8		181.9
铸造机械制造	1	1	2497.4	2458.8		181.9
物料搬运设备制造	5	1	51880.3	50873.4	1550.7	25847.3
轻小型起重设备制造	1		14353.9	13844.6	1550.7	2615.7
连续搬运设备制造	3	1	30658.9	30200.1		23147.7
其他物料搬运设备制造	1		6867.5	6828.7		83.9
泵、阀门、压缩机及类似机械制造	1	1	22629.5	23640.9		3414.6
阀门和旋塞制造	1	1	22629.5	23640.9		3414.6
轴承、齿轮和传动部件制造	4		16302.1	16235.6		3315.5
齿轮及齿轮减、变速箱制造	4		16302.1	16235.6		3315.5
烘炉、风机、衡器、包装等设备制造	1	1	5083.0	5869.7	35.8	314.9
烘炉、熔炉及电炉制造	1	1	5083.0	5869.7	35.8	314.9
通用零部件制造	4	2	15504.8	17693.4		9971.7
机械零部件加工	3	2	12974.8	15328.4		9958.3

上工业企业主要经济指标

单位：万元

#产成品	资产总计	流动资产合计	#应收账款	存 货			固定资产合计
					#产成品	在产品	
2.5	128041.0	32102.4	1785.0	12638.8	402.3	1523.8	81631.6
2.5	128041.0	32102.4	1785.0	12638.8	402.3	1523.8	81631.6
1619.2	35966.2	18771.0	3883.2	4942.5	2308.5		4432.9
4588.8	90967.3	33697.1	12557.0	10369.3	5033.1	2571.0	29271.1
954.0	22455.3	10450.6	4895.0	1368.1	803.1	102.2	8509.9
954.0	22455.3	10450.6	4895.0	1368.1	803.1	102.2	8509.9
1937.8	44277.6	11590.3	4882.7	3354.3	1937.8		17036.1
1937.8	31777.6	7421.9	3632.7	2890.1	1937.8		16436.1
	12500.0	4168.4	1250.0	464.2			600.0
564.5	13387.1	3851.1	702.4	1670.1	1169.4		2178.9
564.5	13387.1	3851.1	702.4	1670.1	1169.4		2178.9
1132.5	6861.6	4158.1	1777.2	1399.0	1122.8		1292.7
1132.5	6861.6	4158.1	1777.2	1399.0	1122.8		1292.7
	3985.7	3647.0	299.7	2577.8		2468.8	253.5
11318.4	225356.4	136064.1	50686.0	44381.8	17088.5	6616.9	35236.6
846.5	10768.0	5698.2	2012.3	1411.6	930.5		2000.0
846.5	10768.0	5698.2	2012.3	1411.6	930.5		2000.0
	379.5	320.2	110.6	174.4	170.0		59.3
	379.5	320.2	110.6	174.4	170.0		59.3
1095.0	101364.3	64643.0	21372.7	24949.9	3308.6	5045.6	14964.6
	9627.5	8175.3	3803.0	2793.1	2114.2	247.1	1452.2
1082.1	84206.1	51027.6	16445.5	22071.7	1181.5	4798.5	11421.8
12.9	7530.7	5440.1	1124.2	85.1	12.9		2090.6
	46147.6	14927.6	6334.8	4399.7	2468.3		5100.3
	46147.6	14927.6	6334.8	4399.7	2468.3		5100.3
2842.9	17863.8	13419.7	2612.2	4101.1	3665.8	161.1	4159.3
2842.9	17863.8	13419.7	2612.2	4101.1	3665.8	161.1	4159.3
225.4	3722.3	2969.1	628.7	1216.2	1010.5	84.1	633.0
225.4	3722.3	2969.1	628.7	1216.2	1010.5	84.1	633.0
6308.6	45110.9	34086.3	17614.7	8128.9	5534.8	1326.1	8320.1
6308.6	42803.0	32905.7	16975.7	7899.2	5534.8	1326.1	7825.5

按行业大中小类分规模以

3-4 续表21

（2014年）

指 标 名 称	固定资产原价	累计折旧	#本年折旧	在建工程	负债合计	流动负债合计
贵金属冶炼	74782.0	35963.6	5522.4	16959.4	113128.6	100564.6
金冶炼	74782.0	35963.6	5522.4	16959.4	113128.6	100564.6
有色金属合金制造	9486.0	5053.1	948.7	8237.3	24881.1	19448.3
金属制品业	15627.0	5275.7	1696.3	23697.6	72118.0	71700.1
结构性金属制品制造	4619.3	2284.5	1037.2	2026.0	13704.3	13286.4
金属结构制造	4619.3	2284.5	1037.2	2026.0	13704.3	13286.4
金属工具制造	6234.8	1940.0	406.0	19414.0	38513.3	38513.3
农用及园林用金属工具制造	5584.8	1890.0	361.0	12741.2	28014.1	28014.1
其他金属工具制造	650.0	50.0	45.0	6672.8	10499.2	10499.2
集装箱及金属包装容器制造	2553.2	374.3	185.8	2254.2	11242.7	11242.7
金属压力容器制造	2553.2	374.3	185.8	2254.2	11242.7	11242.7
建筑、安全用金属制品制造	1645.9	356.6	14.6	3.4	5150.2	5150.2
建筑装饰及水暖管道零件制造	1645.9	356.6	14.6	3.4	5150.2	5150.2
金属表面处理及热处理加工	573.8	320.3	52.7		3507.5	3507.5
通用设备制造业	46382.7	22400.7	3134.7	9125.0	128502.5	117015.1
锅炉及原动设备制造	2182.4	348.1	125.0	1021.1	6013.2	5672.0
风能原动设备制造	2182.4	348.1	125.0	1021.1	6013.2	5672.0
金属加工机械制造	126.7	67.4			433.2	433.2
铸造机械制造	126.7	67.4			433.2	433.2
物料搬运设备制造	22950.9	12745.1	1386.8	608.0	53480.1	48230.0
轻小型起重设备制造	2267.5	815.3	107.6		6430.6	6430.6
连续搬运设备制造	18164.5	10893.5	1096.1		44722.6	39472.5
其他物料搬运设备制造	2518.9	1036.3	183.1	608.0	2326.9	2326.9
泵、阀门、压缩机及类似机械制造	6692.0	1591.7	250.6	6536.5	20811.5	15811.5
阀门和旋塞制造	6692.0	1591.7	250.6	6536.5	20811.5	15811.5
轴承、齿轮和传动部件制造	2908.1	1031.9	498.1	178.9	12796.1	12031.4
齿轮及齿轮减、变速箱制造	2908.1	1031.9	498.1	178.9	12796.1	12031.4
烘炉、风机、衡器、包装等设备制造	1350.3	717.3			3449.1	3449.1
烘炉、熔炉及电炉制造	1350.3	717.3			3449.1	3449.1
通用零部件制造	10172.3	5899.2	874.2	780.5	31519.3	31387.9
机械零部件加工	9990.6	5784.6	868.8	353.0	29510.4	29379.0

上工业企业主要经济指标

单位：万元

#应付账款	非流动负债合计	所有者权益合计	#实收资本	国家资本	集体资本	法人资本	个人资本	港澳台资本	外商资本
8840.5	12564.0	14646.0	16860.0	10350.0	150.0	1100.0	5260.0		
8840.5	12564.0	14646.0	16860.0	10350.0	150.0	1100.0	5260.0		
2301.7	5432.8	11007.1	2925.0			1925.0	1000.0		
7790.9	417.9	18783.3	10688.9			3338.2	7235.0		115.7
1451.2	417.9	8751.0	5760.0			800.0	4960.0		
1451.2	417.9	8751.0	5760.0			800.0	4960.0		
4581.1		5698.3	2328.9			213.2	2000.0		115.7
4535.9		3763.5	328.9			213.2			115.7
45.2		1934.8	2000.0				2000.0		
199.8		2144.4	1000.0			1000.0			
199.8		2144.4	1000.0			1000.0			
1076.0		1711.4	1050.0			1050.0			
1076.0		1711.4	1050.0			1050.0			
482.8		478.2	550.0			275.0	275.0		
36685.1	11148.7	96621.1	51760.7	14242.5	1500.0	16505.5	19512.7		
565.3	2.6	4664.7	2000.0				2000.0		
565.3	2.6	4664.7	2000.0				2000.0		
		-53.6	65.0			65.0			
		-53.6	65.0			65.0			
16832.9	5250.0	47884.2	28707.7	12742.5		2192.5	13772.7		
2627.9		3196.9	472.5			472.5			
13903.2	5250.0	39483.5	26705.2	11212.5		1720.0	13772.7		
301.8		5203.8	1530.0	1530.0					
5719.3	5000.0	25336.1	10398.0			10398.0			
5719.3	5000.0	25336.1	10398.0			10398.0			
993.9	764.7	5067.6	3350.0			2850.0	500.0		
993.9	764.7	5067.6	3350.0			2850.0	500.0		
2205.0		273.2	500.0			500.0			
2205.0		273.2	500.0			500.0			
10368.7	131.4	13448.9	6740.0	1500.0	1500.0	500.0	3240.0		
10368.7	131.4	13292.5	6500.0	1500.0	1500.0	500.0	3000.0		

按行业大中小类分规模以

3-4 续表22

（2014年）

指标名称	营业收入	#主营业务收入	营业成本	#主营业务成本	营业税金及附加
贵金属冶炼	54979.7	54390.7	40785.5	40785.5	1043.2
金冶炼	54979.7	54390.7	40785.5	40785.5	1043.2
有色金属合金制造	33009.7	33009.7	27057.7	27057.7	77.9
金属制品业	60391.4	60383.3	47540.3	47540.3	159.5
结构性金属制品制造	14252.3	14244.2	12222.4	12222.4	84.5
金属结构制造	14252.3	14244.2	12222.4	12222.4	84.5
金属工具制造	36703.3	36703.3	27198.4	27198.4	38.5
农用及园林用金属工具制造	34703.3	34703.3	24298.0	24298.0	38.5
其他金属工具制造	2000.0	2000.0	2900.4	2900.4	
集装箱及金属包装容器制造	3516.6	3516.6	2973.0	2973.0	0.7
金属压力容器制造	3516.6	3516.6	2973.0	2973.0	0.7
建筑、安全用金属制品制造	4237.3	4237.3	3844.9	3844.9	22.5
建筑装饰及水暖管道零件制造	4237.3	4237.3	3844.9	3844.9	22.5
金属表面处理及热处理加工	1681.9	1681.9	1301.6	1301.6	13.3
通用设备制造业	143881.4	139297.3	121290.1	116594.5	1234.1
锅炉及原动设备制造	12426.6	12426.6	11110.8	11110.8	342.7
风能原动设备制造	12426.6	12426.6	11110.8	11110.8	342.7
金属加工机械制造	6204.7	6204.7	6084.6	6084.6	
铸造机械制造	6204.7	6204.7	6084.6	6084.6	
物料搬运设备制造	58353.3	54576.3	45889.2	42231.8	585.8
轻小型起重设备制造	14041.9	13845.3	11154.4	11052.7	70.1
连续搬运设备制造	37992.3	34413.4	29935.5	26379.8	435.5
其他物料搬运设备制造	6319.1	6317.6	4799.3	4799.3	80.2
泵、阀门、压缩机及类似机械制造	24733.8	24733.8	22876.5	22876.5	10.2
阀门和旋塞制造	24733.8	24733.8	22876.5	22876.5	10.2
轴承、齿轮和传动部件制造	15207.7	15207.7	12393.7	12393.7	69.8
齿轮及齿轮减、变速箱制造	15207.7	15207.7	12393.7	12393.7	69.8
烘炉、风机、衡器、包装等设备制造	6662.2	6662.2	5239.3	5239.3	38.2
烘炉、熔炉及电炉制造	6662.2	6662.2	5239.3	5239.3	38.2
通用零部件制造	20293.1	19486.0	17696.0	16657.8	187.4
机械零部件加工	17928.1	17121.0	15591.7	14553.5	171.6

上工业企业主要经济指标

单位：万元

#主营业务税金及附加	其 他业务收入	其 他业务利润	销售费用	管理费用	#税 金	财务费用	#利息收入	利息支出	营业利润
1043.2	589.0	571.8	3.6	12474.8	114.6	2159.1	5.0	2162.9	-1534.0
1043.2	589.0	571.8	3.6	12474.8	114.6	2159.1	5.0	2162.9	-1534.0
77.9			349.8	2197.2	35.8	1072.4	-5.6	936.2	2254.7
159.5	8.1		1454.0	3079.1	356.2	2647.8	7.0	2400.4	5409.7
84.5	8.1		329.8	693.4	49.2	804.7	0.8	804.3	117.5
84.5	8.1		329.8	693.4	49.2	804.7	0.8	804.3	117.5
38.5			867.3	1576.6	303.1	1070.0	6.2	961.0	5952.5
38.5			867.3	1160.4	203.1	954.8	6.2	961.0	7384.3
				416.2	100.0	115.2			-1431.8
0.7			95.1	339.7	0.5	248.6		248.6	-241.4
0.7			95.1	339.7	0.5	248.6		248.6	-241.4
22.5			125.0	104.9	0.6	389.2		386.5	-249.2
22.5			125.0	104.9	0.6	389.2		386.5	-249.2
13.3			36.8	364.5	2.8	135.3			-169.7
1234.1	4584.1	-123.3	4245.3	13834.2	556.5	3696.9	7.8	3252.8	-829.9
342.7			243.6	223.2	99.6	126.2		5.0	380.1
342.7			243.6	223.2	99.6	126.2		5.0	380.1
			0.9	162.2	0.1	0.1			-43.1
			0.9	162.2	0.1	0.1			-43.1
585.8	3777.0	104.9	2765.2	6726.7	288.3	1199.8	3.8	1108.0	775.9
70.1	196.6	94.9	806.5	768.0	5.5	12.5	1.9	1.4	1230.4
435.5	3578.9	8.5	1674.6	4852.2	244.5	1191.1	6.8	1106.6	-507.3
80.2	1.5	1.5	284.1	1106.5	38.3	-3.8	-4.9		52.8
10.2			393.8	2563.1	147.3	1319.8		1319.8	-2429.6
10.2			393.8	2563.1	147.3	1319.8		1319.8	-2429.6
69.8			508.4	889.9	14.0	557.3	0.3	452.6	788.6
69.8			508.4	889.9	14.0	557.3	0.3	452.6	788.6
38.2			72.6	1062.7	2.5	-1.4			250.8
38.2			72.6	1062.7	2.5	-1.4			250.8
187.4	807.1	-228.2	260.8	2206.4	4.7	495.1	3.7	367.4	-552.6
171.6	807.1	-228.2	257.3	2150.1	4.5	323.4	3.7	195.7	-566.0

按行业大中小类分规模以

3-4 续表23

（2014年）

指 标 名 称	资产减值损失	公允价值变动收益	投资收益	营业外收入	补贴收入	营业外支出	利润总额
贵金属冶炼	47.5			482.4		125.7	-1177.3
金冶炼	47.5			482.4		125.7	-1177.3
有色金属合金制造				828.0	109.4	5.2	3077.5
金属制品业			-100.9	154.6	148.0	44.4	5519.9
结构性金属制品制造				154.6	148.0	3.0	269.1
金属结构制造				154.6	148.0	3.0	269.1
金属工具制造							5952.5
农用及园林用金属工具制造							7384.3
其他金属工具制造							-1431.8
集装箱及金属包装容器制造			-100.9			41.4	-282.8
金属压力容器制造			-100.9			41.4	-282.8
建筑、安全用金属制品制造							-249.2
建筑装饰及水暖管道零件制造							-249.2
金属表面处理及热处理加工							-169.7
通用设备制造业	410.7			2758.8	80.0	996.4	932.6
锅炉及原动设备制造							380.1
风能原动设备制造							380.1
金属加工机械制造				25.1			-18.0
铸造机械制造				25.1			-18.0
物料搬运设备制造	410.7			2511.2		397.5	2889.7
轻小型起重设备制造				3.5		245.1	988.8
连续搬运设备制造	410.7			2454.1		144.6	1802.3
其他物料搬运设备制造				53.6		7.8	98.6
泵、阀门、压缩机及类似机械制造						2.9	-2432.5
阀门和旋塞制造						2.9	-2432.5
轴承、齿轮和传动部件制造				53.1		9.0	832.7
齿轮及齿轮减、变速箱制造				53.1		9.0	832.7
烘炉、风机、衡器、包装等设备制造				0.1		557.6	-306.7
烘炉、熔炉及电炉制造				0.1		557.6	-306.7
通用零部件制造				169.3	80.0	29.4	-412.7
机械零部件加工				169.3	80.0	29.4	-426.1

上工业企业主要经济指标

单位：万元

所得税费用	亏损企业亏损总额	利税总额	应交税金及附加	本年应付职工薪酬	本年应交增值税	从业人员平均人数（人）	从业人员期末人数	平均用工人数	期末用工人数
695.6	1907.2	-126.4	1861.1	14135.8	7.7	2718	2760	2719	2760
695.6	1907.2	-126.4	1861.1	14135.8	7.7	2718	2760	2719	2760
1019.3	44.2	4338.7	2316.3	1473.5	1183.3	201	204	234	198
37.2	2240.4	7582.0	2455.5	4921.6	1902.6	1503	1582	1534	1598
37.0	18.0	569.2	386.3	1113.1	215.6	260	267	260	267
37.0	18.0	569.2	386.3	1113.1	215.6	260	267	260	267
	1431.8	7633.3	1983.9	2976.5	1642.3	812	872	808	863
		9065.1	1883.9	2796.5	1642.3	763	823	763	823
	1431.8	-1431.8	100.0	180.0		49	49	45	40
	282.8	-282.1	1.2	96.2		175	185	185	185
	282.8	-282.1	1.2	96.2		175	185	185	185
0.2	338.1	-226.1	23.9	406.8	0.6	171	173	196	198
0.2	338.1	-226.1	23.9	406.8	0.6	171	173	196	198
	169.7	-112.3	60.2	329.0	44.1	85	85	85	85
4658.2	5953.8	7775.3	12057.4	9816.6	5608.6	3301	3083	3172	3082
		809.0	528.5	39.0	86.2	65	60	65	60
		809.0	528.5	39.0	86.2	65	60	65	60
	18.0	-18.0	0.1	297.2		162	165	162	162
	18.0	-18.0	0.1	297.2		162	165	162	162
647.3	2193.0	7144.8	5190.7	4967.8	3669.3	1725	1648	1727	1649
250.6		1377.6	644.9	862.3	318.7	294	288	294	288
396.7	2193.0	4919.9	3758.8	3867.4	2682.1	1356	1285	1358	1286
		847.3	787.0	238.1	668.5	75	75	75	75
3869.9	2432.5	-2422.3	4027.4	651.4		278	286	286	286
3869.9	2432.5	-2422.3	4027.4	651.4		278	286	286	286
141.0		1405.0	727.3	1030.9	502.5	366	375	369	375
141.0		1405.0	727.3	1030.9	502.5	366	375	369	375
	306.7	-104.6	204.6	554.4	163.9	154	155	154	155
	306.7	-104.6	204.6	554.4	163.9	154	155	154	155
	1003.6	961.4	1378.8	2275.9	1186.7	551	394	409	395
	1003.6	902.6	1333.2	2140.3	1157.1	501	344	359	345

按行业大中小类分规模以

3-4 续表24

（2014年）

指标名称	企业单位数（个）	亏损企业	工业总产值（当年价格）	工业销售产值（当年价格）	出口交货值	年初存货
其他通用零部件制造	1		2530.0	2365.0		13.4
专用设备制造业	5	2	27715.4	25600.7		8672.0
采矿、冶金、建筑专用设备制造	5	2	27715.4	25600.7		8672.0
矿山机械制造	3	1	8654.5	8396.2		157.3
石油钻采专用设备制造	2	1	19060.9	17204.5		8514.7
汽车制造业	4	1	145188.5	140556.8	420.2	18482.0
汽车零部件及配件制造	4	1	145188.5	140556.8	420.2	18482.0
电气机械和器材制造业	11		351945.4	350818.2		20109.1
电机制造	4		307876.6	305938.6		11522.1
发电机及发电机组制造	3		291531.6	289567.4		4558.2
电动机制造	1		16345.0	16371.2		6963.9
输配电及控制设备制造	6		41279.2	42790.3		8382.0
变压器、整流器和电感器制造	1		5526.2	5331.6		503.4
配电开关控制设备制造	3		30211.8	31917.5		7370.9
其他输配电及控制设备制造	2		5541.2	5541.2		507.7
电线、电缆、光缆及电工器材制造	1		2789.6	2089.3		205.0
电线、电缆制造	1		2789.6	2089.3		205.0
仪器仪表制造业	8		37048.1	41082.2	1797.3	7320.0
通用仪器仪表制造	7		35384.5	38814.2	1797.3	6939.5
工业自动控制系统装置制造	4		27172.0	30592.6	1750.6	5746.5
试验机制造	2		5279.9	5289.0	46.7	666.2
供应用仪表及其他通用仪器制造	1		2932.6	2932.6		526.8
专用仪器仪表制造	1		1663.6	2268.0		380.5
其他专用仪器制造	1		1663.6	2268.0		380.5
电力、热力、燃气及水生产和供应业	**27**	**6**	**1472549.6**	**1470153.4**		**14263.6**
电力、热力生产和供应业	23	5	1457265.0	1454868.8		13735.9
电力生产	12		440748.1	439956.0		6850.8
火力发电	3		203082.1	203082.1		6377.2
风力发电	7		230118.7	229326.6		473.6
太阳能发电	2		7547.3	7547.3		
电力供应	1		932161.6	932161.6		349.2
热力生产和供应	10	5	84355.3	82751.2		6535.9
燃气生产和供应业	1		2992.0	2992.0		33.6
水的生产和供应业	3	1	12292.6	12292.6		494.1
自来水生产和供应	3	1	12292.6	12292.6		494.1

上工业企业主要经济指标

单位：万元

#产成品	资产总计	流动资产合计	#应收账款	存货	#产成品	在产品	固定资产合计
	2307.9	1180.6	639.0	229.7			494.6
3190.9	47898.8	31421.8	16966.8	8230.3	3290.8	2002.7	12156.0
3190.9	47898.8	31421.8	16966.8	8230.3	3290.8	2002.7	12156.0
125.3	7420.6	3357.8	1259.9	288.1	134.2	56.9	1610.1
3065.6	40478.2	28064.0	15706.9	7942.2	3156.6	1945.8	10545.9
12357.3	192922.5	51135.5	11194.9	17391.8	12218.9	836.5	106502.4
12357.3	192922.5	51135.5	11194.9	17391.8	12218.9	836.5	106502.4
13402.0	159383.0	100733.4	26796.8	18980.2	11763.2	184.2	53740.3
9031.4	45858.1	24410.2	6837.1	9660.9	8277.7		17601.9
4266.0	30843.7	13012.4	4734.9	4597.9	4215.8		14115.9
4765.4	15014.4	11397.8	2102.2	5063.0	4061.9		3486.0
4165.6	111382.1	75373.5	19435.9	8893.4	3485.5	184.2	34945.3
	3234.4	1451.6	476.6	561.9	210.3		1782.8
3925.4	103963.7	71320.8	17878.9	7590.4	2953.3		32403.3
240.2	4184.0	2601.1	1080.4	741.1	321.9	184.2	759.2
205.0	2142.8	949.7	523.8	425.9			1193.1
205.0	2142.8	949.7	523.8	425.9			1193.1
4398.0	50042.3	39721.6	18206.8	8094.8	3286.6	858.4	7627.5
4017.5	46619.9	37258.3	18016.3	7321.1	3256.5	858.4	7207.3
3714.5	36972.6	30301.2	16180.4	5799.0	2917.6	858.4	5721.1
303.0	7150.7	5233.6	992.4	709.6	338.9		830.9
	2496.6	1723.5	843.5	812.5			655.3
380.5	3422.4	2463.3	190.5	773.7	30.1		420.2
380.5	3422.4	2463.3	190.5	773.7	30.1		420.2
1418.7	**3265132.2**	**412441.6**	**127161.8**	**20075.2**	**3853.3**	**156.5**	**2499130.0**
1418.7	3213290.8	395926.1	124472.5	19255.9	3250.1		2464279.6
	1931442.8	252203.2	118260.0	7582.0	1887.5		1609099.3
	360003.7	57851.2	49890.7	5244.7			292264.9
	1455490.6	162921.5	63674.6	2337.3	1887.5		1232727.5
	115948.5	31430.5	4694.7				84106.9
	868620.6	22658.4	676.5	186.8			627020.9
1418.7	413227.4	121064.5	5536.0	11487.1	1362.6		228159.4
	6214.1	625.1		326.5	170.0	156.5	5589.0
	45627.3	15890.4	2689.3	492.8	433.2		29261.4
	45627.3	15890.4	2689.3	492.8	433.2		29261.4

按行业大中小类分规模以

3-4 续表25

（2014年）

指标名称	固定资产原价	累计折旧	#本年折旧	在建工程	负债合计	流动负债合计
其他通用零部件制造	181.7	114.6	5.4	427.5	2008.9	2008.9
专用设备制造业	12222.4	6480.3	725.2	6304.4	18397.4	18180.7
采矿、冶金、建筑专用设备制造	12222.4	6480.3	725.2	6304.4	18397.4	18180.7
矿山机械制造	1929.2	422.3	97.7		2174.7	2163.9
石油钻采专用设备制造	10293.2	6058.0	627.5	6304.4	16222.7	16016.8
汽车制造业	121424.3	15425.7	8526.2	18900.9	116684.0	75037.5
汽车零部件及配件制造	121424.3	15425.7	8526.2	18900.9	116684.0	75037.5
电气机械和器材制造业	44689.2	13885.4	3007.5	735.0	73660.8	68297.0
电机制造	22866.5	5491.8	1932.1	227.1	19208.0	19208.0
发电机及发电机组制造	16322.5	2433.8	1623.2	227.1	12375.2	12375.2
电动机制造	6544.0	3058.0	308.9		6832.8	6832.8
输配电及控制设备制造	20536.8	8300.8	1042.0	507.9	53418.9	48111.1
变压器、整流器和电感器制造	1951.7	168.9	54.4		2126.4	2126.4
配电开关控制设备制造	17107.9	7413.9	903.2	478.4	49385.9	44088.6
其他输配电及控制设备制造	1477.2	718.0	84.4	29.5	1906.6	1896.1
电线、电缆、光缆及电工器材制造	1285.9	92.8	33.4		1033.9	977.9
电线、电缆制造	1285.9	92.8	33.4		1033.9	977.9
仪器仪表制造业	15475.8	8434.4	977.1	600.9	16980.3	15927.3
通用仪器仪表制造	14863.2	8242.0	787.2	599.0	14213.7	14206.3
工业自动控制系统装置制造	12931.5	7216.3	688.2	18.8	9976.7	9969.3
试验机制造	1812.7	981.8	73.8		2905.0	2905.0
供应用仪表及其他通用仪器制造	119.0	43.9	25.2	580.2	1332.0	1332.0
专用仪器仪表制造	612.6	192.4	189.9	1.9	2766.6	1721.0
其他专用仪器制造	612.6	192.4	189.9	1.9	2766.6	1721.0
电力、热力、燃气及水生产和供应业	3465682.3	1068849.6	216478.7	210261.1	2162442.1	1148415.7
电力、热力生产和供应业	3416856.5	1048130.8	214978.3	204280.3	2120339.8	1130896.5
电力生产	1908679.2	376196.8	128230.0	73602.0	1229938.3	425474.2
火力发电	413106.2	120842.3	22786.3		276969.7	164047.7
风力发电	1416651.3	253387.7	103480.9	67117.6	867132.0	241739.9
太阳能发电	78921.7	1966.8	1962.8	6484.4	85836.6	19686.6
电力供应	1204560.8	577665.1	69231.2	84923.8	550286.0	427230.0
热力生产和供应	303616.5	94268.9	17517.1	45754.5	340115.5	278192.3
燃气生产和供应业	1201.5	56.2	56.2	4443.6	4821.0	4821.0
水的生产和供应业	47624.3	20662.6	1444.2	1537.2	37281.3	12698.2
自来水生产和供应	47624.3	20662.6	1444.2	1537.2	37281.3	12698.2

上工业企业主要经济指标

单位：万元

#应付账款	非流动负债合计	所有者权益合计	#实收资本	国家资本	集体资本	法人资本	个人资本	港澳台资本	外商资本
		156.4	240.0				240.0		
10564.8	205.9	28848.8	20196.2	14639.0		2000.0	3557.2		
10564.8	205.9	28848.8	20196.2	14639.0		2000.0	3557.2		
522.0		4593.4	4457.2			2000.0	2457.2		
10042.8	205.9	24255.4	15739.0	14639.0			1100.0		
20658.3	41646.5	76164.8	59100.0	52500.0		4800.0	1800.0		
20658.3	41646.5	76164.8	59100.0	52500.0		4800.0	1800.0		
17187.7	127.5	85426.9	21002.9	6207.2		3828.2	10967.5		
8320.2		26354.9	10080.6	6207.2		2277.2	1596.2		
2604.9		18173.3	4100.0	226.6		2277.2	1596.2		
5715.3		8181.6	5980.6	5980.6					
7889.6	71.5	57963.1	10404.3			1551.0	8853.3		
298.6		1108.0	51.0			51.0			
6782.2	61.0	54577.7	8653.3				8653.3		
808.8	10.5	2277.4	1700.0			1500.0	200.0		
977.9	56.0	1108.9	518.0				518.0		
977.9	56.0	1108.9	518.0				518.0		
4298.5	47.3	32665.1	11288.7			4114.9	4567.0		2606.8
3855.3	7.4	32318.0	10788.7			3614.9	4567.0		2606.8
2100.4	7.4	26907.8	8618.7			2994.9	3017.0		2606.8
1318.6		4245.6	1120.0			620.0	500.0		
436.3		1164.6	1050.0				1050.0		
443.2	39.9	347.1	500.0			500.0			
443.2	39.9	347.1	500.0			500.0			
271058.9	803042.9	1119411.1	656844.1	386381.6	12165.7	257396.8	900.0		
267225.9	778459.9	1109672.1	649457.7	379995.2	12165.7	256396.8	900.0		
80787.3	594568.3	718021.6	512485.8	263292.1	12165.7	237028.0			
41934.2	112922.0	99551.2	75477.0		12165.7	63311.3			
30768.3	415496.3	588358.5	409286.8	263292.1		145994.7			
8084.8	66150.0	30111.9	27722.0			27722.0			
148364.9	123056.0	318334.5	68966.1	68966.1					
38073.7	60835.6	73316.0	68005.8	47737.0		19368.8	900.0		
292.0		1393.0	1000.0			1000.0			
3541.0	24583.0	8346.0	6386.4	6386.4					
3541.0	24583.0	8346.0	6386.4	6386.4					

按行业大中小类分规模以

3-4 续表26

（2014年）

指标名称	营业收入	#主营业务收入	营业成本	#主营业务成本	营业税金及附加
其他通用零部件制造	2365.0	2365.0	2104.3	2104.3	15.8
专用设备制造业	26487.8	26360.8	20868.8	20746.5	297.9
采矿、冶金、建筑专用设备制造	26487.8	26360.8	20868.8	20746.5	297.9
矿山机械制造	7607.3	7607.3	6456.2	6456.2	27.9
石油钻采专用设备制造	18880.5	18753.5	14412.6	14290.3	270.0
汽车制造业	113418.2	113079.4	85502.5	85255.6	725.0
汽车零部件及配件制造	113418.2	113079.4	85502.5	85255.6	725.0
电气机械和器材制造业	333200.2	327308.0	292250.3	288538.3	624.3
电机制造	288788.7	288605.8	258937.6	258926.5	219.3
发电机及发电机组制造	273374.0	273374.0	246782.5	246782.5	66.7
电动机制造	15414.7	15231.8	12155.1	12144.0	152.6
输配电及控制设备制造	42322.2	36612.9	31611.6	27910.7	402.9
变压器、整流器和电感器制造	5419.4	5419.4	4540.4	4540.4	16.3
配电开关控制设备制造	31939.8	26230.5	22790.7	19089.8	367.4
其他输配电及控制设备制造	4963.0	4963.0	4280.5	4280.5	19.2
电线、电缆、光缆及电工器材制造	2089.3	2089.3	1701.1	1701.1	2.1
电线、电缆制造	2089.3	2089.3	1701.1	1701.1	2.1
仪器仪表制造业	41141.7	41135.2	23101.1	23100.9	423.5
通用仪器仪表制造	38873.7	38867.2	21513.5	21513.3	418.7
工业自动控制系统装置制造	30651.9	30645.4	15726.7	15726.5	361.6
试验机制造	5289.2	5289.2	3105.5	3105.5	38.2
供应用仪表及其他通用仪器制造	2932.6	2932.6	2681.3	2681.3	18.9
专用仪器仪表制造	2268.0	2268.0	1587.6	1587.6	4.8
其他专用仪器制造	2268.0	2268.0	1587.6	1587.6	4.8
电力、热力、燃气及水生产和供应业	1496948.3	1442273.8	1261408.5	1224289.4	6776.3
电力、热力生产和供应业	1479369.6	1427521.6	1248947.7	1213440.3	6492.5
电力生产	442143.3	408188.9	259253.1	235918.7	2438.7
火力发电	217754.9	184102.5	156645.2	140895.8	1902.0
风力发电	216841.1	216539.1	99979.2	92394.2	536.7
太阳能发电	7547.3	7547.3	2628.7	2628.7	
电力供应	933419.3	932161.6	911171.0	909825.1	2257.2
热力生产和供应	103807.0	87171.1	78523.6	67696.5	1796.6
燃气生产和供应业	2992.0	2992.0	2320.4	2320.4	8.6
水的生产和供应业	14586.7	11760.2	10140.4	8528.7	275.2
自来水生产和供应	14586.7	11760.2	10140.4	8528.7	275.2

上工业企业主要经济指标

单位：万元

#主营业务税金及附加	其他业务收入	其他业务利润	销售费用	管理费用	#税金	财务费用	#利息收入	利息支出	营业利润
15.8			3.5	56.3	0.2	171.7		171.7	13.4
297.9	127.0	4.6	981.4	2874.5	287.3	270.0	2.7	240.8	1127.1
297.9	127.0	4.6	981.4	2874.5	287.3	270.0	2.7	240.8	1127.1
27.9			20.0	371.0	115.8	20.5	0.6	19.0	711.7
270.0	127.0	4.6	961.4	2503.5	171.5	249.5	2.1	221.8	415.4
725.0	338.8	91.8	8497.2	16051.0	880.7	4007.6	149.5	4133.3	-1412.5
725.0	338.8	91.8	8497.2	16051.0	880.7	4007.6	149.5	4133.3	-1412.5
301.1	5892.2	2008.5	1841.7	6334.0	212.0	1008.5	11.9	912.4	28077.3
219.3	182.9		1142.0	2190.6	63.4	357.3	4.5	358.1	25928.7
66.7			243.3	476.4	0.3	236.2	0.2	232.7	25564.6
152.6	182.9		898.7	1714.2	63.1	121.1	4.3	125.4	364.1
79.7	5709.3	2008.5	699.7	4090.8	146.5	599.7	7.4	502.8	1866.6
16.3				538.9	16.2	273.6	0.9	274.5	50.2
44.2	5709.3	2008.5	658.5	3200.7	117.9	266.3	6.4	168.9	1605.3
19.2			41.2	351.2	12.4	59.8	0.1	59.4	211.1
2.1				52.6	2.1	51.5		51.5	282.0
2.1				52.6	2.1	51.5		51.5	282.0
423.5	6.5	6.3	4123.1	4193.2	161.7	99.3	-68.4	130.5	8555.2
418.7	6.5	6.3	3878.8	3972.5	130.1	60.6	-68.4	130.5	8383.3
361.6	6.5	6.3	3211.7	2799.4	75.9	30.2	-68.8	98.6	7872.8
38.2			643.6	994.3	54.1	30.5	0.4	31.9	480.6
18.9			23.5	178.8	0.1	-0.1			29.9
4.8			244.3	220.7	31.6	38.7			171.9
4.8			244.3	220.7	31.6	38.7			171.9
5857.1	54674.5	5930.5	5068.1	23030.1	1639.0	73986.6	1251.2	69627.7	124804.4
5573.4	51848.0	4701.8	3261.5	20536.6	1446.8	73382.9	1224.5	69009.0	124874.1
1904.2	33954.4	-7.7		5827.9	655.7	57576.4	1083.3	56352.2	114593.0
1367.5	33652.4					10298.0	102.3	10400.2	46373.4
536.7	302.0	-7.7		5008.1	422.0	45569.5	975.3	44285.4	65828.3
				819.8	233.7	1708.9	5.7	1666.6	2391.3
2224.6	1257.7	-88.2				11196.3	132.0	10607.5	9035.0
1444.6	16635.9	4797.7	3261.5	14708.7	791.1	4610.2	9.2	2049.3	1246.1
8.6				129.0	1.2	162.0		161.9	372.0
275.1	2826.5	1228.7	1806.6	2364.5	191.0	441.7	26.7	456.8	-441.7
275.1	2826.5	1228.7	1806.6	2364.5	191.0	441.7	26.7	456.8	-441.7

按行业大中小类分规模以

3-4 续表27

（2014年）

指 标 名 称	资产减值损失	公允价值变动收益	投资收益	营业外收入	补贴收入	营业外支出	利润总额
其他通用零部件制造							13.4
专用设备制造业	68.1			150.6		154.8	1122.9
采矿、冶金、建筑专用设备制造	68.1			150.6		154.8	1122.9
矿山机械制造						2.7	709.0
石油钻采专用设备制造	68.1			150.6		152.1	413.9
汽车制造业	47.4			11561.6	11477.9	46.1	10103.0
汽车零部件及配件制造	47.4			11561.6	11477.9	46.1	10103.0
电气机械和器材制造业	13.2		-3050.9	97.1	19.5	149.8	28024.6
电机制造	13.2			62.4		48.5	25942.6
发电机及发电机组制造	4.3			14.2		8.2	25570.6
电动机制造	8.9			48.2		40.3	372.0
输配电及控制设备制造			-3050.9	34.7	19.5	101.3	1800.0
变压器、整流器和电感器制造							50.2
配电开关控制设备制造			-3050.9	5.8		98.7	1512.4
其他输配电及控制设备制造				28.9	19.5	2.6	237.4
电线、电缆、光缆及电工器材制造							282.0
电线、电缆制造							282.0
仪器仪表制造业	649.5		3.5	241.5	161.4	66.7	8730.0
通用仪器仪表制造	649.5		3.5	241.5	161.4	66.7	8558.1
工业自动控制系统装置制造	649.5			217.9	161.4	54.4	8036.3
试验机制造			3.5	12.1		9.0	483.7
供应用仪表及其他通用仪器制造				11.5		3.3	38.1
专用仪器仪表制造							171.9
其他专用仪器制造							171.9
电力、热力、燃气及水生产和供应业	2554.3		679.9	16114.4	5307.2	2810.2	138108.6
电力、热力生产和供应业	2554.3		679.9	15619.3	4934.7	2649.0	137844.4
电力生产	2553.2		99.0	7398.6	2620.9	113.5	121878.1
火力发电	2553.2		16.9	3807.3	1969.7		50180.7
风力发电			80.7	3590.3	650.2	111.1	69307.5
太阳能发电			1.4	1.0	1.0	2.4	2389.9
电力供应	1.1		241.2	845.8		426.7	9454.1
热力生产和供应			339.7	7374.9	2313.8	2108.8	6512.2
燃气生产和供应业							372.0
水的生产和供应业				495.1	372.5	161.2	-107.8
自来水生产和供应				495.1	372.5	161.2	-107.8

上工业企业主要经济指标

单位：万元

所得税费用	亏损企业亏损总额	利税总额	应交税金及附加	本年应付职工薪酬	本年应交增值税	从业人员平均人数（人）	从业人员期末人数	平均用工人数	期末用工人数
		58.8	45.6	135.6	29.6	50	50	50	50
394.4	288.2	3292.5	2851.3	1860.1	1871.7	612	605	610	442
394.4	288.2	3292.5	2851.3	1860.1	1871.7	612	605	610	442
178.8	48.6	834.1	419.7	430.5	97.2	111	105	115	105
215.6	239.6	2458.4	2431.6	1429.6	1774.5	501	500	495	337
3254.8	4515.0	15956.7	9989.2	19275.0	5128.7	3283	3207	3283	3207
3254.8	4515.0	15956.7	9989.2	19275.0	5128.7	3283	3207	3283	3207
573.8		41787.8	14549.0	8962.2	13138.9	1521	1534	1552	1562
129.0		37393.4	11643.2	3856.9	11231.5	590	594	587	595
28.2		35311.2	9769.1	1583.6	9673.9	402	410	402	410
100.8		2082.2	1874.1	2273.3	1557.6	188	184	185	185
374.3		4088.9	2809.7	5057.3	1886.0	911	910	945	946
12.5		229.1	207.6	48.0	162.6	20	20	20	20
337.6		3492.2	2435.3	4792.5	1612.4	806	800	840	836
24.2		367.6	166.8	216.8	111.0	85	90	85	90
70.5		305.5	96.1	48.0	21.4	20	30	20	21
70.5		305.5	96.1	48.0	21.4	20	30	20	21
2028.9		12049.5	5510.1	5794.2	2896.0	826	847	840	861
2028.8		11865.3	5466.1	5645.7	2888.5	772	793	765	786
1984.8		10940.6	4965.0	4738.3	2542.7	518	533	518	533
34.5		792.8	397.7	653.4	270.9	209	215	209	215
9.5		131.9	103.4	254.0	74.9	45	45	38	38
0.1		184.2	44.0	148.5	7.5	54	54	75	75
0.1		184.2	44.0	148.5	7.5	54	54	75	75
20007.9	2505.5	212445.2	95983.5	81493.4	67560.3	7288	7449	7436	7121
19942.7	2187.3	211512.2	95057.3	77115.3	67175.3	6362	6518	6513	6190
17374.2		164274.6	60426.4	23964.2	39957.8	1686	1681	1750	1714
8343.4		69832.9	27995.6	18481.6	17750.2	1151	1139	1151	1139
9030.8		92051.8	32197.1	4481.9	22207.6	470	477	534	510
		2389.9	233.7	1000.7		65	65	65	65
1287.8		38632.4	30466.1	46180.6	26921.1	2773	2757	2773	2757
1280.7	2187.3	8605.2	4164.8	6970.5	296.4	1903	2080	1990	1719
		380.6	9.8	132.0		54	54	54	54
65.2	318.2	552.4	916.4	4246.1	385.0	872	877	869	877
65.2	318.2	552.4	916.4	4246.1	385.0	872	877	869	877

3-5 国有控股工业

（2014年）

指标名称	企业单位数（个）	亏损企业	工业总产值（当年价格）	工业销售产值（当年价格）	出口交货值	年初存货	#产成品
合计	58	17	5032442.4	5024741.4	238345.5	985520.1	100914.9
煤炭开采和洗选业	2	1	47619.3	45809.1		16441.3	11832.5
黑色金属矿采选业	10	5	215990.3	201629.7		21518.9	12592.3
有色金属矿采选业	1		7238.0	7237.0		241.0	
农副食品加工业	2	1	264516.7	264057.0	16482.0	18155.9	17889.4
食品制造业	1		2568.3	2568.3			
木材加工和木、竹、藤、棕、草制品业	1		61096.0	60099.7		4690.3	3316.6
石油加工、炼焦和核燃料加工业	1		255372.0	255372.0		21252.9	778.7
化学原料和化学制品制造业	2	1				658.1	260.6
医药制造业	1						
非金属矿物制品业	7	1	93719.0	88026.5		13440.0	3711.4
黑色金属冶炼和压延加工业	1		2502471.6	2523792.8	221443.3	799242.8	29114.8
有色金属冶炼和压延加工业	3	1	128185.3	127059.6		27940.6	3075.3
通用设备制造业	2	1	17062.8	17024.0		22868.2	976.8
专用设备制造业	1	1	9319.9	8923.8		7341.2	3029.4
汽车制造业	2	1	47621.4	46260.2	420.2	14216.4	8091.7
电气机械和器材制造业	2		21211.7	19223.7		8640.3	6245.4
电力、热力生产和供应业	16	3	1346157.5	1345365.4		8378.1	
水的生产和供应业	3	1	12292.6	12292.6		494.1	

3-5 续表1

指标名称	#本年折旧	在建工程	负债合计	流动负债合计	#应付账款	非流动负债合计	所有者权益合计
合计	473742.0	687829.2	6512642.9	5348681.6	760056.6	1087675.6	2031191.7
煤炭开采和洗选业	4065.8	12040.7	98640.5	76047.8	19757.5	22592.7	128766.6
黑色金属矿采选业	14415.5	38716.1	250424.9	236735.9	26464.6	13688.9	109287.9
有色金属矿采选业	441.0	395.9	4198.9	4198.9	131.4		1785.3
农副食品加工业	10986.0	27.9	109899.9	93148.0	27973.3	16751.9	10459.0
食品制造业		78.0	3100.7	3100.7	958.2		-579.5
木材加工和木、竹、藤、棕、草制品业	4047.3		53444.1	53444.1	2852.0		7039.7
石油加工、炼焦和核燃料加工业	24350.8	180505.9	98530.9	97184.1	1346.8	1346.8	81974.9
化学原料和化学制品制造业	2.4		3117.1	1686.3	415.3		2114.5
医药制造业							
非金属矿物制品业	6844.8	20365.2	230879.6	208589.2	49869.3	22290.4	108069.5
黑色金属冶炼和压延加工业	201656.6	202025.6	3532507.4	3291519.4	312190.8	240988.0	584196.3
有色金属冶炼和压延加工业	7307.2	21299.3	120196.6	108183.2	22169.5	12013.4	25786.7
通用设备制造业	801.2	608.0	33670.8	33670.8	10244.8		17070.0
专用设备制造业	382.9		7050.0	7050.0	5964.7		14957.3
汽车制造业	6604.3	18694.0	101850.8	60204.3	15559.6	41646.5	69751.9
电气机械和器材制造业	314.8		10261.7	10261.7	6311.7		8939.2
电力、热力生产和供应业	190077.2	191535.4	1817587.7	1050959.0	254306.1	691774.0	853226.4
水的生产和供应业	1444.2	1537.2	37281.3	12698.2	3541.0	24583.0	8346.0

企业主要经济指标

单位：万元

资产总计	流动资产合计	#应收账款	存货	#产成品	在产品	固定资产合计	固定资产原价	累计折旧
8535243.1	2488189.5	282331.6	970730.8	101012.6	29607.4	5033441.5	6628489.8	2068619.2
227407.3	58420.2	7825.2	15429.5	10964.4		83847.6	68000.7	12905.8
359712.9	136243.3	21062.0	24699.5	17645.9	24.0	163368.6	226012.9	70306.3
5984.2	529.1	30.6	232.0	2.6	41.6	5455.1	6822.7	2156.3
120513.6	59676.0	12550.4	21433.9	17815.3	3328.6	60024.5	93237.1	34741.6
2521.2	1094.7	118.0	98.5			1426.5	1802.8	455.4
60483.8	5518.9	1003.1	4145.2	3416.7		39752.4	50515.5	10763.1
180505.9	32176.6	14187.9	14187.9	1670.6	12517.3	142591.1	24512.1	24350.8
13006.1	8770.4	2291.2	649.7	301.0		576.2	576.2	347.1
338949.1	101073.6	29551.2	17003.3	5721.6	4591.3	197201.8	222655.2	32547.6
4116703.7	1618501.5	59848.9	796241.2	23512.5		2083182.6	2818670.7	884441.7
145983.3	34201.1	2451.7	17301.3	1358.4	1523.8	92936.4	82404.9	36564.5
50740.8	40099.1	7583.2	20822.4	1018.8	4798.5	4347.0	10587.6	6848.7
22007.3	18908.0	9456.5	6459.0	3029.4	1945.8	2924.9	7213.7	4288.8
171602.7	40776.4	7796.5	13230.9	8064.3	836.5	97807.1	110911.4	13104.3
19200.9	15417.8	3644.9	7139.5	6057.9		3652.5	6919.7	3267.2
2654293.0	300892.4	100241.0	11164.2			2025085.8	2850022.3	910867.4
45627.3	15890.4	2689.3	492.8	433.2		29261.4	47624.3	20662.6

单位：万元

#实收资本	国家资本	集体资本	法人资本	个人资本	港澳台资本	外商资本	营业收入	#主营业务收入
1251429.9	968077.4	12165.7	241746.0	28957.8		483.0	5192187.5	4908522.5
83656.8	82676.8			980.0			290411.4	284093.8
57853.7	16870.0		30575.9	10407.8			200956.6	198431.7
1000.0			500.0	500.0			7397.5	7397.5
9000.0	4000.0		5000.0				203074.5	201711.8
117.1	117.1						2568.4	2568.4
10000.0	10000.0						58096.0	58096.0
77800.0	77800.0						242028.7	241622.9
500.0			500.0				521.3	521.3
86013.0	34800.0		45830.0	4900.0		483.0	91119.7	90923.9
330000.0	330000.0						2472572.7	2256442.2
12826.0	11695.3		1006.8	123.9			134196.2	131608.9
23515.2	12742.5			10772.7			25436.2	21864.3
14639.0	14639.0						11746.0	11619.0
55000.0	52500.0		1500.0	1000.0			44825.9	44487.1
6480.6	6207.2			273.4			18267.2	18084.3
476642.1	307643.1	12165.7	156833.3				1374382.5	1327289.2
6386.4	6386.4						14586.7	11760.2

国有控股工业企

3-5 续表2

（2014年）

指标名称	营业成本	#主营业务成本	营业税金及附加	#主营业务税金及附加	其他业务收入	其他业务利润	销售费用
合计	4583316.1	4335812.1	17886.6	16822.1	283665.0	2811.3	33603.5
煤炭开采和洗选业	285454.5	279793.2	786.1	652.8	6317.6		3260.5
黑色金属矿采选业	170073.7	167373.3	3580.4	3568.4	2524.9	558.7	687.1
有色金属矿采选业	5708.6	5708.6	56.5	56.5			
农副食品加工业	185480.9	185480.9	899.8	899.8	1362.7		1626.8
食品制造业	2654.3	2654.3	12.7	12.7			251.8
木材加工和木、竹、藤、棕、草制品业	44826.1	44826.1					323.9
石油加工、炼焦和核燃料加工业	227971.1	227572.4	317.8	317.8	405.8	7.1	
化学原料和化学制品制造业	600.8	600.8	10.4	10.4			3.0
医药制造业							
非金属矿物制品业	70663.0	70120.1	614.5	614.5	195.8	-0.3	4720.0
黑色金属冶炼和压延加工业	2194119.8	1997987.7	4681.3	4681.3	216130.5		15228.8
有色金属冶炼和压延加工业	99958.0	98634.8	1060.0	1060.0	2587.3	554.4	296.5
通用设备制造业	22543.0	18987.3	142.2	142.2	3571.9	1.5	950.6
专用设备制造业	9543.0	9420.7	103.2	103.2	127.0	4.6	744.6
汽车制造业	42839.9	42593.0	129.6	129.6	338.8	91.8	1942.4
电气机械和器材制造业	14283.9	14272.8	167.9	167.9	182.9		1083.0
电力、热力生产和供应业	1196455.1	1161257.4	5049.0	4129.9	47093.3	364.8	677.9
水的生产和供应业	10140.4	8528.7	275.2	275.1	2826.5	1228.7	1806.6

3-5 续表3

指标名称	营业外收入	补贴收入	营业外支出	利润总额	所得税费用
合计	49881.4	29502.4	7574.8	162031.3	19601.0
煤炭开采和洗选业	19857.4	9081.1	158.9	-96.3	471.9
黑色金属矿采选业	3459.9	2943.0	545.0	13178.8	3154.2
有色金属矿采选业			5.0	735.7	210.1
农副食品加工业	88.1	74.5	38.3	9185.3	1.5
食品制造业	684.1	2.0	18.8	48.9	
木材加工和木、竹、藤、棕、草制品业	61.8		51.6	7746.1	
石油加工、炼焦和核燃料加工业	26.0	227.2	227.2	8000.6	2090.1
化学原料和化学制品制造业				-119.1	
医药制造业					
非金属矿物制品业	1647.2	1541.2	258.9	412.4	-610.1
黑色金属冶炼和压延加工业	1393.8		3571.4	1002.2	-4519.7
有色金属冶炼和压延加工业	19.5		904.6	16108.2	645.7
通用设备制造业	103.9		89.2	-2094.4	2.1
专用设备制造业	110.6		106.8	-239.6	152.3
汽车制造业	11561.6	11477.9	46.1	-1481.1	358.8
电气机械和器材制造业	62.4		48.4	473.3	129.0
电力、热力生产和供应业	10310.0	3783.0	1343.4	109278.1	17449.9
水的生产和供应业	495.1	372.5	161.2	-107.8	65.2

业主要经济指标

单位：万元

管理费用	#税 金	财务费用	#利息收入	利息支出	营业利润	资产减值损失	公允价值变动收益	投资收益
229109.3	11998.9	207573.8	6717.9	205036.7	128805.7	4173.9		12052.8
9414.4	448.6	2259.1	78.3	2173.3	-10713.7			
13631.8	668.7	2644.4	16.6	3148.0	10263.9	75.3		
626.3		265.4	0.3	265.7	740.7			
2584.4	127.4	3347.1	4.2	3338.5	9135.5			
266.4		-0.4			-616.4			
688.8	79.4	4521.3	1.5	3604.6	7735.9			
4566.0	592.5	1947.4	125.6	1969.1	8201.8	-975.4		
205.1	0.2		0.1	0.1	-119.1			
9044.6	429.8	7155.8	296.3	7189.2	-975.9	-102.2		
146989.8	7288.7	117791.6	4874.7	115400.0	3179.8	2035.0		11453.4
12542.5	157.5	3298.6	5.0	3302.4	16993.3	47.5		0.2
2881.0	252.3	617.9	-3.7	586.5	-2109.2	410.7		
1508.8	119.2	21.7	1.1	21.3	-243.4	68.1		
8944.7	820.8	3918.5	149.5	4044.2	-12996.6	47.4		
1927.5	63.3	332.4	4.5	333.5	459.3	13.2		
10922.7	759.5	59011.3	1137.2	59203.5	100311.5	2554.3		599.2
2364.5	191.0	441.7	26.7	456.8	-441.7			

单位：万元

亏损企业亏损总额	利税总额	应交税金及附加	本年应付职工薪酬	本年应交增值税	从业人员平均人数（人）
16966.7	306211.8	175780.4	332481.2	126293.9	39902
737.9	3219.3	4236.1	17433.0	2529.5	3155
3664.3	29123.7	19767.8	16750.2	12364.5	3595
	1362.7	837.1	235.0	570.5	260
832.4	14080.7	5024.3	27533.5	3995.6	3758
	130.5	81.6	1089.5	68.9	80
	10548.0	2881.3	2013.8	2801.9	389
	11521.3	6203.3	9658.7	3202.9	828
172.1	-22.3	97.0	30.0	86.4	42
2926.1	4242.6	3649.9	7192.0	3215.7	1778
	33848.7	35615.5	139968.4	28165.2	13925
324.0	17714.5	2409.5	16119.4	546.3	2958
2193.0	174.3	2523.1	2972.1	2126.5	1114
239.6	1190.4	1701.5	875.8	1326.8	358
4515.0	-57.9	2602.8	10774.6	1293.6	1060
	2319.0	2038.0	2478.9	1677.8	242
1044.1	176263.9	85195.2	73110.2	61936.8	5488
318.2	552.4	916.4	4246.1	385.0	872

3-6 大中型工业

（2014年）

指标名称	企业单位数（个）	亏损企业	工业总产值（当年价格）	工业销售产值（当年价格）	出口交货值	年初存货	#产成品
总计	86	21	12625428.7	12492140.5	293504.4	1521744.1	271155.8
煤炭开采和洗选业	3	2	52874.8	51634.2		17011.4	12362.1
黑色金属矿采选业	33	6	3809012.5	3635133.7		214603.2	73448.9
有色金属矿采选业	1		267571.4	241381.4		7568.5	5206.2
农副食品加工业	5	2	381231.6	381526.3	24442.7	44072.9	20877.4
食品制造业	4		265596.6	262384.1	5365.4	20347.5	7003.2
酒、饮料和精制茶制造业	4	1	561840.2	669820.0		105536.6	57982.9
纺织业	1		9020.5	8918.2	816.7	4029.3	1036.9
纺织服装、服饰业	1	1	5274.2	5274.2	5116.6	5367.7	112.0
木材加工和木、竹、藤、棕、草制品业	2		69059.8	67216.9		6906.4	4340.0
石油加工、炼焦和核燃料加工业	1		255372.0	255372.0		21252.9	778.7
化学原料和化学制品制造业	2	1	70732.7	62389.3		12154.8	2561.8
医药制造业	1		72959.2	71389.1	86.5	7445.3	2471.6
非金属矿物制品业	4	1	62772.9	54546.7	10752.4	10950.1	7495.1
黑色金属冶炼和压延加工业	7	1	5220648.0	5214090.2	221443.3	948817.6	50187.4
有色金属冶炼和压延加工业	4	2	133378.8	131622.0		28136.6	3077.8
金属制品业	1		44722.5	39403.3	25060.6	4503.7	1937.8
通用设备制造业	1	1	10195.3	10195.3		22784.3	963.9
专用设备制造业	1	1	9319.9	8923.8		7341.2	3029.4
汽车制造业	4	1	145188.5	140556.8	420.2	18482.0	12357.3
电气机械和器材制造业	1		21845.8	23551.5		7280.3	3925.4
电力、热力生产和供应业	4		1150029.1	1150029.1		6726.4	
水的生产和供应业	1	1	6782.4	6782.4		425.4	

企业主要经济指标

单位：万元

资产总计	流动资产合计	#应收账款	存货	#产成品	在产品	固定资产合计	固定资产原价	累计折旧
15209605.4	6128083.2	863936.7	1560252.4	349634.5	145461.6	6933546.9	9365958.0	3137064.4
249813.8	68135.0	9271.5	15463.2	10997.8		94264.0	79625.3	17623.9
5348636.4	2600260.1	585607.2	297236.3	177421.1	34597.0	1755085.5	2278458.5	741122.9
99075.8	19325.8	6752.5	8852.6	4985.5		79750.0	131167.7	51417.7
283697.9	140235.9	21826.5	51230.3	20215.3	5810.2	105633.0	154268.5	50810.0
145474.1	70433.5	10455.4	37442.3	10607.9	443.4	62753.6	80960.2	25986.3
502914.2	276376.6	8779.1	97271.3	31769.0	35497.5	144220.9	206267.5	89827.8
12020.9	9389.8	352.1	3703.7	1474.9	353.8	1441.2	3202.5	1762.4
10985.0	8067.0	508.3	5367.7	112.0	594.6	1877.7	3887.0	2009.3
92558.6	24629.5	1128.7	7057.7	4440.1		46116.1	56879.2	13040.3
180505.9	32176.6	14187.9	14187.9	1670.6	12517.3	142591.1	24512.1	24350.8
93864.2	39368.1	8084.7	10625.8	2026.0	158.0	23250.8	42291.0	19043.3
85422.4	58300.9	7013.0	9441.4	3601.0	1262.4	16426.1	34111.3	18421.8
286040.7	113667.0	15444.4	16954.1	9552.8	5022.7	154354.3	160324.3	15137.3
5907793.2	2333796.2	102375.0	907405.6	47654.8	40100.1	3045491.4	4123613.4	1253820.5
166596.0	49335.2	2451.7	17824.0	1603.8	1523.8	97762.1	89277.9	41583.6
31777.6	7421.9	3632.7	2890.1	1937.8		16436.1	5584.8	1890.0
43210.1	34659.0	6459.0	20737.3	1005.9	4798.5	2256.4	8068.7	5812.4
22007.3	18908.0	9456.5	6459.0	3029.4	1945.8	2924.9	7213.7	4288.8
192922.5	51135.5	11194.9	17391.8	12218.9	836.5	106502.4	121424.3	15425.7
95258.3	65340.1	15995.1	6845.6	2876.7		29918.2	16441.5	7376.2
1323282.7	96256.9	21203.9	5431.5			979607.9	1699448.3	719966.6
35747.8	10864.6	1756.6	433.2	433.2		24883.2	38930.3	16346.8

大中型工业企业

3-6 续表1

（2014年）

指标名称	#本年折旧	在建工程	负债合计	流动负债合计	#应付账款	非流动负债合计	所有者权益合计
总计	722204.1	827383.1	11394384.3	10253269.7	1786118.5	1086429.2	3772008.1
煤炭开采和洗选业	5021.6	15550.6	106910.6	84317.9	22465.8	22592.7	142902.9
黑色金属矿采选业	201427.9	181719.0	4047406.4	3719014.9	689026.4	288787.7	1258246.5
有色金属矿采选业	12863.8	8266.0	45528.3	45528.3	12550.1		53547.5
农副食品加工业	14673.5	2072.7	184530.0	165978.1	37854.5	18551.9	99013.0
食品制造业	5551.6	6504.7	63866.9	26700.5	6912.7	37166.4	81607.2
酒、饮料和精制茶制造业	12415.7	31672.1	307989.9	290363.4	72947.2	3312.2	194924.2
纺织业	220.4	1.1	8806.0	8704.0	633.2	102.0	3214.9
纺织服装、服饰业	200.8		9107.2	9107.2	560.6		1877.8
木材加工和木、竹、藤、棕、草制品业	4579.8	1980.7	76714.3	75614.6	3185.6	333.6	15844.3
石油加工、炼焦和核燃料加工业	24350.8	180505.9	98530.9	97184.1	1346.8	1346.8	81974.9
化学原料和化学制品制造业	3263.8	523.8	41631.8	41599.8	4293.9	31.1	52232.4
医药制造业	1925.1	736.6	49204.6	48073.6	3417.2	1131.0	36217.8
非金属矿物制品业	5811.6	13850.9	229405.1	204872.8	32975.2	24532.2	56635.6
黑色金属冶炼和压延加工业	311924.9	238849.5	4845787.8	4495666.0	634640.7	350121.6	1062005.1
有色金属冶炼和压延加工业	7504.1	24261.1	148450.6	124153.2	22477.5	24297.4	18145.5
金属制品业	361.0	12741.2	28014.1	28014.1	4535.9		3763.5
通用设备制造业	618.1		31343.9	31343.9	9943.0		11866.2
专用设备制造业	382.9		7050.0	7050.0	5964.7		14957.3
汽车制造业	8526.2	18900.9	116684.0	75037.5	20658.3	41646.5	76164.8
电气机械和器材制造业	898.2		43366.8	43305.8	6763.2	61.0	51891.4
电力、热力生产和供应业	98238.1	88028.0	875118.7	621133.5	190005.7	253985.2	448163.9
水的生产和供应业	1444.2	1218.3	28936.4	10506.5	2960.3	18429.9	6811.4

主要经济指标

单位：万元

#实收资本	国家资本	集体资本	法人资本	个人资本	港澳台资本	外商资本	营业收入	#主营业务收入
1379978.6	684052.9	19190.7	288678.8	385040.5	2900.0	115.7	12656464.2	12039953.6
99257.0	82676.8		12480.2	4100.0			296594.3	289918.9
210590.7	1500.0	7025.0	61570.2	137595.5	2900.0		3593244.3	3428385.9
17200.0				17200.0			241738.6	230816.8
26734.5	6923.0		10535.5	9276.0			322068.4	320092.7
19807.0			1500.0	18307.0			262696.4	262405.5
74029.3	645.1		55111.4	18272.8			686438.2	653274.8
2229.3				2229.3			8918.2	8918.2
1800.0				1800.0			5222.0	5222.0
12000.0	10000.0			2000.0			64781.1	64781.1
77800.0	77800.0						242028.7	241622.9
4650.2			3650.2	1000.0			67545.9	67431.3
6000.0			6000.0				70339.7	70101.6
52562.0	1200.0		50000.0	1362.0			57158.4	57128.0
499948.0	330000.0		17400.0	152548.0			5232202.9	4862809.4
13926.0	11695.3		2106.8	123.9			138776.0	136171.3
328.9			213.2			115.7	34703.3	34703.3
21985.2	11212.5			10772.7			19117.1	15546.7
14639.0	14639.0						11746.0	11619.0
59100.0	52500.0		4800.0	1800.0			113418.2	113079.4
6653.3				6653.3			23573.8	17864.5
153243.1	77766.1	12165.7	63311.3				1155130.0	1141277.9
5495.1	5495.1						9022.7	6782.4

大中型工业企业

3-6续表2 （2014年）

指标名称	营业成本	#主营业务成本	营业税金及附加	#主营业务税金及附加	其他业务收入	其他业务利润	销售费用
总计	10667501.1	10187338.1	231114.9	162898.0	616510.6	92418.2	240627.4
煤炭开采和洗选业	289899.0	284063.5	883.3	750.0	6675.4	183.6	3445.0
黑色金属矿采选业	2767653.9	2652120.8	143700.6	109289.8	164858.4	38477.7	63658.5
有色金属矿采选业	176795.0	169188.7	2355.4	2355.4	10921.8	150.6	
农副食品加工业	287738.3	287467.0	1000.0	1000.0	1975.7	341.7	3685.2
食品制造业	221887.3	221787.3	936.6	936.6	290.9	187.4	9093.2
酒、饮料和精制茶制造业	465618.5	444256.0	32635.0	32635.0	33163.4	1801.0	80936.0
纺织业	7111.8	7111.8	21.8	21.8			114.6
纺织服装、服饰业	4473.2	4473.2	29.9	29.9			99.8
木材加工和木、竹、藤、棕、草制品业	50174.1	50174.1	133.7	133.7			390.7
石油加工、炼焦和核燃料加工业	227971.1	227572.4	317.8	317.8	405.8	7.1	
化学原料和化学制品制造业	41725.2	41664.0	426.7	426.7	114.6	8.4	3378.5
医药制造业	26725.2	26725.2	912.9	912.9	238.1	238.0	29922.6
非金属矿物制品业	48526.6	48509.4	256.8	256.8	30.4	13.2	1172.9
黑色金属冶炼和压延加工业	4705464.2	4398620.6	41203.4	7886.4	369393.5	47192.3	31282.4
有色金属冶炼和压延加工业	104229.6	102906.4	1084.5	1084.5	2604.7	571.8	296.5
金属制品业	24298.0	24298.0	38.5	38.5			867.3
通用设备制造业	17743.7	14188.0	62.0	62.0	3570.4		666.5
专用设备制造业	9543.0	9420.7	103.2	103.2	127.0	4.6	744.6
汽车制造业	85502.5	85255.6	725.0	725.0	338.8	91.8	8497.2
电气机械和器材制造业	15149.0	11448.1	323.2		5709.3	2008.5	604.8
电力、热力生产和供应业	1082838.5	1070665.5	3827.1	3794.5	13852.1	-88.2	420.7
水的生产和供应业	6433.4	5421.8	137.5	137.5	2240.3	1228.7	1350.4

主要经济指标

单位：万元

管理费用	#税 金	财务费用	#利息收入	利息支出	营业利润	资产减值损失	公允价值变动收益	投资收益
510360.1	25883.6	362057.7	10719.4	323753.8	675042.3	2077.9		32251.0
12663.0	450.8	2258.4	79.4	2173.3	-12504.9			
181986.9	9711.8	139044.1	1564.9	118608.8	306554.1	135.7		9489.5
12232.4	126.5	710.4		710.4	49645.4			
5299.9	229.6	5910.4	11.7	5715.6	18434.6			
6098.0	469.5	1676.4	62.5	1633.9	17669.9			-5335.0
22047.0	1297.0	2174.7	1423.9	3542.4	95466.4	90.6		12530.0
612.1	56.9	518.4		518.4	539.5			
701.2	13.9	520.8		507.2	-593.9			9.0
889.3	79.5	4739.2	1.5	3816.0	8454.1			
4566.0	592.5	1947.4	125.6	1969.1	8201.8	-975.4		
4696.7	223.5	2463.1	17.0	2306.5	18510.5			3654.8
7862.2	358.4	202.2	-81.9	280.2	5369.2			654.6
6008.1	320.6	5221.2	3.9	5188.7	-4027.2			
200736.4	9887.0	161895.5	7088.7	144398.1	103543.2	1795.4		13701.0
14228.8	160.3	3622.6	5.0	3626.4	15266.7	47.5		0.2
1160.4	203.1	954.8	6.2	961.0	7384.3			
1774.5	214.0	621.7	1.2	586.5	-2162.0	410.7		
1508.8	119.2	21.7	1.1	21.3	-243.4	68.1		
16051.0	880.7	4007.6	149.5	4133.3	-1412.5	47.4		
3045.4	109.5	180.5	6.4	168.9	1220.0			-3050.9
4861.7	239.7	22921.3	228.5	22429.0	40400.7	457.9		597.8
1330.3	139.6	445.3	24.3	458.8	-674.2			

大中型工业企业

3-6续表3

（2014年）

指标名称	营业外收入	补贴收入	营业外支出	利润总额	所得税费用
总计	63632.1	35234.0	31010.9	698582.5	80227.1
煤炭开采和洗选业	19857.4	9081.1	187.2	-1915.8	471.9
黑色金属矿采选业	9853.4	5633.0	11185.4	305222.1	38856.1
有色金属矿采选业	68.1		1462.0	48251.5	9519.8
农副食品加工业	3361.3	2754.5	294.0	21501.9	3453.4
食品制造业	813.8	435.0	2032.8	16450.9	2051.2
酒、饮料和精制茶制造业	3466.8	2890.3	1348.3	97584.9	11247.1
纺织业				539.5	61.5
纺织服装、服饰业	3.6	1.2	2.2	-592.5	
木材加工和木、竹、藤、棕、草制品业	61.8		51.6	8464.3	
石油加工、炼焦和核燃料加工业	26.0	227.2	227.2	8000.6	2090.1
化学原料和化学制品制造业	107.2		118.5	18499.2	2370.0
医药制造业	671.4		16.7	6023.9	647.4
非金属矿物制品业	883.5	734.6	142.5	-3286.2	
黑色金属冶炼和压延加工业	7037.9		11920.6	98660.5	-4519.7
有色金属冶炼和压延加工业	482.4		970.0	14779.1	645.7
金属制品业				7384.3	
通用设备制造业	50.3		81.4	-2193.0	2.1
专用设备制造业	110.6		106.8	-239.6	152.3
汽车制造业	11561.6	11477.9	46.1	10103.0	3254.8
电气机械和器材制造业	5.8		98.7	1127.1	289.2
电力、热力生产和供应业	4721.8	1626.7	587.5	44535.0	9634.2
水的生产和供应业	487.4	372.5	131.4	-318.2	

主要经济指标

单位：万元

亏损企业亏损总额	利税总额	应交税金及附加	本年应付职工薪酬	本年应交增值税	从业人员平均人数（人）
62697.7	1407505.3	815033.5	671386.5	477807.9	97654
2557.4	2291.4	5129.9	20617.3	3323.9	3921
32788.5	684050.7	427396.5	173752.8	235128.0	29092
	69481.0	30875.8	2645.0	18874.1	551
2323.3	26599.9	8781.0	34399.6	4098.0	5293
	26808.6	12878.4	13914.0	9421.1	4390
3793.9	156241.2	71200.4	22842.6	26021.3	3632
	693.6	272.5	1172.0	132.3	470
592.5	-263.5	342.9	1020.0	299.1	648
	11399.9	3015.1	2812.4	2801.9	687
	11521.3	6203.3	9658.7	3202.9	828
364.8	22016.3	6110.6	9910.0	3090.4	2337
	14515.7	9497.6	4063.2	7578.9	921
3735.5	-1806.6	1800.2	8621.1	1222.8	2579
7622.9	249807.6	156514.4	246577.0	109943.7	27459
1653.1	16409.9	2436.8	17658.1	546.3	3436
	9065.1	1883.9	2796.5	1642.3	763
2193.0	-673.0	1736.1	2734.0	1458.0	1039
239.6	1190.4	1701.5	875.8	1326.8	358
4515.0	15956.7	9989.2	19275.0	5128.7	3283
	3057.0	2328.6	4536.4	1606.7	716
	89021.1	54360.0	68138.6	40659.0	4645
318.2	121.0	578.8	3366.4	301.7	606

3-7 分县区工业

（2014年）

县区名称	企业数（个）		
	合 计	规模以上工业	规模以下工业
全 市	2967	572	2445
双桥区	339	46	295
#高新区	152	35	118
双桥区（不含高新区）	187	11	177
双滦区	241	42	207
营子区	73	24	51
承德县	556	75	488
兴隆县	331	64	266
平泉县	324	78	252
滦平县	164	55	118
隆化县	270	49	218
丰宁县	222	51	179
宽城县	163	53	116
围场县	284	35	255

3-8 分县区规模以上

（2014年）

县区名称	企业单位数（个）	亏损企业	工业总产值（当年价格）	工业销售产值（当年价格）	出口交货值	年初存货	#产成品
全 市	572	198	17955129.7	17592902.6	337654.7	1909066.7	430133.9
双桥区	16	4	101075.8	91784.2	10788.2	17440.7	8537.7
双滦区	42	14	3337388.2	3335660.8	221443.3	917644.7	67886.1
营子区	24	8	679075.1	675680.3		42502.2	16286.5
承德县	75	27	1617895.0	1544894.9	7054.4	100649.2	46175.7
兴隆县	64	7	1446897.4	1443579.8	5365.4	115149.0	24787.0
平泉县	78	35	1502272.8	1409972.2	55336.7	141030.6	55970.0
滦平县	55	31	2323872.8	2233039.4	16482.0	85500.6	32734.6
隆化县	49	22	1128070.0	1084721.0	139.0	54992.7	18082.1
丰宁县	51	12	784342.1	740179.5	6.8	109092.6	38792.1
宽城县	53	30	3243918.9	3135239.5	7960.7	153490.4	28722.5
围场县	35	4	353757.4	339231.7	6914.7	34808.1	17915.2

单位数及增加值

单位：个、万元

工业增加值		#规模以上工业增加值	
绝对值	比上年增长%	绝对值	比上年增长%
5890718	7.5	5310481.1	7.8
291919	0.9	290321.1	0.6
		274373.8	1.1
		15947.3	-6.0
703784	5.6	600684.2	5.6
183300	9.9	183164.1	11.5
581736	9.9	557603.1	10.4
426073	5.4	390673.3	5.4
585100	7.1	512009.4	6.5
797639	10.9	755694.4	12.9
430873	8.6	398400.4	10.0
317321	7.9	280635.6	8.8
1305000	7.8	1187104.3	7.9
160525	3.2	154191.1	3.1

工业企业主要经济指标

单位：万元

资产总计	流动资产合计	#应收账款	存货	#产成品	在产品	固定资产合计	固定资产原价	累计折旧
22019286.2	8762707.1	1556415.6	2027717.8	582038.6	173068.6	10167268.8	13208671.1	4034322.5
289742.5	135739.6	36902.2	22592.8	9874.3	2584.1	110055.3	177264.4	72473.2
5499449.1	2119390.0	255483.0	892640.3	60360.6	19214.9	2835650.3	3611462.8	1122769.3
588318.3	150946.4	36130.8	35763.0	18416.6	2946.4	287709.0	364163.6	82952.3
1267998.5	576726.6	107880.3	114161.1	46472.3	13060.1	499848.7	662576.4	197064.6
1041450.0	337339.5	52227.3	134708.3	41555.7	30787.5	587763.3	739842.7	224626.0
2111088.4	750301.8	107761.9	159720.0	73145.3	30388.0	651645.9	762210.6	201277.0
1530558.2	573420.2	173380.4	94584.1	59745.8	5763.6	740181.4	1027364.2	315823.6
675307.6	324736.3	102573.8	55205.1	27846.7	330.3	282543.3	310828.4	70574.6
1306528.6	583057.8	75571.6	137250.3	108920.3	517.0	595512.8	817699.0	266120.5
4450879.5	2328294.6	434408.4	194061.9	53041.1	28228.5	1631547.1	1979013.8	528083.2
1404829.7	290968.2	79181.4	55830.9	31213.0	1268.9	1078271.2	1233990.9	240851.8

分县区规模以上工业

3-8 续表1

（2014年）

县区名称	#本年折旧	在建工程	负债合计	流动负债合计	#应付账款	非流动负债合计	所有者权益合计
全　市	962110.8	1179517.9	15858842.0	13412114.7	2334382.7	1821651.4	6094629.9
双桥区	10026.8	13674.2	201729.0	155524.8	29270.8	46164.4	88013.2
双滦区	278390.3	452129.3	4488860.8	4058050.3	465184.0	424174.7	1026966.1
营子区	20168.0	23936.8	247396.9	212770.2	39713.1	31004.3	338749.2
承德县	51353.4	58604.3	889275.1	775224.1	161901.6	84696.9	373665.9
兴隆县	55170.4	31554.9	592910.7	389158.2	84226.7	109487.6	446493.9
平泉县	52791.8	128405.9	1649678.5	1555608.0	161370.8	50301.4	457095.0
滦平县	102017.8	38202.1	1046180.7	870692.4	292065.6	92372.9	434102.6
隆化县	20466.6	40509.8	443852.5	327307.2	51161.5	19306.2	230253.1
丰宁县	50486.9	52353.6	800453.4	661445.2	73202.5	29360.7	503191.5
宽城县	130090.8	130002.1	3501071.2	3136851.5	658834.2	359978.4	949210.7
围场县	109896.3	77619.9	851384.5	282535.6	42868.1	433133.4	549752.9

3-8续表2

县区名称	营业成本	#主营业务成本	营业税金及附加	#主营业务税金及附加	其他业务收入	其他业务利润	销售费用
全　市	14687495.0	14167755.7	299416.0	229617.9	679420.3	98684.9	326216.4
双桥区	87896.1	75917.9	811.7	811.7	14134.4	1244.8	6813.5
双滦区	2907856.0	2684779.5	11561.7	11027.1	271811.8	15723.0	29645.7
营子区	855591.1	844611.6	3032.5	2932.9	12805.4		5425.5
承德县	1200327.1	1192582.6	20633.0	20633.0	10099.7	766.1	31709.0
兴隆县	1226237.2	1224481.0	7198.2	7154.2	2294.8	390.1	26546.3
平泉县	1033510.0	1024538.2	72135.1	70386.8	20682.3	-1660.1	51053.6
滦平县	1475214.8	1471838.5	52862.3	52862.3	17557.0	82.1	42494.7
隆化县	876457.0	873672.7	10952.9	10935.1	4252.0	218.3	7870.1
丰宁县	556374.2	547996.6	11415.2	11403.2	11193.9	276.8	5559.8
宽城县	2909245.3	2695326.6	99792.2	33158.2	291383.5	78110.5	25774.8
围场县	192883.3	185298.3	1664.3	1664.3	302.0	-7.7	11296.4

企业主要经济指标

单位：万元

#实收资本	国家资本	集体资本	法人资本	个人资本	港澳台资本	外商资本	营业收入	#主营业务收入
2733569.5	1062113.4	23371.7	819311.2	821565.2	2900.0	4308.0	17448721.5	16769301.2
45790.6	30464.1		9875.0	5451.5			114524.0	100389.6
617227.6	475328.9	13693.7	91053.8	36668.2		483.0	3317478.7	3045666.9
159597.6	86156.8		35045.7	38395.1			911535.1	898729.7
197238.2	2923.0		131572.3	62742.9			1446575.8	1436476.1
258310.7	13566.4		23460.0	221284.3			1364026.1	1361731.3
166511.1	46962.4	3.0	42757.7	76672.3		115.7	1413045.8	1392363.5
140827.6	4000.0		45570.1	88357.5	2900.0		1799701.2	1782144.2
85675.1	1000.0	1000.0	63225.1	20450.0			1030851.7	1026599.7
309264.6	137125.0	1500.0	59434.8	111204.8			737619.8	726425.9
196195.5	10350.0	7175.0	87958.2	90712.3			3415373.8	3123990.3
329781.3	143363.5		158421.9	26893.4		1102.5	321293.6	320991.6

单位：万元

管理费用	#税 金	财务费用	#利息收入	利息支出	营业利润	资产减值损失	公允价值变动收益	投资收益
715308.7	34604.4	502650.7	13989.9	444308.4	950396.3	5312.8	10.4	35618.6
14799.2	750.6	3764.0	−96.1	3248.4	711.1	68.1		339.7
180416.1	10761.1	151641.3	6197.4	148202.3	43969.2	3868.8		11480.0
19083.2	1521.0	12107.6	559.0	5712.0	16252.9	91.8		
51712.4	1971.1	31650.4	739.6	31244.7	110054.7	500.3		11.1
33962.0	2401.4	12843.1	2840.6	7503.7	54392.6			−2853.0
61150.5	6252.5	27898.3	566.3	24408.7	170957.7	18.0		3677.4
81007.3	4017.3	31812.6	690.0	21329.5	117333.5	149.3	10.4	1162.9
42135.6	634.3	9574.5	229.5	8252.7	85811.9	0.5		867.1
36885.1	591.5	19111.3	82.4	15838.6	110105.6			1831.4
142087.5	3117.4	143429.4	−363.7	121926.2	104882.3	47.5		8476.6
14126.3	943.5	42136.0	1046.9	40260.8	58960.0	0.4		247.0

分县区规模以上工业企业主要经济指标

3-8续表3

（2014年）

单位：万元

县区名称	营业外收入	补贴收入	营业外支出	利润总额	所得税费用	亏损企业亏损总额	利税总额
全市	90345.3	45177.2	41239.5	992674.8	114646.8	157314.9	1927729.0
双桥区	4607.6	1888.6	1024.2	4294.5	393.3	908.7	9441.4
双滦区	22337.7	14378.1	4815.5	61491.5	7628.8	12737.6	133801.5
营子区	25603.5	13085.6	770.4	32004.9	480.0	2571.5	67017.4
承德县	2871.8	818.7	2121.0	110805.5	5388.9	17369.0	177079.9
兴隆县	5196.8	986.7	8610.4	50979.0	4890.3	2371.5	91195.3
平泉县	4433.2	3408.8	4032.4	171358.5	12834.2	18717.2	299269.0
滦平县	1620.3	481.7	2681.7	116484.6	20038.7	18962.2	289365.8
隆化县	2005.5	232.5	1414.6	86402.8	11595.3	16113.4	133190.7
丰宁县	1773.0	285.6	2586.6	109292.0	21048.6	6698.0	170278.2
宽城县	9553.9	5360.0	10647.8	103788.4	10141.9	56948.2	321643.5
围场县	4257.1	3600.4	983.3	64274.9	5457.4	1207.8	85911.3

3-8续表4

单位：万元

县区名称	应交税金及附加	本年应付职工薪酬	本年应交增值税	从业人员平均人数（人）	从业人员期末人数	平均用工人数	期末用工人数
全市	1084305.4	834155.8	635638.2	141524	139004	146234	141134
双桥区	6290.8	15350.9	4335.2	3843	3871	3746	3764
双滦区	90699.9	191398.5	60748.3	21867	21336	21636	21646
营子区	37013.5	39789.3	31980.0	8273	8086	8102	6700
承德县	73634.4	52746.9	45641.4	11712	11494	12321	11840
兴隆县	47508.0	46085.9	33018.1	11907	11919	11964	12228
平泉县	146997.2	71887.7	55775.4	16871	16550	16722	15710
滦平县	196937.2	106939.6	120018.9	13610	12968	13811	13184
隆化县	59017.5	17526.8	35835.0	4904	4646	6224	5894
丰宁县	82626.3	25694.0	49571.0	6398	6386	6440	6184
宽城县	231114.4	162873.4	118062.9	28833	28261	31648	30677
围场县	28037.3	12146.3	19972.1	3153	3273	3196	3110

四
建筑业

4-1 总专包企业生产情况

（2014年）

单位：万元

指标名称	企业个数（个）			合同情况		
	建筑业企业个数	有工作量的建筑业企业个数	亏损企业个数	签订的合同额	上年结转合同额	本年新签合同额
合计	203	191	39	2448926.8	757853.4	1691073.4
#国有及国有控股企业	14	13	3	224542.8	38345.0	186197.8
按登记注册类型分组						
内资企业	203	191	39	2448926.8	757853.4	1691073.4
国有企业	8	7	2	133127.9	9837.9	123290.0
集体企业	2	1		134601.5		134601.5
股份合作企业	1	1		2510.0		2510.0
有限责任公司	96	93	18	1368516.5	458785.2	909731.3
国有独资公司	2	2		49969.8	17398.0	32571.8
其他有限责任公司	94	91	18	1318546.7	441387.2	877159.5
股份有限公司	2	2		111602.8	105737.3	5865.5
私营企业	94	87	19	698568.1	183493.0	515075.1
私营合伙企业	1	1	1	11394.3		11394.3
私营有限责任公司	83	76	14	635521.8	179033.0	456488.8
私营股份有限公司	10	10	4	51652.0	4460.0	47192.0
按国民经济行业分组						
房屋建筑业	108	101	20	1378747.9	458379.2	920368.7
土木工程建筑业	44	42	8	780026.5	207975.3	572051.2
铁路、道路、隧道和桥梁工程建筑	26	24	5	629350.6	190024.4	439326.2
铁路工程建筑	1	1		1122.2		1122.2
公路工程建筑	17	16	4	434878.1	63353.9	371524.2
市政道路工程建筑	5	5	1	49688.0	3288.0	46400.0
其他道路、隧道和桥梁工程建筑	3	2		143662.3	123382.5	20279.8
水利和内河港口工程建筑	3	3		38028.4	1965.3	36063.1
水源及供水设施工程建筑	2	2		36033.5	1942.0	34091.5
河湖治理及防洪设施工程建筑	1	1		1994.9	23.3	1971.6
工矿工程建筑	1	1	1	20000.0	1690.0	18310.0

总专包企业

4-1 续表1

(2014年)

指标名称	承包工程完成情况				建筑业总产值	
	直接从建设单位承揽工程完成的产值	#自行完成施工产值	#分包出去工程的产值	从建设单位以外承揽工程完成的产值	建筑业总产值	#装饰装修产值
合计	1842617.4	1838130.0	4487.4	19854.1	1857984.1	93920.1
#国有及国有控股企业	198235.2	198235.2			198235.2	1686.4
按登记注册类型分组						
内资企业	1842617.4	1838130.0	4487.4	19854.1	1857984.1	93920.1
国有企业	128426.9	128426.9			128426.9	1686.4
集体企业	134601.5	134601.5			134601.5	
股份合作企业	2450.0	2450.0			2450.0	
有限责任公司	953155.5	948807.8	4347.7	574.0	949381.8	31556.3
国有独资公司	29621.0	29621.0			29621.0	
其他有限责任公司	923534.5	919186.8	4347.7	574.0	919760.8	31556.3
股份有限公司	59987.3	59987.3			59987.3	
私营企业	563996.2	563856.5	139.7	19280.1	583136.6	60677.4
私营合伙企业	11394.3	11394.3			11394.3	
私营有限责任公司	507049.9	506910.2	139.7	19280.1	526190.3	59946.5
私营股份有限公司	45552.0	45552.0			45552.0	730.9
按国民经济行业分组						
房屋建筑业	986070.3	981722.6	4347.7	17357.3	999079.9	83201.9
土木工程建筑业	658621.0	658621.0			658621.0	
铁路、道路、隧道和桥梁工程建筑	528729.9	528729.9			528729.9	
铁路工程建筑	1122.2	1122.2			1122.2	
公路工程建筑	409818.3	409818.3			409818.3	
市政道路工程建筑	47091.4	47091.4			47091.4	
其他道路、隧道和桥梁工程建筑	70698.0	70698.0			70698.0	
水利和内河港口工程建筑	35500.4	35500.4			35500.4	
水源及供水设施工程建筑	33505.5	33505.5			33505.5	
河湖治理及防洪设施工程建筑	1994.9	1994.9			1994.9	
工矿工程建筑	15500.0	15500.0			15500.0	

生产情况

单位：万元

				竣工产值	房屋建筑施工面积（平方米）			
#在外省完成的产值	1、建筑工程产值	2、安装工程产值	3、其他产值		房屋建筑施工面积	#本年新开工面积	#实行投标承包面积	#本年新开工面积
109353.0	1660399.9	142922.5	54661.7	1163149.1	10143581	6085866	7172792	4626955
8155.1	174248.2	11930.6	12056.4	80942.9	40182		40182	
109353.0	1660399.9	142922.5	54661.7	1163149.1	10143581	6085866	7172792	4626955
8155.1	117035.9		11391.0	48387.7				
	134601.5							
	2450.0			2450.0	22500	22500	22500	14400
33881.0	843992.7	77566.5	27822.6	689058.2	5934075	3327395	4635839	2791065
	17690.4	11930.6						
33881.0	826302.3	65635.9	27822.6	689058.2	5934075	3327395	4635839	2791065
	59987.3			54121.8				
67316.9	502332.5	65356.0	15448.1	369131.4	4187006	2735971	2514453	1821490
	11394.3			11394.3	99804	99804		
47381.6	468802.7	44422.1	12965.5	320009.4	3770879	2321044	2414324	1727890
19935.3	22135.5	20933.9	2482.6	37727.7	316323	315123	100129	93600
34781.0	920264.0	57783.9	21032.0	674334.5	9077425	5510789	6631569	4123063
42796.3	599529.2	56145.9	2945.9	334827.0	467168	31490	47102	28388
27911.0	527029.9		1700.0	246876.8	419220	2780		
	1122.2			1122.2	2600	2600		
5795.0	408118.3		1700.0	150702.2	416620	180		
22116.0	47091.4			40930.6				
	70698.0			54121.8				
	29543.9	5956.5		29543.9				
	27549.0	5956.5		27549.0				
	1994.9			1994.9				
	15500.0							

总专包企业

4-1 续表2

（2014年）

指标名称	从业人员情况（人）				房屋建筑竣工面积（平方米）	
	从业人员期末人数	从事建筑业活动的从业人员平均人数	工程技术人员期末人数	一级建造师期末人数	合计	住宅房屋
合计	49797	66075	14922	545	4244989	3435331
#国有及国有控股企业	2877	5804	894	49	37029	37029
按登记注册类型分组						
内资企业	49797	66075	14922	545	4244989	3435331
国有企业	1905	4568	652	45		
集体企业	384	131	18	10		
股份合作企业	53	110	13		18500	18500
有限责任公司	25023	34309	7564	319	2628322	2149009
国有独资公司	254	470	129			
其他有限责任公司	24769	33839	7435	319	2628322	2149009
股份有限公司	497	1975	320	16		
私营企业	21935	24982	6355	155	1598167	1267822
私营合伙企业	1415	1314	75		99804	92864
私营有限责任公司	18713	21580	5577	101	1404763	1081358
私营股份有限公司	1807	2088	703	54	93600	93600
按国民经济行业分组						
房屋建筑业	33680	43119	9893	237	3942872	3233377
土木工程建筑业	10302	16184	3419	204	20620	16498
铁路、道路、隧道和桥梁工程建筑	6725	12417	2699	130	2600	
铁路工程建筑	26	20	7		2600	
公路工程建筑	4520	8530	1932	97		
市政道路工程建筑	1585	1547	411	17		
其他道路、隧道和桥梁工程建筑	594	2320	349	16		
水利和内河港口工程建筑	950	922	52	3		
水源及供水设施工程建筑	677	717	52	3		
河湖治理及防洪设施工程建筑	273	205				
工矿工程建筑	850	650	295	15		

生产情况

单位：万元

房屋建筑竣工面积（平方米）							
商业及服务用房屋	商厦房屋（批发和零售用房）	宾馆用房屋（住宿用房）	餐饮用房屋（餐饮用房）	其他商业及服务用房屋（居民服务业用房）	办公用房屋	科研、教育、医疗用房屋	教育用房屋
132537	69435	23005	2924	37173	302436	81547	71629
132537	69435	23005	2924	37173	302436	81547	71629
87314	69435	14955	2924		177865	43597	43121
87314	69435	14955	2924		177865	43597	43121
45223		8050		37173	124571	37950	28508
					6940		
45223		8050		37173	117631	37950	28508
131539	68437	23005	2924	37173	294542	67916	57998
998	998						

总专包企业

4-1 续表3

（2014年）

指 标 名 称	房屋建筑竣工面积（平方米）					
	医疗用房屋（卫生医疗用房）	文化、体育和娱乐用房	厂房及建筑物	#厂 房	仓 库	其他未列明的房屋建筑物
合 计	9918	524	195992	129768	7017	89605
#国有及国有控股企业						
按登记注册类型分组						
内资企业	9918	524	195992	129768	7017	89605
国有企业						
集体企业						
股份合作企业						
有限责任公司	476		154130	129768	3449	12958
国有独资公司						
其他有限责任公司	476		154130	129768	3449	12958
股份有限公司						
私营企业	9442	524	41862		3568	76647
私营合伙企业						
私营有限责任公司	9442	524	41862		3568	76647
私营股份有限公司						
按国民经济行业分组						
房屋建筑业	9918		185059	127168	7017	23422
土木工程建筑业		524	2600	2600		
铁路、道路、隧道和桥梁工程建筑			2600	2600		
铁路工程建筑			2600	2600		
公路工程建筑						
市政道路工程建筑						
其他道路、隧道和桥梁工程建筑						
水利和内河港口工程建筑						
水源及供水设施工程建筑						
河湖治理及防洪设施工程建筑						
工矿工程建筑						

生产情况

单位：万元

竣工房屋价值								
合计	住宅房屋	商业及服务用房屋	商厦房屋（批发和零售用房）	宾馆用房屋（住宿用房）	餐饮用房屋（餐饮用房）	其他商业及服务用房屋	办公用房屋	科研、教育、医疗用房屋
621815.8	490670.5	22529.6	10544.7	2905.4	511.7	8567.8	52790.0	12211.7
4340.8	4340.8							
621815.8	490670.5	22529.6	10544.7	2905.4	511.7	8567.8	52790.0	12211.7
2250.0	2250.0							
404893.4	325260.7	12821.4	10544.7	1765.0	511.7		37317.9	6668.3
404893.4	325260.7	12821.4	10544.7	1765.0	511.7		37317.9	6668.3
214672.4	163159.8	9708.2		1140.4		8567.8	15472.1	5543.4
11394.3	10545.3						849.0	
189403.8	138740.2	9708.2		1140.4		8567.8	14623.1	5543.4
13874.3	13874.3							
590022.0	472611.6	22373.8	10388.9	2905.4	511.7	8567.8	51918.0	9933.7
1889.3	1158.2	155.8	155.8					
481.0								
481.0								

总专包企业生产情况

4-1 续表4　　(2014年)　　单位：万元

指标名称	竣工房屋价值						
	教育用房屋	医疗用房屋（卫生医疗用房）	文化、体育和娱乐用房	厂房及建筑物	#厂房	仓库	其他未列明的房屋建筑物
合计	11114.7	1097.0	94.3	29989.9	17460.7	877.6	12652.2
#国有及国有控股企业							
按登记注册类型分组							
内资企业	11114.7	1097.0	94.3	29989.9	17460.7	877.6	12652.2
国有企业							
集体企业							
股份合作企业							
有限责任公司	6618.3	50.0		20962.0	17460.7	465.6	1397.5
国有独资公司							
其他有限责任公司	6618.3	50.0		20962.0	17460.7	465.6	1397.5
股份有限公司							
私营企业	4496.4	1047.0	94.3	9027.9		412.0	11254.7
私营合伙企业							
私营有限责任公司	4496.4	1047.0	94.3	9027.9		412.0	11254.7
私营股份有限公司							
按国民经济行业分组							
房屋建筑业	8836.7	1097.0		28258.9	16979.7	877.6	4048.4
土木工程建筑业			94.3	481.0	481.0		
铁路、道路、隧道和桥梁工程建筑				481.0	481.0		
铁路工程建筑				481.0	481.0		
公路工程建筑							
市政道路工程建筑							
其他道路、隧道和桥梁工程建筑							
水利和内河港口工程建筑							
水源及供水设施工程建筑							
河湖治理及防洪设施工程建筑							
工矿工程建筑							

总专包企业生产情况

4-1续表5　　（2014年）　　单位：万元

指标名称	企业个数（个）			合同情况		
	建筑业企业个数	有工作量的建筑业企业个数	亏损企业个数	签订的合同额	上年结转合同额	本年新签合同额
架线和管道工程建筑	12	12	2	86623.9	10772.0	75851.9
架线及设备工程建筑	9	9	1	71257.3	8558.8	62698.5
管道工程建筑	3	3	1	15366.6	2213.2	13153.4
其他土木工程建筑	2	2		6023.6	3523.6	2500.0
建筑安装业	25	23	6	219178.2	75755.6	143422.6
电气安装	9	8		97054.3	12484.9	84569.4
管道和设备安装	6	6	1	90874.9	45877.8	44997.1
其他建筑安装业	10	9	5	31249.0	17392.9	13856.1
建筑装饰和其他建筑业	26	25	5	70974.2	15743.3	55230.9
建筑装饰业	20	19	2	12970.7	1274.6	11696.1
工程准备活动	2	2	2	77.5	3.7	73.8
建筑物拆除活动	1	1	1	51.7		51.7
其他工程准备活动	1	1	1	25.8	3.7	22.1
其他未列明建筑业	4	4	1	57926.0	14465.0	43461.0
按隶属关系分组						
省(自治区、直辖市)	1	1		9704.6		9704.6
地(区、市、州、盟)	19	18	3	496937.3	128718.9	368218.4
县(区、市、旗)	32	31	4	520538.6	110403.2	410135.4
镇	1	1		2510.0		2510.0
其他	150	140	32	1419236.3	518731.3	900505.0
按企业资质等级分组						
施工总承包	158	149	32	2295807.4	731995.0	1563812.4
一级	11	11	2	665801.6	282313.6	383488.0
二级	68	68	13	1101122.8	334616.4	766506.4
三级及以下	79	70	17	528883.0	115065.0	413818.0
专业承包	45	42	7	153119.4	25858.4	127261.0

总专包企业

4-1 续表6

（2014年）

指标名称	承包工程完成情况				建筑业总产值	
	直接从建设单位承揽工程完成的产值	#自行完成施工产值	#分包出去工程的产值	从建设单位以外承揽工程完成的产值	建筑业总产值	#装饰装修产值
架线和管道工程建筑	75889.6	75889.6			75889.6	
架线及设备工程建筑	60541.7	60541.7			60541.7	
管道工程建筑	15347.9	15347.9			15347.9	
其他土木工程建筑	3001.1	3001.1			3001.1	
建筑安装业	140045.1	140045.1		89.0	140134.1	1480.9
电气安装	94130.4	94130.4			94130.4	
管道和设备安装	18190.5	18190.5			18190.5	
其他建筑安装业	27724.2	27724.2		89.0	27813.2	1480.9
建筑装饰和其他建筑业	57881.0	57741.3	139.7	2407.8	60149.1	9237.3
建筑装饰业	9252.2	9112.5	139.7	2407.8	11520.3	9237.3
工程准备活动	69.5	69.5			69.5	
建筑物拆除活动	51.7	51.7			51.7	
其他工程准备活动	17.8	17.8			17.8	
其他未列明建筑业	48559.3	48559.3			48559.3	
按隶属关系分组						
省(自治区、直辖市)	9704.6	9704.6			9704.6	
地(区、市、州、盟)	324658.6	324658.6			324658.6	13250.0
县(区、市、旗)	467807.6	464439.6	3368.0		464439.6	3173.8
镇	2450.0	2450.0			2450.0	
其他	1037996.6	1036877.2	1119.4	19854.1	1056731.3	77496.3
按企业资质等级分组						
施工总承包	1708834.7	1704487.0	4347.7	17357.3	1721844.3	83202.0
一级	442173.6	442173.6			442173.6	8825.6
二级	814429.7	814429.7		16370.0	830799.7	66734.3
三级及以下	452231.4	447883.7	4347.7	987.3	448871.0	7642.1
专业承包	133782.7	133643.0	139.7	2496.8	136139.8	10718.1

生产情况

单位：万元

					房屋建筑施工面积（平方米）			
#在外省完成的产值	1、建筑工程产值	2、安装工程产值	3、其他产值	竣工产值	房屋建筑施工面积	#本年新开工面积	#实行投标承包面积	#本年新开工面积
14885.3	24454.3	50189.4	1245.9	56979.3	8324	7800	7800	7800
14885.3	23340.1	37201.6		54676.2	8324	7800	7800	7800
	1114.2	12987.8	1245.9	2303.1				
	3001.1			1427.0	39624	20910	39302	20588
	97798.1	28019.0	14317.0	98806.0	598988	543587	494121	475504
	55236.5	25244.7	13649.2	53741.8	44117	25500	44117	25500
	17065.3	1125.2		17267.1	441065	441065	374882	374882
	25496.3	1649.1	667.8	27797.1	113806	77022	75122	75122
31775.7	42808.6	973.7	16366.8	55181.6				
	5333.9	973.7	5212.7	7860.6				
			69.5	51.7				
			51.7	51.7				
			17.8					
31775.7	37474.7		11084.6	47269.3				
8155.1			9704.6	9704.6				
33881.0	279665.3	37681.1	7312.2	229120.3	1820945	1076095	1543884	968812
	448417.6	8893.1	7128.9	212040.2	773124	549003	724768	530770
	2450.0			2450.0	22500	22500	22500	14400
67316.9	929867.0	96348.3	30516.0	709834.0	7527012	4438268	4881640	3112973
86312.6	1613299.5	84564.5	23980.3	1071186.4	10099464	6060366	7128675	4601455
33881.0	434246.8	7199.9	726.9	328730.9	2739305	1253726	2107260	1253726
51686.6	753753.5	65808.8	11237.4	568958.7	6152760	3929397	4054829	2755306
745.0	425299.2	11555.8	12016.0	173496.8	1207399	877243	966586	592423
23040.4	47100.4	58358.0	30681.4	91962.7	44117	25500	44117	25500

总专包企业

4-1 续表7

（2014年）

指标名称	从业人员情况（人）				房屋建筑竣工面积（平方米）	
	从业人员期末人数	从事建筑业活动的从业人员平均人数	工程技术人员期末人数	一级建造师期末人数	合计	住宅房屋
架线和管道工程建筑	1461	1917	301	25	524	
架线及设备工程建筑	1238	1716	171	25	524	
管道工程建筑	223	201	130			
其他土木工程建筑	316	278	72	31	17496	16498
建筑安装业	3152	4343	1255	95	281497	185456
电气安装	1346	2425	498	37	44117	44117
管道和设备安装	593	708	250	9	141486	75303
其他建筑安装业	1213	1210	507	49	95894	66036
建筑装饰和其他建筑业	2663	2429	355	9		
建筑装饰业	865	788	202			
工程准备活动	27	18	16	2		
建筑物拆除活动	16	12	12	2		
其他工程准备活动	11	6	4			
其他未列明建筑业	1771	1623	137	7		
按隶属关系分组						
省(自治区、直辖市)	245	245	83	6		
地(区、市、州、盟)	6715	10423	1656	92	714491	646885
县(区、市、旗)	8826	10703	2243	67	332705	324335
镇	53	110	13		18500	18500
其他	33958	44594	10927	380	3179293	2445611
按企业资质等级分组						
施工总承包	46476	61319	14037	488	4200872	3391214
一级	9097	17070	2682	208	1294890	992212
二级	28069	31495	8032	172	2446517	2052927
三级及以下	9310	12754	3323	108	459465	346075
专业承包	3321	4756	885	57	44117	44117

生产情况

单位：万元

房屋建筑竣工面积（平方米）							
商业及服务用房屋	商厦房屋（批发和零售用房）	宾馆用房屋（住宿用房）	餐饮用房屋（餐饮用房）	其他商业及服务用房屋（居民服务业用房）	办公用房屋	科研、教育、医疗用房屋	教育用房屋
998	998						
					7894	13631	13631
					7894	13631	13631
22924	20000		2924		25609	19073	19073
						5770	5770
109613	49435	23005		37173	276827	56704	46786
132537	69435	23005	2924	37173	302436	81547	71629
46837	46837				104021	25962	25962
48231	20000		2924	25307	183235	33631	23713
37469	2598	23005		11866	15180	21954	21954

总专包企业

4-1 续表8

(2014年)

指标名称	房屋建筑竣工面积（平方米）					
	医疗用房屋（卫生医疗用房）	文化、体育和娱乐用房	厂房及建筑物	#厂房	仓库	其他未列明的房屋建筑物
架线和管道工程建筑		524				
架线及设备工程建筑		524				
管道工程建筑						
其他土木工程建筑						
建筑安装业			8333			66183
电气安装						
管道和设备安装						66183
其他建筑安装业			8333			
建筑装饰和其他建筑业						
建筑装饰业						
工程准备活动						
建筑物拆除活动						
其他工程准备活动						
其他未列明建筑业						
按隶属关系分组						
省(自治区、直辖市)						
地(区、市、州、盟)						
县(区、市、旗)			2600	2600		
镇						
其他	9918	524	193392	127168	7017	89605
按企业资质等级分组						
施工总承包	9918	524	195992	129768	7017	89605
一级			125858	125858		
二级	9918		36320		3568	88605
三级及以下		524	33814	3910	3449	1000
专业承包						

生产情况

单位：万元

竣工房屋价值								
合计	住宅房屋	商业及服务用房屋	商厦房屋（批发和零售用房）	宾馆用房屋（住宿用房）	餐饮用房屋（餐饮用房	其他商业及服务用房屋	办公用房屋	科研、教育、医疗用房屋
94.3								
94.3								
1314.0	1158.2	155.8	155.8					
29904.5	16900.7						872.0	2278.0
2500.0	2500.0							
10859.1	2255.3							
16545.4	12145.4						872.0	2278.0
135452.8	123718.9	4011.7	3500.0		511.7		5266.1	2456.1
40019.5	38661.3							877.2
2250.0	2250.0							
444093.5	326040.3	18517.9	7044.7	2905.4		8567.8	47523.9	8878.4
619315.8	488170.5	22529.6	10544.7	2905.4	511.7	8567.8	52790.0	12211.7
229287.6	181349.7	6088.9	6088.9				21261.1	3804.7
321955.1	258589.5	11181.8	3500.0		511.7	7170.1	29451.9	4722.0
68073.1	48231.3	5258.9	955.8	2905.4		1397.7	2077.0	3685.0
2500.0	2500.0							

总专包企业生产情况

4-1 续表9　　（2014年）　　单位：万元

指标名称	竣工房屋价值						
	教育用房屋	医疗用房屋（卫生医疗用房）	文化、体育和娱乐用房	厂房及建筑物	#厂房	仓库	其他未列明的房屋建筑物
架线和管道工程建筑			94.3				
架线及设备工程建筑			94.3				
管道工程建筑							
其他土木工程建筑							
建筑安装业	2278.0			1250.0			8603.8
电气安装							
管道和设备安装							8603.8
其他建筑安装业	2278.0			1250.0			
建筑装饰和其他建筑业							
建筑装饰业							
工程准备活动							
建筑物拆除活动							
其他工程准备活动							
其他未列明建筑业							
按隶属关系分组							
省(自治区、直辖市)							
地(区、市、州、盟)	2456.1						
县(区、市、旗)	877.2			481.0	481.0		
镇							
其他	7781.4	1097.0	94.3	29508.9	16979.7	877.6	12652.2
按企业资质等级分组							
施工总承包	11114.7	1097.0	94.3	29989.9	17460.7	877.6	12652.2
一级	3804.7			16783.2	16783.2		
二级	3625.0	1097.0		4995.7		412.0	12602.2
三级及以下	3685.0		94.3	8211.0	677.5	465.6	50.0
专业承包							

总专包企业生产情况

4-1续表10　　　　（2014年）　　　　单位：万元

指标名称	企业个数(个)			合同情况		
	建筑业企业个数	有工作量的建筑业企业个数	亏损企业个数	签订的合同额	上年结转合同额	本年新签合同额
一级	2	2	1	30638.5		30638.5
二级	14	13	2	37928.6	6029.7	31898.9
三级及以下	29	27	4	84552.3	19828.7	64723.6
施工或专业承包	203	191	39	2448926.8	757853.4	1691073.4
按地区分						
双桥区	66	59	17	743276.9	220448.5	522828.4
双滦区	13	13	2	196669.7	12259.3	184410.4
营子区	4	4		10002.7	4237.3	5765.4
承德县	9	9	1	195745.7	43575.7	152170.0
兴隆县	9	9	2	76899.4	17940.5	58958.9
平泉县	12	12	1	75629.1	22658.4	52970.7
滦平县	15	14	5	172884.5	39585.4	133299.1
隆化县	17	17	2	218325.2	90297.9	128027.3
丰宁县	12	11	1	137678.8	43578.2	94100.6
宽城县	13	13	3	154412.8	33652.6	120760.2
围场县	24	22	4	221854.4	50800.8	171053.6
高新区	9	8	1	245547.6	178818.8	66728.8
按营业状态分						
营业	197	188	38	2447088.3	757853.4	1689234.9
停业(歇业)	4	3	1	1838.5		1838.5
当年关闭	1					
其他	1					
按控股情况分						
国有控股	14	13	3	224542.8	38345.0	186197.8
集体控股	11	10		384139.7	140864.4	243275.3
私人控股	147	137	29	1524047.8	532720.8	991327.0
其他	31	31	7	316196.5	45923.2	270273.3

总专包企业

4-1 续表11

（2014年）

指标名称	承包工程完成情况				建筑业总产值	
	直接从建设单位承揽工程完成的产值	#自行完成施工产值	#分包出去工程的产值	从建设单位以外承揽工程完成的产值	建筑业总产值	#装饰装修产值
一级	30638.5	30638.5			30638.5	
二级	32241.4	32101.7	139.7	228.7	32330.4	6036.8
三级及以下	70902.8	70902.8		2268.1	73170.9	4681.3
施工或专业承包	1842617.4	1838130.0	4487.4	19854.1	1857984.1	93920.1
按地区分						
双桥区	571519.0	571379.3	139.7	2910.1	574289.4	22444.6
双滦区	183931.8	183931.8			183931.8	
营子区	13418.9	13418.9			13418.9	
承德县	119407.5	119407.5			119407.5	692.9
兴隆县	62599.1	62599.1			62599.1	
平泉县	65945.1	62577.1	3368.0		62577.1	1577.4
滦平县	135365.7	135365.7			135365.7	24.0
隆化县	172750.6	172750.6			172750.6	6678.6
丰宁县	97945.9	97945.9			97945.9	1686.4
宽城县	128476.6	128476.6		574.0	129050.6	3120.0
围场县	185366.1	184386.4	979.7	16370.0	200756.4	56866.2
高新区	105891.1	105891.1			105891.1	830.0
按营业状态分						
营业	1840764.0	1836276.6	4487.4	19854.1	1856130.7	93733.7
停业(歇业)	1853.4	1853.4			1853.4	186.4
当年关闭						
其他						
按控股情况分						
国有控股	198235.2	198235.2			198235.2	1686.4
集体控股	297529.5	297529.5			297529.5	
私人控股	1092013.9	1088506.2	3507.7	19280.1	1107786.3	90538.3
其他	254838.8	253859.1	979.7	574.0	254433.1	1695.4

生产情况

单位：万元

#在外省完成的产值	1、建筑工程产值	2、安装工程产值	3、其他产值	竣工产值	房屋建筑施工面积（平方米）			
					#房屋建筑施工面积	#本年新开工面积	#实行投标承包面积	#本年新开工面积
23040.4		20933.9	9704.6	30638.5				
	12809.2	2149.8	17371.4	15595.5				
	34291.2	35274.3	3605.4	45728.7	44117	25500	44117	25500
109353.0	1660399.9	142922.5	54661.7	1163149.1	10143581	6085866	7172792	4626955
57821.4	492939.8	67106.0	14243.6	381693.9	3682666	1898598	2569740	1256019
	176201.3	2408.2	5322.3	44606.8	656871	182412	163460	160945
	9514.1	3904.8		13045.6	103182	22000	103182	22000
	97848.5	7949.3	13609.7	94410.8	876722	625478	785662	573963
22116.0	57511.9	5087.2		45548.0	243833	171514	171514	171514
	57791.5	2664.6	2121.0	53918.3	252245	229864	236613	206131
24365.6	125434.1	886.0	9045.6	92245.5	724019	633833	595849	520608
	172019.1	664.5	67.0	137575.3	995604	347595	404411	231795
5050.0	93876.3		4069.6	47319.6	447765	360252	447765	360252
	99653.9	29396.7		67836.9	622334	416038	352951	174788
	180240.1	19355.2	1161.1	97529.9	976145	752000	870263	504558
	97369.3	3500.0	5021.8	87418.5	562195	446282	471382	444382
109353.0	1658561.4	142922.5	54646.8	1161310.6	10133981	6076266	7163192	4617355
	1838.5		14.9	1838.5	9600	9600	9600	9600
8155.1	174248.2	11930.6	12056.4	80942.9	40182		40182	
	292442.3	5087.2		135191.8	209456	174936	209456	166836
67316.9	967103.1	98861.0	41822.2	701217.9	8456557	5115324	5945846	3908763
33881.0	226606.3	27043.7	783.1	245796.5	1437386	795606	977308	551356

总专包企业

4-1 续表12

（2014年）

指标名称	从业人员情况（人）				房屋建筑竣工面积（平方米）	
	从业人员期末人数	从事建筑业活动的从业人员平均人数	工程技术人员期末人数	一级建造师期末人数	合计	住宅房屋
一级	671	707	165	28		
二级	1191	1446	387	22		
三级及以下	1459	2603	333	7	44117	44117
施工或专业承包	49797	66075	14922	545	4244989	3435331
按地区分						
双桥区	16158	21347	3886	257	1399348	1270662
双滦区	2717	1835	377	42	47849	6770
营子区	413	429	49	5	97029	97029
承德县	998	4232	1148	34	575912	362367
兴隆县	2707	2639	398	2	109362	78417
平泉县	1396	2402	682	3	180261	174491
滦平县	5358	6745	586	11	450227	354748
隆化县	3773	5383	1616	46	448084	319322
丰宁县	4053	3804	615	21	181108	181108
宽城县	2857	5371	1297	87	127609	62085
围场县	7853	8268	3654	13	465159	393115
高新区	1514	3620	614	24	163041	135217
按营业状态分						
营业	49349	65960	14889	545	4235389	3425731
停业(歇业)	192	115	33		9600	9600
当年关闭	254					
其他	2					
按控股情况分						
国有控股	2877	5804	894	49	37029	37029
集体控股	3506	5010	966	55	126645	117156
私人控股	35622	45107	10634	391	3374232	2636203
其他	7792	10154	2428	50	707083	644943

生产情况

单位：万元

房屋建筑竣工面积（平方米）							
商业及服务用房屋	商厦房屋（批发和零售用房）	宾馆用房屋（住宿用房）	餐饮用房屋（餐饮用房）	其他商业及服务用房屋（居民服务业用房）	办公用房屋	科研、教育、医疗用房屋	教育用房屋
132537	69435	23005	2924	37173	302436	81547	71629
					27208	25962	25962
21036				21036	2220		
4271				4271	65966		
					7398	9489	9489
						5770	5770
17269		8050		9219	42335	16404	6962
64439	46837	14955		2647	53508	10291	9815
998	998				33857	11731	11731
1600	1600				66944		
22924	20000		2924		3000	1900	1900
132537	69435	23005	2924	37173	302436	81547	71629
						9489	9489
130937	67835	23005	2924	37173	295166	49585	39667
1600	1600				7270	22473	22473

总专包企业

4-1 续表13

（2014年）

指标名称	房屋建筑竣工面积（平方米）					
	医疗用房屋（卫生医疗用房）	文化、体育和娱乐用房	厂房及建筑物	#厂房	仓库	其他未列明的房屋建筑物
一级						
二级						
三级及以下						
施工或专业承包	9918	524	195992	129768	7017	89605
按地区分						
双桥区			8333			67183
双滦区			3910	3910	3449	10464
营子区						
承德县			130082	125858	3568	9658
兴隆县			14058			
平泉县						
滦平县	9442		19471			
隆化县	476	524				
丰宁县						
宽城县			18938			
围场县			1200			2300
高新区						
按营业状态分						
营业	9918	524	195992	129768	7017	89605
停业(歇业)						
当年关闭						
其他						
按控股情况分						
国有控股						
集体控股						
私人控股	9918	524	171944	125858	3568	86305
其他			24048	3910	3449	3300

生产情况

单位：万元

竣工房屋价值								
合计	住宅房屋	商业及服务用房屋	商厦房屋（批发和零售用房）	宾馆用房屋（住宿用房）	餐饮用房屋（餐饮用房	其他商业及服务用房屋	办公用房屋	科研、教育、医疗用房屋
2500.0	2500.0							
621815.8	490670.5	22529.6	10544.7	2905.4	511.7	8567.8	52790.0	12211.7
245314.5	226161.9						5444.1	3804.7
11789.1	910.0	6530.1				6530.1	555.0	
9140.8	9140.8							
77556.6	44070.0	640.0				640.0	14131.4	
13256.5	8635.9						1161.3	1708.4
26016.6	25139.4							877.2
52857.4	38388.7	2246.9		1140.4		1106.5	4327.4	1867.4
62212.7	43716.9	8145.1	6088.9	1765.0		291.2	8580.4	1676.0
20500.8	20500.8							
24141.8	10351.7	155.8	155.8				8952.0	2050.0
60918.4	50310.5	800.0	800.0				9111.4	
18110.6	13343.9	4011.7	3500.0		511.7		527.0	228.0
620163.7	489018.4	22529.6	10544.7	2905.4	511.7	8567.8	52790.0	12211.7
1652.1	1652.1							
4340.8	4340.8							
13801.2	12092.8							1708.4
457043.2	337110.8	21729.6	9744.7	2905.4	511.7	8567.8	51468.7	7642.0
146630.6	137126.1	800.0	800.0				1321.3	2861.3

总专包企业生产情况

4-1 续表14　　(2014年)　　单位：万元

指 标 名 称	竣工房屋价值						
	教　育用房屋	医疗用房屋（卫生医疗用房）	文化、体育和娱乐用房	厂房及建筑物	#厂　房	仓　库	其他未列明的房屋建筑物
一级							
二级							
三级及以下							
施工或专业承包	11114.7	1097.0	94.3	29989.9	17460.7	877.6	12652.2
按地区分							
双桥区	3804.7			1250.0			8653.8
双滦区				677.5	677.5	465.6	2650.9
营子区							
承德县				17448.2	16783.2	412.0	855.0
兴隆县	1708.4			1750.9			
平泉县	877.2						
滦平县	820.4	1047.0		6027.0			
隆化县	1626.0	50.0	94.3				
丰宁县							
宽城县	2050.0			2632.3			
围场县				204.0			492.5
高新区	228.0						
按营业状态分							
营业	11114.7	1097.0	94.3	29989.9	17460.7	877.6	12652.2
停业(歇业)							
当年关闭							
其他							
按控股情况分							
国有控股							
集体控股	1708.4						
私人控股	6545.0	1097.0	94.3	26476.1	16783.2	412.0	12109.7
其他	2861.3			3513.8	677.5	465.6	542.5

4-2 总专包建筑企业财务状况

（2014年）

单位：万元

指标名称	年初存货	流动资产合计	#应收工程款	存货	固定资产合计	固定资产减值准备
合计	209815.1	1512150.5	430969.6	281611.8	285573.3	5655.2
#国有及国有控股企业	16254.0	251272.0	50251.2	25334.7	52775.7	
按登记注册类型分组						
内资企业	209815.1	1512150.5	430969.6	281611.8	285573.3	5655.2
国有企业	12188.7	201113.8	42811.0	11439.7	43328.7	
集体企业		9392.9	5421.1		504.0	
股份合作企业	106.5	354.0	245.0	106.5	663.8	
有限责任公司	144259.2	827291.1	250743.2	153586.2	151904.5	3260.0
国有独资公司	273.0	17490.7	4448.2	7725.9	2242.3	
其他有限责任公司	143986.2	809800.4	246295.0	145860.3	149662.2	3260.0
股份有限公司	12292.5	54801.0	16247.5	15997.0	8750.9	
私营企业	40968.2	419197.7	115501.8	100482.4	80421.4	2395.2
私营合伙企业	602.5	1684.1	1081.6	602.5	989.0	
私营有限责任公司	35436.7	345060.0	92990.9	93324.7	65403.3	2395.2
私营股份有限公司	4929.0	72453.6	21429.3	6555.2	14029.1	
按国民经济行业分组						
房屋建筑业	121324.2	811570.3	243556.1	187534.4	118571.4	503.3
土木工程建筑业	67298.5	556111.5	145455.0	75430.2	137835.7	5094.5
铁路、道路、隧道和桥梁工程建筑	39713.6	396522.8	105759.2	35248.0	94895.6	4962.1
铁路工程建筑	126.1	540.1	391.2	126.1	559.4	
公路工程建筑	16142.5	284610.4	80718.6	14774.0	64731.2	4962.1
市政道路工程建筑	11461.4	54186.1	8401.9	4774.0	18145.4	
其他道路、隧道和桥梁工程建筑	11983.6	57186.2	16247.5	15573.9	11459.6	
水利和内河港口工程建筑	3702.7	29408.1	1779.1	6529.2	3790.5	
水源及供水设施工程建筑	3666.0	27878.0	1306.2	6425.5	3694.9	
河湖治理及防洪设施工程建筑	36.7	1530.1	472.9	103.7	95.6	
工矿工程建筑	230.0	14772.9	14430.3	11.1	3221.7	

总专包建筑

4-2 续表1 （2014年）

指标名称	固定资产原价	累计折旧	#本年折旧	在建工程	资产合计	流动负债合计
合计	381370.0	126660.6	16736.3	18043.5	1912361.9	975342.6
#国有及国有控股企业	63875.3	21131.5	2676.6	10031.9	310051.1	159060.6
按登记注册类型分组						
内资企业	381370.0	126660.6	16736.3	18043.5	1912361.9	975342.6
国有企业	53293.2	19270.5	2641.1	9306.0	250093.6	117648.4
集体企业	716.7	212.7	9.0		15643.6	10370.7
股份合作企业	847.9	184.1	32.0		1068.8	367.6
有限责任公司	204706.5	61168.8	8366.3	2121.6	1053240.0	571577.1
国有独资公司	1712.9	115.5	13.1	644.9	20085.3	13035.8
其他有限责任公司	202993.6	61053.3	8353.2	1476.7	1033154.7	558541.3
股份有限公司	22055.8	13304.9	1182.5		69875.8	17813.9
私营企业	99749.9	32519.6	4505.4	6615.9	522440.1	257564.9
私营合伙企业	1208.5	219.5	219.5		2673.1	533.2
私营有限责任公司	77640.0	23744.6	3334.5	4932.8	428732.3	223093.0
私营股份有限公司	20901.4	8555.5	951.4	1683.1	91034.7	33938.7
按国民经济行业分组						
房屋建筑业	149021.1	40968.4	5546.1	4934.4	979727.9	580000.8
土木工程建筑业	189394.2	71385.7	8796.3	13033.5	733594.9	308673.0
铁路、道路、隧道和桥梁工程建筑	135172.8	55971.9	6499.6	11269.4	522320.3	211752.3
铁路工程建筑	687.3	127.9	10.0		1099.5	29.1
公路工程建筑	86474.3	36546.4	4481.9	10406.0	371272.7	154580.8
市政道路工程建筑	23691.6	5792.7	825.2	218.5	75855.1	36939.6
其他道路、隧道和桥梁工程建筑	24319.6	13504.9	1182.5	644.9	74093.0	20202.8
水利和内河港口工程建筑	5659.7	1950.2	56.1	81.0	33203.4	23057.5
水源及供水设施工程建筑	5553.4	1939.5	56.1	81.0	31577.7	21676.2
河湖治理及防洪设施工程建筑	106.3	10.7			1625.7	1381.3
工矿工程建筑	5927.0	2705.3	585.1		18245.9	10617.5

企业财务状况

单位：万元

#应付账款	非流动负债合计	负债合计	所有者权益合计	#实收资本	国家资本	集体资本	法人资本	个人资本
223373.2	59198.8	1073538.7	838823.2	2986804.9	54690.0	22785.3	136716.3	2772613.3
43881.3	49304.3	208364.9	101686.2	58849.8	50662.4		8021.1	166.3
223373.2	59198.8	1073538.7	838823.2	2986804.9	54690.0	22785.3	136716.3	2772613.3
30295.4	49287.1	166935.5	83158.1	42481.6	41120.7		1360.9	
8552.1		10370.7	5272.9	3000.0		3000.0		
367.6		367.6	701.2	701.2				701.2
117917.6	362.2	606001.7	447238.3	224687.1	13569.3	18950.3	63811.4	128356.1
10575.3	10.0	13045.8	7039.5	6000.0			6000.0	
107342.3	352.2	592955.9	440198.8	218687.1	13569.3	18950.3	57811.4	128356.1
5890.8		19479.6	50396.2	30835.0		835.0		30000.0
60349.7	9549.5	270383.6	252056.5	2685100.0			71544.0	2613556.0
142.2		533.2	2139.9	2139.9			2139.9	
50051.8	-930.5	225431.7	203300.6	2655429.1			61474.1	2593955.0
10155.7	10480.0	44418.7	46616.0	27531.0			7930.0	19601.0
113549.2	-708.1	593257.1	386470.8	2750385.7		2453.0	63679.8	2684252.9
85869.0	57662.2	390711.5	342883.4	179544.7	50162.5	8832.3	61702.2	58847.7
57892.1	47155.0	281617.9	240702.4	133983.5	43190.4	6203.0	42963.4	41626.7
29.1		29.1	1070.4	1061.0			1061.0	
37323.9	44645.0	220613.9	150658.8	71532.9	32598.0	6203.0	23304.9	9427.0
14502.9	2500.0	40762.1	35093.0	26589.6	10592.4		14597.5	1399.7
6036.2	10.0	20212.8	53880.2	34800.0			4000.0	30800.0
1172.0	7.2	23064.7	10138.7	8519.5	5764.5		2705.0	50.0
1029.7	7.2	21683.4	9894.3	8508.0	5753.0		2705.0	50.0
142.3		1381.3	244.4	11.5	11.5			
7210.0		10617.5	7628.4	580.0			580.0	

总专包建筑

4-2 续表2

（2014年）

指标名称	营业收入	#主营业务收入	营业成本	#主营业务成本	营业税金及附加	#主营业务税金及附加
合计	1718581.4	1706769.7	1491661.7	1478975.8	58909.2	57430.8
#国有及国有控股企业	176194.6	175061.8	158594.0	157231.9	3512.4	2626.4
按登记注册类型分组						
内资企业	1718581.4	1706769.7	1491661.7	1478975.8	58909.2	57430.8
国有企业	111759.6	110648.8	98128.2	96766.1	2374.1	2374.1
集体企业	3321.2	3321.2	2585.0	2585.0	81.8	81.8
股份合作企业	2450.0	2450.0	1950.0	1950.0	80.9	80.9
有限责任公司	962055.5	956878.8	821753.1	815493.4	32756.1	31653.8
国有独资公司	19660.8	19660.8	18225.4	18225.4	190.7	190.7
其他有限责任公司	942394.7	937218.0	803527.7	797268.0	32565.4	31463.1
股份有限公司	78419.9	78419.9	68316.9	68316.9	2635.0	2635.0
私营企业	560575.2	555051.0	498928.5	493864.4	20981.3	20605.2
私营合伙企业	24413.2	24413.2	22091.3	22091.3	1301.2	1301.2
私营有限责任公司	472283.8	469359.7	418479.7	413561.2	17836.3	17460.2
私营股份有限公司	63878.2	61278.1	58357.5	58211.9	1843.8	1843.8
按国民经济行业分组						
房屋建筑业	1012111.4	1007791.9	901056.3	889955.6	37478.6	37163.0
土木工程建筑业	517757.4	511946.8	431661.9	431466.4	14798.9	13912.9
铁路、道路、隧道和桥梁工程建筑	389317.0	386383.5	328332.1	328282.8	11000.4	11000.4
铁路工程建筑	1122.2	1122.2	911.2	911.2	42.6	42.6
公路工程建筑	245086.3	243969.6	201530.7	201489.2	6736.4	6736.4
市政道路工程建筑	53547.3	51730.5	45658.1	45650.3	1658.0	1658.0
其他道路、隧道和桥梁工程建筑	89561.2	89561.2	80232.1	80232.1	2563.4	2563.4
水利和内河港口工程建筑	35772.6	35750.6	31748.3	31748.3	1130.3	244.3
水源及供水设施工程建筑	33195.3	33173.3	29447.9	29447.9	1064.0	178.0
河湖治理及防洪设施工程建筑	2577.3	2577.3	2300.4	2300.4	66.3	66.3
工矿工程建筑	15297.6	15279.6	14015.4	14015.4	273.8	273.8

企业财务状况

单位：万元

其他业务利润	销售费用	管理费用	#税金	财务费用	#利息收入	利息支出	资产减值损失	投资收益	营业利润
7025.8	**2505.3**	**61782.3**	**2031.2**	**18232.8**	**14247.0**	**13640.1**	**593.7**	**2892.6**	**86999.0**
1065.3	1.9	8528.2	198.2	1947.4	41.3	1680.3	1.1		3609.6
7025.8	2505.3	61782.3	2031.2	18232.8	14247.0	13640.1	593.7	2892.6	86999.0
1065.3	0.4	6375.4	177.0	1940.2	38.6	1678.8			2941.3
	118.2	387.8	2.6	0.4	0.2	0.6			148.0
		125.0	6.0	19.0	1.3	17.7			275.1
3443.0	454.9	35713.3	726.6	10557.1	-52.1	7372.5	593.7	1613.3	61644.8
	0.1	856.8	8.4	-0.8	1.1	0.1			388.6
3443.0	454.8	34856.5	718.2	10557.9	-53.2	7372.4	593.7	1613.3	61256.2
	2.0	3012.0	49.1	588.3	14209.2	651.2		500.0	4365.7
2517.5	1929.8	16168.8	1069.9	5127.8	49.8	3919.3		779.3	17624.1
	0.1	9.0	0.1	1069.0		0.1			-57.4
63.0	1711.7	13389.3	740.3	2401.7	45.6	2261.0		-2.1	18650.2
2454.5	218.0	2770.5	329.5	1657.1	4.2	1658.2		781.4	-968.7
336.8	1465.2	18055.3	1143.1	10389.4	54.8	6504.1	1.1	46.3	44196.4
5420.7	801.4	29460.4	658.0	7358.4	14286.9	7022.8	-4.7	1231.4	33948.9
2880.2	672.8	16253.9	310.0	4438.2	14291.4	4121.1		450.0	28887.5
		124.4	2.3						44.0
1071.2	157.8	12216.6	199.0	3327.1	53.5	2937.1			20935.4
1809.0	512.6	1959.6	69.1	522.7	28.6	532.8		-50.0	3186.3
	2.4	1953.3	39.6	588.4	14209.3	651.2		500.0	4721.8
	0.2	1403.4	9.6	0.7	-12.1	5.1			1489.7
	0.2	1344.5	9.2	8.2	0.5				1330.5
		58.9	0.4	-7.5	-12.6	5.1			159.2
		408.1	5.3	561.5	0.1	531.0			38.8

总专包建筑企业财务状况

4-2 续表3　　（2014年）　　单位：万元

指标名称	营业外收入	#补贴收入	营业外支出	利润总额	应交所得税	应付职工薪酬	建筑业企业在境外完成的营业收入
合计	701.5	138.9	3592.0	84987.3	21538.2	200658.5	428.8
#国有及国有控股企业	362.7	136.6	2587.9	1384.4	1291.2	9841.5	
按登记注册类型分组							
内资企业	701.5	138.9	3592.0	84987.3	21538.2	200658.5	428.8
国有企业	154.1		2526.3	569.1	371.4	6374.0	
集体企业				148.0	51.8	89.1	
股份合作企业				275.1	45.0	425.0	
有限责任公司	434.7	136.6	648.3	61528.6	11651.0	117385.1	0.6
国有独资公司	64.6	64.6	4.6	448.6	394.4	1063.1	
其他有限责任公司	370.1	72.0	643.7	61080.0	11256.6	116322.0	0.6
股份有限公司	12.7		173.6	4204.8	922.4	2663.1	
私营企业	100.0	2.3	243.8	18261.7	8496.6	73722.2	428.2
私营合伙企业				-57.4		1475.0	
私营有限责任公司	61.4	1.2	138.1	18573.5	7535.7	67057.9	428.2
私营股份有限公司	38.6	1.1	105.7	-254.4	960.9	5189.3	
按国民经济行业分组							
房屋建筑业	146.6		312.3	43795.1	13017.6	143650.0	
土木工程建筑业	422.3	136.6	2955.4	32197.0	5952.6	35199.6	428.8
铁路、道路、隧道和桥梁工程建筑	187.0		2711.6	26362.7	4861.7	20374.7	428.8
铁路工程建筑				44.0	22.4	112.3	
公路工程建筑	142.1		2527.5	18550.0	2666.0	11680.9	428.8
市政道路工程建筑	44.9		12.4	3218.8	931.3	5836.1	
其他道路、隧道和桥梁工程建筑			171.7	4549.9	1242.0	2745.4	
水利和内河港口工程建筑	144.0	72.0	56.0	1577.7	549.2	2324.8	
水源及供水设施工程建筑	144.0	72.0	56.0	1418.5	508.1	2267.0	
河湖治理及防洪设施工程建筑				159.2	41.1	57.8	
工矿工程建筑	1.4		57.2	-17.0		3473.3	

总专包建筑企业财务状况

4-2 续表4

（2014年）

单位：万元

指标名称	年初存货	流动资产	#应收工程款	存货	固定资产合计	固定资产减值准备
架线和管道工程建筑	16300.4	83358.1	16167.7	26689.3	10959.9	
架线及设备工程建筑	14857.2	65749.9	10596.8	17754.2	10723.2	
管道工程建筑	1443.2	17608.2	5570.9	8935.1	236.7	
其他土木工程建筑	7351.8	32049.6	7318.7	6952.6	24968.0	132.4
建筑安装业	18836.1	119325.7	35216.6	17210.4	21911.3	
电气安装	11467.1	70961.7	15283.5	10295.9	16934.8	
管道和设备安装	2573.8	16965.0	8574.2	2285.1	1166.8	
其他建筑安装业	4795.2	31399.0	11358.9	4629.4	3809.7	
建筑装饰和其他建筑业	2356.3	25143.0	6741.9	1436.8	7254.9	57.4
建筑装饰业	1950.2	7434.2	2827.4	1136.2	2384.9	57.4
工程准备活动	3.7	319.8	79.4		499.4	
建筑物拆除活动		162.1	52.9		11.0	
其他工程准备活动	3.7	157.7	26.5		488.4	
其他未列明建筑业	402.4	17389.0	3835.1	300.6	4370.6	
按隶属关系分组						
省(自治区、直辖市)	63.9	7734.5		62.3	105.9	
地(区、市、州、盟)	35176.3	329644.4	82288.5	35684.3	54433.1	
县(区、市、旗)	20554.9	257230.2	81150.9	20314.2	54957.2	2755.7
镇	106.5	354.0	245.0	106.5	663.8	
其他	153913.5	917187.4	267285.2	225444.5	175413.3	2899.5
按企业资质等级分组						
施工总承包	183211.2	1388287.7	409651.2	253297.0	265524.3	5592.8
一级	69782.5	503154.5	147238.1	90045.2	68965.5	60.0
二级	68904.0	586078.2	178005.6	133935.2	108929.8	4957.1
三级及以下	44524.7	299055.0	84407.5	29316.6	87629.0	575.7
专业承包	26603.9	123862.8	21318.4	28314.8	20049.0	62.4

总专包建筑

4-2 续表5

(2014年)

指标名称	固定资产原价	累计折旧	#本年折旧	在建工程	资产合计	流动负债合计
架线和管道工程建筑	17534.3	8798.5	1046.9	1683.1	98935.0	47800.5
架线及设备工程建筑	16922.8	8423.7	969.0	1683.1	81088.9	34538.8
管道工程建筑	611.5	374.8	77.9		17846.1	13261.7
其他土木工程建筑	25100.4	1959.8	608.6		60890.3	15445.2
建筑安装业	33715.6	12136.0	2204.4		162536.0	73388.4
电气安装	23508.1	6905.0	1272.5		106632.4	52544.2
管道和设备安装	3475.3	2308.5	250.1		19876.9	8495.8
其他建筑安装业	6732.2	2922.5	681.8		36026.7	12348.4
建筑装饰和其他建筑业	9239.1	2170.5	189.5	75.6	36503.1	13280.4
建筑装饰业	2780.6	581.9	148.2	75.6	10341.0	3745.6
工程准备活动	614.2	114.8	1.7		819.2	38.5
建筑物拆除活动	15.6	4.6	1.2		173.1	
其他工程准备活动	598.6	110.2	0.5		646.1	38.5
其他未列明建筑业	5844.3	1473.8	39.6		25342.9	9496.3
按隶属关系分组						
省(自治区、直辖市)	299.0	193.1	29.6		7840.5	3830.2
地(区、市、州、盟)	72778.4	27950.8	4150.5	9605.5	412118.4	230611.2
县(区、市、旗)	74152.6	23376.8	2696.2	673.4	334154.5	146489.8
镇	847.9	184.1	32.0		1068.8	367.6
其他	233292.1	74955.8	9828.0	7764.6	1157179.7	594043.8
按企业资质等级分组						
施工总承包	350665.9	113561.2	15207.8	16284.8	1763148.9	909000.6
一级	101276.5	41877.9	5729.8	9530.9	632582.4	377731.9
二级	147895.5	49619.3	5211.1	1460.5	715297.5	388734.3
三级及以下	101493.9	22064.0	4266.9	5293.4	415269.0	142534.4
专业承包	30704.1	13099.4	1528.5	1758.7	149213.0	66342.0

企业财务状况

单位：万元

#应付账款	非流动负债合计	负债合计	所有者权益合计	#实收资本	国家资本	集体资本	法人资本	个人资本
19234.9	10500.0	59966.2	38968.8	17593.7	1207.6	2629.3	4053.8	9703.0
8029.0	10500.0	46704.5	34384.4	14506.9	1207.6	2629.3	1467.0	9203.0
11205.9		13261.7	4584.4	3086.8			2586.8	500.0
360.0		15445.2	45445.1	18868.0			11400.0	7468.0
19423.5		73388.4	89147.6	43595.0	120.0	11500.0	10112.3	21862.7
15673.7		52544.2	54088.2	22800.0		11500.0	1210.0	10090.0
3357.3		8495.8	11381.1	7238.4			1254.0	5984.4
392.5		12348.4	23678.3	13556.6	120.0		7648.3	5788.3
4531.5	2244.7	16181.7	20321.4	13279.5	4407.5		1222.0	7650.0
724.6	57.6	4219.8	6121.2	4899.5	507.5		242.0	4150.0
		38.5	780.7	980.0			980.0	
			173.1	180.0			180.0	
		38.5	607.6	800.0			800.0	
3806.9	2187.1	11923.4	13419.5	7400.0	3900.0			3500.0
3065.0	2187.1	6017.3	1823.2	1800.0	1800.0			
71320.5	44649.7	282620.7	129497.7	75065.4	30207.3	9335.0	19712.9	15810.2
33026.8	2615.0	171903.4	162251.1	70098.2	22682.7	5073.0	22744.2	19598.3
367.6		367.6	701.2	701.2				701.2
115593.3	9747.0	612629.7	544550.0	2839140.1		8377.3	94259.2	2736503.6
196253.4	46609.1	994149.4	768999.5	2950534.3	52262.5	17491.0	133097.5	2747683.3
73449.1	44732.8	423659.9	208922.5	108074.7	24454.3	7000.0	14264.8	62355.6
103839.3	-1498.2	421355.7	293941.8	197648.0	11396.7	3276.0	57748.8	125226.5
18965.0	3374.5	149133.8	266135.2	2644811.6	16411.5	7215.0	61083.9	2560101.2
27119.8	12589.7	79389.3	69823.7	36270.6	2427.5	5294.3	3618.8	24930.0

总专包建筑

4-2 续表6

（2014年）

指 标 名 称	营业收入	#主营业务收入	营业成本	#主营业务成本	营业税金及附加	#主营业务税金及附加
架线和管道工程建筑	61661.8	58824.7	50657.8	50511.6	1869.5	1869.5
架线及设备工程建筑	55704.2	52867.1	45733.7	45587.5	1711.8	1711.8
管道工程建筑	5957.6	5957.6	4924.1	4924.1	157.7	157.7
其他土木工程建筑	15708.4	15708.4	6908.3	6908.3	524.9	524.9
建筑安装业	129819.9	128187.8	105347.2	105319.9	4622.3	4347.4
电气安装	83703.6	82071.5	66287.7	66260.4	3171.9	2897.2
管道和设备安装	18290.5	18290.5	15736.0	15736.0	563.1	563.1
其他建筑安装业	27825.8	27825.8	23323.5	23323.5	887.3	887.1
建筑装饰和其他建筑业	58892.7	58843.2	53596.3	52233.9	2009.4	2007.5
建筑装饰业	11702.5	11653.0	9817.3	8465.9	506.5	504.6
工程准备活动	69.5	69.5	61.1	50.1	1.8	1.8
建筑物拆除活动	51.7	51.7	50.1	50.1	1.8	1.8
其他工程准备活动	17.8	17.8	11.0			
其他未列明建筑业	47120.7	47120.7	43717.9	43717.9	1501.1	1501.1
按隶属关系分组						
省(自治区、直辖市)	9704.6	9704.6	9284.1	9284.1	329.9	329.9
地(区、市、州、盟)	361770.1	356615.8	320411.8	319627.1	11418.5	10532.5
县(区、市、旗)	299833.1	299397.1	246771.2	245232.3	9734.6	9522.4
镇	2450.0	2450.0	1950.0	1950.0	80.9	80.9
其他	1044823.6	1038602.2	913244.6	902882.3	37345.3	36965.1
按企业资质等级分组						
施工总承包	1597921.6	1589262.0	1391286.2	1380129.4	54753.6	53551.9
一级	473260.6	468361.4	414362.8	413587.6	14657.9	14657.8
二级	822887.5	822313.0	735509.3	727803.0	30102.0	29194.1
三级及以下	301773.5	298587.6	241414.1	238738.8	9993.7	9700.0
专业承包	120659.8	117507.7	100375.5	98846.4	4155.6	3878.9

企业财务状况

单位：万元

其他业务利润	销售费用	管理费用	#税金	财务费用	#利息收入	利息支出	资产减值损失	投资收益	营业利润
2540.5	126.3	10919.3	324.0	1479.5	7.0	1487.6	-4.7	781.4	-3386.0
2561.1	126.3	10052.4	321.8	1366.2	6.3	1373.6	-4.7	781.4	-3281.6
-20.6		866.9	2.2	113.3	0.7	114.0			-104.4
	2.1	475.7	9.1	878.5	0.5	878.0			6918.9
1229.3	90.0	13048.2	192.7	205.5	-101.6	84.9	597.3	1614.9	7191.1
1229.3	40.0	10220.0	177.6	-54.5	-102.1	4.5	597.3	1614.9	4722.9
	45.7	1282.9	7.4	141.2	0.3	32.5			521.6
	4.3	1545.3	7.7	118.8	0.2	47.9			1946.6
39.0	148.7	1218.4	37.4	279.5	6.9	28.3			1662.6
39.0	124.8	653.5	26.6	27.8	6.9	19.3			594.8
	2.9	20.6	0.3						-16.9
		12.2	0.1						-12.4
	2.9	8.4	0.2						-4.5
	21.0	544.3	10.5	251.7		9.0			1084.7
		59.1	8.9						31.5
4077.3	61.6	18284.3	468.4	2107.1	7.2	1942.4	600.7	1235.5	10204.7
49.1	188.8	11328.4	248.6	2710.5	-6.3	2664.6	-3.4		29155.4
		125.0	6.0	19.0	1.3	17.7			275.1
2899.4	2254.9	31985.5	1299.3	13396.2	14244.8	9015.4	-3.6	1657.1	47332.3
4425.7	2194.1	48339.8	1552.9	16799.0	14261.2	12224.5	601.8	1773.4	86023.0
4097.9	6.2	17023.4	364.4	7498.3	14222.3	4375.2	600.7	1735.5	20931.7
189.1	1497.6	16510.4	668.9	4432.5	27.4	3070.6		-4.0	35231.4
138.7	690.3	14806.0	519.6	4868.2	11.5	4778.7	1.1	41.9	29859.9
2600.1	311.2	13442.5	478.3	1433.8	-14.2	1415.6	-8.1	1119.2	976.0

总专包建筑企业财务状况

4-2 续表7　　（2014年）　　单位：万元

指标名称	营业外收入	#补贴收入	营业外支出	利润总额	应交所得税	应付职工薪酬	建筑业企业在境外完成的营业收入
架线和管道工程建筑	89.9	64.6	130.6	-2645.3	275.4	8544.9	
架线及设备工程建筑	25.3		125.9	-2600.8	176.1	7863.1	
管道工程建筑	64.6	64.6	4.7	-44.5	99.3	681.8	
其他土木工程建筑				6918.9	266.3	481.9	
建筑安装业	113.9		317.6	7320.6	1929.3	14636.3	
电气安装	113.3		317.2	4852.2	1142.3	9710.7	
管道和设备安装				521.6	274.6	2387.7	
其他建筑安装业	0.6		0.4	1946.8	512.4	2537.9	
建筑装饰和其他建筑业	18.7	2.3	6.7	1674.6	638.7	7172.6	
建筑装饰业	6.7	2.3	6.5	595.0	207.7	1816.0	
工程准备活动			0.2	-17.1	0.5	23.3	
建筑物拆除活动				-12.4	0.5	21.0	
其他工程准备活动			0.2	-4.7		2.3	
其他未列明建筑业	12.0			1096.7	430.5	5333.3	
按隶属关系分组							
省(自治区、直辖市)	12.0			43.5	20.2	580.0	
地(区、市、州、盟)	519.9	136.6	2067.0	8666.0	2769.2	38998.2	
县(区、市、旗)	8.1		885.6	28034.0	3887.7	22492.3	
镇				275.1	45.0	425.0	
其他	161.5	2.3	639.4	47968.7	14816.1	138163.0	428.8
按企业资质等级分组							
施工总承包	562.8	136.6	3447.9	82902.1	20185.7	187072.1	428.8
一级	244.3		2256.6	18927.8	5038.9	59382.4	
二级	245.5	136.6	1125.9	34107.0	10217.6	98941.8	0.6
三级及以下	73.0		65.4	29867.3	4929.2	28747.9	428.2
专业承包	138.7	2.3	144.1	2085.2	1352.5	13586.4	

总专包建筑企业财务状况

4-2续表8　　（2014年）　　单位：万元

指 标 名 称	年初存货	流动资产			固定资产合　计	固定资产减值准备
			#应收工程款	存 货		
一级	3905.8	51085.8	6588.1	5175.3	6645.4	
二级	6582.5	31051.0	2976.6	4938.4	1942.4	24.6
三级及以下	16115.6	41726.0	11753.7	18201.1	11461.2	37.8
施工或专业承包	209815.1	1512150.5	430969.6	281611.8	285573.3	5655.2
按地区分						
双桥区	54764.7	558640.2	146317.3	68423.3	86411.0	249.8
双滦区	22668.6	75222.7	25103.5	6447.8	12152.7	2644.7
营子区	4193.4	11820.0	3072.8	5386.9	1026.9	
承德县	3716.5	106843.4	28945.0	3469.7	11925.3	
兴隆县	2450.5	27830.3	9392.7	701.9	11512.4	
平泉县	5600.0	40526.6	15983.6	2573.0	20331.9	
滦平县	9598.5	54977.4	22977.7	9100.2	14706.2	
隆化县	36905.5	244494.7	67785.6	53300.3	30006.6	5.0
丰宁县	1999.2	37589.0	8167.2	1089.5	11989.6	
宽城县	29256.1	174968.8	32135.7	96902.9	38318.2	
围场县	21993.1	86138.3	32216.0	13987.5	31184.5	2755.7
高新区	16669.0	93099.1	38872.5	20228.8	16008.0	
按营业状态分						
营业	209659.4	1508805.2	430450.9	281112.6	285184.0	5630.6
停业(歇业)	155.7	3345.3	518.7	499.2	389.3	24.6
按控股情况分						
国有控股	16254.0	251272.0	50251.2	25334.7	52775.7	
集体控股	14763.4	105791.5	31430.0	17388.5	29152.1	
私人控股	134530.7	963466.5	283346.4	204752.3	157784.6	2456.2
其他	44267.0	191620.5	65942.0	34136.3	45860.9	3199.0

总专包建筑

4-2续表9 （2014年）

指标名称	固定资产原价	累计折旧	#本年折旧	在建工程	资产合计	流动负债合计
一级	10779.1	5816.9	668.2	1683.1	60982.2	25203.0
二级	3204.8	1315.0	176.9	43.7	33775.8	12890.8
三级及以下	16720.2	5967.5	683.4	31.9	54455.0	28248.2
施工或专业承包	381370.0	126660.6	16736.3	18043.5	1912361.9	975342.6
按地区分						
双桥区	119879.8	46169.6	6726.2	12593.7	702639.4	375906.9
双滦区	18671.6	7662.9	697.0	68.6	96955.1	45999.4
营子区	1677.1	981.9	109.4		13172.9	7317.0
承德县	16645.2	4755.9	485.4		122452.1	85532.7
兴隆县	14151.0	2666.6	91.0		39342.8	16649.7
平泉县	25561.3	5233.2	563.4		61925.1	23208.6
滦平县	18309.7	6623.6	1352.8	1100.0	76804.8	37752.8
隆化县	39488.0	12899.2	1769.4	3229.2	285790.1	156557.0
丰宁县	17074.8	5118.4	307.6		52267.9	28130.8
宽城县	41027.9	8808.3	1766.7	782.9	218910.7	137206.1
围场县	36584.4	9264.9	1182.8	269.1	127897.8	18810.4
高新区	32299.2	16476.1	1684.6		114203.2	42271.2
按营业状态分						
营业	380848.2	126475.5	16715.5	17999.8	1904378.9	975111.4
停业(歇业)	521.8	185.1	20.8	43.7	3983.0	231.2
按控股情况分						
国有控股	63875.3	21131.5	2676.6	10031.9	310051.1	159060.6
集体控股	51661.1	22542.2	2436.2		165577.3	67027.8
私人控股	202876.8	60400.2	8985.7	6869.3	1182928.4	646040.9
其他	62956.8	22586.7	2637.8	1142.3	253805.1	103213.3

企业财务状况

单位：万元

#应付账款	非流动负债	负债合计	所有者权益合计	#实收资本	国家资本	集体资本	法人资本	个人资本
9427.9	12487.1	37690.1	23292.1	8850.0	1800.0			7050.0
9582.1	14.7	13161.0	20614.8	14389.5	507.5	2000.0	62.0	11820.0
8109.8	87.9	28538.2	25916.8	13031.1	120.0	3294.3	3556.8	6060.0
223373.2	59198.8	1073538.7	838823.2	2986804.9	54690.0	22785.3	136716.3	2772613.3
99241.7	57430.9	440616.6	262022.8	2655822.0	32007.3	8500.0	44641.3	2570673.4
18954.2	63.2	47490.9	49464.2	20055.8		5380.0	8047.8	6628.0
2234.3		7317.0	5855.9	5221.5		1000.0	1405.2	2816.3
28373.1		85535.7	36916.4	25898.9		3203.0	3488.0	19207.9
1697.1		17972.2	21370.6	18205.0	4887.8	800.0	10437.2	2080.0
5550.9	2531.5	25740.1	36185.0	29603.6	13092.4			16511.2
1587.4	81.6	38160.0	38644.8	30774.1		896.2	12349.9	17528.0
3950.6	245.0	158532.9	127257.2	30090.9	1655.0	835.0	9327.9	18273.0
3833.6	105.0	28260.2	24007.7	18717.5	947.5		5270.0	12500.0
34765.1	-1814.0	135392.1	83518.6	41181.8		171.1	25222.7	15788.0
5877.3	513.1	46207.3	81690.5	67678.8	2100.0	2000.0	15114.0	48464.8
17307.9	42.5	42313.7	71889.5	43555.0			1412.3	42142.7
223297.2	59184.1	1073292.8	831086.1	2979804.9	54690.0	22785.3	130716.3	2771613.3
76.0	14.7	245.9	3737.1	3000.0			2000.0	1000.0
43881.3	49304.3	208364.9	101686.2	58849.8	50662.4		8021.1	166.3
18601.6		68717.9	96859.4	50733.8	1527.6	14838.0	3070.0	31298.2
139840.1	9893.0	667572.8	515355.6	2815462.9		1573.0	109957.4	2703932.5
21050.2	1.5	128883.1	124922.0	61758.4	2500.0	6374.3	15667.8	37216.3

总专包建筑

4-2 续表10 （2014年）

指标名称	营业收入	#主营业务收入	营业成本	#主营业务成本	营业税金及附加	#主营业务税金及附加
一级	25350.5	22750.4	25095.0	24949.4	576.2	576.2
二级	29143.9	29070.4	22538.8	21181.6	942.0	729.8
三级及以下	66165.4	65686.9	52741.7	52715.4	2637.4	2572.9
施工或专业承包	1718581.4	1706769.7	1491661.7	1478975.8	58909.2	57430.8
按地区分						
双桥区	581167.0	573258.1	520081.4	517864.7	18665.5	17755.5
双滦区	57293.2	56930.3	47724.0	47516.1	2247.3	2247.3
营子区	13419.0	13419.0	11823.5	11823.5	326.7	326.7
承德县	142897.2	142505.5	129160.2	129160.2	5162.5	5162.5
兴隆县	60498.2	60367.8	56134.6	56134.6	1967.5	1967.5
平泉县	56710.0	56710.0	46512.7	46512.7	1930.0	1930.0
滦平县	131154.5	131125.6	116871.4	116861.4	5104.7	5092.6
隆化县	152667.7	152639.7	113193.7	112208.5	4973.5	4973.5
丰宁县	96857.7	96857.7	80272.6	78941.0	4303.9	4303.9
宽城县	154099.6	154081.6	131015.8	131015.8	3991.8	3991.8
围场县	141999.7	139056.8	123031.1	115096.6	5923.9	5367.6
高新区	129817.6	129817.6	115840.7	115840.7	4311.9	4311.9
按营业状态分						
营业	1716886.9	1705103.4	1490308.6	1477648.3	58848.4	57370.0
停业(歇业)	1694.5	1666.3	1353.1	1327.5	60.8	60.8
按控股情况分						
国有控股	176194.6	175061.8	158594.0	157231.9	3512.4	2626.4
集体控股	184999.5	183627.0	154468.3	154461.5	6995.8	6995.8
私人控股	1135120.9	1126874.2	990680.6	985399.7	41023.3	40647.1
其他	222266.4	221206.7	187918.8	181882.7	7377.7	7161.5

企业财务状况

单位：万元

其他业务利润	销售费用	管理费用		财务费用			资产减值损失	投资收益	营业利润
			#税金		#利息收入	利息支出			
2454.5	88.8	2133.9	259.0	1363.2	4.2	1367.4		781.4	-3906.6
24.8	43.1	3945.7	44.6	3.9	-23.7	26.1	-3.4	333.2	1696.0
120.8	179.3	7362.9	174.7	66.7	5.3	22.1	-4.7	4.6	3186.6
7025.8	2505.3	61782.3	2031.2	18232.8	14247.0	13640.1	593.7	2892.6	86999.0
6688.6	438.3	23550.4	829.0	6230.6	38.4	5906.8	600.7	2012.9	12938.7
135.1	122.2	5362.9	71.9	373.3		313.4	1.1		1462.4
	28.9	1074.2	101.5	-0.1	0.5		1.1		164.7
140.0	2.0	3957.3	58.8	290.0	-21.1	200.6		337.8	4329.8
	520.2	2056.0	40.7	-0.8	-10.9	5.6			-179.3
	25.0	3368.2	42.4	892.7	-0.6	893.1		40.0	4021.4
	20.5	3234.9	29.5	1838.7	2.0	527.3	-5.8		3907.8
24.0	284.9	5503.7	377.5	5865.2	7.4	2823.6			22846.7
	102.8	859.2	26.9	56.4	0.3	56.8			11262.8
	0.3	3868.4	126.6	1541.9	1.6	1835.2			13925.0
38.1	886.8	6547.5	274.0	428.7	21.0	372.0	-3.4	1.9	5343.0
	73.4	2399.6	52.4	716.2	14208.4	705.7		500.0	6976.0
7001.0	2450.7	61645.9	2020.2	18196.0	14243.2	13610.6	593.7	2892.6	86924.0
24.8	54.6	136.4	11.0	36.8	3.8	29.5			75.0
1065.3	1.9	8528.2	198.2	1947.4	41.3	1680.3	1.1		3609.6
1235.2	155.7	11344.6	109.0	658.9	14135.5	681.9	600.7	1777.1	12552.6
4391.9	2192.8	27822.9	1591.7	14118.6	55.1	9804.7		1062.5	59663.5
333.4	154.9	14086.6	132.3	1507.9	15.1	1473.2	-8.1	53.0	11173.3

总专包建筑企业财务状况

4-2 续表11　　（2014年）　　单位：万元

指标名称	营业外收入	#补贴收入	营业外支出	利润总额	应交所得税	应付职工薪酬	建筑业企业在境外完成的营业收入
一级	24.3		91.7	-3192.6	20.2	733.5	
二级	3.8	1.1	12.1	2020.9	408.8	2001.3	
三级及以下	110.6	1.2	40.3	3256.9	923.5	10851.6	
施工或专业承包	701.5	138.9	3592.0	84987.3	21538.2	200658.5	428.8
按地区分							
双桥区	564.1	138.9	2235.7	12056.9	6472.3	82407.9	
双滦区	5.3		8.3	1459.4	466.7	11364.5	
营子区			4.7	160.0	77.1	1284.2	
承德县	50.3		79.9	4633.4	2051.2	14842.4	0.6
兴隆县			8.3	-187.6	2999.6	5868.4	
平泉县	6.0		9.0	4018.4	796.2	6991.1	
滦平县			16.3	3891.5	1156.4	17702.8	428.2
隆化县	37.2		917.9	21966.0	2113.0	11835.3	
丰宁县			0.2	11262.6	772.3	8432.4	
宽城县	1.4		111.7	13570.7	1611.9	8542.0	
围场县	37.2		8.9	5371.3	1590.3	22388.7	
高新区			191.1	6784.7	1431.2	8998.8	
按营业状态分							
营业	676.3	138.9	3571.5	84907.6	21498.7	200474.3	428.8
停业(歇业)	25.2		20.5	79.7	39.5	179.7	
按控股情况分							
国有控股	362.7	136.6	2587.9	1384.4	1291.2	9841.5	
集体控股	19.2		474.8	12097.0	1654.6	14132.1	0.6
私人控股	210.1	2.3	463.2	60280.9	15775.0	140284.5	428.2
其他	109.5		66.1	11225.0	2817.4	36400.4	

4-3 劳务分包建筑企业情况

（2014年）

单位：万元

指标名称	企业个数（个）	#有工作量企业个数	亏损企业个数	建筑业总产值	#装饰装修产值	从业人员期末人数
合计	22	14	2	29713.7	10672.4	5927
按登记注册类型分组						
内资企业	22	14	2	29713.7	10672.4	5927
有限责任公司	6	4	1	22956.1	5843.5	5283
其他有限责任公司	6	4	1	22956.1	5843.5	5283
私营企业	16	10	1	6757.6	4828.9	644
私营独资企业	1	1		10.0		20
私营有限责任公司	13	8	1	6567.6	4828.9	574
私营股份有限公司	2	1		180.0		50
按国民经济行业分组						
房屋建筑业	12	6		335.6	3.3	244
土木工程建筑业	2	2		4910.0	4810.0	440
铁路、道路、隧道和桥梁工程建筑	2	2		4910.0	4810.0	440
公路工程建筑	1	1		100.0		4
市政道路工程建筑	1	1		4810.0	4810.0	436
建筑安装业	4	3		5590.1		83
管道和设备安装	4	3		5590.1		83
建筑装饰和其他建筑业	4	3	2	18878.0	5859.1	5160
建筑装饰业	1					4
提供施工设备服务	1	1	1	58.9	15.6	16
其他未列明建筑业	2	2	1	18819.1	5843.5	5140
按隶属关系分组						
县(区、市、旗)	2	1		18807.8	5843.5	5140
其他	20	13	2	10905.9	4828.9	787

劳务分包建

（2014年）

4-3 续表1

指标名称			固定资产原价	#本年折旧	资产总计	负债合计
	#工程技术人员	#现场施工工人				
合计			1497.5	157.5	6247.2	3942.2
按登记注册类型分组						
内资企业			1497.5	157.5	6247.2	3942.2
有限责任公司			124.6	25.1	2996.9	2209.3
其他有限责任公司			124.6	25.1	2996.9	2209.3
私营企业			1372.9	132.4	3250.3	1732.9
私营独资企业						
私营有限责任公司			1262.7	126.2	3029.5	1687.4
私营股份有限公司			110.2	6.2	220.8	45.5
按国民经济行业分组						
房屋建筑业			278.9	7.3	642.8	200.0
土木工程建筑业			1030.3	115.6	1194.0	954.4
铁路、道路、隧道和桥梁工程建筑			1030.3	115.6	1194.0	954.4
公路工程建筑			218.3	113.6	159.0	0.2
市政道路工程建筑			812.0	2.0	1035.0	954.2
建筑安装业			53.3	6.0	2694.7	1912.6
管道和设备安装			53.3	6.0	2694.7	1912.6
建筑装饰和其他建筑业			135.0	28.6	1715.7	875.2
建筑装饰业			39.7	5.9	68.8	13.5
提供施工设备服务			49.1	4.2	210.1	200.9
其他未列明建筑业			46.2	18.5	1436.8	660.8
按隶属关系分组						
县(区、市、旗)			30.6	3.1	1368.8	658.0
其他			1466.9	154.4	4878.4	3284.2

筑企业情况

单位：万元

实收资本	营业收入	#主营业务收入（工程结算收入）	营业成本	#主营业务成本（工程结算成本）	营业税金及附加	#主营业务税金及附加(工程结算税金及附加)	销售费用	管理费用
1719.8	**29644.5**	**29637.7**	**27627.1**	**23158.1**	**992.5**	**992.5**	**5**	**653.4**
1719.8	29644.5	29637.7	27627.1	23158.1	992.5	992.5	5	653.4
549.8	22956.1	22956.1	21801.5	21801.5	728.2	728.2		337.8
549.8	22956.1	22956.1	21801.5	21801.5	728.2	728.2		337.8
1170.0	6688.4	6681.6	5825.6	1356.6	264.3	264.3	5	315.6
	10.0	8.0	6.0	5.0	1.0	1.0	1	1
1020.0	6498.4	6493.6	5729.6	1261.6	253.8	253.8	4	268.8
150.0	180.0	180.0	90.0	90.0	9.5	9.5		45.8
460.6	335.6	333.6	220.0	219.0	15.6	15.6	5	105.1
100.0	4836.0	4836.0	4478.0	10.0	166.4	166.4		65
100.0	4836.0	4836.0	4478.0	10.0	166.4	166.4		65
20.0	26.0	26.0	10.0	10.0	4.8	4.8		8
80.0	4810.0	4810.0	4468.0		161.6	161.6		57
644.0	5590.1	5590.1	4964.2	4964.2	218.8	218.8		202.1
644.0	5590.1	5590.1	4964.2	4964.2	218.8	218.8		202.1
515.2	18882.8	18878.0	17964.9	17964.9	591.7	591.7		281.2
50.0								10.8
	63.7	58.9	29.2	29.2	2.0	2.0		45.8
465.2	18819.1	18819.1	17935.7	17935.7	589.7	589.7		224.6
400.0	18807.8	18807.8	17934.1	17934.1	589.3	589.3		210.5
1319.8	10836.7	10829.9	9693.0	5224.0	403.2	403.2	5	442.9

劳务分包建筑企业情况

4-3 续表2

(2014年)

单位：万元

指标名称	#税金	财务费用	营业利润	利润总额	应付职工薪酬
合计	6.9	12.5	441	301.9	21325.8
按登记注册类型分组					
内资企业	6.9	12.5	441	301.9	21325.8
有限责任公司	1.2	0.3	96.7	91.6	19058.1
其他有限责任公司	1.2	0.3	96.7	91.6	19058.1
私营企业	5.7	12.2	344.3	210.3	2267.7
私营独资企业	1	8	8	15	
私营有限责任公司	4.7	0.2	294.8	156.8	2185.9
私营股份有限公司		4	41.5	38.5	81.8
按国民经济行业分组					
房屋建筑业	1	12.3	23.8	3.8	1163.2
土木工程建筑业	4.5		126.6	12.6	1633.9
铁路、道路、隧道和桥梁工程建筑	4.5		126.6	12.6	1633.9
公路工程建筑			3.2	3.2	12
市政道路工程建筑	4.5		123.4	9.4	1621.9
建筑安装业	1.4	-0.2	229.5	229.2	570.3
管道和设备安装	1.4	-0.2	229.5	229.2	570.3
建筑装饰和其他建筑业		0.4	61.1	56.3	17958.4
建筑装饰业					10.8
提供施工设备服务		0.1	-12.5	-12.5	13.5
其他未列明建筑业		0.3	73.6	68.8	17934.1
按隶属关系分组					
县(区、市、旗)		0.3	73.6	73.6	17934.1
其他	6.9	12.2	367.4	228.3	3391.7

劳务分包建筑企业情况

4-3 续表3　　（2014年）　　单位：万元

指标名称	企业个数（个）	#有工作量企业个数	亏损企业个数	建筑业总产值	#装饰装修产值	从业人员期末人数
按企业资质等级分组						
劳务分包	22	14	2	29713.7	10672.4	5927
一级	16	11	1	29154.2	10656.8	5822
二级	1					41
三级及以下	5	3	1	559.5	15.6	64
施工或专业承包	22					
按地区分						
双桥区	8	5	1	5781.4		140
双滦区	1	1	1	58.9	15.6	16
承德县	1	1		105.0		105
兴隆县	1	1		4810.0	4810.0	436
平泉县	1	1		100.0		4
滦平县	1					2
丰宁县	1	1		18807.8	5843.5	5136
围场县	7	3		40.6	3.3	68
高新区	1	1		10.0		20
按营业状态分						
营业	16	11	2	29671.6	10672.3	5883
停业(歇业)	6	3		42.1	0.1	44
按控股情况分						
集体控股	1	1		18807.8	5843.5	5136
私人控股	20	12	2	6873.9	4828.9	760
其他	1	1		4032.0		31

劳务分包建

4-3 续表4

（2014年）

指 标 名 称			固定资产原 价	#本年折旧	资产总计	负债合计
	#工程技术人 员	#现 场施工工人				
按企业资质等级分组						
劳务分包			1497.5	157.5	6247.2	3942.2
一级			1161.8	36.3	5053.6	3717.7
二级			27.4		69.8	19.8
三级及以下			308.3	121.2	1123.8	204.7
施工或专业承包						
按地区分						
双桥区			179.1	27.6	2983.5	1960.9
双滦区			49.1	4.2	210.1	200.9
承德县			66.0	4.0	34.1	3.5
兴隆县			812.0	2.0	1035.0	954.2
平泉县			218.3	113.6	159.0	0.2
滦平县					147.2	132.7
丰宁县			30.6	3.1	1368.8	658.0
围场县			142.4	3.0	309.5	31.8
高新区						
按营业状态分						
营业			1467.5	156.5	6002.4	3809.5
停业(歇业)			30.0	1.0	244.8	132.7
按控股情况分						
集体控股			30.6	3.1	1368.8	658.0
私人控股			1454.5	151.8	3352.4	1739.2
其他			12.4	2.6	1526.0	1545.0

筑企业情况

单位：万元

实收资本	营业收入	#主营业务收入（工程结算收入）	营业成本	#主营业务成本（工程结算成本）	营业税金及附加	#主营业务税金及附加(工程结算税金及附加)	销售费用	管理费用
1719.8	29644.5	29637.7	27627.1	23158.1	992.5	992.5	5	653.4
1109.8	29154.2	29152.2	27469.4	23000.4	964.3	964.3	5	502.4
50.0								
560.0	490.3	485.5	157.7	157.7	28.2	28.2		151
859.2	5781.4	5781.4	5055.8	5055.8	228.7	228.7		265.6
	63.7	58.9	29.2	29.2	2.0	2.0		45.8
30.6	105.0	105.0	96.1	96.1	3.5	3.5		1.1
80.0	4810.0	4810.0	4468.0		161.6	161.6		57
20.0	26.0	26.0	10.0	10.0	4.8	4.8		8
50.0								38.4
400.0	18807.8	18807.8	17934.1	17934.1	589.3	589.3		210.5
280.0	40.6	40.6	27.9	27.9	1.6	1.6	4	26
	10.0	8.0	6.0	5.0	1.0	1.0	1	1
1569.8	29602.4	29597.6	27599.6	23131.6	989.9	989.9	4	590
150.0	42.1	40.1	27.5	26.5	2.6	2.6	1	63.4
400.0	18807.8	18807.8	17934.1	17934.1	589.3	589.3		210.5
1265.8	6804.7	6797.9	5923.3	1454.3	268.2	268.2	5	334.4
54.0	4032.0	4032.0	3769.7	3769.7	135.0	135.0		108.5

劳务分包建筑企业情况

4-3 续表5　　（2014年）　　单位：万元

指标名称	#税金	财务费用	营业利润	利润总额	应付职工薪酬
按企业资质等级分组					
劳务分包	6.9	12.5	441	301.9	21325.8
一级	6.7	12.3	283.3	144.2	21161.2
二级					
三级及以下	0.2	0.2	157.7	157.7	164.6
施工或专业承包					
按地区分					
双桥区	1.4	3.8	271	262.9	652.1
双滦区		0.1	-12.5	-12.5	13.5
承德县		0.3	4	4	1040
兴隆县	4.5		123.4	9.4	1621.9
平泉县			3.2	3.2	12
滦平县			-38.4	-38.4	7.2
丰宁县		0.3	73.6	73.6	17934.1
围场县			8.7	-15.3	45
高新区	1	8	8	15	
按营业状态分					
营业	5.9	4.5	460.8	338.7	21275.4
停业(歇业)	1	8	-19.8	-36.8	50.4
按控股情况分					
集体控股		0.3	73.6	73.6	17934.1
私人控股	5.7	12.5	348.3	209.5	3307.7
其他	1.2	-0.3	19.1	18.8	84

五

固定资产投资

5-1 历年全社会固定资产投资完成情况（1949-2014年）

单位：万元

年份	总计	国有及其他经济类型			
		小计	基建	更新改造	其他
1949—1952	1088	1088	1088		
1953—1957	15297	15297	15297		
1958—1962	26191	26191	26191		
1963—1965	6832	6832	6832		
1966—1970	12349	12349	12349		
1971—1975	25956	25956	25956		
1976—1977	8858	8858	8858		
1978	8098	8098	8098		
1979	10257	10149	8502	1647	
1980	9626	9362	6679	2683	
1981	8085	7652	3847	3805	
1982	13185	12517	6596	5921	
1983	12426	11689	7125	4564	
1984	16657	14948	6817	8131	
1985	23997	21152	11795	9357	
1986	28170	25095	14236	10859	
1987	41332	38700	23771	14929	
1988	45381	42931	22702	20229	
1989	64389	45467	18101	20592	6774
1990	58675	45261	20606	16361	5714
1991	86067	59194	28852	24102	4537
1992	160447	110201	49702	52383	3187
1993	237558	170414	71861	74036	9524
1994	279599	177040	72945	72431	18677
1995	324165	184544	70955	93213	11209
1996	418706	243100	103862	118551	754
1997	519777	272552	127129	131124	1006
1998	604075	314894	168885	117099	5452
1999	657499	344373	169965	132476	10028
2000	710761	365165	216055	105360	1711
2001	790097	434432	247577	118735	1290
2002	840938	474045		137394	2500
2003	1119643	698527	339992	205600	4955
2004	1506080	1082967			
2005	1893789	1419468			
2006	2305131	1885004			
2007	3002795	2568744			
2008	3903663	3456051			
2009	5672020	5200639			
2010	7512872	6950731			
2011	8295752	7538584			
2012	10221292	9489945			
2013	12269171	11301124			
2014	14271480	10134444			

注：2004年以后不再进行国有及其他经济类型指标分组。

5-2 全社会固定资产投资及构成

单位：万元、%

指标名称	投资总额			投资构成	
	2014年	2013年	比上年增长%	2014年	2013年
合计	14271480	12269171	16.3	-	-
1.固定资产投资	14027065	12020958	17.0	98.3	98
按构成分					
城乡建设项目投资	12636298	10611620	19.1	90.1	88.3
房地产开发投资	1390767	1409338	-1.3	9.9	11.7
按产业分:					
第一产业	893570	733161	21.88	6.4	6.1
第二产业	6006586	4830451	24.35	42.8	40.2
第三产业	7126909	6457346	10.37	50.8	53.7
2.农户投资	244415	248213	-1.5	1.7	2

注：固定资产投资入统标准为计划投资额500万元以上的项目。

5-3 投资各项指标完成情况（城镇非农户）

（2014年）

单位：万元

指标名称	合计	#地方	城镇	#地方	农村非农户	#地方
计划总投资	29654162	29188655	22593132	22127625	7061030	7061030
#本年新开工项目	10282909	10276573	7850257	7843921	2432652	2432652
自开始建设至本年底累计完成投资	19091544	18819177	13845003	13572636	5246541	5246541
本年完成投资（万元）	12636298	12424931	8743677	8532310	3892621	3892621
亿元以上项目完成投资	9057199	8868678	6668069	6479548	2389130	2389130
亿元以上项目比重(%)	71.7	71.4	76.3	75.9	61.4	61.4
#500万元以上项目完成投资	12636298	12424931	8743677	8532310	3892621	3892621
#国有经济控股	3961095	3749728	3949695	3738328	11400	11400
#住宅	56385	56385	30288	30288	26097	26097
按构成分						
建筑工程	8045862	7939179	5734561	5627878	2311301	2311301
安装工程	1008642	1004754	603906	600018	404736	404736
设备工器具购置	2122268	2051835	1369407	1298974	752861	752861
#购置旧设备	53396	53396	36330	36330	17066	17066
#用于更新的设备	520326	520326	287177	287177	233149	233149
其他费用	1459526	1429163	1035803	1005440	423723	423723
#旧建筑物购置费	23562	23562	10682	10682	12880	12880
土地购置费	630653	602553	372093	343993	258560	258560

投资各项指标完成情况（城镇非农户）

5-3 续表1 （2014年） 单位：万元

指标名称	合计	#地方	城镇	#地方	农村非农户	#地方
按建设性质分						
新建	6695432	6590363	4822447	4717378	1872985	1872985
扩建	2523099	2438608	1981341	1896850	541758	541758
改建和技术改造	2772844	2754562	1527067	1508785	1245777	1245777
单纯建造生活设施	156370	155708	131825	131163	24545	24545
迁建	432949	430086	234914	232051	198035	198035
恢复	4400	4400	4400	4400		
单纯购置	51204	51204	41683	41683	9521	9521
按隶属关系分						
中央	211367		211367			
省（自治区、直辖市）	1237212	1237212	1229212	1229212	8000	8000
地区（州、盟、省辖市）	436847	436847	188847	188847	248000	248000
县（旗、县级市）	2613504	2613504	2362062	2362062	251442	251442
其他	8137368	8137368	4752189	4752189	3385179	3385179
按登记注册类型分						
内资企业	12397860	12186493	8505239	8293872	3892621	3892621
国有企业	3774810	3570139	3774810	3570139		
集体企业	169589	169589	112136	112136	57453	57453
股份合作企业	4960	4960	4960	4960		
联营企业	25454	25454	12800	12800	12654	12654
国有与集体联营企业	3254	3254			3254	3254
其他联营企业	22200	22200	12800	12800	9400	9400
有限责任公司	2880719	2874023	1646479	1639783	1234240	1234240
国有独资公司	11187	4491	11187	4491		
其他有限责任公司	2869532	2869532	1635292	1635292	1234240	1234240
股份有限公司	240041	240041	204601	204601	35440	35440
私营企业	4556032	4556032	2376479	2376479	2179553	2179553
私营独资企业	661071	661071	340794	340794	320277	320277
私营合伙企业	213489	213489	111609	111609	101880	101880
私营有限责任公司	2745626	2745626	1445270	1445270	1300356	1300356
私营股份有限公司	935846	935846	478806	478806	457040	457040
其他企业	746255	746255	372974	372974	373281	373281
港、澳、台商投资企业	177728	177728	177728	177728		
合资经营企业(港或澳、台资)	25158	25158	25158	25158		
合作经营企业(港或澳、台资)	47900	47900	47900	47900		
港、澳、台商独资经营企业	94670	94670	94670	94670		
其他港、澳、台商投资企业	10000	10000	10000	10000		
外商投资企业	4700	4700	4700	4700		
中外合资经营企业	4700	4700	4700	4700		
个体经营	56010	56010	56010	56010		
个体户	48810	48810	48810	48810		
个人合伙	7200	7200	7200	7200		

投资各项指标完成情况（城镇非农户）

5-3 续表2 （2014年） 单位：万元

指 标 名 称	合 计	#地 方	城 镇	#地 方	农村非农户	#地 方
按国民经济行业分组						
农、林、牧、渔业	940704	940704	503990	503990	436714	436714
农业	448912	448912	262282	262282	186630	186630
林业	108244	108244	63969	63969	44275	44275
畜牧业	334914	334914	140045	140045	194869	194869
渔业	1500	1500	1500	1500		
农、林、牧、渔服务业	47134	47134	36194	36194	10940	10940
采矿业	1972611	1972611	977983	977983	994628	994628
煤炭开采和洗选业	20791	20791	13291	13291	7500	7500
黑色金属矿采选业	1328873	1328873	585894	585894	742979	742979
有色金属矿采选业	342581	342581	223139	223139	119442	119442
非金属矿采选业	280366	280366	155659	155659	124707	124707
制造业	3224417	3224417	1781077	1781077	1443340	1443340
农副食品加工业	381459	381459	181824	181824	199635	199635
食品制造业	192585	192585	103009	103009	89576	89576
酒、饮料和精制茶制造业	267111	267111	174607	174607	92504	92504
纺织服装、服饰业	9997	9997	7647	7647	2350	2350
皮革、毛皮、羽毛及其制品和制鞋业	1500	1500	1500	1500		
木材加工和木、竹、藤、棕、草制品业	25400	25400	15900	15900	9500	9500
家具制造业	28500	28500	28500	28500		
造纸和纸制品业	89631	89631	89631	89631		
印刷和记录媒介复制业	500	500	500	500		
文教、工美、体育和娱乐用品制造业	21318	21318	1000	1000	20318	20318
化学原料和化学制品制造业	163397	163397	87667	87667	75730	75730
医药制造业	220682	220682	166550	166550	54132	54132
化学纤维制造业	9800	9800			9800	9800
橡胶和塑料制品业	54091	54091	21532	21532	32559	32559
非金属矿物制品业	828323	828323	432005	432005	396318	396318
黑色金属冶炼和压延加工业	113990	113990	62150	62150	51840	51840
有色金属冶炼和压延加工业	68465	68465	13500	13500	54965	54965
金属制品业	94184	94184	47945	47945	46239	46239
通用设备制造业	268565	268565	105891	105891	162674	162674
专用设备制造业	131000	131000	22900	22900	108100	108100
汽车制造业	78074	78074	78074	78074		
铁路、船舶、航空航天和其他运输设备制造业	38200	38200	31000	31000	7200	7200
电气机械和器材制造业	55345	55345	55345	55345		
计算机、通信和其他电子设备制造业	39600	39600	39600	39600		
其他制造业	4600	4600			4600	4600
废弃资源综合利用业	38100	38100	12800	12800	25300	25300
电力、热力、燃气及水生产和供应业	809558	714141	751561	656144	57997	57997
电力、热力生产和供应业	675842	580425	627056	531639	48786	48786
燃气生产和供应业	48688	48688	40015	40015	8673	8673

投资各项指标完成情况（城镇非农户）

5-3 续表3　（2014年）　单位：万元

指标名称	合计	#地方	城镇	#地方	农村非农户	#地方
水的生产和供应业	85028	85028	84490	84490	538	538
批发和零售业	645820	645820	306589	306589	339231	339231
批发业	310558	310558	220600	220600	89958	89958
零售业	335262	335262	85989	85989	249273	249273
交通运输、仓储和邮政业	2158898	2097484	2070812	2009398	88086	88086
铁路运输业	28010	28010	28010	28010		
道路运输业	1870175	1808761	1869075	1807661	1100	1100
航空运输业	129000	129000	129000	129000		
装卸搬运和运输代理业	41398	41398	8498	8498	32900	32900
仓储业	90315	90315	36229	36229	54086	54086
住宿和餐饮业	234727	234727	142904	142904	91823	91823
住宿业	219874	219874	137904	137904	81970	81970
餐饮业	14853	14853	5000	5000	9853	9853
信息传输、软件和信息技术服务业	1871	1871	1871	1871		
互联网和相关服务	1871	1871	1871	1871		
房地产业	136338	136338	96218	96218	40120	40120
房地产业	136338	136338	96218	96218	40120	40120
租赁和商务服务业	153465	153465	146465	146465	7000	7000
商务服务业	153465	153465	146465	146465	7000	7000
科学研究和技术服务业	30711	30375	27151	26815	3560	3560
研究和试验发展	19436	19100	19436	19100		
专业技术服务业	9537	9537	5977	5977	3560	3560
科技推广和应用服务业	1738	1738	1738	1738		
水利、环境和公共设施管理业	1549420	1497220	1236698	1184498	312722	312722
水利管理业	285634	285634	280247	280247	5387	5387
生态保护和环境治理业	48416	48416	48416	48416		
公共设施管理业	1215370	1163170	908035	855835	307335	307335
居民服务、修理和其他服务业	20000	20000	20000	20000		
居民服务业	12500	12500	12500	12500		
机动车、电子产品和日用产品修理业	4700	4700	4700	4700		
其他服务业	2800	2800	2800	2800		
教育	200704	200704	200704	200704		
教育	200704	200704	200704	200704		
卫生和社会工作	82754	82754	78754	78754	4000	4000
卫生	61434	61434	61434	61434		
社会工作	21320	21320	17320	17320	4000	4000
文化、体育和娱乐业	443699	443699	370699	370699	73000	73000
广播、电视、电影和影视录音制作业	14000	14000	14000	14000		
文化艺术业	264599	264599	191599	191599	73000	73000
体育	89400	89400	89400	89400		
娱乐业	75700	75700	75700	75700		
公共管理、社会保障和社会组织	30601	28601	30201	28201	400	400

投资各项指标完成情况（城镇非农户）

5-3 续表4　　（2014年）　　单位：万元

指标名称	合计	#地方	城镇	#地方	农村非农户	#地方
国家机构	25568	23568	25568	23568		
群众团体、社会团体和其他成员组织	4633	4633	4633	4633		
基层群众自治组织	400	400			400	400
按建筑构成分组						
建筑工程	8045862	7939179	5734561	5627878	2311301	2311301
安装工程	1008642	1004754	603906	600018	404736	404736
设备工器具购置	2122268	2051835	1369407	1298974	752861	752861
#购置旧设备	53396	53396	36330	36330	17066	17066
#用于更新的设备	520326	520326	287177	287177	233149	233149
其他费用	1459526	1429163	1035803	1005440	423723	423723
#旧建筑物购置费	23562	23562	10682	10682	12880	12880
土地购置费	630653	602553	372093	343993	258560	258560
按开发区分						
国务院批准的	126990	126990	92343	92343	34647	34647
省批准的	798955	798955	464927	464927	334028	334028
省以下批准的	132255	132255	93878	93878	38377	38377
不属于开发区的项目	11578098	11366731	8092529	7881162	3485569	3485569
按控股情况分组						
国有控股	3961095	3749728	3949695	3738328	11400	11400
集体控股	214397	214397	145714	145714	68683	68683
私人控股	7386637	7386637	4018092	4018092	3368545	3368545
港澳台商控股	172598	172598	167728	167728	4870	4870
外商控股	16705	16705	16705	16705		
其他	884866	884866	445743	445743	439123	439123
期末项目建设状态						
在建	5855514	5785951	4534415	4464852	1321099	1321099
全部投产	6773841	6632037	4202319	4060515	2571522	2571522
全部停缓建	6943	6943	6943	6943		
按城乡分组						
城镇	8743677	8532310	8743677	8532310		
农村	3892621	3892621			3892621	3892621
按产业分组						
第一产业	940704	940704	503990	503990	436714	436714
第二产业	6006586	5911169	3510621	3415204	2495965	2495965
#工业	6006586	5911169	3510621	3415204	2495965	2495965
第三产业	5689008	5573058	4729066	4613116	959942	959942
本年新增固定资产	9366756	9225286	6117717	5976247	3249039	3249039
房屋建筑面积（平方米）						
本年施工房屋面积	7927410	7909411	4795133	4777134	3132277	3132277
#住宅	407825	407825	324439	324439	83386	83386
本年竣工房屋面积	1534093	1534093	837143	837143	696950	696950

投资各项指标完成情况（城镇非农户）

5-3 续表5　（2014年）　单位：万元

指标名称	合计	#地方	城镇	#地方	农村非农户	#地方
#住宅	107619	107619	66469	66469	41150	41150
施工项目个数（个）						
施工项目个数	1287	1268	823	804	464	464
#500万元以下项目	42	41	32	31	10	10
#本年新开工	860	843	566	549	294	294
亿元以上项目个数	434	426	287	279	147	147
#新开亿元以上项目个数	221	214	156	149	65	65
本年投产项目个数	929	917	562	550	367	367
资金来源情况						
本年资金来源合计	11920517	11706624	8048280	7834387	3872237	3872237
上年末结余资金	45531	45531	21851	21851	23680	23680
本年资金来源小计	11874986	11661093	8026429	7812536	3848557	3848557
国家预算内资金	1318668	1252380	1312816	1246528	5852	5852
国内贷款	834065	834065	739945	739945	94120	94120
债券	101298	26708	101298	26708		
利用外资	8250	8250	8250	8250		
#外商直接投资	3500	3500	3500	3500		
自筹资金	9168763	9101575	5468680	5401492	3700083	3700083
#企、事业单位自有资金	2322539	2322539	1374073	1374073	948466	948466
其他资金来源	443942	438115	395440	389613	48502	48502
各项应付款合计（万元）	1853064	1853064	1145703	1145703	707361	707361
#工程款	649497	649497	295484	295484	354013	354013
按经济类型分						
国有经济	3785997	3574630	3785997	3574630		
国有	3774810	3570139	3774810	3570139		
国有独资公司	11187	4491	11187	4491		
集体经济	174549	174549	117096	117096	57453	57453
集体	169589	169589	112136	112136	57453	57453
股份合作	169589	169589	112136	112136	57453	57453
私营个体	56010	56010	56010	56010		
个人合伙	7200	7200	7200	7200		
联营经济	25454	25454	12800	12800	12654	12654
国有与集体联营企业	3254	3254			3254	3254
其他联营企业	22200	22200	12800	12800	9400	9400
股份制经济	3109573	3109573	1839893	1839893	1269680	1269680
其他有限责任公司	2869532	2869532	1635292	1635292	1234240	1234240
股份有限公司	240041	240041	204601	204601	35440	35440
港、澳、台商投资企业	177728	177728	177728	177728		
合资经营企业(港或澳、台资)	25158	25158	25158	25158		
合作经营企业(港或澳、台资)	47900	47900	47900	47900		
港、澳、台商独资经营企业	94670	94670	94670	94670		

5-4 按登记注册类型

（2014年）

指 标 名 称	合 计	内资企业	国有企业	集体企业	股份合作企业	联营企业
全 市 合 计	12604581	12397860	3774810	169589	4960	25454
按建设性质分						
新建	6678626	6657242	2671854	75523	960	12654
改建	2516766	2393571	742541	28658		
改建和技术改造	2765884	2750024	315874	25747	4000	12800
单纯建造生活设施	155978	108470	1594	38681		
迁建	431862	432949	37317	980		
恢复	4389	4400	4400			
单纯购置	51075	51204	1230			
按国民经济行业分						
农、林、牧、渔业	938343	920874	159593	40550		9400
农业	447785	441712	92449	21850		9400
林业	107972	108244	44269	18700		
畜牧业	334073	322284	19665			
渔业	1496	1500	1500			
农、林、牧、渔服务业	47016	47134	1710			
采矿业	1967660	1963231	15480	1700		
煤炭开采和洗选业	20739	20791				
黑色金属矿采选业	1325538	1328873				
有色金属矿采选业	341721	342581	15480	1700		
非金属矿采选业	279662	270986				
制造业	3216324	3187917	71169	13630	4000	16054
农副食品加工业	380502	365779		9430		
食品制造业	192102	192585				
酒、饮料和精制茶制造业	266441	267111				
纺织服装、服饰业	9972	9997				
皮革、毛皮、羽毛及其制品和制鞋业	1496					
木材加工和木、竹、藤、棕、草制品业	25336	25400	2100			
家具制造业	28428	28500				
造纸和纸制品业	89406	89631				
印刷和记录媒介复制业	499	500				
文教、工美、体育和娱乐用品制造业	21264	21318				
化学原料和化学制品制造业	162987	163397	38100			
医药制造业	220128	220682				
化学纤维制造业	9775	9800				
橡胶和塑料制品业	53955	54091				
非金属矿物制品业	826244	814003	11419	4200		
黑色金属冶炼和压延加工业	113704	113990			4000	
有色金属冶炼和压延加工业	68293	68465				
金属制品业	93948	89184				

分组投资完成情况

单位：万元

#国有与集体联营企业	其他联营企业	有限责任公司	#国有独资公司	其他有限责任公司	股份有限公司	私营企业	私营独资企业
3254	22200	2880719	11187	2869532	240041	4556032	661071
3254	9400	1444476		1444476	53300	1986762	275532
		570056		570056	133500	821670	171541
	12800	773803	11187	762616	37841	1384877	201248
		12531		12531	9200	10750	10750
		65374		65374	6200	316478	2000
		14479		14479		35495	
	9400	113264		113264	9800	355655	92636
	9400	47360		47360	9800	176189	48385
						31625	15145
		44920		44920		134341	29106
		20984		20984		13500	
		559897	4491	555406	11240	1230864	203130
		13291	4491	8800		7500	7500
		348795		348795	8990	913238	41032
		55449		55449		248552	125294
		142362		142362	2250	61574	29304
3254	12800	996465		996465	128201	1776410	251590
		138963		138963	15000	147825	46595
		44762		44762		145623	7500
		97764		97764		157776	10350
						7647	
		11300		11300		12000	
						28500	
						68800	
		500		500			
		11918		11918		9400	1000
		53800		53800	3627	66870	13640
		70940		70940		146595	17445
						9800	
		2968		2968		49114	
		257144		257144	54600	463610	143870
		46355		46355	21000	25325	
		11000		11000		43965	
		19650		19650		39055	5000

按登记注册类型

5-4 续表1

（2014年）

指标名称	合计	内资企业	国有企业	集体企业	股份合作企业	联营企业
通用设备制造业	267891	268565	19550			3254
专用设备制造业	130671	131000				
汽车制造业	77878	78074				
铁路、船舶、航空航天和其他运输设备制造业	38104	38200				
电气机械和器材制造业	55206	55345				
计算机、通信和其他电子设备制造业	39501	39600				
其他制造业	4588	4600				
废弃资源综合利用业	38004	38100				12800
电力、热力、燃气及水生产和供应业	807526	689730	327026			
电力、热力生产和供应业	674146	556014	246286			
燃气生产和供应业	48566	48688	1000			
水的生产和供应业	84815	85028	79740			
批发和零售业	644199	645820	6915			
批发业	309778	310558				
零售业	334420	335262	6915			
交通运输、仓储和邮政业	2153479	2158898	1904124	5199		
铁路运输业	27940	28010	1210			
道路运输业	1865481	1870175	1773914	1699		
航空运输业	128676	129000	129000			
装卸搬运和运输代理业	41294	41398				
仓储业	90088	90315		3500		
住宿和餐饮业	234138	229727		1023	960	
住宿业	219322	214874			960	
餐饮业	14816	14853		1023		
信息传输、软件和信息技术服务业	1866	1871	1871			
互联网和相关服务	1866	1871	1871			
房地产业	135996	136338	64447	38841		
房地产业	135996	136338	64447	38841		
租赁和商务服务业	153080	153465	74815			
租赁业						
商务服务业	153080	153465	74815			
科学研究和技术服务业	30634	30711	1313			
研究和试验发展	19387	19436	336			
专业技术服务业	9513	9537	977			
科技推广和应用服务业	1734	1738				
水利、环境和公共设施管理业	1545531	1501520	851471	52567		
水利管理业	284917	285634	241727	17145		
生态保护和环境治理业	48294	48416	27375			
公共设施管理业	1212319	1167470	582369	35422		

分组投资完成情况

单位：万元

#国有与集体联营企业	其他联营企业	有限责任公司	#国有独资公司	其他有限责任公司	股份有限公司	私营企业	私营独资企业
3254		62551		62551		183210	4690
		120600		120600	1000	9400	
		30700		30700	1974	45400	
					31000	7200	
		750		750		54595	
						39600	
						4600	
	12800	14800		14800		10500	1500
		281861	6696	275165		76272	12238
		240973	6696	234277		64184	5900
		40888		40888		6800	5800
						5288	538
		416655		416655		217177	11850
		235808		235808		74750	4200
		180847		180847		142427	7650
		74371		74371	31800	137057	24900
					26800		
		66121		66121		25100	6000
						41398	
		8250		8250	5000	70559	18900
		5024		5024	52100	170620	24130
		5024		5024	52100	156790	15300
						13830	8830
		9300		9300		12000	
		9300		9300		12000	
		16900		16900		52900	7000
		16900		16900		52900	7000
		29398		29398			
		19100		19100			
		8560		8560			
		1738		1738			
		230892		230892	5700	209876	27397
						3540	3540
		3414		3414			
		227478		227478	5700	206336	23857

按登记注册类型

5-4 续表2

（2014年）

指标名称	合计	内资企业	国有企业	集体企业	股份合作企业	联营企业
居民服务、修理和其他服务业	19950	20000	15300			
居民服务业	12469	12500	12500			
机动车、电子产品和日用产品修理业	4688	4700				
其他服务业	2793	2800	2800			
教育	200200	200704	188026	12678		
教育	200200	200704	188026	12678		
卫生和社会工作	82546	82754	67883	3001		
卫生	61280	61434	58433	3001		
社会工作	21266	21320	9450			
文化、体育和娱乐业	442585	443699	500			
广播、电视、电影和影视录音制作业	13965	14000				
文化艺术业	263935	264599	500			
体育	89176	89400				
娱乐业	75510	75700				
公共管理、社会保障和社会组织	30524	30601	24877	400		
国家机构	25504	25568	20244			
群众团体、社会团体和其他成员组织	4621	4633	4633			
基层群众自治组织	399	400		400		
按隶属关系分						
中央	210836	211367	204671			
地区	12393744	12186493	3570139	169589	4960	25454
省(自治区、直辖市)	1234107	1212054	1192149			
地区(州、盟、省辖市)	435751	436847	152699			
县(旗、县级市)	2606944	2564104	1852887	35680	960	12800
其他	8116943	7973488	372404	133909	4000	12654
按控股情况分						
国有控股	3951153	3961095	3774810			
集体控股	213859	214397		169589	4960	
私人控股	7368097	7325927				25454
港澳台商控股	172165	4870				
外商控股	16663	16705				
按城乡分						
城镇	8721730	8505239	3774810	112136	4960	12800
农村	3882851	3892621		57453		12654
按开发区分						
国务院批准的	126671	126990	47117			
省批准的	796950	781225	192832			3254
省以下批准的	131923	132255	46961			
不属于开发区的项目	11549037	11357390	3487900	169589	4960	22200

分组投资完成情况

单位：万元

#国有与集体联营企业	其他联营企业	有限责任公司	#国有独资公司	其他有限责任公司	股份有限公司	私营企业	私营独资企业
					1200	3500	
					1200	3500	
		7870		7870		4000	
		7870		7870		4000	
		133498		133498		309701	6200
		14000		14000			
		36398		36398		227701	
		13600		13600		75800	
		69500		69500		6200	6200
		5324		5324			
		5324		5324			
		6696	6696				
3254	22200	2874023	4491	2869532	240041	4556032	661071
		18905	4491	14414	1000		
		262762		262762	1974		
	12800	435327		435327	120627		
3254	9400	2157029		2157029	116440	4556032	661071
		150439	11187	139252	28774		
		14900		14900	10800		
3254	22200	2266983		2266983	185467	4556032	661071
		4870		4870			
		16705		16705			
	12800	1646479	11187	1635292	204601	2376479	340794
3254	9400	1234240		1234240	35440	2179553	320277
		56826		56826		2500	
3254		115693		115693	1000	457278	25000
		31443		31443	1974	9465	7000
	22200	2676757	11187	2665570	237067	4086789	629071

按登记注册类型

5-4 续表3

（2014年）

指 标 名 称					
					港、澳、台商投资企业
	私营合伙企业	私营有限责任公司	私营股份有限公司	其他企业	
全市合计	213489	2745626	935846	746255	177728
按建设性质分					
新建	63680	1207597	439953	411713	1500
改建	9700	546729	93700	97146	119828
改建和技术改造	140109	823478	220042	195082	8500
单纯建造生活设施				35714	47900
迁建		132327	182151	6600	
恢复					
单纯购置		35495			
按国民经济行业分					
农、林、牧、渔业	43680	210899	8440	232612	
农业	21800	101064	4940	84664	
林业		15480	1000	13650	
畜牧业	18880	83855	2500	123358	
渔业					
农、林、牧、渔服务业	3000	10500		10940	
采矿业	168309	658365	201060	144050	8500
煤炭开采和洗选业					
黑色金属矿采选业	165809	557637	148760	57850	
有色金属矿采选业		70958	52300	21400	
非金属矿采选业	2500	29770		64800	8500
制造业	1500	1088290	435030	181988	1500
农副食品加工业		94730	6500	54561	
食品制造业		82953	55170	2200	
酒、饮料和精制茶制造业		126076	21350	11571	
纺织服装、服饰业		7647		2350	
皮革、毛皮、羽毛及其制品和制鞋业					1500
木材加工和木、竹、藤、棕、草制品业		12000			
家具制造业			28500		
造纸和纸制品业		68800		20831	
印刷和记录媒介复制业					
文教、工美、体育和娱乐用品制造业			8400		
化学原料和化学制品制造业		42230	11000	1000	
医药制造业		113650	15500	3147	
化学纤维制造业		9800			
橡胶和塑料制品业		18564	30550	2009	
非金属矿物制品业		260198	59542	23030	
黑色金属冶炼和压延加工业		15645	9680	17310	
有色金属冶炼和压延加工业		43965		13500	
金属制品业	1500	24500	8055	30479	

分组投资完成情况

单位：万元

合资经营企业(港或澳、台资)	合作经营企业(港或澳、台资)	港、澳、台商独资经营企业	其他港、澳、台商投资企业	外商投资企业	#中外合资经营企业	个体经营	个体户	个人合伙
25158	47900	94670	10000	4700	4700	56010	48810	7200
			1500			36690	29490	7200
25158		94670		4700	4700	5000	5000	
			8500			14320	14320	
	47900							
						19830	12630	7200
						7200		7200
						12630	12630	
			8500			880	880	
			8500			880	880	
			1500	4700	4700	30300	30300	
				4700	4700	10980	10980	
			1500					
						14320	14320	
						5000	5000	

按登记注册类型

5-4 续表4

（2014年）

指 标 名 称	私营合伙企业	私营有限责任公司	私营股份有限公司	其他企业	港、澳、台商投资企业
通用设备制造业		52137	126383		
专用设备制造业		1800	7600		
汽车制造业		45400			
铁路、船舶、航空航天和其他运输设备制造业			7200		
电气机械和器材制造业		54595			
计算机、通信和其他电子设备制造业			39600		
其他制造业		4600			
废弃资源综合利用业		9000			
电力、热力、燃气及水生产和供应业		51284	12750	4571	119828
电力、热力生产和供应业		51284	7000	4571	119828
燃气生产和供应业			1000		
水的生产和供应业			4750		
批发和零售业		175377	29950	5073	
批发业		60900	9650		
零售业		114477	20300	5073	
交通运输、仓储和邮政业		75997	36160	6347	
铁路运输业					
道路运输业		10100	9000	3341	
航空运输业					
装卸搬运和运输代理业		41398			
仓储业		24499	27160	3006	
住宿和餐饮业		146490			
住宿业		141490			
餐饮业		5000			
信息传输、软件和信息技术服务业					
互联网和相关服务					
房地产业		12000		11750	
房地产业		12000		11750	
租赁和商务服务业		27800	18100	8850	
租赁业					
商务服务业		27800	18100	8850	
科学研究和技术服务业					
研究和试验发展					
专业技术服务业					
科技推广和应用服务业					
水利、环境和公共设施管理业		156323	26156	151014	47900
水利管理业				23222	
生态保护和环境治理业				17627	
公共设施管理业		156323	26156	110165	47900

分组投资完成情况

单位：万元

合资经营企业(港或澳、台资)	合作经营企业(港或澳、台资)	港、澳、台商独资经营企业	其他港、澳、台商投资企业	外商投资企业	#中外合资经营企业	个体经营	个体户	个人合伙
25158		94670						
25158		94670						
						5000	5000	
						5000	5000	
	47900							
	47900							

按登记注册类型

5-4 续表5

（2014年）

指 标 名 称	私营合伙企业	私营有限责任公司	私营股份有限公司	其他企业	港、澳、台商投资企业
居民服务、修理和其他服务业		3500			
居民服务业					
机动车、电子产品和日用产品修理业		3500			
其他服务业					
教育					
教育					
卫生和社会工作		4000			
卫生					
社会工作		4000			
文化、体育和娱乐业		135301	168200		
广播、电视、电影和影视录音制作业					
文化艺术业		59501	168200		
体育		75800			
娱乐业					
公共管理、社会保障和社会组织					
国家机构					
群众团体、社会团体和其他成员组织					
基层群众自治组织					
按隶属关系分					
中央					
地区	213489	2745626	935846	746255	177728
省(自治区、直辖市)					25158
地区(州、盟、省辖市)				19412	
县(旗、县级市)				105823	49400
其他	213489	2745626	935846	621020	103170
按控股情况分					
国有控股				7072	
集体控股				14148	
私人控股	213489	2745626	935846	291991	
港澳台商控股					167728
外商控股					
按城乡分					
城镇	111609	1445270	478806	372974	177728
农村	101880	1300356	457040	373281	
按开发区分					
国务院批准的		2500		20547	
省批准的		285480	146798	11168	8500
省以下批准的		2465		42412	
不属于开发区的项目	213489	2455181	789048	672128	169228

分组投资完成情况

单位：万元

合资经营企业(港或澳、台资)	合作经营企业(港或澳、台资)	港、澳、台商独资经营企业	其他港、澳、台商投资企业	外商投资企业	#中外合资经营企业	个体经营	个体户	个人合伙
25158	47900	94670	10000	4700	4700	56010	48810	7200
25158								
	47900		1500					
		94670	8500	4700	4700	56010	48810	7200
				4700	4700	56010	48810	7200
25158	47900	94670						
25158	47900	94670	10000	4700	4700	56010	48810	7200
			8500			9230	9230	
25158	47900	94670	1500	4700	4700	46780	39580	7200

5-5 全市建设项目投资完成情况

单位：万元

指标名称	2014年	2013年	比上年增长%
计划总投资	**30776265.0**	**29162985.0**	**5.5**
#本年新开工项目	10709394.0	13685409.0	-21.7
自开始建设累计完成投资	19537233.0	15987453.0	22.2
自年初累计完成投资	12636298.0	10611620.0	19.1
#本月完成投资	207031.0	244404.0	-15.3
#亿元以上项目完成投资	9057199.0	7580902.0	19.5
#国有控股	3917529.0	3750098.0	4.5
#住宅	56385.0	128863.0	-56.2
按登记注册类型分			
内资企业	12416668.0	10573140.0	17.4
国有企业	3811368.0	3567169.0	6.8
集体企业	169589.0	271836.0	-37.6
股份合作企业	4960.0	66468.0	-92.5
联营企业	25454.0	10370.0	145.5
国有联营企业		1770.0	
集体联营企业		7000.0	
国有与集体联营企业	3254.0		
其他联营企业	22200.0	1600.0	1287.5
有限责任公司	2824398.0	2580818.0	9.4
国有独资公司	11187.0	29326.0	-61.9
其他有限责任公司	2813211.0	2551492.0	10.3
股份有限公司	240041.0	270645.0	-11.3
私营企业	4598003.0	3531152.0	30.2
私营独资企业	709392.0	814071.0	-12.9
私营合伙企业	213489.0	48348.0	341.6
私营有限责任公司	2732276.0	2004759.0	36.3
私营股份有限公司	942846.0	663974.0	42.0
其他企业	742855.0	274682.0	170.4
港、澳、台商投资企业	152570.0	26230.0	481.7
合资经营企业(港或澳、台资)		19730.0	
合作经营企业(港或澳、台资)	47900.0		
港、澳、台商独资经营企业	94670.0	300.0	31456.7

全市建设项目投资完成情况

5-5 续表1

单位：万元

指 标 名 称	2014年	2013年	比上年增长%
港、澳、台商投资股份有限公司			
其他	10000.0	6200.0	61.3
外商投资企业	4700.0	500.0	840.0
中外合资经营企业	4700.0	500.0	840.0
个体经营	62360.0	11750.0	430.7
个体户	55160.0	11750.0	369.4
个人合伙	7200.0		
按建设性质分			
新建	6695432.0	4995410.0	34.0
扩建	2523099.0	2792017.0	-9.6
改建和技术改造	2772844.0	2206078.0	25.7
单纯建造生活设施	156370.0	40200.0	289.0
迁建	432949.0	511746.0	-15.4
恢复	4400.0	54772.0	-92.0
单纯购置	51204.0	11397.0	349.3
按隶属关系分			
中央	211367.0	1032183.0	-79.5
地方	12424931.0	9579437.0	29.7
按构成分			
建筑工程	8045442.0	6516236.0	23.5
安装工程	1008642.0	558374.0	80.6
设备工器具购置	2122768.0	1912254.0	11.0
#购置旧设备	53396.0	37659.0	41.8
#用于更新的设备	520326.0	210955.0	146.7
其他费用	1459446.0	1624756.0	-10.2
#旧建筑物购置费	23562.0	15178.0	55.2
#土地购置费	629423.0	499601.0	26.0
按国民经济行业分			
农、林、牧、渔业	940704.0	768797.0	22.4
农业	448912.0	358034.0	25.4
林业	108244.0	74754.0	44.8
畜牧业	334914.0	296273.0	13.0

全市建设项目投资完成情况

5-5 续表2

单位：万元

指标名称	2014年	2013年	比上年增长%
渔业	1500.0	4100.0	-63.4
农、林、牧、渔服务业	47134.0	35636.0	32.3
工业合计	6006586.0	4807761.0	24.9
采矿业	1972611.0	1901463.0	3.7
煤炭开采和洗选业	20791.0	27313.0	-23.9
黑色金属矿采选业	1328873.0	1375621.0	-3.4
有色金属矿采选业	342581.0	245972.0	39.3
非金属矿采选业	280366.0	250839.0	11.8
其他采矿业		1718.0	
制造业	3224417.0	2296563.0	40.4
农副食品加工业	381459.0	343822.0	10.9
食品制造业	192585.0	174445.0	10.4
酒、饮料和精制茶制造业	267111.0	227051.0	17.6
烟草制品业			
纺织业		3637.0	
纺织服装、服饰业	9997.0	1500.0	566.5
皮革、毛皮、羽毛及其制品和制鞋业	1500.0	400.0	275.0
木材加工和木、竹、藤、棕、草制品业	25400.0	25000.0	1.6
家具制造业	28500.0	45385.0	-37.2
造纸及纸制品业	89631.0	27912.0	221.1
印刷和记录媒介复制业	500.0	1967.0	-74.6
文教、工美、体育和娱乐用品制造业	21318.0	17640.0	20.9
化学原料和化学制品制造业	163397.0	129014.0	26.7
医药制造业	220682.0	32075.0	588.0
化学纤维制造业	9800.0	850.0	1052.9
橡胶和塑料制品业	54091.0	30935.0	74.9
非金属矿物制品业	828323.0	518547.0	59.7
黑色金属冶炼和压延加工业	113990.0	77893.0	46.3
有色金属冶炼和压延加工业	68465.0	55630.0	23.1
金属制品业	94184.0	145966.0	-35.5
通用设备制造业	268565.0	146074.0	83.9
专用设备制造业	131000.0	33211.0	294.4

全市建设项目投资完成情况

5-5 续表3

单位：万元

指 标 名 称	2014年	2013年	比上年增长%
汽车制造业	78074.0	84143.0	-7.2
铁路、船舶、航空航天和其他运输设备制造业	38200.0	83225.0	-54.1
电气机械和器材制造业	55345.0	67168.0	-17.6
计算机、通信和其他电子设备制造业	39600.0		
仪器仪表制造业		5950.0	
其他制造业	4600.0		
废弃资源综合利用业	38100.0	17123.0	122.5
电力、热力、燃气及水生产和供应业	809558.0	609735.0	32.8
电力、热力生产和供应业	675842.0	477399.0	41.6
燃气生产和供应业	48688.0	87978.0	-44.7
水的生产和供应业	85028.0	44358.0	91.7
建筑业		22690.0	
土木工程建筑业		17190.0	
建筑装饰和其他建筑业		5500.0	
批发和零售业	645820.0	463356.0	39.4
批发业	310558.0	350136.0	-11.3
零售业	335262.0	113220.0	196.1
交通运输、仓储和邮政业	2158898.0	2101127.0	2.7
铁路运输业	28010.0	37000.0	-24.3
道路运输业	1870175.0	1963435.0	-4.7
航空运输业	129000.0		
装卸搬运和运输代理业	41398.0	29352.0	41.0
仓储业	90315.0	71340.0	26.6
住宿和餐饮业	234727.0	182042.0	28.9
住宿业	219874.0	182042.0	20.8
餐饮业	14853.0		
信息传输、软件和信息技术服务业	1871.0		
互联网和相关服务	1871.0		
金融业		6000.0	
资本市场服务		6000.0	
房地产业	136338.0	330670.0	-58.8
租赁和商务服务业	153465.0	26157.0	486.7

全市建设项目投资完成情况

5-5 续表4　　　　单位：万元

指 标 名 称	2014年	2013年	比上年增长%
商务服务业	153465.0	26157.0	486.7
科学研究和技术服务业	30711.0	73363.0	-58.1
研究和试验发展	19436.0	73000.0	-73.4
专业技术服务业	9537.0	363.0	2527.3
科技推广和应用服务业	1738.0		
水利、环境和公共设施管理业	1549420.0	1071422.0	44.6
水利管理业	285634.0	338601.0	-15.6
生态保护和环境治理业	48416.0	73952.0	-34.5
公共设施管理业	1215370.0	658869.0	84.5
居民服务、修理和其他服务业	20000.0	46107.0	-56.6
居民服务业	12500.0	20667.0	-39.5
机动车、电子产品和日用产品修理业	4700.0	5452.0	-13.8
其他服务业	2800.0	19988.0	-86.0
教育	200704.0	106672.0	88.2
卫生和社会工作	82754.0	55002.0	50.5
卫生	61434.0	46077.0	33.3
社会工作	21320.0	8925.0	138.9
文化、体育和娱乐业	443699.0	509150.0	-12.9
广播、电视、电影和影视录音制作业	14000.0	15500.0	-9.7
文化艺术业	264599.0	229881.0	15.1
体育	89400.0	121081.0	-26.2
娱乐业	75700.0	142688.0	-46.9
公共管理、社会保障和社会组织	30601.0	41304.0	-25.9
国家机构	25568.0	19067.0	34.1
群众团体、社会团体和其他成员组织	4633.0	1908.0	142.8
基层群众自治组织	400.0	20329.0	-98.0
按投资结构分			
第一产业	893570.0	733161.0	21.9
第二产业	6006586.0	4830451.0	24.3
第三产业	5736142.0	5048008.0	13.6
新增固定资产（万元）	8807482.0	8605292.0	2.3
项目个数（个）			
施工项目个数	1303.0	1301.0	0.2

全市建设项目投资完成情况

5-5 续表5

单位：万元

指 标 名 称	2014年	2013年	比上年增长%
#亿元以上项目	444.0	380.0	16.8
#本年新开工	860.0	822.0	4.6
本年投产项目个数	924.0	859.0	7.6
房屋建筑面积（平方米）			
房屋施工面积	7810357.0	8422387.0	-7.3
#住宅	407825.0	872030.0	-53.2
本年房屋竣工面积	1509465.0	1614099.0	-6.5
#住宅	107619.0	394109.0	-72.7
本年房屋竣工价值		280648.0	
#住宅		79581.0	
本年实际到位资金合计（万元）	**11919917.0**	**10012289.0**	**19.1**
上年末结余资金	44931.0	28059.0	60.1
本年实际到位资金小计	11874986.0	9984230.0	18.9
国家预算资金	1318668.0	824885.0	59.9
#中央预算资金	75772.0	39410.0	92.3
国内贷款	834065.0	963311.0	-13.4
债券	101298.0		
利用外资	8250.0	36374.0	-77.3
#外商直接投资	3500.0	30374.0	-88.5
自筹资金	9168763.0	8053454.0	13.8
#企、事业单位自有资金	2323513.0	2123092.0	9.4
#股东投入资金	199814.0	84829.0	135.5
#借入资金	102814.0	33603.0	206.0
其他资金来源	443942.0	106206.0	318.0
各项应付款合计	1853314.0	890403.0	108.1
#工程款	649297.0	155473.0	317.6
按开发区分			
国务院批准的	126990.0		
省批准的	798955.0	828650.0	-3.6
省以下批准的	132255.0	102808.0	28.6
不属于开发区的	11578098.0	9680162.0	19.6
按省级工业聚集区分			
省级工业聚集区	1375523.0	1747018.0	-21.3
其他	11260775.0	8864602.0	27.0

5-6 500万元以上固定资产

（2014年）

指标名称	本年资金来源小计	上年同期	增长速度（%）	国家预算资金	上年同期
投资额	12636298.0	10611620.0	19.1	12636298.0	10611620.0
按建设性质分					
新建	5931767.0	4417842.0	34.3	836795.0	264096.0
扩建	2538438.0	2763961.0	-8.2	340187.0	417981.0
改建和技术改造	2758060.0	2190975.0	25.9	122852.0	118598.0
单纯建造生活设施	156370.0	40700.0	284.2	1028.0	
迁建	434747.0	503621.0	-13.7	12176.0	7178.0
恢复	4400.0	55734.0	-92.1	4400.0	16932.0
单纯购置	51204.0	11397.0	349.3	1230.0	100.0
按国民经济行业分	11874986.0	9984230.0	18.9	1318668.0	824885.0
农、林、牧、渔业	960489.0	769298.0	24.9	27851.0	32798.0
农业	453633.0	365323.0	24.2	7318.0	5669.0
林业	111244.0	74754.0	48.8	6968.0	10905.0
畜牧业	347852.0	294485.0	18.1	9965.0	12200.0
渔业	1500.0	4100.0	-63.4		
农、林、牧、渔服务业	46260.0	30636.0	51.0	3600.0	4024.0
工业合计	5930874.0	4753976.0	24.8	76055.0	92819.0
采矿业	1946855.0	1882535.0	3.4		9000.0
煤炭开采和洗选业	20791.0	27314.0	-23.9		
黑色金属矿采选业	1303332.0	1354741.0	-3.8		9000.0
有色金属矿采选业	342809.0	247272.0	38.6		
非金属矿采选业	279923.0	251490.0	11.3		
其他采矿业		1718.0			
制造业	3172723.0	2247218.0	41.2	5598.0	1317.0
农副食品加工业	367474.0	334627.0	9.8	500.0	
食品制造业	192630.0	169245.0	13.8		957.0
酒、饮料和精制茶制造业	261029.0	233154.0	12.0	398.0	120.0
纺织业		3647.0			
纺织服装、服饰业	9997.0	1500.0	566.5		
皮革、毛皮、羽毛及其制品和制鞋业	1500.0	400.0	275.0		
木材加工和木、竹、藤、棕、草制品业	24100.0	21500.0	12.1		
家具制造业	28500.0	39586.0	-28.0		
造纸及纸制品业	93191.0	22112.0	321.4		
印刷和记录媒介复制业		2000.0			
文教、工美、体育和娱乐用品制造业	21318.0	17640.0	20.9		

投资项目资金来源状况

单位：万元

增长速度（%）	国内贷款	上年同期	增长速度（%）	债 券	上年同期	增长速度（%）
19.1	12636298.0	10611620.0	19.1	12636298.0	10611620.0	19.1
216.9	407591.0	586706.0	-30.5	25000.0		
-18.6	342924.0	255085.0	34.4	76298.0		
3.6	76550.0	105728.0	-27.6			
69.6	7000.0	12500.0	-44.0			
-74.0						
1130.0		3292.0				
59.9	834065.0	963311.0	-13.4	101298.0		
-15.1	49973.0	46510.0	7.4	1708.0		
29.1	24520.0	17150.0	43.0			
-36.1						
-18.3	24453.0	29160.0	-16.1	1708.0		
-10.5	1000.0	200.0	400.0			
-18.1	446501.0	469682.0	-4.9	99590.0		
	16100.0	19200.0	-16.1			
	3000.0					
	9800.0	12500.0	-21.6			
	3300.0	6700.0	-50.7			
325.1	146298.0	146597.0	-0.2			
	28980.0	35500.0	-18.4			
	6950.0	9193.0	-24.4			
231.7	11700.0	4600.0	154.3			
		1110.0				
		9500.0				
		8000.0				

500万元以上固定资产

5-6 续表1

（2014年）

指 标 名 称	利用外资	上年同期	增长速度（%）	自筹资金	上年同期
投资额	12636298.0	10611620.0	19.1	12636298.0	10611620.0
按建设性质分					
新建	4750.0	3000.0	58.3	4318451.0	3528755.0
扩建		12974.0		1712062.0	2056682.0
改建和技术改造	3500.0	17400.0	-79.9	2527340.0	1926607.0
单纯建造生活设施				145365.0	14200.0
迁建				415571.0	483943.0
恢复		3000.0			35802.0
单纯购置				49974.0	7465.0
按国民经济行业分	8250.0	36374.0	-77.3	9168763.0	8053454.0
农、林、牧、渔业				810967.0	653049.0
农业				393805.0	336284.0
林业				68526.0	34774.0
畜牧业				307476.0	251579.0
渔业				1500.0	4100.0
农、林、牧、渔服务业				39660.0	26312.0
工业合计	3500.0	33374.0	-89.5	5252719.0	4141521.0
采矿业	3500.0			1913055.0	1848435.0
煤炭开采和洗选业				17791.0	27314.0
黑色金属矿采选业	3500.0			1290032.0	1331341.0
有色金属矿采选业				338309.0	247272.0
非金属矿采选业				266923.0	240790.0
其他采矿业					1718.0
制造业		20400.0		2985920.0	2073874.0
农副食品加工业				325637.0	297597.0
食品制造业				182080.0	159095.0
酒、饮料和精制茶制造业		17400.0		236031.0	211034.0
纺织业					1997.0
纺织服装、服饰业				9997.0	1500.0
皮革、毛皮、羽毛及其制品和制鞋业				1500.0	400.0
木材加工和木、竹、藤、棕、草制品业				24100.0	12000.0
家具制造业				28500.0	39586.0
造纸及纸制品业				93191.0	14112.0
印刷和记录媒介复制业					2000.0
文教、工美、体育和娱乐用品制造业				21318.0	17640.0

投资项目资金来源状况

单位：万元

增长速度（%）	各项应付款合计	上年同期	增长速度（%）	#工程款	上年同期	增长速度（%）
19.1	12636298.0	10611620.0	19.1	12636298.0	10611620.0	19.1
22.4	1382966.0	764055.0	81.0	473567.0	113414.0	317.6
-16.8	167444.0	66212.0	152.9	79952.0	15709.0	409.0
31.2	266154.0	50879.0	423.1	66038.0	19593.0	237.0
923.7	9200.0			9200.0		
-14.1	24300.0	9257.0	162.5	20740.0	6757.0	206.9
	3000.0					
569.4						
13.8	1853064.0	890403.0	108.1	649497.0	155473.0	317.8
24.2	52825.0	16870.0	213.1	17175.0	3645.0	371.2
17.1	10420.0	5980.0	74.2	3620.0	920.0	293.5
97.1	1900.0			1900.0		
22.2	27065.0	5890.0	359.5	9255.0	2725.0	239.6
-63.4						
50.7	13440.0	5000.0	168.8	2400.0		
26.8	735355.0	155065.0	374.2	263078.0	64984.0	304.8
3.5	220973.0	60964.0	262.5	53385.0	6784.0	686.9
-34.9						
-3.1	200443.0	52810.0	279.6	46526.0	5364.0	767.4
36.8	5550.0	1000.0	455.0	3359.0	1000.0	235.9
10.9	14980.0	7154.0	109.4	3500.0	420.0	733.3
44.0	453459.0	86651.0	423.3	194293.0	50750.0	282.8
9.4	81314.0	18870.0	330.9	7374.0	12900.0	-42.8
14.4	5750.0	9750.0	-41.0	5750.0	7500.0	-23.3
11.8	16073.0	2003.0	702.4	2573.0	1225.0	110.0
566.5						
275.0	1000.0					
100.8	1300.0	5000.0	-74.0		5000.0	
-28.0	2200.0	5800.0	-62.1	1800.0		
560.4	440.0	5800.0	-92.4	440.0	5800.0	-92.4
	500.0			500.0		
20.9						

500万元以上固定资产

5-6 续表2

（2014年）

指 标 名 称	本年资金来源小计	上年同期	增长速度（%）	国家预算资 金	上年同期
化学原料和化学制品制造业	164718.0	130927.0	25.8		
医药制造业	226783.0	24775.0	815.4		
化学纤维制造业	9800.0	850.0	1052.9		
橡胶和塑料制品业	46241.0	30935.0	49.5		
非金属矿物制品业	813150.0	515047.0	57.9	700.0	240.0
黑色金属冶炼和压延加工业	110899.0	77894.0	42.4	4000.0	
有色金属冶炼和压延加工业	65740.0	51727.0	27.1		
金属制品业	88134.0	147974.0	-40.4		
通用设备制造业	265672.0	140357.0	89.3		
专用设备制造业	130925.0	33611.0	289.5		
汽车制造业	78454.0	82043.0	-4.4		
铁路、船舶、航空航天和其他运输设备制造业	38260.0	80325.0	-52.4		
电气机械和器材制造业	51908.0	66769.0	-22.3		
计算机、通信和其他电子设备制造业	39600.0				
仪器仪表制造业		5950.0			
其他制造业	4600.0				
废弃资源综合利用业	38100.0	12623.0	201.8		
电力、热力、燃气及水生产和供应业	811296.0	624223.0	30.0	70457.0	82502.0
电力、热力生产和供应业	687691.0	491872.0	39.8	29821.0	9137.0
燃气生产和供应业	45573.0	87991.0	-48.2	1000.0	59274.0
水的生产和供应业	78032.0	44360.0	75.9	39636.0	14091.0
建筑业		990.0			
土木工程建筑业		990.0			
批发和零售业	533837.0	444628.0	20.1		2224.0
批发业	199878.0	350707.0	-43.0		
零售业	333959.0	93921.0	255.6		2224.0
交通运输、仓储和邮政业	1601577.0	1624914.0	-1.4	564639.0	326397.0
铁路运输业	28510.0	38000.0	-25.0	1210.0	
道路运输业	1309180.0	1494972.0	-12.4	563229.0	326197.0
航空运输业	129000.0				
装卸搬运和运输代理业	41511.0	29401.0	41.2		
仓储业	93376.0	62541.0	49.3	200.0	200.0
住宿和餐饮业	236895.0	175807.0	34.7		500.0
住宿业	222042.0	175807.0	26.3		500.0
餐饮业	14853.0				

投资项目资金来源状况

单位：万元

增长速度（%）	国内贷款	上年同期	增长速度（%）	债 券	上年同期	增长速度（%）
	12000.0	4000.0	200.0			
	3800.0	1000.0	280.0			
	3000.0					
	2968.0	3000.0	-1.1			
191.7	42100.0	46194.0	-8.9			
	15500.0	12800.0	21.1			
	8000.0	5000.0	60.0			
		500.0				
	4300.0					
		6200.0				
	5000.0					
	2000.0					
-14.6	284103.0	303885.0	-6.5	99590.0		
226.4	284103.0	303885.0	-6.5	99590.0		
-98.3						
181.3						
	19500.0	21600.0	-9.7			
	18500.0	21600.0	-14.4			
	1000.0					
73.0	280620.0	346030.0	-18.9			
	17120.0	20000.0	-14.4			
72.7	261000.0	325030.0	-19.7			
	2500.0	1000.0	150.0			
	12300.0					
	12300.0					

500万元以上固定资产

5-6 续表3

（2014年）

指 标 名 称	利用外资	上年同期	增长速度（%）	自筹资金	上年同期
化学原料和化学制品制造业				152718.0	126927.0
医药制造业				221983.0	23775.0
化学纤维制造业				6800.0	850.0
橡胶和塑料制品业				43273.0	27935.0
非金属矿物制品业				767250.0	466613.0
黑色金属冶炼和压延加工业		3000.0		106899.0	74894.0
有色金属冶炼和压延加工业				50240.0	38827.0
金属制品业				80134.0	142974.0
通用设备制造业				265672.0	139857.0
专用设备制造业				126625.0	33611.0
汽车制造业				78454.0	82043.0
铁路、船舶、航空航天和其他运输设备制造业				38260.0	80325.0
电气机械和器材制造业				51558.0	60069.0
计算机、通信和其他电子设备制造业				34600.0	
仪器仪表制造业					5590.0
其他制造业				1000.0	
废弃资源综合利用业				38100.0	12623.0
电力、热力、燃气及水生产和供应业		12974.0		353744.0	219212.0
电力、热力生产和供应业		12974.0		271908.0	160326.0
燃气生产和供应业				44573.0	28717.0
水的生产和供应业				37263.0	30169.0
建筑业					990.0
土木工程建筑业					990.0
批发和零售业				473637.0	420804.0
批发业				141678.0	329107.0
零售业				331959.0	91697.0
交通运输、仓储和邮政业				544105.0	949887.0
铁路运输业				10180.0	18000.0
道路运输业				275738.0	841445.0
航空运输业				129000.0	
装卸搬运和运输代理业				41511.0	29401.0
仓储业				87676.0	61041.0
住宿和餐饮业				220795.0	175307.0
住宿业				205942.0	175307.0
餐饮业				14853.0	

投资项目资金来源状况

单位：万元

增长速度（%）	各项应付款合计	上年同期	增长速度（%）	#工程款	上年同期	增长速度（%）
20.3	100.0			100.0		
833.7	9500.0	7300.0	30.1	140.0		
700.0						
54.9	9900.0					
64.4	104968.0	10972.0	856.7	44760.0	5369.0	733.7
42.7	50000.0					
29.4	37290.0	4259.0	775.6	4620.0	4259.0	8.5
-44.0	6050.0	2740.0	120.8	6050.0	2740.0	120.8
90.0	13000.0	5957.0	118.2	11000.0	957.0	1049.4
276.7	108100.0			108100.0		
-4.4	1974.0	500.0	294.8	200.0	500.0	-60.0
-52.4		3200.0				
-14.2	3000.0					
201.8	1000.0	4500.0	-77.8	886.0	4500.0	-80.3
61.4	60923.0	7450.0	717.8	15400.0	7450.0	106.7
69.6	50486.0	7450.0	577.7	9200.0	7450.0	23.5
55.2	3415.0			200.0		
23.5	7022.0			6000.0		
12.6	296716.0	19300.0	1437.4	253015.0		
-57.0	108500.0			108500.0		
262.0	188216.0	19300.0	875.2	144515.0		
-42.7	593308.0	626055.0	-5.2	581.0	22418.0	-97.4
-43.4						
-67.2	579402.0	617055.0	-6.1	481.0	22418.0	-97.9
41.2						
43.6	13906.0	9000.0	54.5	100.0		
25.9	28880.0	8855.0	226.1	27423.0	6780.0	304.5
17.5	28880.0	8855.0	226.1	27423.0	6780.0	304.5

500万元以上固定资产

5-6 续表4

（2014年）

指 标 名 称	本年资金来源小计	上年同期	增长速度（%）	国家预算资金	上年同期
信息传输、软件和信息技术服务业	1871.0			1871.0	
互联网和相关服务	1871.0			1871.0	
金融业		6000.0			
资本市场服务		6000.0			
房地产业	132523.0	331734.0	-60.1	16950.0	23756.0
租赁和商务服务业	154117.0	24154.0	538.1	29954.0	9000.0
商务服务业	154117.0	24154.0	538.1	29954.0	9000.0
科学研究和技术服务业	29175.0	73413.0	-60.3	967.0	363.0
研究和试验发展	19538.0	73050.0	-73.3		
专业技术服务业	9637.0	363.0	2554.8	967.0	363.0
水利、环境和公共设施管理业	1515385.0	1062345.0	42.6	412226.0	260775.0
水利管理业	239456.0	341044.0	-29.8	115731.0	168569.0
生态保护和环境治理业	48451.0	73962.0	-34.5	8211.0	6710.0
公共设施管理业	1227478.0	647339.0	89.6	288284.0	85496.0
居民服务、修理和其他服务业	20050.0	5452.0	267.8	2800.0	
居民服务业	12550.0				
机动车、电子产品和日用产品修理业	4700.0	5452.0	-13.8		
其他服务业	2800.0			2800.0	
教育	204958.0	118282.0	73.3	136649.0	42228.0
卫生和社会工作	77278.0	50023.0	54.5	22743.0	4800.0
卫生	55728.0	41098.0	35.6	13293.0	4800.0
社会工作	21550.0	8925.0	141.5	9450.0	
文化、体育和娱乐业	442930.0	499380.0	-11.3	500.0	8069.0
广播、电视、电影和影视录音制作业	15000.0	16000.0	-6.3		
文化艺术业	262719.0	218341.0	20.3	500.0	3959.0
体育	89501.0	122351.0	-26.8		4110.0
娱乐业	75710.0	142688.0	-46.9		
公共管理、社会保障和社会组织	33027.0	43834.0	-24.7	25463.0	21156.0
国家机构	27994.0	21597.0	29.6	20930.0	15577.0
群众团体、社会团体和其他成员组织	4633.0	1908.0	142.8	4533.0	1579.0
基层群众自治组织	400.0	20329.0	-98.0		4000.0
项目个数（个）					
施工项目个数	1287.0	1301.0	-1.1	1287.0	1301.0
#亿元以上项目	435.0	380.0	14.5	435.0	380.0
#本年新开工	860.0	822.0	4.6	860.0	822.0
本年投产项目个数	929.0	874.0	6.3	929.0	874.0

投资项目资金来源状况

单位：万元

增长速度（%）	国内贷款	上年同期	增长速度（%）	债 券	上年同期	增长速度（%）
-28.6	6671.0	10086.0	-33.9			
232.8						
232.8						
166.4	1000.0					
166.4	1000.0					
58.1	700.0	56200.0	-98.8			
-31.3		38400.0				
22.4						
237.2	700.0	17800.0	-96.1			
223.6						
373.8	16800.0	13203.0	27.2			
176.9	16800.0	13203.0	27.2			
-93.8						
-87.4						
20.4						
34.4						
187.1						
-1.1	1287.0	1301.0	-1.1	1287.0	1301.0	-1.1
14.5	435.0	380.0	14.5	435.0	380.0	14.5
4.6	860.0	822.0	4.6	860.0	822.0	4.6
6.3	929.0	874.0	6.3	929.0	874.0	6.3

500万元以上固定资产

5-6 续表5

（2014年）

指标名称	利用外资	上年同期	增长速度（%）	自筹资金	上年同期
信息传输、软件和信息技术服务业					
互联网和相关服务					
金融业					6000.0
资本市场服务					6000.0
房地产业				95715.0	266603.0
租赁和商务服务业				117313.0	15154.0
商务服务业				117313.0	15154.0
科学研究和技术服务业				27198.0	73050.0
研究和试验发展				19538.0	73050.0
专业技术服务业				7660.0	
水利、环境和公共设施管理业	4750.0	3000.0	58.3	1053126.0	728894.0
水利管理业				107930.0	124759.0
生态保护和环境治理业	4750.0	3000.0	58.3	28579.0	64252.0
公共设施管理业				916617.0	539883.0
居民服务、修理和其他服务业				17250.0	5452.0
居民服务业				12550.0	
机动车、电子产品和日用产品修理业				4700.0	5452.0
其他服务业					
教育				68209.0	75734.0
卫生和社会工作				37735.0	32020.0
卫生				25635.0	23095.0
社会工作				12100.0	8925.0
文化、体育和娱乐业				442430.0	486311.0
广播、电视、电影和影视录音制作业				15000.0	16000.0
文化艺术业				262219.0	209382.0
体育				89501.0	118241.0
娱乐业				75710.0	142688.0
公共管理、社会保障和社会组织				7564.0	22678.0
国家机构				7064.0	6020.0
群众团体、社会团体和其他成员组织				100.0	329.0
基层群众自治组织				400.0	16329.0
项目个数（个）					
施工项目个数	1287.0	1301.0	-1.1	1287.0	1301.0
#亿元以上项目	435.0	380.0	14.5	435.0	380.0
#本年新开工	860.0	822.0	4.6	860.0	822.0
本年投产项目个数	929.0	874.0	6.3	929.0	874.0

投资项目资金来源状况

单位：万元

增长速度（%）	各项应付款合计	上年同期	增长速度（%）	#工程款	上年同期	增长速度（%）
-64.1	6400.0	13404.0	-52.3	6300.0	13104.0	-51.9
674.1		4453.0			2003.0	
674.1		4453.0			2003.0	
-62.8	1260.0			1130.0		
-73.3						
44.5	84902.0	26662.0	218.4	41300.0	22800.0	81.1
-13.5	59517.0			22000.0		
-55.5	1685.0					
69.8	23700.0	26662.0	-11.1	19300.0	22800.0	-15.4
216.4		1000.0			1000.0	
-13.8						
		1000.0			1000.0	
-9.9	6500.0			6500.0		
17.8	32156.0	5979.0	437.8	20646.0	5979.0	245.3
11.0	22706.0	5979.0	279.8	20646.0	5979.0	245.3
35.6	9450.0					
-9.0	4000.0	11540.0	-65.3	2000.0	11540.0	-82.7
-6.3						
25.2	2000.0	11540.0	-82.7	2000.0	11540.0	-82.7
-24.3	2000.0					
-46.9						
-66.6	10762.0	1220.0	782.1	10349.0	1220.0	748.3
17.3	10762.0	1220.0	782.1	10349.0	1220.0	748.3
-69.6						
-97.6						
-1.1	1287.0	1301.0	-1.1	1287.0	1301.0	-1.1
14.5	435.0	380.0	14.5	435.0	380.0	14.5
4.6	860.0	822.0	4.6	860.0	822.0	4.6
6.3	929.0	874.0	6.3	929.0	874.0	6.3

5-7 固定资产新增生产能力表

（2014年） 单位：万元

指标名称	单位	建设规模	本年施工规模	本年新开工	累计生产能力（或效益）	本年新增	项目个数
原煤开采	**万吨/年**	**35**	**35**	**5**	**5**	**5**	**1**
采矿业	万吨/年	35	35	5	5	5	1
烟煤和无烟煤开采洗选	万吨/年	35	35	5	5	5	1
铁矿开采(原矿)	**万吨/年**	**1414**	**1157**	**960**	**1250**	**940**	**44**
采矿业	万吨/年	1414	1157	960	1250	940	44
铁矿采选	万吨/年	1384	1127	930	1220	910	43
其他黑色金属矿采选	万吨/年	30	30	30	30	30	1
铁矿选矿处理原矿量	**万吨/年**	**2700**	**2320**	**1948**	**2498**	**2148**	**23**
采矿业	万吨/年	2700	2320	1948	2498	2148	23
铁矿采选	万吨/年	2700	2320	1948	2498	2148	23
钢材	**万吨/年**	**50**	**50**		**50**		**1**
制造业	万吨/年	50	50		50		1
钢压延加工	万吨/年	50	50		50		1
铜采矿(原矿)	**万吨/年**	**39**	**20**	**20**	**20**	**20**	**1**
采矿业	万吨/年	39	20	20	20	20	1
稀有稀土金属矿采选	万吨/年	39	20	20	20	20	1
水力发电	**万千瓦时**	**181**	**180**				**2**
电力、热力、燃气及水生产和供应业	万千瓦时	181	180				2
电力生产	万千瓦时	181	180				2
风力发电	**万千瓦时**	**87**	**59**	**28**	**77**	**29**	**10**
电力、热力、燃气及水生产和供应业	万千瓦时	87	59	28	77	29	10
电力生产	万千瓦时	87	59	28	77	29	10
太阳能发电	**万千瓦时**	**13**	**8**	**8**	**8**	**8**	**2**
电力、热力、燃气及水生产和供应业	万千瓦时	13	8	8	8	8	2
电力生产	万千瓦时	13	8	8	8	8	2
其他发电	**万千瓦时**	**3**	**3**	**3**	**3**	**3**	**1**
电力、热力、燃气及水生产和供应业	万千瓦时	3	3	3	3	3	1
电力生产	万千瓦时	3	3	3	3	3	1
白酒	**万吨/年**	**7**	**5**	**5**	**7**	**5**	**3**
酒的制造	万吨/年	7	5	5	7	5	3
新建铁路里程	**公里**	**145**	**145**				**2**

固定资产新增生产能力表

5-7 续表1　　（2014年）　　单位：万元

指标名称	单位	建设规模	本年施工规模	本年新开工	累计生产能力（或效益）	本年新增	项目个数
铁路货物运输	公里	145	145				2
新建公路	**公里**	**299**	**79**	**34**	**33**	**33**	**10**
公路旅客运输	公里	204	20				1
道路货物运输	公里	34	34	34	33	33	7
道路运输辅助活动	公里	61	25				2
#高速公路	公里	204	20				1
二级公路	公里	70	34	9	8	8	3
改建公路	**公里**	**755**	**755**	**755**	**753**	**753**	**13**
公路旅客运输	公里	339	339	339	339	339	1
道路货物运输	公里	95	95	95	95	95	7
道路运输辅助活动	公里	321	321	321	319	319	5
#一级公路	公里	25	25	25	23	23	2
二级公路	公里	300	300	300	300	300	6
新建独立公路桥梁	**延长米**	**846**	**846**	**846**	**846**	**846**	**4**
道路货物运输	延长米	846	846	846	846	846	4
新建独立公路桥梁	座	4	4	4	4	4	4
新建独立公路隧道	**延长米**	**5699**	**5699**		**5699**		**1**
道路运输辅助活动	延长米	5699	5699		5699		1
新建独立公路隧道	座	2	2		2		1

5-8 分县区全社会固定资产投资及增速

（2014年）

单位：万元

县区名称	全社会固定资产投资额		固定资产投资额		#城乡建设项目投资		房地产		农户投资额	
	绝对额	比上年增长%	绝对额	比上年增长%	绝对额	比上年增长%	绝对额	比上年增长%	绝对额	比上年增长%
全市	14271480	16.3	14027065	17.0	12636298	19.1	1390767	-1.3	244415	-1.5
双桥区	751878	-21.3	751878	-21.3	112721	-56.3	639157	-8.4		
高新区	200312	34.1	200312	34.1	117809	36.4	82503	30.9		
双滦区	1512310	20.8	1512310	20.8	1387495	30.7	124815	-34.4		
营子区	240280	21.3	238528	21.0	238528	21.0			1752	75.2
承德县	1570935	16.3	1540935	16.5	1466895	14.1	74040	104.3	30000	7.1
兴隆县	1336152	16.1	1316152	16.3	1270323	15.9	45829	28.7	20000	
平泉县	1612916	19.5	1576851	19.9	1510286	30.6	66565	-58.2	36065	5
滦平县	1583577	18.8	1563077	20.7	1523916	19.0	39161	164.4	20500	-46.1
隆化县	1316509	24.6	1295809	25.0	1219537	26.1	76272	10.1	20700	3.5
丰宁县	1546179	16.0	1516079	15.8	1392415	12.4	123664	74.7	30100	28.1
宽城县	1575432	21.2	1519432	22.2	1485920	24.0	33512	-25.3	56000	-1.8
围场县	1025000	22.0	995702	22.4	910453	15.9	85249	206.7	29298	11.1

5-9 分县区固定资产投资（不含农户）完成情况

（2014年）

单位：万元

县区名称	合计	城镇	非农户
全市	12636298	8743677	3892621
市辖区	1088000	1088000	
双桥区	113571	111571	2000
双滦区	1330345	1096955	233390
营子区	238528	206932	31596
承德县	1466895	741962	724933
兴隆县	1270323	1164313	106010
平泉县	1510286	713373	796913
滦平县	1339645	443652	895993
隆化县	1112713	892797	219916
丰宁县	652660	490558	162102
宽城县	1485920	1213160	272760
围场县	910453	475160	435293
市直单位	116959	105244	11715

六
房地产

6-1 房地产开发项目投资完成情况

（2014年）

单位：万元

县区名称	计划总投资	自开始建设累计完成投资	本年完成投资	按构成分					
				建筑工程	安装工程	设备工器具购置	其他费用	#旧建筑物购置费	土地购置费
全市	5606267	4488177	1390767	1085342	119288	25491	160646	13171	104512
双桥区	3078234	2604557	721660	578148	68413	12054	63045	5936	36653
双滦区	501390	476612	124815	107321	16720	150	624		424
营子区									
承德县	233609	135495	74040	49131	7193	3520	14196		5396
兴隆县	236339	220064	45829	30915	737		14177	7075	7102
平泉县	339376	226693	66565	58649	1733	1403	4780		2680
滦平县	113437	51656	39161	13763	3502	372	21524	100	16672
隆化县	182730	174520	76272	50823	10300	7120	8029		1374
丰宁县	410406	194312	123664	89858	1200	80	32526		32526
宽城县	214890	197504	33512	33512					
围场县	295856	206764	85249	73222	9490	792	1745	60	1685

6-1 续表1

单位：万元

县区名称	按工程用途分							本年新增固定资产
	住宅	#90平方米以下	#144平方米以上	#别墅、高档公寓	办公楼	商业营业用房	其他	
全市	977303	298198	79918	4973	43900	255028	114536	700203
双桥区	538748	144487	53904	4953	30282	107114	45516	447205
双滦区	41207	26861	400	20	3810	57400	22398	14079
营子区								
承德县	47144	12802	89		200	23903	2793	5013
兴隆县	32522	17289			8	3454	9845	24732
平泉县	55873	8700	610		300	8212	2180	32571
滦平县	29446	928	1983		4671	2074	2970	
隆化县	55862	11527			2539	8830	9041	32702
丰宁县	91477	37700	15367		2090	20920	9177	49048
宽城县	20247	1540	4885			10664	2601	30457
围场县	64777	36364	2680			12457	8015	64396

6-2 房屋施工、销售

（2014年）

县区名称	房屋施工面积	住宅	#90平方米及以下	#144平方米以上	#别墅、高档公寓	办公楼	商业营业用房	其他房屋
全市	16034354	12176494	3090830	1110376	30415	208001	2377459	1272400
双桥区	8077403	6107217	1570204	741769	27815	150468	1107477	712241
双滦区	1541276	1028006	559762	7474	2600	25963	387696	99611
营子区								
承德县	968148	777877	158112	41116		593	135528	54150
兴隆县	965297	768784	230851			6216	131930	58367
平泉县	1041965	956528	141861	54393		1573	83864	
滦平县	288053	236784	3938	7730		4671	18351	28247
隆化县	666801	437350	104750			16114	105129	108208
丰宁县	1160621	900438	100333	65091		2403	142751	115029
宽城县	585083	389305	46165	183197			162862	32916
围场县	739707	574205	174854	9606			101871	63631

6-2 续表1

县区名称	住宅	#90平方米及以下	#144平方米以上	#别墅、高档公寓	办公楼	商业营业用房	其他房屋	不可销售面积
全市	1781629	511911	115238		98264	292918	301884	95129
双桥区	930383	261583	33283		82150	112762	227779	76465
双滦区						14447		
营子区								
承德县								
兴隆县	97432	9665				35206	8466	
平泉县	117583	35453	22200					
滦平县								
隆化县	138100	47422			16114	13865	10900	400
丰宁县	13486					8389	2056	
宽城县	76317	22120	51197			48249		18264
围场县	408328	135668	8558			60000	52683	

及待售情况

单位：平方米、套、万元

本年新开工面积	住宅	#90平方米及以下	#144平方米以上	#别墅、高档公寓	办公楼	商业营业用房	其他房屋	本年房屋竣工面积
3325131	2384673	253866	225736	11851	78730	636599	225129	2474695
980600	698894	32593	151324	9251	38701	195687	47318	1353074
253794	83094	55161	5350	2600	16778	148364	5558	14447
455026	318008	6644	2970		593	121204	15221	
117114	98113	42881				1281	17720	141104
484007	407341	55007	23976		1573	75093		117583
205876	171418	3938	7730		4671	15784	14003	
141137	72513	27536			15914	9312	43398	178979
586061	457112	15506	33228		500	48094	80355	23931
								124566
101516	78180	14600	1358			21780	1556	521011

单位：平方米、套、万元

住宅	#90平方米及以下	#144平方米以上	#别墅、高档公寓	办公楼	商业营业用房	其他房屋	本年住宅竣工套数	#90平方米及以下
51902	380	300		200	40228	2799	18192	7268
51902	380	300			21964	2599	9046	3736
							939	120
							1296	544
				200		200	1309	624
							113	
					18264		561	248
							4928	1996

房屋施工、销售

6-2 续表2

（2014年）

县区名称	#144平方米以上	#别墅、高档公寓	本年房屋竣工价值	住宅	#90平方米及以下	#144平方米以上	#别墅、高档公寓	办公楼
全市	662		585089	408455	127744	28875		32086
双桥区	203		402375	274226	78328	9736		29527
双滦区			1000					
营子区								
承德县								
兴隆县			24574	17851	1835			
平泉县	150		25015	25015	7605	4500		
滦平县								
隆化县			30204	22751	9754			2559
丰宁县			7168	4039				
宽城县	288		30457	17737	4253	12734		
围场县	21		64296	46836	25969	1905		

6-2 续表3

县区名称	其他房屋	批准预售住宅套数	#90平方米及以下	#144平方米以上	#别墅、高档公寓	房屋出租面积	商品房屋销售面积
全市	121638	18963	4042	1105	120		3202509
双桥区	20389	9414	2040	518	120		815583
双滦区							269682
营子区							
承德县	8441	2537	61				274188
兴隆县		44	6				183625
平泉县		1638	468	8			584855
滦平县	981	64					132240
隆化县	7900	1309	624				202013
丰宁县	82411	2189	200	278			301813
宽城县		1169	631	288			331371
围场县	1516	599	12	13			107139

及待售情况

单位：平方米、套、万元

商业营业用房	其他房屋	本年批准预售面积	住宅	#90平方米及以下	#144平方米以上	#别墅、高档公寓	办公楼	商业营业用房
72710	71838	2586134	2050496	305851	177718	36715	13219	400781
39449	59173	1096746	1006261	150756	77673	36715		70096
1000		6951						6951
		425625	271160	4525				146024
5024	1699	50523	6070	477			1268	43185
		172134	170415	39460	1776			1719
		9696	7870					845
2550	2344	157144	124023	47422			11356	13865
2515	614	397963	265791	16074	44483		595	49166
12720		188160	126997	46165	51380			61163
9452	8008	81192	71909	972	2406			7767

单位：平方米、套、万元

住宅	#90平方米及以下	#144平方米以上	#别墅、高档公寓	办公楼	商业营业用房	其他房屋	#现房销售面积	住宅
2763084	554616	362302	29372	13342	378569	47514	847555	693547
762682	230971	91382	29372	11439	16346	25116	88452	74703
130205	16684				134477	5000		
222414	24039	2014			41472	10302	56763	43479
156716	69688	507			26909		41079	26047
531708	73906	61599			53147		306065	255487
111693	47572				20547		82957	62410
193473	64665	1150			6540	2000	70052	61512
249708	12460	37983		1903	48146	2056		
300639	3458	164269			28985	1747	147724	118739
103846	11173	3398			2000	1293	54463	51170

房屋施工、销售

6-2 续表4 （2014年）

县区名称	#90平方米及以下	#144平方米以上	#别墅、高档公寓	办公楼	商业营业用房	其他房屋	#期房销售面积	住宅
全　市	**120303**	**164415**		**4158**	**139579**	**10271**	**2354954**	**2069537**
双桥区	18778	3291		4158	6937	2654	727131	687979
双滦区							269682	130205
营子区								
承德县					8960	4324	217425	178935
兴隆县	9426				15032		142546	130669
平泉县	28224	49137			50578		278790	276221
滦平县	47572				20547		49283	49283
隆化县	6300	1000			6540	2000	131961	131961
丰宁县							301813	249708
宽城县		108029			28985		183647	181900
围场县	10003	2958			2000	1293	52676	52676

6-2 续表5

县区名称	#144平方米以上	#别墅、高档公寓	办公楼	商业营业用房	其他房屋	#现房销售额	住宅	#90平方米及以下
全　市	**148557**	**17623**	**10302**	**207113**	**17462**	**335949**	**251189**	**44460**
双桥区	43519	17623	8780	18798	10159	41921	32581	7955
双滦区				47969	2250			
营子区								
承德县	710			17580	1911	17561	12861	
兴隆县	218			22780		20539	9920	3454
平泉县	21262			27887		108323	82321	6842
滦平县				13400		42036	28636	21338
隆化县	490			6340	1000	32397	25057	2520
丰宁县	20205		1522	39153	1125			
宽城县	60871			10224	864	54970	44746	
围场县	1282			2982	153	18202	15067	2351

及待售情况

单位：平方米、套、万元

#90平方米及以下	#144平方米以上	#别墅、高档公寓	办公楼	商业营业用房	其他房屋	商品销售额	住宅	#90平方米及以下
434313	197887	29372	9184	238990	37243	1394690	1159813	239273
212193	88091	29372	7281	9409	22462	416758	379021	115041
16684				134477	5000	101257	51038	7641
24039	2014			32512	5978	93174	73683	8747
60262	507			11877		81906	59126	26113
45682	12462			2569		226895	199008	25912
						65188	51788	21338
58365	150					85023	77683	25321
12460	37983		1903	48146	2056	156105	114305	5457
3458	56240				1747	127090	116002	812
1170	440					41294	38159	2891

单位：平方米、套、万元

#144平方米以上	#别墅、高档公寓	办公楼	商业营业用房	其他房屋	#期房销售面积	住宅	#90平方米及以下	#144平方米以上	#别墅、高档公寓
55830		2871	79257	2632	1058741	908624	194813	92727	17623
2172		2871	5698	771	374837	346440	107086	41347	17623
					101257	51038	7641		
			3992	708	75613	60822	8747	710	
			10619		61367	49206	22659	218	
15848			26002		118572	116687	19070	5414	
			13400		23152	23152			
432			6340	1000	52626	52626	22801	58	
					156105	114305	5457	20205	
36314			10224		72120	71256	812	24557	
1064			2982	153	23092	23092	540	218	

房屋施工、销售

6-2 续表6

（2014年）

县区名称	办公楼	商业营业用房	其他房屋	商品住宅销售套数	#90平方米及以下	#144平方米以上	#别墅、高档公寓	#现房销套数
全市	**7431**	**127856**	**14830**	**25608**	**7763**	**2128**	**97**	**5942**
双桥区	5909	13100	9388	7672	3323	597	97	661
双滦区		47969	2250	1536	459			
营子区								
承德县		13588	1203	2129	298	12		438
兴隆县		12161		1576	806	3		248
平泉县		1885		4581	900	370		2135
滦平县				1038	530			658
隆化县				1952	1082	6		628
丰宁县	1522	39153	1125	2158	140	234		
宽城县			864	1955	46	893		647
围场县				1011	179	13		527

6-2 续表7

县区名称	#144平方米以上	#别墅、高档公寓	办公楼	商业营业用房	其他房屋	#待售1-3年（含1年）
全市	**41243**	**27483**	**99992**	**275251**	**138008**	**475324**
双桥区	12584	1269	93722	52941	41678	146142
双滦区						
营子区						
承德县		3092		35067	12421	65975
兴隆县			5150	42331	12763	56426
平泉县	11158		700	32499	13530	38713
滦平县					9455	
隆化县			420	41779	41437	116671
丰宁县						
宽城县	11301	23122		7534	300	37412
围场县	6200			63100	6424	13985

及待售情况

单位：平方米、套、万元

#90平方米及以下	#144平方米以上	#别墅、高档公寓	#期房销售套数	#90平方米及以下	#144平方米以上	#别墅、高档公寓	待售面积	住宅	#90平方米及以下
1511	896		19666	6252	1232	97	1430337	917086	226062
220	19		7011	3103	578	97	415373	227032	58005
			1536	459					
			1691	298	12		94173	46685	970
118			1328	688	3		149830	89586	13770
376	297		2446	524	73		108508	61779	10
530			380				9455		
106	5		1324	976	1		161144	77508	27642
			2158	140	234				
	565		1308	46	328		53624	45790	
161	10		484	18	3		438230	368706	125665

单位：平方米、套、万元

住宅	#90平方米及以下	#144平方米以上	#别墅、高档公寓	办公楼	商业营业用房	其他房屋
225998	48267	10245	26214	32690	132230	84406
87285	10631	629		27540	16515	14802
35418	970		3092		22644	7913
14031	9014			5150	37245	
10	10				25173	13530
53215	27642				22019	41437
33578		9616	23122		3534	300
2461					5100	6424

6-3 房地产开发企

（2014年）

县区名称	期初存货	期末资产负债					
		流动资产	#应收账款	#存货	固定资产	固定资产原价	累计折旧
全市	2619988.4	5583768.2	327006.7	3425545.8	82063.4	101537.9	28505.5
双桥区	1426688.7	2986324.4	85698.5	1970029.7	24688	37758	14218.2
双滦区	212629.4	361491.4	10984	274266.4	3649	5110.1	1484.8
营子区	1405.6	4856.1	512.7	1320.8	199.7	533.4	333.7
承德县	191201.2	382906.4	13460.7	228553.1	8966.3	10762.1	2125.6
兴隆县	149701.4	276414.5	30428.7	194156.9	727.3	1471.1	745.6
平泉县	178636.7	328330.8	74603.8	154891.9	7390.3	9483.5	2105.8
滦平县	46919.7	163280.6	3760.8	69986.4	1466.1	2016.9	603.8
隆化县	43163.8	150412.9	13293.4	25345.6	7798.1	8215.1	814.6
丰宁县	84722.3	241304.5	38521.4	145061.3	12964	10566.4	2168.3
宽城县	201964.6	471891.7	21644.8	280127.9	7525	9218.2	1741.8
围场县	82955	216554.9	34097.9	81805.8	6689.6	6403.1	2163.3

6-3续表1

县区名称	#实收资本	损益及分配					
		营业收入	#主营业务收入	#土地转让收入	#商品房屋销售收入	#房屋出租收入	#其他收入
全市	617450.4	1045110.6	1035091.9	1513.4	1021098.6	11010.9	1469
双桥区	221852.5	376622	376154.4	673.4	374915.1	555.9	10
双滦区	53900	116814.1	116814.1		116443.2	370.8	0.1
营子区	3720	620.7	620.7		620.7		
承德县	108780	40206.7	39298		38564.7	329.3	404
兴隆县	30245.5	75093.9	75093.9		75081.9		12
平泉县	35054	151715.3	148926.7		148926.7		
滦平县	31428.8	31865.8	31865.8	20	31843.3	2.5	
隆化县	12156	79412.8	73644.8	820	65762.6	6062	1000.2
丰宁县	30524.9	28202.9	28202.9		28090.4	112.5	
宽城县	47608.7	92262.5	92176.7		91938.3	195.7	42.7
围场县	42180	52293.9	52293.9		48911.7	3382.2	

业财务状况

单位：万元

期末资产负债							
#本年折旧	在建工程	资产总计	流动负债	#应付账款	非流动负债	负债合计	所有者权益
8389.6	136790.1	6001704.7	4724375.8	602673	312886.8	5037262.6	964442.1
3178.7	74174.8	3102871.8	2446041.6	317796.2	262790.2	2708831.8	394040
334	20638.1	434802.6	352058.9	38888.4	11253.7	363312.6	71490
50.1		5901.3	843.2	-889.7		843.2	5058.1
810.8	67.5	414967	312980.3	24923.5	1212.9	314193.2	100773.8
296.3	13532.4	277145.7	233660.6	9656.7	8963.6	242624.2	34521.5
371.3	200	386990.6	283228.1	49420.2	9818	293046.1	93944.5
144.8		167449.5	124475.7	7643		124475.7	42973.8
506.2	3318	184245.4	93441.4	12347.7	10022.3	103463.7	80781.7
1174.1	10875.3	278219	225054.2	33541.6	7615.3	232669.5	45549.5
545.7	10804.1	508495.2	466539.1	78737.5	1130	467669.1	40826.1
977.6	3179.9	240616.6	186052.7	30607.9	80.8	186133.5	54483.1

单位：万元

损益及分配							
营业成本	#主营业务成本	#营业税金及附加	#主营业务税金及附加	其他业务利润	销售费用	管理费用	#税金
815853.5	801406.7	92325.9	89975.4	4454.2	20557.1	58857.6	5276.6
309539.6	306418.9	39231.9	39056.4	405	11271.8	27240.1	3597.1
70965.3	61101	10219.2	9136.7		5267.7	6145.5	457.8
418	418	47.2	47.2			234.2	3.2
29958.3	29859.5	5203.9	4629	722.9	1037.1	5751.7	289.3
61684.3	60710.2	5745.2	5745.2		1114.2	2101.4	130.8
125632.4	125632.4	9258.1	9258.1	2788.6	178.1	4368.7	299
19941.3	19931.2	4447.6	4439.7		854.1	2227.5	96.8
49135.3	49135.3	6988	6988	451.9	171.6	1900.3	128.7
27958.2	27958.2	2290.1	2290.1		316.9	2916	
79479.9	79479.9	4014.9	3541.2	85.8	155.2	3139	60.4
41140.9	40762.1	4879.8	4843.8		190.4	2833.2	213.5

房地产开发企

6-3续表2

（2014年）

县区名称	损益及分配				
	财务费用	#利息收入	#利息支出	资产减值损失	投资收益
全　市	31821	583.6	24314.8	773.3	2117.6
双桥区	16610.1	278.4	12846.9	776	1548
双滦区	4392.5	94.5	4074	-2.7	2.6
营子区	0.1	0.2			
承德县	1473.1	40.5	905.5		87
兴隆县	873.3	21.8	854.6		
平泉县	1356.7	78.3	970.7		75
滦平县	1438.9	12.8	1450.8		
隆化县	2718.2	38.6	834.1		360
丰宁县	519.8	2.1	183.4		
宽城县	1823.7	8	1677		45
围场县	614.6	8.4	517.8		

6-4 房地产开发企业

（2014年）

县区名称	本年资金来源合计				
		上年末结余资金	本年资金来源小计		
				国内贷款	#银行贷款
全　市	1696248	182674	1513574	128918	120153
双桥区	909889	90307	819582	89843	85478
双滦区	96722	7682	89040		
营子区					
承德县	95191	8573	86618	4000	
兴隆县	83976	6325	77651	10000	10000
平泉县	58857	300	58557		
滦平县	37954	8	37946		
隆化县	76975	12815	64160	5900	5500
丰宁县	125462	1978	123484	15000	15000
宽城县	111534	10062	101472	1500	1500
围场县	99688	44624	55064	2675	2675

业财务状况

单位：万元

损益及分配						本年应付职工薪酬(贷方累计发生额)
营业利润	营业外收入	#补贴收入	营业外支出	利润总额	应交所得税	
21571.8	21361.2	1396.6	6998.7	37094.8	19943.9	23467.4
−27265.5	1706.1	1098.2	2073.1	−26832	9702.9	10671
19829.2	1228.5	10	90.3	20967.4	1485.4	3018.6
−78.8				−78.8	5.9	99.7
−3130.4	16941.2		996.7	12814.1	1094.6	1841
4549.6	11.8		75.4	4486	2041.7	1247.1
10996.3	164.3		90.4	11070.2	1908.7	1182.8
2956.4	288.7	286.7	1321.6	1923.5	1045.6	909.4
13183.3	372.2	1.7	−219.5	14135	254.6	1020.1
−5798.1	7		46.2	−5837.3	215.7	1165.7
3694.8	149.6		2376.7	1467.7	1322	1428.4
2635	491.8		147.8	2979	866.8	883.6

资金土地情况

单位：万元

非银行金融机构贷款	自筹资金	#自有资金	股东投入资金	借入资金	#其他资金来源
8765	709982	310281	41888	125945	674674
4365	312481	184022	14611	44400	417258
	47373	42542	1825	565	41667
4000	41314	1000	5500	34814	41304
	25638	18873		300	42013
	27794	956	1928		30763
	36926	15170	8072		1020
400	45572	8800		4000	12688
	102684		8000	14000	5800
	38034	26634	1000	9836	61938
	32166	12284	952	18030	20223

房地产开发企业资金土地情况

6-4续表1　　（2014年）　　单位：万元

县区名称	#定金及预收款	#个人按揭贷款	本年各项应付款合计	#工程款	待开发土地面积（平方米）
全　市	516043	110693	487275	232103	499080
双桥区	354499	37848	142913	87803	99316
双滦区	35027	2639	81722	57434	46333
营子区					
承德县	26572	14690	24196	22743	109574
兴隆县	20133	17890	6465		
平泉县	16642	4464	26576	26576	
滦平县	320	280	9352	660	114376
隆化县	8140	4548	29900	16900	
丰宁县	5800		56204		
宽城县	38413	18858	54405	9405	
围场县	10497	9476	55542	10582	129481

6-4续表2　　单位：万元

县区名称	本年购置土地面积（平方米）	本年土地成交价款	拆迁补偿费	土地使用权出让金	契税
全　市	403328	60894	12840	45508	2651
双桥区	135754	24861	11086	13775	1012
双滦区					
营子区					
承德县	131627	13983	94	13343	532
兴隆县					
平泉县	13000	2000			
滦平县	116682	16360		16360	1037
隆化县					
丰宁县					
宽城县					
围场县	6265	3690	1660	2030	70

七

国内贸易

7-1 历年社会消费品零售额(1949-2014年)

单位：万元

年 份	社会消费品零售额	比上年增长%	年 份	社会消费品零售额	比上年增长%
1949	461		1982	53557	8.4
1950	501	8.7	1983	60627	13.2
1951	890	77.6	1984	75550	24.6
1952	4067	356.9	1985	89801	18.9
1953	6447	58.5	1986	99733	11.1
1954	8104	25.7	1987	118029	18.3
1955	8270	20.1	1988	157538	33.5
1956	9851	19.1	1989	175829	11.6
1957	9744	-1.1	1990	178475	10.5
1958	12620	29.5	1991	201570	29.7
1959	15814	25.3	1992	232482	15.3
1960	16260	2.8	1993	287714	23.8
1961	15259	-6.2	1994	350885	22.0
1962	15654	2.6	1995	450658	28.4
1963	13546	-13.5	1996	519522	15.3
1964	12571	-7.2	1997	592198	14.0
1965	14082	12.0	1998	656325	10.8
1966	14865	6.3	1999	701507	6.9
1967	16374	10.2	2000	763318	8.8
1968	15537	-5.1	2001	813322	6.6
1969	18294	17.7	2002	865245	6.4
1970	20250	10.7	2003	917159	6.0
1971	20865	3.0	2004	1052607	14.8
1972	23957	14.8	2005	1178961 1186000	12.0 12.6
1973	27380	14.3	2006	1328772 1344000	12.7 13.3
1974	28939	5.7	2007	1527893 1554000	15.0 15.6
1975	32258	11.5	2008	1849731 1891780	21.1 21.7
1976	34644	7.4	2009	2181967	18.0
1977	37061	7.0	2010	2546218（2580528）	18.5（18.3）
1978	38450	3.7	2011	2995803（3038803）	17.7（17.8）
1979	42483	10.5	2012	3459219（3497219）	15.5（15.1）
1980	46361	9.1	2013	3925745（3969745）	13.5（13.5）
1981	49408	6.6	2014	4418911.8（4468439.2）	12.6（12.6）

注：1. 黑体字数据为第二次经济普查修订后数据。
2. 括号内的数据为国家贸易统计制度改革口径调整前数据，即在行业分组中含“其他行业”数据。

7-2 社会消费品零售总额

单位：万元

指标名称	2014年	2013年	比上年增长%
社会消费品零售额	4418911.8(4468439.2)	3925745 (3969745)	12.6 (12.6)
城镇	3064976	2824632	12.5
#城区	1086952	1058526	9.8
乡村	1353936	1101113	12.6

注：括号内的数据为国家贸易统计制度改革口径调整前数据，即在行业分组中含“其他行业”数据。

7-3 限额以上批发零售

（2014年）

指标名称	法人企业数（个）	从业人员期末人数（人）	商品购进额	#进口
全　市	184	17638	1754536.4	14849.2
批发业	80	6678	1186624.5	45.0
按批发行业小类分				
农、林、牧产品批发	6	687	68729.1	45.0
谷物、豆及薯类批发	2	72	18680.6	45.0
种子批发	3	285	14718.6	
饲料批发	1	330	35329.9	
食品、饮料及烟草制品批发	11	1939	292411.8	
米、面制品及食用油批发	1	50	4346.1	
果品、蔬菜批发	1	32	4546.5	
肉、禽、蛋、奶及水产品批发	1	20	3220.1	
酒、饮料及茶叶批发	7	1243	72529.1	
烟草制品批发	1	594	207770.0	
纺织、服装及家庭用品批发	2	42	2581.6	
服装批发	1	9		
化妆品及卫生用品批发	1	33	2581.6	
医药及医疗器材批发	11	685	62192.2	
西药批发	9	525	55753.8	
中药批发	2	160	6438.4	
矿产品、建材及化工产品批发	33	2761	647992.1	
煤炭及制品批发	3	57	13884.5	
石油及制品批发	9	1647	104138.5	
金属及金属矿批发	14	810	491116.7	
建材批发	2	24	5618.8	
化肥批发	2	16	3383.8	
其他化工产品批发	3	207	29849.8	
机械设备、五金产品及电子产品批发	16	539	110441.8	
汽车批发	8	216	44254.0	
其他机械设备及电子产品批发	8	323	66187.8	
其他批发业	1	25	2275.9	
再生物资回收与批发	1	25	2275.9	
按登记注册类型分				
内资企业	80	6678	1186624.5	45.0
国有企业	3	648	207770.0	
有限责任公司	33	3094	426424.7	45.0
国有独资公司	1	41	9261.7	
其他有限责任公司	32	3053	417163.0	45.0
股份有限公司	3	1531	73674.7	
私营企业	41	1405	478755.1	

注：限额以上批发业指年主营业务收入2000万元以上的企业，限额以上零售业指年主营业务收入500万以上的企业。

法人企业商品购进、销售和库存

单位：万元

商品销售额	#通过公共网络实现的商品销售额	#使用银行卡支付的商品销售额	批发额		零售额		期末商品库存额	年末零售营业面积（平方米）
				#出口		#通过公共网络实现的商品销售额		
2640725.2	278126.0	368496.3	1769673.3	1387.6	871051.9	14471.2	216386.9	1279249.0
2012408.7	278097.1	301405.6	1754697.6	1357.6	257711.1	251.4	129601.9	731777.0
79529.9	105.2	13763.9	65362.0	35.0	14167.9	251.4	38849.6	3788.0
18224.6	105.2	1923.6	14100.5	35.0	4124.1	251.4	1032.0	130.0
35420.2		11840.3	33141.9		2278.3		28362.6	3610.0
25885.1			18119.6		7765.5		9455.0	48.0
451184.8	272991.9	280264.6	407936.9	150.0	43247.9		19744.9	10759.0
4754.6			4754.6				5652.1	100.0
5586.7			5353.7	150.0	233.0		15.0	80.0
3202.9			3202.9				159.4	450.0
154745.4		5758.0	111730.5		43014.9		3387.3	7462.0
282895.2	272991.9	274506.6	282895.2				10531.1	2667.0
3856.3			3856.3	1172.6			178.1	359.0
1172.6			1172.6	1172.6				199.0
2683.7			2683.7				178.1	160.0
85593.3	5000.0	1473.9	80620.8		4972.5		15945.2	11664.0
58510.1	5000.0	1473.9	53537.6		4972.5		11668.7	7064.0
27083.2			27083.2				4276.5	4600.0
1268984.7		5903.2	1083884.9		185099.8		38823.9	449620.0
13978.2			13978.2				317.7	653.0
558317.6			373217.8		185099.8		24278.7	347942.0
643452.0		5900.0	643452.0				9615.3	71746.0
5465.1			5465.1				1973.7	21000.0
3768.5		3.2	3768.5				549.1	6539.0
44003.3			44003.3				2089.4	1740.0
120733.0			110510.0		10223.0		16043.3	255237.0
55592.2			54394.9		1197.3		3706.0	243547.0
65140.8			56115.1		9025.7		12337.3	11690.0
2526.7			2526.7				16.9	350.0
2526.7			2526.7				16.9	350.0
2012408.7	278097.1	301405.6	1754697.6	1357.6	257711.1	251.4	129601.9	731777.0
282895.2	272991.9	274506.6	282895.2				10531.1	3458.0
641003.3	5105.2	15241.0	582514.3	35.0	58489.0	251.4	72077.0	287629.0
9261.7			9261.7				576.0	120.0
631741.6	5105.2	15241.0	573252.6	35.0	58489.0	251.4	71501.0	287509.0
531382.3		5461.1	351219.3		180163.0		22426.9	344775.0
557127.9		6196.9	538068.8	1322.6	19059.1		24566.9	95915.0

限额以上批发零售

7—3 续表1

（2014年）

指标名称	法人企业数（个）	从业人员期末人数（人）	商品购进额	#进口
私营独资企业	4	63	6450.5	
私营有限责任公司	37	1342	472304.6	
按控股情况分				
国有控股	9	2230	324182.7	45.0
集体控股	5	318	42491.2	
私人控股	53	2675	595838.4	
其他	13	1455	224112.2	
按经营形式分				
独立门店	63	3613	717762.8	45.0
连锁总店	3	1626	234538.8	
连锁门店	1	33	1377.0	
其他	13	1406	232945.9	
按单位规模分				
大型	6	3375	426377.2	
中型	27	2049	534220.2	45.0
小型	41	1163	222276.3	
微型	6	91	3750.8	
零售业	104	10960	567911.9	14804.2
按零售行业分				
综合零售	38	8372	310889.1	1984.9
百货零售	17	3432	102274.8	1984.9
超级市场零售	20	4910	207372.2	
其他综合零售	1	30	1242.1	
食品、饮料及烟草制品专门零售	1	10	1005.6	
酒、饮料及茶叶零售	1	10	1005.6	
纺织、服装及日用品专门零售	4	260	13181.8	
服装零售	2	135	9498.8	
钟表、眼镜零售	2	125	3683.0	
文化、体育用品及器材专门零售	1	293	28549.5	
图书、报刊零售	1	293	28549.5	
医药及医疗器材专门零售	2	306	8659.8	
药品零售	2	306	8659.8	
汽车、摩托车、燃料及零配件专门零售	30	920	167080.1	12819.3
汽车零售	15	749	145322.6	10147.0
摩托车及零配件零售	2	21	976.8	
机动车燃料零售	13	150	20780.7	2672.3
家用电器及电子产品专门零售	28	799	38546.0	

法人企业商品购进、销售和库存

单位：万元

商品销售额	#通过公共网络实现的商品销售额	#使用银行卡支付的商品销售额	批发额	#出口	零售额	#通过公共网络实现的商品销售额	期末商品库存额	年末零售营业面积（平方米）
6892.3			4691.3		2201.0		589.2	2190.0
550235.6		6196.9	533377.5	1322.6	16858.1		23977.7	93725.0
852332.1		276430.2	668498.4	35.0	183833.7	251.4	35178.6	352082.0
48014.0			46144.0		1870.0		4918.6	233951.0
780864.0		18040.4	720569.9	1322.6	60294.1		54983.7	122515.0
331198.6		6935.0	319485.3		11713.3		34521.0	23229.0
896918.3		26899.0	835043.2	1357.6	61875.1	251.4	79633.2	512343.0
755424.9		274506.6	577692.4		177732.5		31466.9	189002.0
1468.6			1255.7		212.9		245.0	500.0
358596.9			340706.3		17890.6		18256.8	29932.0
1121065.8		274506.6	904500.8		216565.0		38688.5	347592.0
635617.8		19225.0	603320.8	185.0	32297.0	251.4	58036.4	292564.0
252148.1		7674.0	243785.6	1172.6	8362.5		32454.6	89400.0
3577.0			3090.4		486.6		422.4	2221.0
628316.5		67090.7	14975.7	30.0	613340.8	14219.8	86785.0	547472.0
376975.5		39101.0	4730.0		372245.5	12563.5	32786.4	423750.0
143607.6		25066.6	4730.0		138877.6	5469.1	8639.2	305243.0
232109.8		14034.4			232109.8	7094.4	24058.2	117054.0
1258.1					1258.1		89.0	1453.0
1085.7					1085.7		681.9	208.0
1085.7					1085.7		681.9	208.0
13397.6		510.0			13397.6		3245.8	16450.0
9301.8		510.0			9301.8		691.0	15600.0
4095.8					4095.8		2554.8	850.0
20317.0					20317.0		8232.5	1300.0
20317.0					20317.0		8232.5	1300.0
10227.8					10227.8		2155.1	9572.0
10227.8					10227.8		2155.1	9572.0
164646.8		23770.9	5962.4	30.0	158684.4	1656.3	26229.5	73074.0
142422.8		18019.5	1560.0		140862.8		24896.6	50538.0
795.5					795.5	336.9	356.3	610.0
21428.5		5751.4	4402.4	30.0	17026.1	1319.4	976.6	21926.0
41666.1		3708.8	4283.3		37382.8		13453.8	23118.0

限额以上批发零售法人

7—3 续表2

（2014年）

指标名称	法人企业数（个）	从业人员期末人数（人）	商品购进额	#进口
家用视听设备零售	14	385	21910.3	
日用家电设备零售	4	97	5020.4	
计算机、软件及辅助设备零售	6	136	6738.1	
通信设备零售	3	166	3327.0	
其他电子产品零售	1	15	1550.2	
按登记注册类型分				
内资企业	103	10630	567911.9	
国有企业	1	12	780.0	
集体企业	1	30	1242.1	
有限责任公司	36	2973	189500.5	
国有独资公司	1	293	28549.5	
其他有限责任公司	35	2680	160951.0	
股份有限公司	6	799	66876.4	
私营企业	59	6816	309512.9	
私营独资企业	6	336	24451.5	
私营有限责任公司	44	5247	257882.6	
私营股份有限公司	9	1233	27178.8	
港、澳、台商投资企业	1	330		
港澳台商独资企业	1	330		
按控股情况分				
国有控股	4	523	33298.4	
集体控股	3	115	5430.8	
私人控股	88	9228	511639.9	
港澳台商控股	1	330		
外商控股				
其他	8	764	17542.8	
按经营形式分				
独立门店	101	10515	559619.2	
连锁总店	2	438	6597.7	
其他	1	7	1695.0	
按单位规模分				
大型	1	1724	106435.1	
中型	45	7826	377689.4	
小型	49	1108	78754.9	
微型	9	302	5032.5	
按零售业态分				
有店铺零售	104	10960	567911.9	
超市	17	1937	70233.2	
大型超市	6	3145	142783.9	
仓储会员店	1	10	511.3	
百货店	16	3347	100023.2	
专业店	38	1419	91689.3	
专卖店	24	968	155489.6	
家居建材商店	1	70	3212.5	
购物中心	1	64	3968.9	

企业商品购进、销售和库存

单位：万元

商品销售额	#通过公共网络实现的商品销售额	#使用银行卡支付的商品销售额	批发额	#出口	零售额	#通过公共网络实现的商品销售额	期末商品库存额	年末零售营业面积（平方米）
22414.2		2098.3	1797.6		20616.6		7618.1	16194.0
5901.6		266.6			5901.6		2471.5	4519.0
6905.4		684.2	733.1		6172.3		1546.4	902.0
5022.7		659.7	819.9		4202.8		1684.8	1323.0
1422.2			932.7		489.5		133.0	180.0
616345.8	28.9	67090.7	14975.7	30.0	601370.1	14219.8	86785.0	539472.0
817.1					817.1		191.0	1000.0
1258.1					1258.1		89.0	1453.0
206506.8		33371.4	2742.6		203764.2		41908.0	177912.0
20317.0					20317.0		8232.5	1300.0
186189.8		33371.4	2742.6		183447.2		33675.5	176612.0
70018.0		3158.2	4730.0		65288.0	11838.9	6829.2	20518.0
337745.8	28.9	30561.1	7503.1	30.0	330242.7	2380.9	37767.8	338589.0
24381.6		2309.0			24381.6	336.9	1413.8	27983.0
285765.0		25137.2	3476.8	30.0	282288.2	1319.4	33933.7	159046.0
27599.2	28.9	3114.9	4026.3		23572.9	724.6	2420.3	151560.0
11970.7					11970.7			8000.0
11970.7					11970.7			8000.0
32642.7					32642.7		10361.7	13900.0
6122.4					6122.4		554.0	11835.0
536990.1	28.9	62718.4	13835.7	30.0	523154.4	14219.8	70471.2	476784.0
11970.7					11970.7			8000.0
40590.6		4372.3	1140.0		39450.6		5398.1	36953.0
618289.6	28.9	66491.7	14975.7	30.0	603313.9	14219.8	82052.7	527000.0
8230.1					8230.1		4712.9	15872.0
1796.8		599.0			1796.8		19.4	4600.0
116837.0		10653.2			116837.0		10986.2	32829.0
421934.3	28.9	43405.7	5992.5		415941.8	5469.1	57695.2	425440.0
84205.5		12166.2	8917.7	30.0	75287.8	8413.8	17117.1	69609.0
5339.7		865.6	65.5		5274.2	336.9	986.5	19594.0
628316.5	28.9	67090.7	14975.7	30.0	613340.8	14219.8	86785.0	547472.0
72673.3	28.9	2113.6			72673.3	7123.3	9297.1	42785.0
165477.5		11936.0			165477.5		15865.4	81469.0
506.9		200.3			506.9		230.5	300.0
141256.1		25051.4	4730.0		136526.1	5440.2	8713.6	300212.0
89423.1		9613.7	6194.3		83228.8	336.9	20080.8	62722.0
152387.5		18019.5	4008.8	30.0	148378.7	1319.4	28817.3	54384.0
2322.3		156.2	42.6		2279.7		1927.8	2000.0
4269.8					4269.8		1852.5	3600.0

7-4 限额以上批发和零售业商品销售分类情况

（2014年）

单位：万元

指标名称	销售额	零售额
全　市	2715153.0	922186.5
粮油、食品、饮料、烟酒类	685419.2	258219.2
粮油、食品类	169571.9	137700.7
#粮油类	59553.0	40396.9
肉禽蛋类	10125.9	32609.1
水产品类	28446.4	10125.9
蔬菜类	17852.8	23092.7
干鲜果品类	44979.1	17852.8
饮料类	470868.2	38857.7
烟酒类	136140.1	81660.8
服装、鞋帽、针纺织品类	92845.5	134967.5
服装类	23141.1	91672.9
鞋帽类	20153.5	23141.1
针、纺织品类	27302.9	20153.5
化妆品类	14803.9	27302.9
金银珠宝类	34993.3	14803.9
日用品类	18412.4	34955.6
#洗涤用品类	7578.7	18394.7
儿童玩具类	9345.4	7303.5
五金、电料类	1216.9	2508.5
体育、娱乐用品类	21946.0	1216.9
书报杂志类	456.3	21946.0
电子出版物及音像制品类	50534.6	456.3
家用电器和音像器材类	95474.6	50262.2
中西药品类	82661.6	16448.1
#西药类	9193.5	12628.1
中草药及中成药类	18064.6	3808.0
文化办公用品类	205.3	18064.6
家具类	5417.9	205.3
通讯器材类	17167.6	4598.0
煤炭及制品类	203.3	
木材及制品类	597809.6	
石油及制品类	68664.1	227955.5
化工材料及制品类	15237.3	
#化肥类	664022.8	
金属材料类	4348.7	
建筑及装潢材料类	50119.6	0.7
机电产品及设备类		1304.1
#农机类	171782.0	
汽车类	35420.2	105362.5
种子饲料类		
棉麻类	4294.1	
其他类	2563.8	1608.7

7-5 限额以上批发和零售法人企业财务状况

（2014年）

单位：万元

指标名称	法人企业数（个）	执行《2006年企业会计准则》企业数（个）	年初存货	期末资产负债		
				流动资产	#应收账款	存货
全市	184	71	174685.0	1071261.7	200694.3	222245.9
批发业	80	37	111172.1	800267.0	163865.1	148324.0
按批发行业分						
农、林、牧产品批发	6	4	21948.4	83796.3	17440.0	41723.1
谷物、豆及薯类批发	2	1	2690.7	6523.7	505.5	5082.9
种子批发	3	2	12614.8	45346.1	1535.1	28362.6
饲料批发	1	1	6642.9	31926.5	15399.4	8277.6
棉、麻批发						
林业产品批发						
牲畜批发						
其他农牧产品批发						
食品、饮料及烟草制品批发	11	8	15938.1	101574.1	11718.5	12355.3
米、面制品及食用油批发	1		105.3	1040.8	567.8	117.7
糕点、糖果及糖批发						
果品、蔬菜批发	1		13.7	3848.7	378.9	13.7
肉、禽、蛋、奶及水产品批发	1	1	159.5	307.0	18.5	159.5
盐及调味品批发						
营养和保健品批发						
酒、饮料及茶叶批发	7	6	2298.7	52514.0	10565.7	3030.4
烟草制品批发	1	1	13360.9	43863.6	187.6	9034.0
其他食品批发						
纺织、服装及家庭用品批发	2	2	280.2	2115.5	1215.5	178.1
纺织品、针织品及原料批发						
服装批发	1	1		1229.7	944.4	
鞋帽批发						
化妆品及卫生用品批发	1	1	280.2	885.8	271.1	178.1
厨房、卫生间用具及日用杂货批发						
灯具、装饰物品批发						
家用电器批发						
其他家庭用品批发						
文化、体育用品及器材批发						
文具用品批发						
体育用品及器材批发						
图书批发						
报刊批发						
音像制品及电子出版物批发						
首饰、工艺品及收藏品批发						
其他文化用品批发						
医药及医疗器材批发	11	5	13872.8	61152.1	39837.3	16149.2
西药批发	9	4	11616.7	32443.7	18356.5	11872.7

限额以上批发和零售

7－5 续表1

（2014年）

指标名称	期末资产负债					
	固定资产	固定资产原价	累计折旧	#本年折旧	在建工程	资产总计
全市	223092.7	312582.2	93417.7	26353.9	19313.4	1899232.7
批发业	144322.3	207771.1	66836.2	17180.3	16231.6	1512103.5
按批发行业分						
农、林、牧产品批发	25470.4	41339.5	15882.7	1909.7	701.3	132581.1
谷物、豆及薯类批发	6072.0	7114.9	1042.9	104.9		14142.4
种子批发	11466.3	15630.1	4163.8	522.5	687.7	77645.5
饲料批发	7932.1	18594.5	10676.0	1282.3	13.6	40793.2
棉、麻批发						
林业产品批发						
牲畜批发						
其他农牧产品批发						
食品、饮料及烟草制品批发	30023.0	43070.7	13313.2	10220.7	988.9	140404.5
米、面制品及食用油批发	621.6	741.9	120.3	33.5		1662.4
糕点、糖果及糖批发						
果品、蔬菜批发	1800.1	1800.1	265.5	72.9	77.9	5779.4
肉、禽、蛋、奶及水产品批发	18.0	22.9	4.9	4.2		325.1
盐及调味品批发						
营养和保健品批发						
酒、饮料及茶叶批发	11027.8	14833.0	3805.2	992.8		68426.3
烟草制品批发	16555.5	25672.8	9117.3	9117.3	911.0	64211.3
其他食品批发						
纺织、服装及家庭用品批发	105.9	207.6	101.7	5.4		2511.0
纺织品、针织品及原料批发						
服装批发	94.8	157.1	62.3			1614.1
鞋帽批发						
化妆品及卫生用品批发	11.1	50.5	39.4	5.4		896.9
厨房、卫生间用具及日用杂货批发						
灯具、装饰物品批发						
家用电器批发						
其他家庭用品批发						
文化、体育用品及器材批发						
文具用品批发						
体育用品及器材批发						
图书批发						
报刊批发						
音像制品及电子出版物批发						
首饰、工艺品及收藏品批发						
其他文化用品批发						
医药及医疗器材批发	5394.7	5446.3	1621.1	221.5	1489.4	68368.7
西药批发	2817.8	4234.1	1496.4	177.5		37029.3

法人企业财务状况

单位：万元

期末资产负债									
流动负债	#应付账款	非流动负债	负债	所有者权益	#实收资本				
						国家资本	集体资本	法人资本	个人资本
983462.5	**302169.1**	**63229.7**	**1049442.7**	**849790.0**	**590899.3**	**340819.7**	**6348.4**	**79583.3**	**162151.8**
754295.2	248120.6	14051.2	769869.9	742233.6	459699.3	340606.3	5212.3	43896.0	69984.7
53614.5	16311.4		53614.5	78966.6	31622.4	1350.0		10272.4	20000.0
5227.5	264.9		5227.5	8914.9	1350.0	1350.0			
26953.7	3991.6		26953.7	50691.8	21000.0			1000.0	20000.0
21433.3	12054.9		21433.3	19359.9	9272.4			9272.4	
63676.9	9102.1		63676.9	76727.6	7658.5			1953.5	5705.0
1239.6			1239.6	422.8	200.0			200.0	
3556.6	66.3		3556.6	2222.8	500.0				500.0
202.2	202.1		202.2	122.9	5.0				5.0
53224.1	7145.1		53224.1	15202.2	5258.0			58.0	5200.0
5454.4	1688.6		5454.4	58756.9	1695.5			1695.5	
1199.3	526.1		1199.3	1311.7	380.0			79.0	301.0
385.0	282.0		385.0	1229.1	300.0				300.0
814.3	244.1		814.3	82.6	80.0			79.0	1.0
62255.6	32011.7	684.6	62940.2	5428.5	8596.3		4442.0	2083.6	2070.7
34988.4	21270.9	684.6	35673.0	1356.3	5596.3		2442.0	2083.6	1070.7

限额以上批发和零售

7－5 续表2

（2014年）

指标名称	港澳台资本	外商资本	损益及分配 营业收入	#主营业务收入	营业成本	#主营业务成本
全 市	1996.1		2486202.3	2463296.0	2208856.6	2195136.1
批发业			1892248.4	1878184.8	1704042.5	1690782.6
按批发行业分						
农、林、牧产品批发			77289.5	77289.5	73794.9	73794.9
谷物、豆及薯类批发			18224.6	18224.6	17161.9	17161.9
种子批发			33179.9	33179.9	26004.3	26004.3
饲料批发			25885.0	25885.0	30628.7	30628.7
棉、麻批发						
林业产品批发						
牲畜批发						
其他农牧产品批发						
食品、饮料及烟草制品批发			379592.5	379342.0	275174.1	275174.1
米、面制品及食用油批发			4774.8	4754.6	4333.6	4333.6
糕点、糖果及糖批发						
果品、蔬菜批发			5586.7	5586.7	5201.5	5201.5
肉、禽、蛋、奶及水产品批发			3404.0	3404.0	3201.7	3201.7
盐及调味品批发						
营养和保健品批发						
酒、饮料及茶叶批发			123824.4	123805.9	80533.7	80533.7
烟草制品批发			242002.6	241790.8	181903.6	181903.6
其他食品批发						
纺织、服装及家庭用品批发			3923.7	3710.1	3519.3	3519.3
纺织品、针织品及原料批发						
服装批发			1172.6	1172.6	1081.8	1081.8
鞋帽批发						
化妆品及卫生用品批发			2751.1	2537.5	2437.5	2437.5
厨房、卫生间用具及日用杂货批发						
灯具、装饰物品批发						
家用电器批发						
其他家庭用品批发						
文化、体育用品及器材批发						
文具用品批发						
体育用品及器材批发						
图书批发						
报刊批发						
音像制品及电子出版物批发						
首饰、工艺品及收藏品批发						
其他文化用品批发						
医药及医疗器材批发			79070.1	78943.5	72356.8	72349.4
西药批发			51986.9	51860.3	47847.5	47840.1

法人企业财务状况

单位：万元

损益及分配							
营业税金及附加	#主营业务税金及附加	其他业务利润	销售费用	管理费用	#税金	财务费用	#利息收入
21532.3	21410.1	4929.9	126762.4	82644.0	1866.6	37960.0	2212.9
18516.6	18492.9	1527.8	80722.7	49982.9	1273.6	27765.3	2084.6
1086.0	1086.0	401.1	8595.7	2306.9	121.8	2047.9	0.3
			92.4	934.6		1205.3	
		401.1	7875.0	570.9	120.3	334.8	0.3
1086.0	1086.0		628.3	801.4	1.5	507.8	
15774.7	15774.7	18.6	34791.2	24341.2	476.5	53.3	1064.6
5.9	5.9		460.0	5.2	3.6		
			44.7	23.6	2.6	61.1	
5.1	5.1		173.8	14.5		0.3	0.1
905.4	905.4	18.6	30217.8	9993.5	121.9	1010.3	39.9
14858.3	14858.3		3894.9	14304.4	348.4	-1018.4	1024.6
15.0	3.0	213.6	271.4	139.3	1.7	-7.5	14.8
1.3	1.3		30.8	65.7		6.9	
13.7	1.7	213.6	240.6	73.6	1.7	-14.4	14.8
174.3	174.3	710.5	3152.4	2177.2	88.4	610.0	1.9
138.1	138.1	710.5	2027.6	2112.8	87.8	323.0	0.8

限额以上批发和零售

7－5 续表3

（2014年）

指标名称	损益及分配				
	#利息支出	资产减值损失	公允价值变动收益	投资收益	营业利润
全市	21841.5	266.6		52328.8	62871.0
批发业	17104.4	284.8		51842.7	64032.3
按批发行业分					
农、林、牧产品批发	804.1			9631.1	298.1
谷物、豆及薯类批发					39.3
种子批发	296.3			2052.8	447.7
饲料批发	507.8			7578.3	-188.9
棉、麻批发					
林业产品批发					
牲畜批发					
其他农牧产品批发					
食品、饮料及烟草制品批发	1083.1	27.2			29430.8
米、面制品及食用油批发					-29.9
糕点、糖果及糖批发					
果品、蔬菜批发	61.1				255.8
肉、禽、蛋、奶及水产品批发					8.6
盐及调味品批发					
营养和保健品批发					
酒、饮料及茶叶批发	1022.0	27.2			1136.5
烟草制品批发					28059.8
其他食品批发					
纺织、服装及家庭用品批发					-13.8
纺织品、针织品及原料批发					
服装批发					-13.9
鞋帽批发					
化妆品及卫生用品批发					0.1
厨房、卫生间用具及日用杂货批发					
灯具、装饰物品批发					
家用电器批发					
其他家庭用品批发					
文化、体育用品及器材批发					
文具用品批发					
体育用品及器材批发					
图书批发					
报刊批发					
音像制品及电子出版物批发					
首饰、工艺品及收藏品批发					
其他文化用品批发					
医药及医疗器材批发	593.9	160.1			439.9
西药批发	308.4	33.0			-495.1

法人企业财务状况

单位：万元

损益及分配				人工成本及增值税		
营业外收入	#补贴收入	利润总额	应交所得税	应付职工薪酬	应交增值税	从业人员平均人数（人）
14079.7	8524.9	75517.3	10461.0	67782	35565	17620
9231.2	4753.5	72095.2	9436.5	31385	30168	6679
3940.7	3799.7	3439.7	11.8	2454	2	678
1284.0	1284.0	114.3		150		72
2595.1	2504.7	3295.6	4.4	856		285
61.6	11.0	29.8	7.4	1448	2	321
255.4		28464.7	8475.6	8810	18683	2007
				210	85	50
		255.8		63		28
		8.6	8.9	62	32	20
231.9		279.4	1276.5	5580	7583	1240
23.5		27920.9	7190.2	2896	10983	669
0.9	0.1	13.2	0.2	199	15	54
		-13.9		30		10
0.9	0.1	0.7	0.2	169	15	44
415.6	101.0	826.4	78.5	2230	803	678
415.6	101.0	-108.6	16.8	1570	481	518

限额以上批发和零售

7—5 续表4

（2014年）

指 标 名 称	法人企业数（个）	执行《2006年企业会计准则》企业数（个）	年初存货	期末资产负债		
				流动资产	#应收账款	存 货
中药批发	2	1	2256.1	28708.4	21480.8	4276.5
医疗用品及器材批发						
矿产品、建材及化工产品批发	33	13	40885.9	469241.5	62259.4	61948.7
煤炭及制品批发	3			7820.0	1186.4	317.7
石油及制品批发	9	3	28522.6	60520.1	3935.6	34341.0
非金属矿及制品批发						
金属及金属矿批发	14	7	7017.8	374120.8	49931.3	22677.7
建材批发	2	1	1891.0	6871.9	192.9	1973.7
化肥批发	2		827.7	4081.6	771.0	549.2
农药批发						
农用薄膜批发						
其他化工产品批发	3	2	2626.8	15827.1	6242.2	2089.4
机械设备、五金产品及电子产品批发	16	5	17979.0	80887.5	29938.0	15952.7
农业机械批发						
汽车批发	8		8380.9	35277.6	3916.8	4870.0
汽车零配件批发						
摩托车及零配件批发						
五金产品批发						
电气设备批发						
计算机、软件及辅助设备批发						
通讯及广播电视设备批发						
其他机械设备及电子产品批发	8	5	9598.1	45609.9	26021.2	11082.7
贸易经纪与代理						
贸易代理						
拍卖						
其他贸易经纪与代理						
其他批发业	1		267.7	1500.0	1456.4	16.9
再生物资回收与批发	1		267.7	1500.0	1456.4	16.9
其他未列明批发业						
按登记注册类型分						
内资企业	80	37	111172.1	800267.0	163865.1	148324.0
国有企业	3	2	13360.9	44105.2	322.2	9034.0
集体企业						
股份合作企业						
联营企业						
国有联营企业						
集体联营企业						
国有与集体联营企业						
其他联营企业						
有限责任公司	33	16	49505.7	306380.0	90879.4	83632.7

法人企业财务状况

单位：万元

期末资产负债								
固定资产	固定资产原　　价	累计折旧	#本年折旧	在建工程	资产总计	流动负债	#应付账款	非流动负债
2576.9	1212.2	124.7	44.0	1489.4	31339.4	27267.2	10740.8	
75542.0	107282.9	33267.9	4140.6	5312.3	1045431.4	469516.8	159479.2	10472.8
269.9	728.5	458.6	94.7		8120.0	3009.3	373.0	
53926.2	79576.9	25714.2	2371.9	2798.4	511519.0	57756.1	7288.1	4881.7
18760.9	24098.8	6801.4	1614.2	2513.9	495198.9	389655.8	145560.8	5500.0
1512.8	1616.1	103.3	36.7		9391.0	4856.0	49.0	71.6
1035.6	1112.2	76.6	7.9		5338.7	3968.4	383.4	19.5
36.6	150.4	113.8	15.2		15863.8	10271.2	5824.9	
6511.6	8916.5	2416.7	592.0	5443.7	117671.7	98985.9	26253.8	2893.8
5178.0	6667.7	1501.7	339.1	4903.0	69058.7	59285.0	1227.9	2893.8
1333.6	2248.8	915.0	252.9	540.7	48613.0	39700.9	25025.9	
1274.7	1507.6	232.9	90.4	2296.0	5135.1	5046.2	4436.3	
1274.7	1507.6	232.9	90.4	2296.0	5135.1	5046.2	4436.3	
144322.3	207771.1	66836.2	17180.3	16231.6	1512103.5	754295.2	248120.6	14051.2
16555.5	25672.8	9117.3	9117.3	911.0	64452.9	5458.7	1692.9	
50043.9	74168.5	25569.3	4127.3	10610.8	421993.2	308555.0	120476.1	775.7

限额以上批发和零售

7－5 续表5

（2014年）

指标名称	期末资产负债					
	负债	所有者权益	#实收资本			
				国家资本	集体资本	法人资本
中药批发	27267.2	4072.2	3000.0		2000.0	
医疗用品及器材批发						
矿产品、建材及化工产品批发	481454.4	563977.0	395514.1	339256.3	770.3	23007.5
煤炭及制品批发	3009.3	5110.7	3200.0	200.0		2000.0
石油及制品批发	64102.6	447416.4	343033.2	336099.2		133.7
非金属矿及制品批发						
金属及金属矿批发	395155.8	100043.1	42980.9	2957.1		19573.8
建材批发	4927.6	4463.4	3200.0			
化肥批发	3987.9	1350.8	1300.0		400.0	
农药批发						
农用薄膜批发						
其他化工产品批发	10271.2	5592.6	1800.0		370.3	1300.0
机械设备、五金产品及电子产品批发	101938.4	15733.3	15728.0			6500.0
农业机械批发						
汽车批发	62237.5	6821.2	9525.0			5000.0
汽车零配件批发						
摩托车及零配件批发						
五金产品批发						
电气设备批发						
计算机、软件及辅助设备批发						
通讯及广播电视设备批发						
其他机械设备及电子产品批发	39700.9	8912.1	6203.0			1500.0
贸易经纪与代理						
贸易代理						
拍卖						
其他贸易经纪与代理						
其他批发业	5046.2	88.9	200.0			
再生物资回收与批发	5046.2	88.9	200.0			
其他未列明批发业						
按登记注册类型分						
内资企业	769869.9	742233.6	459699.3	340606.3	5212.3	43896.0
国有企业	5458.7	58994.2	1895.5	200.0		1695.5
集体企业						
股份合作企业						
联营企业						
国有联营企业						
集体联营企业						
国有与集体联营企业						
其他联营企业						
有限责任公司	309330.7	112662.5	61773.8	4409.1	5212.3	19536.7

法人企业财务状况

单位：万元

个人资本	港澳台资本	外商资本	损益及分配 营业收入	#主营业务收入	营业成本	#主营业务成本	营业税金及附加	#主营业务税金及附加
1000.0			27083.2	27083.2	24509.3	24509.3	36.2	36.2
32480.0			1230096.8	1216863.8	1165368.5	1152135.0	1269.4	1257.8
1000.0			17505.9	17505.9	13566.7	13566.7	44.8	44.8
6800.3			496387.5	491105.7	466654.5	461489.4	484.4	472.8
20450.0			662946.3	654995.1	636026.8	627958.4	649.2	649.2
3200.0			5465.1	5465.1	5072.0	5072.0	6.5	6.5
900.0			3788.7	3788.7	3661.2	3661.2	5.6	5.6
129.7			44003.3	44003.3	40387.3	40387.3	78.9	78.9
9228.0			119749.1	119509.2	111431.7	111412.7	197.0	196.9
4525.0			55181.1	54941.2	52068.4	52068.4	102.1	102.0
4703.0			64568.0	64568.0	59363.3	59344.3	94.9	94.9
200.0			2526.7	2526.7	2397.2	2397.2	0.2	0.2
200.0			2526.7	2526.7	2397.2	2397.2	0.2	0.2
69984.7			1892248.4	1878184.8	1704042.5	1690782.6	18516.6	18492.9
			242002.6	241790.8	181903.6	181903.6	14858.3	14858.3
32615.7			614826.1	606593.6	553897.7	545821.9	2444.8	2432.8

限额以上批发和零售

7－5 续表6

（2014年）

指标名称	损益及分配							
	其他业务利润	销售费用	管理费用	#税金	财务费用	#利息收入	利息支出	资产减值损失
中药批发		1124.8	64.4	0.6	287.0	1.1	285.5	127.1
医疗用品及器材批发								
矿产品、建材及化工产品批发	138.7	30229.5	17136.2	564.4	23366.7	573.7	14386.8	97.5
煤炭及制品批发		2865.1	557.8		301.7	210.1	276.3	
石油及制品批发	66.3	20967.0	6246.9	155.8	2343.0	0.8	277.7	
非金属矿及制品批发								
金属及金属矿批发	72.4	5362.7	9472.2	360.0	20257.0	360.6	13479.6	97.5
建材批发		152.3	215.0	43.0	137.8		23.0	
化肥批发		47.7	35.2		117.0	0.3	118.8	
农药批发								
农用薄膜批发								
其他化工产品批发		834.7	609.1	5.6	210.2	1.9	211.4	
机械设备、五金产品及电子产品批发	45.3	3647.4	3724.5	20.8	1665.2	429.3	236.5	
农业机械批发								
汽车批发	45.3	1720.1	1694.5	3.2	716.8	428.7	212.3	
汽车零配件批发								
摩托车及零配件批发								
五金产品批发								
电气设备批发								
计算机、软件及辅助设备批发								
通讯及广播电视设备批发								
其他机械设备及电子产品批发		1927.3	2030.0	17.6	948.4	0.6	24.2	
贸易经纪与代理								
贸易代理								
拍卖								
其他贸易经纪与代理								
其他批发业		35.1	157.6		29.7			
再生物资回收与批发		35.1	157.6		29.7			
其他未列明批发业								
按登记注册类型分								
内资企业	1527.8	80722.7	49982.9	1273.6	27765.3	2084.6	17104.4	284.8
国有企业		3894.9	14314.4	348.4	-1188.4	1234.6	40.0	
集体企业								
股份合作企业								
联营企业								
国有联营企业								
集体联营企业								
国有与集体联营企业								
其他联营企业								
有限责任公司	1382.8	44481.2	18044.0	398.4	6035.8	169.6	2824.5	284.8

法人企业财务状况

单位：万元

损益及分配							人工成本及增值税		从业人员平均人数（人）
公允价值变动收益	投资收益	营业利润	营业外收入	#补贴收入	利润总额	应交所得税	应付职工薪酬	应交增值税	
		935.0			935.0	61.7	660	322	160
	42589.4	35247.8	4089.5	852.7	40225.4	743.8	15477	9680	2699
		9.8	0.1		169.5	40.9	140	330	53
		-308.4	746.9		1326.3	29.4	9783	7339	1632
	42589.4	33859.8	3196.2	812.7	36949.1	202.8	4838	1290	820
		-118.5	2.1		-166.9		94	53	24
		-78.0	144.2	40.0	64.3		46		16
		1883.1			1883.1	470.7	575	668	154
	-377.8	-1277.4	453.5		-830.3	126.6	2141	984	538
	-377.8	-1481.3	450.8		-1007.2		761	451	216
		203.9	2.7		176.9	126.6	1380	534	322
		-93.1	75.6		-17.5		75	2	25
		-93.1	75.6		-17.5		75	2	25
	51842.7	64032.3	9231.2	4753.5	72095.2	9436.5	31385	30168	6679
		28059.8	23.5		28080.9	7230.2	2896	10983	674
	9253.3	289.5	5794.0	4753.5	4198.1	1561.1	13374	7156	3074

限额以上批发和零售

7－5 续表7

（2014年）

指标名称	法人企业数（个）	执行《2006年企业会计准则》企业数（个）	年初存货	期末资产负债		
				流动资产	#应收账款	存货
国有独资公司	1		164.0	929.3		740.0
其他有限责任公司	32	16	49341.7	305450.7	90879.4	82892.7
股份有限公司	3	3	25120.2	52870.7		31107.0
私营企业	41	16	23185.3	396911.1	72663.5	24550.3
私营独资企业	4	2	589.8	3492.7	1912.0	585.8
私营合伙企业						
私营有限责任公司	37	14	22595.5	393418.4	70751.5	23964.5
私营股份有限公司						
其他企业						
港、澳、台商投资企业						
与港澳台商合资经营企业						
与港澳台商合作经营企业						
港澳台商独资企业						
港澳台商投资股份有限公司						
其他港澳台投资企业						
外商投资企业						
中外合资经营企业						
中外合作经营企业						
外资企业						
外商投资股份有限公司						
其他外商投资企业						
按控股情况分						
国有控股	9	7	42540.4	101631.3	3186.2	46680.3
集体控股	5	1	9236.5	32391.0	10364.5	5264.2
私人控股	53	21	37380.8	491719.6	85926.5	54967.2
港澳台商控股						
外商控股						
其他	13	8	22014.4	174525.1	64387.9	41412.3
按经营形式分						
独立门店	63	28	59702.9	547593.0	121627.9	78169.9
连锁总店	3	2	37118.0	78223.3	4624.2	38653.8
连锁门店	1	1	263.6	334.1	153.0	181.1
其他	13	6	14087.6	174116.6	37460.0	31319.2
按单位规模分						
大型	6	6	38651.1	191043.8	23011.7	55699.6
中型	27	15	43572.6	472772.3	85335.8	61222.1
小型	41	14	28511.2	132648.4	53483.4	30985.3
微型	6	2	437.2	3802.5	2034.2	417.0
零售业	104	34	63512.9	270994.7	36829.2	73921.9
按零售行业分						

法人企业财务状况

单位：万元

期末资产负债								
固定资产	固定资产原　　价	累计折旧	#本年折旧	在建工程	资产总计	流动负债	#应付账款	非流动负债
3343.8	3596.9	253.1			4273.1	854.7	18.1	
46700.1	70571.6	25316.2	4127.3	10610.8	417720.1	307700.3	120458.0	775.7
44813.4	67760.6	22947.2	2232.9	1601.5	487816.0	46020.5	948.2	4425.1
32909.5	40169.2	9202.4	1702.8	3108.3	537841.4	394261.0	125003.4	8850.4
354.9	685.3	342.3	68.1		3937.4	3269.4	1369.0	434.1
32554.6	39483.9	8860.1	1634.7	3108.3	533904.0	390991.6	123634.4	8416.3
70039.4	102442.3	33834.0	11505.5	2512.5	566449.3	60039.8	5010.6	4911.7
5372.8	6866.7	1493.9	317.1	4871.1	65256.8	58752.3	8181.4	19.5
58072.5	74097.5	17967.7	3631.0	8352.4	689793.0	479077.3	145397.8	8922.0
10837.6	24364.6	13540.6	1726.7	495.6	190604.4	156425.8	89530.8	198.0
66763.7	98531.6	35075.2	4281.8	10692.5	1095960.3	549246.7	163171.1	8551.2
54997.8	79338.7	24340.9	11221.2	2512.5	180706.9	23907.3	5769.3	
311.7	343.0	31.3	0.3		1547.9	1602.8	147.4	
22249.1	29557.8	7388.8	1677.0	3026.6	233888.4	179538.4	79032.8	5500.0
70336.7	105919.3	35582.6	12192.9	2512.5	657741.2	150674.3	56318.3	4425.1
50899.5	74039.8	23515.3	3593.5	7074.9	682448.2	491904.1	153363.5	8902.9
23023.4	27645.2	7622.3	1362.3	6644.2	168048.9	109548.8	37297.8	590.7
62.7	166.8	116.0	31.6		3865.2	2168.0	1141.0	132.5
78770.4	104811.1	26581.5	9173.6	3081.8	387129.2	229167.3	54048.5	49178.5

限额以上批发和零售

7－5 续表8

（2014年）

指标名称	期末资产负债					
	负债	所有者权益	#实收资本	国家资本	集体资本	法人资本
国有独资公司	854.7	3418.4	1000.0	1000.0		
其他有限责任公司	308476.0	109244.1	60773.8	3409.1	5212.3	19536.7
股份有限公司	50445.6	437370.4	339997.2	335997.2		
私营企业	404634.9	133206.5	56032.8			22663.8
私营独资企业	3762.3	175.1	98.0			
私营合伙企业						
私营有限责任公司	400872.6	133031.4	55934.8			22663.8
私营股份有限公司						
其他企业						
港、澳、台商投资企业						
与港澳台商合资经营企业						
与港澳台商合作经营企业						
港澳台商独资企业						
港澳台商投资股份有限公司						
其他港澳台投资企业						
外商投资企业						
中外合资经营企业						
中外合作经营企业						
外资企业						
外商投资股份有限公司						
其他外商投资企业						
按控股情况分						
国有控股	64951.5	501497.8	343031.4	339794.3		3087.1
集体控股	58771.8	6485.0	7894.0	102.0	2842.0	4275.7
私人控股	489522.8	200270.2	83540.8		370.3	25181.8
港澳台商控股						
外商控股						
其他	156623.8	33980.6	25233.1	710.0	2000.0	11351.4
按经营形式分						
独立门店	559321.4	536638.9	424715.8	339896.3	4842.0	35663.5
连锁总店	23907.3	156799.6	2195.5		370.3	1695.5
连锁门店	1602.8	-54.9	100.0			100.0
其他	185038.4	48850.0	32688.0	710.0		6437.0
按单位规模分						
大型	155099.4	502641.8	338510.7	336707.2		1753.5
中型	502271.8	180176.4	73236.8	1350.0	4442.0	36829.8
小型	110139.4	57909.5	46533.8	2349.1	770.3	5312.7
微型	2359.3	1505.9	1418.0	200.0		
零售业	279572.8	107556.4	131200.0	213.4	1136.1	35687.3
按零售行业分						

法人企业财务状况

单位：万元

个人资本	港澳台资本	外商资本	损益及分配					
			营业收入	#主营业务收入	营业成本	#主营业务成本	营业税金及附加	#主营业务税金及附加
			9261.7	9261.7	10260.5	10260.5		
32615.7			605564.4	597331.9	543637.2	535561.4	2444.8	2432.8
4000.0			459424.7	454234.1	431056.9	425891.8	456.4	444.8
33369.0			575995.0	575566.3	537184.3	537165.3	757.1	757.0
98.0			6978.0	6978.0	6637.4	6637.4	8.2	8.2
33271.0			569017.0	568588.3	530546.9	530527.9	748.9	748.8
150.0			738580.6	733051.6	650684.2	645322.1	15304.2	15292.6
674.3			46093.2	46093.2	42459.2	42459.2	114.4	114.4
57988.7			767074.8	766627.6	681560.9	681541.9	1669.8	1669.7
11171.7			340499.8	332412.4	329338.2	321459.4	1428.2	1416.2
44314.0			865419.1	864222.6	788449.0	787551.1	2492.7	2491.7
129.7			654429.6	649759.6	573159.8	568676.6	15241.6	15230.9
			1255.7	1255.7	1053.6	1053.6	1.8	1.8
25541.0			371144.0	362946.9	341380.1	333501.3	780.5	768.5
50.0			985581.5	972286.8	858199.9	845156.0	16174.5	16162.9
30615.0			654181.7	653737.8	611899.8	611873.4	1888.9	1888.8
38101.7			248983.7	248658.7	230635.8	230446.2	447.6	435.6
1218.0			3501.5	3501.5	3307.0	3307.0	5.6	5.6
92167.1	1996.1		593953.9	585111.2	504814.1	504353.5	3015.7	2917.2

限额以上批发和零售

7－5 续表9

（2014年）

指标名称	损益及分配							
	其他业务利润	销售费用	管理费用	#税金	财务费用	#利息收入	利息支出	资产减值损失
国有独资公司		17.3	128.8		99.7			
其他有限责任公司	1382.8	44463.9	17915.2	398.4	5936.1	169.6	2824.5	284.8
股份有限公司	-25.0	22838.6	5335.8	157.8	997.1	0.8	200.8	
私营企业	170.0	9508.0	12288.7	369.0	21920.8	679.6	14039.1	
私营独资企业	1.3	3.2	316.8	3.7	39.5		37.0	
私营合伙企业								
私营有限责任公司	168.7	9504.8	11971.9	365.3	21881.3	679.6	14002.1	
私营股份有限公司								
其他企业								
港、澳、台商投资企业								
与港澳台商合资经营企业								
与港澳台商合作经营企业								
港澳台商独资企业								
港澳台商投资股份有限公司								
其他港澳台投资企业								
外商投资企业								
中外合资经营企业								
中外合作经营企业								
外资企业								
外商投资股份有限公司								
其他外商投资企业								
按控股情况分								
国有控股	685.5	24817.4	20659.1	555.5	1027.6	1236.1	251.3	33.0
集体控股	44.0	1582.1	2173.3	14.4	174.8		96.9	
私人控股	589.7	43329.5	22488.5	608.6	23400.6	723.6	15329.3	103.2
港澳台商控股								
外商控股								
其他	208.6	10993.7	4662.0	95.1	3162.3	124.9	1426.9	148.6
按经营形式分								
独立门店	1191.2	48077.0	16354.1	486.5	19220.4	797.8	11324.1	160.1
连锁总店	-25.0	18960.2	18974.2	504.2	-552.5	1027.3		
连锁门店		82.0	124.4	16.5	0.2		0.2	
其他	361.6	13603.5	14530.2	266.4	9097.2	259.5	5780.1	124.7
按单位规模分								
大型	-11.4	50310.9	28854.4	687.8	870.5	1174.9	942.5	48.7
中型	1189.9	20992.6	15352.0	396.4	22810.7	679.8	14575.4	160.1
小型	348.0	9419.2	5586.1	185.7	4215.6	19.4	1510.1	76.0
微型	1.3		190.4	3.7	-131.5	210.5	76.4	
零售业	3402.1	46039.7	32661.1	593.0	10194.7	128.3	4737.1	-18.2
按零售行业分								

法人企业财务状况

单位：万元

损益及分配							人工成本及增值税		从业人员平均人数（人）
公允价值变动收益	投资收益	营业利润	营业外收入	#补贴收入	利润总额	应交所得税	应付职工薪酬	应交增值税	
		39.3	1284.0	1284.0	39.3		74		41
	9253.3	250.2	4510.0	3469.5	4158.8	1561.1	13300	7156	3033
		-1260.1	702.5		375.9		9607	4039	1519
	42589.4	36943.1	2711.2		39440.3	645.2	5510	7990	1412
		-10.0			-10.0	2.5	168	67	60
	42589.4	36953.1	2711.2		39450.3	642.7	5341	7922	1352
		27293.6	2288.2	1417.4	29302.0	7233.5	12832	14982	2246
	-377.8	-788.4	345.5	20.0	-426.0	4.7	833	536	309
	44642.2	39182.0	6512.0	3305.0	44660.4	1955.5	11146	15171	2667
	7578.3	-1654.9	85.5	11.1	-1441.2	242.8	6574	-521	1457
	51842.7	43764.5	6475.0	3808.7	50519.0	1780.6	14640	12372	3531
		28646.3	705.9		29030.0	7228.5	9603	14395	1693
		-6.3			-6.3		4		33
		-8372.2	2050.3	944.8	-7447.5	427.4	7139	3401	1422
		31122.6	967.4		31786.2	8614.7	19146	20232	3421
	51842.7	34129.1	6993.5	3736.3	40199.4	655.2	8310	8251	2035
		-1206.5	1270.3	1017.2	-57.9	124.1	3819	1647	1183
		-12.9			167.5	42.5	109	38	40
	486.1	-1161.3	4848.5	3771.4	3422.1	1024.5	36397	5397	10941

限额以上批发和零售

7—5 续表10

(2014年)

指标名称	法人企业数(个)	执行《2006年企业会计准则》企业数(个)	年初存货	期末资产负债		
				流动资产	#应收账款	存 货
综合零售	38	12	24576.6	151406.7	15922.2	25332.9
百货零售	17	4	5810.9	92712.0	13030.0	6134.4
超级市场零售	20	8	18736.1	58632.9	2892.2	19175.5
其他综合零售	1		29.6	61.8		23.0
食品、饮料及烟草制品专门零售	1		594.0	716.0	-11.1	681.9
粮油零售						
糕点、面包零售						
果品、蔬菜零售						
肉、禽、蛋、奶及水产品零售						
营养和保健品零售						
酒、饮料及茶叶零售	1		594.0	716.0	-11.1	681.9
烟草制品零售						
其他食品零售						
纺织、服装及日用品专门零售	4	1	2775.8	3869.0	212.0	3063.1
纺织品及针织品零售						
服装零售	2	1	634.4	1054.9	4.0	924.4
鞋帽零售						
化妆品及卫生用品零售						
钟表、眼镜零售	2		2141.4	2814.1	208.0	2138.7
箱、包零售						
厨房用具及日用杂品零售						
自行车零售						
其他日用品零售						
文化、体育用品及器材专门零售	1	1	752.8	10392.0	3122.0	4538.3
文具用品零售						
体育用品及器材零售						
图书、报刊零售	1	1	752.8	10392.0	3122.0	4538.3
音像制品及电子出版物零售						
珠宝首饰零售						
工艺美术品及收藏品零售						
乐器零售						
照相器材零售						
其他文化用品零售						
医药及医疗器材专门零售	2	2	2369.3	3652.5	935.4	2064.7
药品零售	2	2	2369.3	3652.5	935.4	2064.7
医疗用品及器材零售						
汽车、摩托车、燃料及零配件专门零售	30	8	21402.8	77997.4	14305.9	25671.2
汽车零售	15	5	20071.0	65578.5	5280.0	24206.4
汽车零配件零售						
摩托车及零配件零售	2		318.9	452.7		334.3

法人企业财务状况

单位：万元

期末资产负债								
固定资产	固定资产原价	累计折旧	#本年折旧	在建工程	资产总计	流动负债	#应付账款	非流动负债
56605.9	73042.5	16956.2	7448.7	2747.6	232840.0	124370.8	37309.9	43880.1
31070.9	41633.8	11082.2	5024.2	486.6	132238.1	56279.5	17920.4	43267.5
25300.2	31126.3	5826.4	2422.4	2261.0	100305.3	67864.5	19389.5	612.6
234.8	282.4	47.6	2.1		296.6	226.8		
243.1	301.6	58.5			959.1	832.3	-681.7	
243.1	301.6	58.5			959.1	832.3	-681.7	
691.3	1044.8	353.5	105.2	269.9	4909.2	3074.4	357.9	378.0
678.0	1027.0	349.0	103.0	269.9	2081.8	1426.5		
13.3	17.8	4.5	2.2		2827.4	1647.9	357.9	378.0
4321.0	7567.3	3246.3	255.6		16293.0	8595.2	6922.7	1171.5
4321.0	7567.3	3246.3	255.6		16293.0	8595.2	6922.7	1171.5
508.0	1035.9	527.9	82.5		7484.1	5769.5	3392.2	
508.0	1035.9	527.9	82.5		7484.1	5769.5	3392.2	
14194.4	18351.3	4156.9	1013.3	64.3	97323.3	68475.9	4673.7	2507.0
13080.4	16131.2	3050.8	829.2	64.0	83232.2	57089.5	1239.1	2404.0
13.1	34.4	21.3	1.6		465.8	412.3		19.0

限额以上批发和零售

7－5 续表11

（2014年）

指标名称	期末资产负债					
	负债	所有者权益	#实收资本	国家资本	集体资本	法人资本
综合零售	168482.4	64357.6	109489.9		427.6	22693.0
百货零售	99547.0	32691.1	28315.2		200.0	16172.0
超级市场零售	68708.6	31596.7	81043.5		96.4	6521.0
其他综合零售	226.8	69.8	131.2		131.2	
食品、饮料及烟草制品专门零售	832.3	126.8	50.0			
粮油零售						
糕点、面包零售						
果品、蔬菜零售						
肉、禽、蛋、奶及水产品零售						
营养和保健品零售						
酒、饮料及茶叶零售	832.3	126.8	50.0			
烟草制品零售						
其他食品零售						
纺织、服装及日用品专门零售	3452.4	1456.8	920.5			390.5
纺织品及针织品零售						
服装零售	1426.5	655.3	540.5			190.5
鞋帽零售						
化妆品及卫生用品零售						
钟表、眼镜零售	2025.9	801.5	380.0			200.0
箱、包零售						
厨房用具及日用杂品零售						
自行车零售						
其他日用品零售						
文化、体育用品及器材专门零售	9766.7	6526.3	500.0			500.0
文具用品零售						
体育用品及器材零售						
图书、报刊零售	9766.7	6526.3	500.0			500.0
音像制品及电子出版物零售						
珠宝首饰零售						
工艺美术品及收藏品零售						
乐器零售						
照相器材零售						
其他文化用品零售						
医药及医疗器材专门零售	6766.5	717.6	408.5	58.0	208.5	102.0
药品零售	6766.5	717.6	408.5	58.0	208.5	102.0
医疗用品及器材零售						
汽车、摩托车、燃料及零配件专门零售	70982.9	26340.4	12773.7		500.0	9245.8
汽车零售	59493.5	23738.7	10962.8		500.0	8178.7
汽车零配件零售						
摩托车及零配件零售	431.3	34.5	14.4			14.4

法人企业财务状况

单位：万元

			损益及分配					
个人资本	港澳台资本	外商资本	营业收入	#主营业务收入	营业成本	#主营业务成本	营业税金及附加	#主营业务税金及附加
85073.2	1296.1		345900.7	338566.4	282959.2	282731.6	2597.1	2522.9
11943.2			113095.9	107636.8	84333.3	84109.1	2034.8	2034.7
73130.0	1296.1		231546.7	229671.5	197471.1	197467.7	562.2	488.1
			1258.1	1258.1	1154.8	1154.8	0.1	0.1
50.0			1085.7	1085.7	1006.7	1006.7	2.1	2.1
50.0			1085.7	1085.7	1006.7	1006.7	2.1	2.1
530.0			12169.7	12169.7	8721.6	8721.6	29.0	29.0
350.0			8073.9	8073.9	5418.5	5418.5	19.5	19.5
180.0			4095.8	4095.8	3303.1	3303.1	9.5	9.5
			18009.2	17491.3	14722.8	14509.6	-1.0	-1.0
			18009.2	17491.3	14722.8	14509.6	-1.0	-1.0
40.0			10227.8	10194.3	7916.8	7916.8	39.8	39.8
40.0			10227.8	10194.3	7916.8	7916.8	39.8	39.8
2327.9	700.0		165654.8	165512.0	153402.6	153402.6	233.0	233.0
1584.1	700.0		142005.5	141862.7	131841.6	131841.6	192.2	192.2
			746.4	746.4	674.5	674.5	1.2	1.2

限额以上批发和零售

7—5 续表12

（2014年）

指 标 名 称	损益及分配							
	其他业务利润	销售费用	管理费用	#税 金	财务费用	#利息收入	利息支出	资产减值损失
综合零售	2194.6	37530.8	21789.6	377.2	8247.2	17.1	3500.4	
百货零售	1389.2	9631.8	14584.5	264.2	6134.9	0.8	2857.2	
超级市场零售	805.4	27899.0	7092.5	112.6	2112.3	16.3	643.2	
其他综合零售			112.6	0.4				
食品、饮料及烟草制品专门零售		40.5	29.4					
粮油零售								
糕点、面包零售								
果品、蔬菜零售								
肉、禽、蛋、奶及水产品零售								
营养和保健品零售								
酒、饮料及茶叶零售		40.5	29.4					
烟草制品零售								
其他食品零售								
纺织、服装及日用品专门零售	527.0	1142.9	1741.7	2.5	89.3	0.3	85.0	
纺织品及针织品零售								
服装零售		960.4	1200.7		85.0		85.0	
鞋帽零售								
化妆品及卫生用品零售								
钟表、眼镜零售	527.0	182.5	541.0	2.5	4.3	0.3		
箱、包零售								
厨房用具及日用杂品零售								
自行车零售								
其他日用品零售								
文化、体育用品及器材专门零售		768.7	1662.5	52.6	-3.0	6.8		-18.2
文具用品零售								
体育用品及器材零售								
图书、报刊零售		768.7	1662.5	52.6	-3.0	6.8		-18.2
音像制品及电子出版物零售								
珠宝首饰零售								
工艺美术品及收藏品零售								
乐器零售								
照相器材零售								
其他文化用品零售								
医药及医疗器材专门零售		606.2	1403.4		6.3	1.3		
药品零售		606.2	1403.4		6.3	1.3		
医疗用品及器材零售								
汽车、摩托车、燃料及零配件专门零售	46.3	3647.2	4007.2	112.2	1229.6	95.5	679.8	
汽车零售	46.3	3332.2	2992.8	99.0	852.0	95.3	359.7	
汽车零配件零售								
摩托车及零配件零售		84.6	11.2		0.1			

法人企业财务状况

单位：万元

损益及分配							人工成本及增值税		从业人员平均人数（人）
公允价值变动收益	投资收益	营业利润	营业外收入	#补贴收入	利润总额	应交所得税	应付职工薪酬	应交增值税	
	456.1	-5629.6	4188.0	3514.0	-1652.4	134.5	16680	2715	8455
	388.5	-2250.8	238.7	35.8	-2025.5	112.1	6015	1323	3362
	67.6	-3369.4	3949.3	3478.2	395.0	22.4	10611	1391	5055
		-9.4			-21.9		54	1	38
		7.0			7.0	2.3	28	8	10
		7.0			7.0	2.3	28	8	10
		445.2			435.1	30.4	719	228	257
		389.8			389.8	15.1	349	72	132
		55.4			45.3	15.3	369	156	125
		877.4	430.0	257.3	1298.7	1.4	1057	12	257
		877.4	430.0	257.3	1298.7	1.4	1057	12	257
		255.3	0.4		255.8	71.2	12403	343	301
		255.3	0.4		255.8	71.2	12403	343	301
		3135.0	139.4		3213.4	768.5	3440	1750	879
		2794.7	139.3		2883.2	645.8	2977	1379	711
		-25.2			-25.2	0.4	64	7	20

限额以上批发和零售

7—5 续表13

（2014年）

指标名称	法人企业数（个）	执行《2006年企业会计准则》企业数（个）	年初存货	期末资产负债 流动资产	#应收账款	存货
机动车燃料零售	13	3	1012.9	11966.2	9025.9	1130.5
家用电器及电子产品专门零售	28	10	11041.6	22961.1	2342.8	12569.8
家用视听设备零售	14	5	5891.6	10941.9	1099.0	7174.0
日用家电设备零售	4	3	2531.2	3748.9	364.4	2473.1
计算机、软件及辅助设备零售	6	2	1079.6	2813.8	727.1	1457.2
通信设备零售	3		1388.6	5013.5	72.6	1325.0
其他电子产品零售	1		150.6	443.0	79.7	140.5
五金、家具及室内装饰材料专门零售						
五金零售						
灯具零售						
家具零售						
涂料零售						
卫生洁具零售						
木质装饰材料零售						
陶瓷、石材装饰材料零售						
其他室内装饰材料零售						
货摊、无店铺及其他零售业						
货摊食品零售						
货摊纺织、服装及鞋零售						
货摊日用品零售						
互联网零售						
邮购及电视、电话零售						
旧货零售						
生活用燃料零售						
其他未列明零售业						
按登记注册类型分						
内资企业	103	33	63512.9	268890.2	36704.3	73921.9
国有企业	1		191.0	622.8	283.7	191.0
集体企业	1		29.6	61.8		23.0
股份合作企业						
联营企业						
国有联营企业						
集体联营企业						
国有与集体联营企业						
其他联营企业						
有限责任公司	36	13	28036.3	143488.9	12600.8	37024.5
国有独资公司	1	1	752.8	10392.0	3122.0	4538.3
其他有限责任公司	35	12	27283.5	133096.9	9478.8	32486.2
股份有限公司	6	1	7721.9	42667.1	6185.2	6684.8
私营企业	59	19	27534.1	82049.6	17634.6	29998.6

法人企业财务状况

单位：万元

期末资产负债								
固定资产	固定资产原　　价	累计折旧	#本年折旧	在建工程	资产总计	流动负债	#应付账款	非流动负债
1100.9	2185.7	1084.8	182.5	0.3	13625.3	10974.1	3434.6	84.0
2206.7	3467.7	1282.2	268.3		27320.5	18049.2	2073.8	1241.9
1342.5	2073.0	730.5	135.8		13885.1	8690.6	634.9	1024.2
324.7	514.4	189.7	4.4		4206.7	3433.9	584.1	
429.6	664.0	234.4	42.2		3250.9	1757.6	799.0	60.9
109.9	204.7	120.4	78.7		5530.4	3938.2		156.8
	11.6	7.2	7.2		447.4	228.9	55.8	
73082.8	98405.3	25863.3	8455.4	2815.6	379070.8	220939.7	52019.2	49178.5
48.3	132.6	84.3	12.6		671.2	655.1	82.9	81.0
234.8	282.4	47.6	2.1		296.6	226.8		
34415.8	48407.4	13991.6	6112.7	550.9	190330.7	106999.8	23162.4	39022.9
4321.0	7567.3	3246.3	255.6		16293.0	8595.2	6922.7	1171.5
30094.8	40840.1	10745.3	5857.1	550.9	174037.7	98404.6	16239.7	37851.4
15590.6	19305.1	3873.8	1402.9	1438.8	63688.7	34317.5	1538.4	1071.7
22793.3	30277.8	7866.0	925.1	825.9	124083.6	78740.5	27235.5	9002.9

限额以上批发和零售

7－5 续表14

（2014年）

指标名称	期末资产负债					
	负债	所有者权益	#实收资本	国家资本	集体资本	法人资本
机动车燃料零售	11058.1	2567.2	1796.5			1052.7
家用电器及电子产品专门零售	19289.6	8030.9	7057.4	155.4		2756.0
家用视听设备零售	9714.8	4170.3	2880.0			610.0
日用家电设备零售	3433.9	772.8	756.4	155.4		500.0
计算机、软件及辅助设备零售	1817.0	1433.9	1420.0			145.0
通信设备零售	4095.0	1435.4	1800.0			1300.0
其他电子产品零售	228.9	218.5	201.0			201.0
五金、家具及室内装饰材料专门零售						
五金零售						
灯具零售						
家具零售						
涂料零售						
卫生洁具零售						
木质装饰材料零售						
陶瓷、石材装饰材料零售						
其他室内装饰材料零售						
货摊、无店铺及其他零售业						
货摊食品零售						
货摊纺织、服装及鞋零售						
货摊日用品零售						
互联网零售						
邮购及电视、电话零售						
旧货零售						
生活用燃料零售						
其他未列明零售业						
按登记注册类型分						
内资企业	271345.2	107725.6	129903.9	213.4	1136.1	35687.3
国有企业	736.1	-64.9	40.0			40.0
集体企业	226.8	69.8	131.2		131.2	
股份合作企业						
联营企业						
国有联营企业						
集体联营企业						
国有与集体联营企业						
其他联营企业						
有限责任公司	147612.3	42718.4	30201.2	213.4	908.5	20807.7
国有独资公司	9766.7	6526.3	500.0			500.0
其他有限责任公司	137845.6	36192.1	29701.2	213.4	908.5	20307.7
股份有限公司	35026.5	28662.2	8383.5		96.4	100.0
私营企业	87743.5	36340.1	91148.0			14739.6

法人企业财务状况

单位：万元

			损益及分配					
个人资本	港澳台资本	外商资本	营业收入	#主营业务收入	营业成本	#主营业务成本	营业税金及附加	#主营业务税金及附加
743.8			22902.9	22902.9	20886.5	20886.5	39.6	39.6
4146.0			40906.0	40091.8	36084.4	36064.6	115.7	91.4
2270.0			21155.2	21006.7	18781.5	18762.7	41.8	41.1
101.0			6089.8	5824.0	5404.9	5404.9	22.0	22.0
1275.0			7064.6	7064.6	6300.2	6300.2	13.4	13.4
500.0			5137.2	4737.3	4225.8	4224.8	36.7	13.1
			1459.2	1459.2	1372.0	1372.0	1.8	1.8
92167.1	700.0		580775.0	573140.5	494382.5	493921.9	2930.6	2899.7
			852.2	852.2	817.1	817.1	0.6	0.6
			1258.1	1258.1	1154.8	1154.8	0.1	0.1
7571.6	700.0		194213.5	192382.8	165169.4	164845.1	1162.6	1162.5
			18009.2	17491.3	14722.8	14509.6	-1.0	-1.0
7571.6	700.0		176204.3	174891.5	150446.6	150335.5	1163.6	1163.5
8187.1			85612.9	85581.8	76043.4	76043.4	90.6	90.6
76408.4			298838.3	293065.6	251197.8	251061.5	1676.7	1645.9

限额以上批发和零售

7－5 续表15

（2014年）

指 标 名 称	损益及分配							
	其他业务利润	销售费用	管理费用	#税 金	财务费用	#利息收入	利息支出	资产减值损失
机动车燃料零售		230.4	1003.2	13.2	377.5	0.2	320.1	
家用电器及电子产品专门零售	634.2	2303.4	2027.3	48.5	625.3	7.3	471.9	
家用视听设备零售	234.3	1289.2	804.2	30.3	304.6	7.2	169.0	
日用家电设备零售		312.9	368.2	1.3	38.2		32.5	
计算机、软件及辅助设备零售		166.8	578.4	16.9	8.5		6.1	
通信设备零售	399.9	534.5	204.3		270.7	0.1	264.3	
其他电子产品零售			72.2		3.3			
五金、家具及室内装饰材料专门零售								
五金零售								
灯具零售								
家具零售								
涂料零售								
卫生洁具零售								
木质装饰材料零售								
陶瓷、石材装饰材料零售								
其他室内装饰材料零售								
货摊、无店铺及其他零售业								
货摊食品零售								
货摊纺织、服装及鞋零售								
货摊日用品零售								
互联网零售								
邮购及电视、电话零售								
旧货零售								
生活用燃料零售								
其他未列明零售业								
按登记注册类型分								
内资企业	3402.1	42380.4	32652.3	584.3	10193.4	116.0	4726.1	-18.2
国有企业		22.6	30.0	7.5				
集体企业			112.6	0.4				
股份合作企业								
联营企业								
国有联营企业								
集体联营企业								
国有与集体联营企业								
其他联营企业								
有限责任公司	1655.7	9744.8	14786.9	429.4	6036.9	28.2	3322.0	-18.2
国有独资公司		768.7	1662.5	52.6	-3.0	6.8		-18.2
其他有限责任公司	1655.7	8976.1	13124.4	376.8	6039.9	21.4	3322.0	
股份有限公司		1847.5	3285.1	4.8	1338.3	82.3		
私营企业	1746.4	30765.5	14437.7	142.2	2818.2	5.5	1404.1	

法人企业财务状况

单位：万元

损益及分配							人工成本及增值税		从业人员平均人数（人）
公允价值变动收益	投资收益	营业利润	营业外收入	#补贴收入	利润总额	应交所得税	应付职工薪酬	应交增值税	
		365.5	0.1		355.4	122.3	399	364	148
	30.0	-251.6	90.7	0.1	-135.5	16.2	2071	340	782
	30.0	-66.9	21.0	0.1	-20.5	12.6	873	218	383
		-56.4			-56.6	0.1	269	7	97
		-3.2	3.4		0.7	1.6	432	99	127
		-134.8	66.3		-68.8		455	15	161
		9.7			9.7	1.9	43	2	14
	486.1	-154.1	4827.2	3771.4	4410.4	1024.5	35449	5213	10601
		-18.1			-18.1		2	9	12
		-9.4			-21.9		54	1	38
	30.0	-1685.4	635.9	257.4	-1160.7	569.2	18550	1541	2869
		877.4	430.0	257.3	1298.7	1.4	1057	12	257
	30.0	-2562.8	205.9	0.1	-2459.4	567.8	17493	1529	2612
	67.6	3004.6	834.7	752.1	3676.0	201.3	1887	1346	937
	388.5	-1445.8	3356.6	2761.9	1935.1	254.0	14956	2316	6745

限额以上批发和零售

7－5 续表16

（2014年）

指标名称	法人企业数（个）	执行《2006年企业会计准则》企业数（个）	年初存货	期末资产负债		
				流动资产	#应收账款	存货
私营独资企业	6	1	1205.4	2188.2	11.5	1397.5
私营合伙企业						
私营有限责任公司	44	15	23915.7	60895.8	9914.0	25753.1
私营股份有限公司	9	3	2413.0	18965.6	7709.1	2848.0
其他企业						
港、澳、台商投资企业	1	1		2104.5	124.9	
与港澳台商合资经营企业						
与港澳台商合作经营企业						
港澳台商独资企业	1	1		2104.5	124.9	
港澳台商投资股份有限公司						
其他港澳台投资企业						
外商投资企业						
中外合资经营企业						
中外合作经营企业						
外资企业						
外商投资股份有限公司						
其他外商投资企业						
按控股情况分						
国有控股	4	3	3125.7	14344.2	3729.2	6654.5
集体控股	3	1	1023.4	1294.1	610.0	262.6
私人控股	88	26	54701.9	213501.1	31428.1	61645.4
港澳台商控股	1	1		2104.5	124.9	
外商控股						
其他	8	3	4661.9	39750.8	937.0	5359.4
按经营形式分						
独立门店	101	33	58365.6	264255.2	36410.6	69164.8
连锁总店	2	1	5127.5	6200.6	418.6	4737.7
连锁门店						
其他	1		19.8	538.9		19.4
按单位规模分						
大型	1	1	7562.0	19305.8	490.9	7404.3
中型	45	20	42326.5	206207.3	25430.5	50394.8
小型	49	11	13020.8	38633.7	10741.6	15153.5
微型	9	2	603.6	6847.9	166.2	969.3
按零售业态分						
有店铺零售	104	34	63512.9	270994.7	36829.2	73921.9
食杂店						
便利店						
折扣店						
超市	17	4	7263.3	32661.4	2144.5	8222.8

法人企业财务状况

单位：万元

期末资产负债								
固定资产	固定资产原　　价	累计折旧	#本年折旧	在建工程	资产总计	流动负债	#应付账款	非流动负债
736.5	713.3	337.1	32.9		3019.1	1573.1	248.2	122.5
21528.9	28473.1	6969.8	624.5	558.9	98226.3	62494.1	23836.4	8880.4
527.9	1091.4	559.1	267.7	267.0	22838.2	14673.3	3150.9	
5687.6	6405.8	718.2	718.2	266.2	8058.4	8227.6	2029.3	
5687.6	6405.8	718.2	718.2	266.2	8058.4	8227.6	2029.3	
8398.1	12407.3	4009.2	478.4		24455.5	14147.5	7779.0	1252.5
733.9	1201.2	467.3	53.8		5368.9	4612.4	2072.7	
52421.3	68339.2	16458.7	3494.7	2751.6	294986.6	172310.8	36739.7	33366.0
5687.6	6405.8	718.2	718.2	266.2	8058.4	8227.6	2029.3	
11529.5	16457.6	4928.1	4428.5	64.0	54259.8	29869.0	5427.8	14560.0
78282.3	103997.2	26255.7	9127.2	3081.8	379858.5	222931.5	49807.0	49178.5
295.9	503.8	207.9	34.0		6539.6	5787.3	4219.0	
192.2	310.1	117.9	12.4		731.1	448.5	22.5	
2948.0	2948.0			272.8	29697.9	24151.5	9772.4	
68967.7	91059.3	22636.5	8290.5	2474.8	300364.2	167711.3	38648.9	43126.0
5997.2	9488.2	3486.9	786.7	334.2	48857.6	34846.2	5366.9	1033.5
857.5	1315.6	458.1	96.4		8209.5	2458.3	260.3	5019.0
78770.4	104811.1	26581.5	9173.6	3081.8	387129.2	229167.3	54048.5	49178.5
14251.1	18724.7	4473.9	1598.1	1722.0	52803.6	29585.7	5571.1	957.6

限额以上批发和零售

7－5 续表17

（2014年）

指标名称	期末资产负债					
	负债	所有者权益	#实收资本	国家资本	集体资本	法人资本
私营独资企业	1695.6	1323.5	552.9			342.9
私营合伙企业						
私营有限责任公司	71374.6	26851.7	79523.1			4780.7
私营股份有限公司	14673.3	8164.9	11072.0			9616.0
其他企业						
港、澳、台商投资企业	8227.6	-169.2	1296.1			
与港澳台商合资经营企业						
与港澳台商合作经营企业						
港澳台商独资企业	8227.6	-169.2	1296.1			
港澳台商投资股份有限公司						
其他港澳台投资企业						
外商投资企业						
中外合资经营企业						
中外合作经营企业						
外资企业						
外商投资股份有限公司						
其他外商投资企业						
按控股情况分						
国有控股	15400.0	9055.5	3363.4	155.4		660.0
集体控股	5609.4	-240.5	436.1		436.1	
私人控股	205906.8	89079.8	118354.4			29095.3
港澳台商控股	8227.6	-169.2	1296.1			
外商控股						
其他	44429.0	9830.8	7750.0	58.0	700.0	5932.0
按经营形式分						
独立门店	273337.0	106521.5	129900.0	155.4	1136.1	34585.3
连锁总店	5787.3	752.3	1200.0	58.0		1102.0
连锁门店						
其他	448.5	282.6	100.0			
按单位规模分						
大型	24151.5	5546.4	65000.0			
中型	212428.5	87935.7	52750.0	213.4	208.5	28634.8
小型	35515.5	13342.1	10631.5		927.6	5894.0
微型	7477.3	732.2	2818.5			1158.5
按零售业态分						
有店铺零售	279572.8	107556.4	131200.0	213.4	1136.1	35687.3
食杂店						
便利店						
折扣店						
超市	30774.8	22028.8	9692.5		96.4	831.0

法人企业财务状况

单位：万元

个人资本	港澳台资本	外商资本	损益及分配 营业收入	#主营业务收入	营业成本	#主营业务成本	营业税金及附加	#主营业务税金及附加
210.0			23446.3	23446.3	16900.6	16900.6	448.1	448.1
74742.4			246127.8	240355.1	208642.1	208505.8	1156.2	1125.4
1456.0			29264.2	29264.2	25655.1	25655.1	72.4	72.4
	1296.1		13178.9	11970.7	10431.6	10431.6	85.1	17.5
	1296.1		13178.9	11970.7	10431.6	10431.6	85.1	17.5
2548.0			25692.7	24909.0	21561.7	21348.5	30.9	30.9
			6122.4	6122.4	5572.8	5572.8	5.8	5.8
88559.1	700.0		507706.5	501110.4	435381.3	435133.9	2326.1	2295.3
	1296.1		13178.9	11970.7	10431.6	10431.6	85.1	17.5
1060.0			41253.4	40998.7	31866.7	31866.7	567.8	567.7
92027.1	1996.1		583927.0	575117.8	497154.4	496693.8	2978.0	2879.5
40.0			8230.1	8196.6	5964.3	5964.3	35.5	35.5
100.0			1796.8	1796.8	1695.4	1695.4	2.2	2.2
65000.0			106277.4	106277.4	90665.7	90665.7	314.5	314.5
21697.2	1996.1		397560.4	389368.2	333320.7	332988.4	2428.2	2330.4
3809.9			84478.3	84008.2	75800.7	75672.4	253.6	252.9
1660.0			5637.8	5457.4	5027.0	5027.0	19.4	19.4
92167.1	1996.1		593953.9	585111.2	504814.1	504353.5	3015.7	2917.2
8765.1			84384.3	83717.3	71525.8	71522.4	149.4	142.9

限额以上批发和零售

7－5 续表18

（2014年）

指标名称	损益及分配							
	其他业务利润	销售费用	管理费用	#税金	财务费用	#利息收入	利息支出	资产减值损失
私营独资企业		3006.2	2266.0		108.5		108.3	
私营合伙企业								
私营有限责任公司	1746.4	26434.5	9582.2	58.4	2358.5	4.8	990.6	
私营股份有限公司		1324.8	2589.5	83.8	351.2	0.7	305.2	
其他企业								
港、澳、台商投资企业		3659.3	8.8	8.7	1.3	12.3	11.0	
与港澳台商合资经营企业								
与港澳台商合作经营企业								
港澳台商独资企业		3659.3	8.8	8.7	1.3	12.3	11.0	
港澳台商投资股份有限公司								
其他港澳台投资企业								
外商投资企业								
中外合资经营企业								
中外合作经营企业								
外资企业								
外商投资股份有限公司								
其他外商投资企业								
按控股情况分								
国有控股	984.0	1434.7	2991.3	66.1	152.0	6.8		-18.2
集体控股		241.9	623.5	0.4	1.6			
私人控股	2371.8	38953.7	22985.5	338.5	8183.1	105.1	4675.5	
港澳台商控股		3659.3	8.8	8.7	1.3	12.3	11.0	
外商控股								
其他	46.3	1750.1	6052.0	179.3	1856.7	4.1	50.6	
按经营形式分								
独立门店	3402.1	44869.9	31250.4	593.0	9960.3	127.0	4713.8	-18.2
连锁总店		1169.8	1345.4		211.1	1.3		
连锁门店								
其他			65.3		23.3		23.3	
按单位规模分								
大型		13760.5	3577.7		577.9		577.9	
中型	2559.2	29106.7	23759.4	510.5	8430.8	125.0	3597.1	-18.2
小型	842.9	2318.6	4741.3	79.7	664.5	3.2	458.5	
微型		853.9	582.7	2.8	521.5	0.1	103.6	
按零售业态分								
有店铺零售	3402.1	46039.7	32661.1	593.0	10194.7	128.3	4737.1	-18.2
食杂店								
便利店								
折扣店								
超市	805.4	7297.4	3151.8	26.0	1272.3	4.1	37.8	

法人企业财务状况

单位：万元

损益及分配							人工成本及增值税		从业人员平均人数（人）
公允价值变动收益	投资收益	营业利润	营业外收入	#补贴收入	利润总额	应交所得税	应付职工薪酬	应交增值税	
		716.9			716.7	63.3	846	173	327
	388.5	-1433.6	3320.7	2726.1	1797.2	85.3	13406	1819	5194
		-729.1	35.9	35.8	-578.8	105.4	704	324	1224
		-1007.2	21.3		-988.3		948	185	340
		-1007.2	21.3		-988.3		948	185	340
		524.3	430.1	257.3	937.8	6.5	1590	41	487
		-323.2	6.1	6.1	-329.9	6.8	306	45	120
	486.1	484.6	4356.7	3508.0	4688.2	861.1	20921	4658	9253
		-1007.2	21.3		-988.3		948	185	340
		-839.8	34.3		-885.7	150.1	12633	468	741
	486.1	-675.9	4848.1	3771.4	3907.2	958.5	23762	5074	10498
		-496.0	0.4		-495.5	64.4	12613	307	436
		10.6			10.4	1.6	22	17	7
		-2645.9	2446.5	2420.4	-249.3		4805		1724
	486.1	2223.6	2231.7	1344.9	4284.1	828.3	28616	4383	7676
		627.6	160.6	6.1	801.2	190.2	2786	955	1242
		-1366.6	9.7		-1413.9	6.0	190	60	299
	486.1	-1161.3	4848.5	3771.4	3422.1	1024.5	36397	5397	10941
	67.6	1235.6	1190.5	1093.6	2293.5	25.4	3885	1017	2061

限额以上批发和零售

7—5 续表19

（2014年）

指 标 名 称	法人企业数（个）	执行《2006年企业会计准则》企业数（个）	年初存货	期末资产负债		
				流动资产	#应收账款	存 货
大型超市	6	4	12848.7	27569.9	747.7	12083.2
仓储会员店	1		226.1	303.2	8.2	230.5
百货店	16	5	5634.8	92575.4	13108.4	6116.6
专业店	38	13	10123.9	41840.8	13676.1	15387.1
专卖店	24	7	24369.6	70241.5	6250.4	28101.4
家居建材商店	1		1037.6	3397.6	570.8	1927.8
购物中心	1	1	2008.9	2404.9	323.1	1852.5
厂家直销中心						
无店铺零售						
电视购物						
邮购						
网上商店						
自动售货亭						
电话购物						
批发业按地区分组	**80**	**37**	**111172.1**	**800267.0**	**163865.1**	**148324.0**
双桥区	24	8	64107.5	206187.4	52479.9	62058.3
双滦区	5	4	5156.5	332626.7	34808.9	22483.7
营子区	2	1	460.9	3693.7	1027.4	443.2
承德县	7	2	10603.4	49038.9	1216.7	12597.1
兴隆县	3	2	2890.4	16161.2	6395.2	2270.5
平泉县	10	7	12193.9	58088.9	20745.0	16475.2
滦平县	6		1892.4	11826.9	1011.6	1514.8
隆化县	3	3	164.3	26516.0	432.6	14454.3
丰宁县	2	1	237.8	12134.5	96.6	758.9
宽城县	13	7	8665.2	62211.6	35124.1	9197.6
围场县	3	1	1998.9	12786.3	5688.8	3350.4
高新区	2	1	2800.9	8994.9	4838.3	2720.0
零售业按地区分组	**104**	**34**	**63512.9**	**270994.7**	**36829.2**	**73921.9**
双桥区	36	14	40353.9	159851.3	10767.5	41564.6
双滦区	5	3	1113.8	17686.0	1673.1	5812.0
营子区	1		77.6	173.3	37.0	127.5
承德县	3	1	1086.4	2022.1		943.8
兴隆县	6	3	950.0	2554.6	512.3	1366.8
平泉县	10	4	4129.3	8656.0	298.0	5328.0
滦平县	10	1	2515.5	7891.4	254.0	2650.2
隆化县	2		2085.2	11479.7	7534.6	1954.0
丰宁县	8	1	2378.2	30871.4	2301.8	4415.4
宽城县	17	6	5301.4	19419.6	8672.7	5668.8
围场县	4	1	1664.4	7544.8	4513.5	1775.1
高新区	2		1857.2	2844.5	264.7	2315.7

法人企业财务状况

单位：万元

期末资产负债								
固定资产	固定资产原　　价	累计折旧	#本年折旧	在建工程	资产总计	流动负债	#应付账款	非流动负债
11087.1	12550.0	1462.9	844.2	539.0	49299.7	39024.5	13932.3	
39.2	106.4	67.2			342.4	265.3	37.6	
31412.0	42001.3	11108.6	5030.8	486.6	132281.1	56844.0	17806.5	42922.5
7579.0	12749.4	5191.6	952.1	0.3	54641.8	33648.1	12422.1	3209.8
13374.8	17113.1	3738.3	692.2	333.9	90497.8	64807.5	2526.6	1088.6
713.8	1069.0	355.2	53.8		4411.4	2296.2	1187.4	1000.0
313.4	497.2	183.8	2.4		2851.4	2696.0	564.9	
144322.3	**207771.1**	**66836.2**	**17180.3**	**16231.6**	**1512103.5**	**754295.2**	**248120.6**	**14051.2**
71758.1	109527.2	37769.1	12110.4	9679.6	703280.3	184088.6	40415.4	4939.3
12077.1	15102.1	3025.0	1008.1	559.7	415765.1	336588.7	124699.1	5500.0
1807.5	487.8	191.5	54.2		5501.2	2973.8	1851.8	
20532.1	26592.0	6059.9	1137.1	688.5	101325.5	64524.9	21664.3	
348.3	493.4	145.1	15.5		17411.7	11874.0	5972.3	
18202.1	29306.8	12873.2	1687.8	2215.1	80076.1	43016.7	17353.3	456.6
1512.5	1817.7	305.2	44.1	31.9	14564.1	8928.6	448.4	2753.2
4891.2	7556.2	2665.0	638.4	2260.4	49258.4	25985.0	6649.3	
789.8	883.8	94.0	67.2		15087.4	8491.1	477.2	71.6
11884.1	15134.2	3357.9	318.2	796.4	87368.8	51316.4	24517.2	330.5
389.3	544.7	155.3	65.9		13276.5	10876.5	713.4	
130.2	325.2	195.0	33.4		9188.4	5630.9	3358.9	
78770.4	**104811.1**	**26581.5**	**9173.6**	**3081.8**	**387129.2**	**229167.3**	**54048.5**	**49178.5**
37391.6	51414.0	14043.6	6467.2	633.0	216920.9	128679.6	29624.3	33670.3
4725.8	5160.4	434.6	221.2		23292.1	20071.8	1043.4	
2.0	4.4	2.4	0.9		175.3	129.4		
0.9	18.3	17.4	1.6		3313.6	1757.0	-1874.2	
322.1	421.9	99.8	2.2		2907.7	1806.9	155.8	1.5
2993.6	4295.5	1301.9	253.5	283.2	12568.0	8700.5	1672.9	78.4
2298.0	3362.9	1064.9	368.9	726.5	10723.7	7439.0	1320.8	350.0
12722.4	16586.9	3864.5	1.6		29205.9	11953.2	11641.5	8250.0
13887.1	17447.4	3560.3	1355.8	1438.8	52946.0	22548.7	2135.2	6350.2
2931.2	4569.5	1638.6	423.0	0.3	23109.0	17561.9	7781.6	365.6
1257.6	1180.6	442.3	65.4		8884.4	6284.0	219.8	112.5
238.1	349.3	111.2	12.3		3082.6	2235.3	327.4	

限额以上批发和零售

7－5 续表20

（2014年）

指 标 名 称	期末资产负债					
	负 债	所有者权益	#实收资本			
				国家资本	集体资本	法人资本
大型超市	39024.5	10275.2	71986.1			5690.0
仓储会员店	265.3	77.1	50.0			
百货店	99766.5	32514.6	28411.3		331.2	16172.0
专业店	36856.4	17785.4	9099.8	58.0		6067.0
专卖店	66893.1	23604.7	10704.9		708.5	6927.3
家居建材商店	3296.2	1115.2	1100.0			
购物中心	2696.0	155.4	155.4	155.4		
厂家直销中心						
无店铺零售						
电视购物						
邮购						
网上商店						
自动售货亭						
电话购物						
批发业按地区分组	**769869.9**	**742233.6**	**459699.3**	**340606.3**	**5212.3**	**43896.0**
双桥区	189027.9	514252.4	365930.3	336299.2	2900.0	9889.8
双滦区	342088.7	73676.4	18973.8	710.0		15063.8
营子区	2973.8	2527.4	2587.1	2247.1		340.0
承德县	64524.9	36800.6	19658.0	1000.0		3058.0
兴隆县	11874.0	5537.7	1900.0		370.3	1400.0
平泉县	43473.4	36602.7	12467.4	350.0		9272.4
滦平县	11681.8	2882.3	2793.1			1000.0
隆化县	25985.0	23273.4	2205.0			1960.0
丰宁县	8562.7	6524.7	6700.0			
宽城县	53170.4	34198.4	21129.6			1550.0
围场县	10876.4	2400.1	2161.0			110.0
高新区	5630.9	3557.5	3194.0		1942.0	252.0
零售业按地区分组	**279572.8**	**107556.4**	**131200.0**	**213.4**	**1136.1**	**35687.3**
双桥区	163346.9	53574.0	92888.4	213.4	908.5	18728.3
双滦区	20071.8	3220.3	6560.0			5030.0
营子区	129.4	45.9	60.0			60.0
承德县	1757.0	1556.6	360.0			
兴隆县	1806.9	1100.8	870.4			519.4
平泉县	8778.9	3789.1	4727.4			752.4
滦平县	7789.0	2934.7	2660.6			1840.5
隆化县	20203.2	9002.7	2012.0			12.0
丰宁县	28898.9	24047.1	11718.8			4560.0
宽城县	18159.0	4950.0	5185.3		227.6	2912.7
围场县	6396.5	2487.9	2987.1			102.0
高新区	2235.3	847.3	1170			1170

法人企业财务状况

单位：万元

			损益及分配					
个人资本	港澳台资本	外商资本	营业收入	#主营业务收入	营业成本	#主营业务成本	营业税金及附加	#主营业务税金及附加
65000.0	1296.1		152660.6	151452.4	130841.2	130841.2	436.1	368.5
50.0			562.7	556.5	511.6	506.9	0.7	
11908.1			111335.6	105828.1	82825.5	82599.7	2017.6	2017.5
2974.8			87475.3	86506.1	74209.2	73982.5	162.6	139.0
2369.1	700.0		150601.5	150458.7	139015.1	139015.1	222.2	222.2
1100.0			2398.3	2322.3	1885.7	1885.7	6.4	6.4
			4535.6	4269.8	4000.0	4000.0	20.7	20.7
69984.7			1892248.4	1878184.8	1704042.5	1690782.6	18516.6	18492.9
16841.3			864356.4	858593.6	763884.9	758712.4	15623.1	15599.5
3200.0			541395.0	533443.8	517643.6	509764.8	453.7	453.7
			20060.0	20060.0	19693.0	19503.4	4.0	4.0
15600.0			92272.8	92163.1	75799.4	75799.4	461.0	461.0
129.7			45259.0	45259.0	41440.9	41440.9	80.7	80.7
2845.0			120174.3	120174.3	95422.8	95422.8	1534.9	1534.9
1793.1			32778.9	32539.0	31126.4	31126.4	72.2	72.1
245.0			33723.2	33723.2	29256.9	29256.9	69.2	69.2
6700.0			6578.2	6578.2	4125.7	4125.7	41.3	41.3
19579.6			102759.4	102759.4	95393.2	95374.2	133.1	133.1
2051.0			14539.1	14539.1	13194.6	13194.6	18.9	18.9
1000.0			18352.1	18352.1	17061.1	17061.1	24.5	24.5
92167.1	1996.1		593953.9	585111.2	504814.1	504353.5	3015.7	2917.2
71742.1	1296.1		339619.3	336716.9	293420.0	293094.7	1601.2	1509.9
830.0	700.0		16618.7	16547.8	13882.9	13882.9	53.2	53.2
			662.0	662.0	559.0	559.0	1.6	1.6
360.0			3403.4	3403.4	2980.4	2980.4	4.3	4.3
351.0			4965.0	4958.8	4471.7	4467.0	6.8	6.1
3975.0			41650.1	41632.2	37170.7	37158.2	71.5	71.5
820.1			26903.9	26903.9	21536.2	21536.2	69.1	69.1
2000.0			23186.0	18312.5	16035.5	16035.5	524.8	524.8
7158.8			46831.8	46305.3	39334.8	39331.4	46.2	39.7
2045.0			46746.8	46301.5	40227.6	40226.0	116.2	116.2
2885.1			38617.4	38617.4	31032.3	30919.2	517.4	517.4
			4749.5	4749.5	4163	4163	3.4	3.4

限额以上批发和零售

7－5 续表21

（2014年）

指 标 名 称	损益及分配							
	其他业务利润	销售费用	管理费用	#税 金	财务费用	#利息收入	利息支出	资产减值损失
大型超市		20860.6	4277.1	86.6	841.2	12.3	605.7	
仓储会员店		26.1	30.4		0.2			
百货店	1389.2	9505.5	14433.1	264.6	6166.1	0.8	2889.2	
专业店	634.2	3863.0	6724.4	111.3	1006.6	5.7	802.4	-18.2
专卖店	573.3	3939.7	3615.1	104.5	794.5	98.3	299.7	
家居建材商店		324.9	91.9		108.6	7.1	102.3	
购物中心		222.5	337.3		5.2			
厂家直销中心								
无店铺零售								
电视购物								
邮购								
网上商店								
自动售货亭								
电话购物								
批发业按地区分组	**1527.8**	**80722.7**	**49982.9**	**1273.6**	**27765.3**	**2084.6**	**17104.4**	**284.8**
双桥区	943.1	33209.0	23166.6	546.4	2276.5	1259.4	733.7	160.1
双滦区	72.4	5168.1	5271.3	311.3	14629.8	358.9	9217.3	21.5
营子区		368.5	311.5	20.0	0.5			
承德县	153.0	9322.0	11436.6	161.0	4356.8	40.3	4041.7	27.2
兴隆县		916.7	733.5	22.1	210.4	1.9	211.6	
平泉县		20170.7	3788.0	74.6	2004.5		898.4	
滦平县		831.4	503.7	25.6	557.6	421.8	100.6	
隆化县	336.5	6615.3	200.2	54.7	625.8	0.6	626.0	76.0
丰宁县		2474.6	918.9	2.0	315.4		200.8	
宽城县	22.8	752.0	2681.2	46.5	2185.9	0.9	473.6	
围场县		464.0	364.8	0.6	503.3	0.5	503.8	
高新区		430.4	606.6	8.8	98.8	0.3	96.9	
零售业按地区分组	**3402.1**	**46039.7**	**32661.1**	**593.0**	**10194.7**	**128.3**	**4737.1**	**-18.2**
双桥区	2362.4	25595.1	17377.6	410.9	6029.2	120.6	3695.9	-18.2
双滦区		776.0	2375.2	33.5	213.9	-4.0	191.1	
营子区			111.3					
承德县		293.9	161.0	0.1	128.9			
兴隆县	157.1	211.1	268.7	3.2	33.2		32.5	
平泉县		3813.1	1383.2	10.3	63.3	0.1	31.7	
滦平县	234.3	2168.1	2441.0	21.6	237.7	0.1	210.4	
隆化县		2420.4	2025.1		835.4			
丰宁县		3309.7	1619.4	87.2	1802.0	7.1	148.3	
宽城县	376.8	3554.2	2389.6	13.0	436.8	3.3	363.9	
围场县	271.5	3898.1	2278.7	12.0	350.8	1.1		
高新区			230.3	1.2	63.5		63.3	

法人企业财务状况

单位：万元

损益及分配							人工成本及增值税		从业人员平均人数（人）
公允价值变动收益	投资收益	营业利润	营业外收入	#补贴收入	利润总额	应交所得税	应付职工薪酬	应交增值税	
		-4622.6	2794.6	2420.4	-1880.3		7024	428	3161
		-6.3			-6.3		21	8	10
	388.5	-2239.6	202.9		-2062.6	109.8	5911	1319	3290
		1526.0	504.2	257.3	2001.5	265.4	15543	1142	1369
		3014.9	135.3		3099.4	622.4	3640	1455	916
	30.0	-19.2	21.0	0.1	27.0	1.5	168	29	70
		-50.1			-50.1		205		64
	51842.7	64032.3	9231.2	4753.5	72095.2	9436.5	31385	30168	6679
	-377.8	25498.3	1492.4	121.1	27887.4	7301.3	15628	16543	2895
	42589.4	40796.4	2334.2		43109.6	175.6	4131	884	742
		-127.9	34.6	32.4	-94.4	3.3	176	40	56
		-7846.3	1763.6	1468.4	-8410.5	257.8	3254	4227	755
		1876.8			1876.8	470.7	579	668	187
	7578.3	4757.3	97.9	11.0	5030.1	1033.9	3819	3287	909
		-312.4	220.2		-99.8	12.1	409	121	109
	2052.8	-1067.4	3008.0	3020.6	2270.5	8.9	844	32	197
		-1297.7	2.1		-1305.1		569	232	156
		1631.0	252.8	100.0	1661.8	139.0	1226	3908	361
		-6.5	0.9		-6.8	33.9	440	53	171
		130.7	24.5		175.6		310	174	141
	486.1	-1161.3	4848.5	3771.4	3422.1	1024.5	36397	5397	10941
		-3428.8	3162.4	2677.7	-446.7	750.7	24537	2344	4406
		-682.5	0.5		-557.5	56.3	544	18	491
		-9.9			-9.9		47		31
		-165.1	35.8	35.8	-129.3		225	27	125
		-27.0	15.0		-11.7	0.4	203	58	93
		-852.5	464.3		-388.0	1.5	2346	285	1091
		451.8			451.6	21.1	1232	156	523
	388.5	1733.3			1710.9		2332	351	794
	97.6	787.4	781.6	746.1	1345.6	5.9	1258	216	1321
		-48.8	388.9	311.8	376.3	133.3	2190	1147	1214
		791.5			791.5	42.0	1426	770	807
		289.3			289.3	13.3	58	25	45

7-6 限额以上住宿和餐饮业

（2014年）

指标名称	法人企业数（个）	从业人员期末人数（人）	营业额	#使用银行卡支付的营业额	客房收入	#通过公共网络实现的客房收入
全市	69	6059	64685.9	7053.3	25661.6	1142.7
住宿业	45	4787	49398.3	6493.9	23894.0	1142.7
按住宿业行业小类分						
旅游饭店	39	4481	45358.5	6357.5	21469.6	1142.7
一般旅馆	6	306	4039.8	136.4	2424.4	
按登记注册类型分						
内资企业	45	4787	49398.3	6493.9	23894.0	1142.7
国有企业	9	1041	12385.7	562.2	5906.0	240.7
集体企业	2	46	103.8	28.6	92.9	12.5
有限责任公司	16	1840	23323.2	2995.0	11104.7	495.1
其他有限责任公司	16	1840	23323.2	2995.0	11104.7	495.1
股份有限公司	1	169	985.1		309.5	
私营企业	17	1691	12600.5	2908.1	6480.9	394.4
私营有限责任公司	15	1547	11781.3	2908.1	6267.8	394.4
私营股份有限公司	2	144	819.2		213.1	
按控股情况分						
国有控股	9	1041	12385.7	562.2	5906.0	240.7
集体控股	3	243	2391.4	28.6	971.3	12.5
私人控股	28	2785	26119.7	5322.3	13009.9	889.5
其他	5	718	8501.5	580.8	4006.8	
按经营形式分						
独立门店	45	4787	49398.3	6493.9	23894.0	1142.7
按单位规模分						
中型	8	1365	20717.2		9635.5	
小型	33	3359	28440.0	6465.3	14057.8	1130.2
微型	4	63	241.1	28.6	200.7	12.5
按星级分						
四星	11	1664	16357.5	2958.3	7573.5	528.2

注：限额以上住宿和餐饮业为年主营业务收入200万元以上的企业。

法人单位经营情况

单位：万元

				客房数（间）	床位数（个）	餐位数（位）	年末餐饮营业面积（平方米）
餐费收入	#通过公共网络实现的餐费收入	商品销售额收入	其他收入				
35565.8	113.2	179.8	3278.7	45480	71136	25441	173563
22995.0	94.2	158.5	2350.8	26143	51432	18687	129014
21397.7	94.2	146.4	2344.8	25518	50409	17385	107214
1597.3		12.1	6.0	625	1023	1302	21800
22995.0	94.2	158.5	2350.8	26143	51432	18687	129014
5719.7	19.3	20.5	739.5	1357	2680	3450	25603
9.4	2.0		1.5	65	134	176	1500
11179.2	72.9	117.5	921.8	22359	44244	8050	35928
11179.2	72.9	117.5	921.8	22359	44244	8050	35928
634.8			40.8	229	378	904	15300
5451.9		20.5	647.2	2133	3996	6107	50683
5056.5		20.5	436.5	1923	3536	4907	42269
395.4			210.7	210	460	1200	8414
5719.7	19.3	20.5	739.5	1357	2680	3450	25603
1370.3	2.0		49.8	258	414	526	2200
11993.3	72.9	103.0	1013.5	23780	47007	12531	91261
3911.7		35.0	548.0	748	1331	2180	9950
22995.0	94.2	158.5	2350.8	26143	51432	18687	129014
10079.2		0.1	1002.4	21779	43289	5404	28248
12882.9	92.2	158.4	1340.9	4122	7685	13047	98866
32.9	2.0		7.5	242	458	236	1900
7804.7	52.5	89.6	889.7	1909	3409	4702	26780

限额以上住宿和餐饮业

7—6 续表1

（2014年）

指 标 名 称	法人企业数（个）	从业人员期末人数（人）	营业额	#使用银行卡支付的营业额	客房收入	#通过公共网络实现的客房收入
三星	16	1412	18106.4	1233.1	8695.4	169.5
二星	4	266	2638.0		1204.6	
其他	14	1445	12296.4	2302.5	6420.5	445.0
餐饮业	**24**	**1272**	**15287.6**	**559.4**	**1767.6**	
按餐饮业行业分						
正餐服务	24	1272	15287.6	559.4	1767.6	
按登记注册类型分						
内资企业	24	1272	15287.6	559.4	1767.6	
国有企业	1	99	1424.8		154.6	
有限责任公司	9	410	4451.1	143.6	283.2	
其他有限责任公司	9	410	4451.1	143.6	283.2	
私营企业	13	734	9250.5	305.8	1329.8	
私营独资企业	3	63	540.5			
私营有限责任公司	8	506	7094.1	305.8	1329.8	
私营股份有限公司	2	165	1615.9			
其他企业	1	29	161.2	110.0		
按控股情况分						
国有控股	1	99	1424.8		154.6	
私人控股	21	1128	13516.7	449.4	1613.0	
其他	2	45	346.1	110.0		
按经营形式分						
独立门店	23	1235	14965.1	541.4	1767.6	
连锁门店	1	37	322.5	18.0		
按单位规模分						
中型	1	118	3580.0		577.3	
小型	18	1091	11394.7	559.4	1181.1	
微型	5	63	312.9		9.2	

法人单位经营情况

单位：万元

餐费收入	#通过公共网络实现的餐费收入	商品销售额 收入	其他收入	客房数（间）	床位数（个）	餐位数（位）	年末餐饮营业面积（平方米）
8461.3		1.5	948.2	1879	3631	6795	50176
1324.5		35.0	73.9	400	754	1900	5000
5404.5	41.7	32.4	439.0	21955	43638	5290	47058
12570.8	**19.0**	**21.3**	**927.9**	**19337**	**19704**	**6754**	**44549**
12570.8	19.0	21.3	927.9	19337	19704	6754	44549
12570.8	19.0	21.3	927.9	19337	19704	6754	44549
1270.2				37	56	380	3500
4038.4			129.5	147	274	3101	18400
4038.4			129.5	147	274	3101	18400
7101.0	19.0	21.3	798.4	19153	19374	3113	22149
540.5						378	1620
4944.6	19.0	21.3	798.4	19153	19374	2255	11570
1615.9						480	8959
161.2						160	500
1270.2				37	56	380	3500
10954.5	19.0	21.3	927.9	19300	19648	6106	40249
346.1						268	800
12248.3	19.0	21.3	927.9	19337	19704	6474	43349
322.5						280	1200
2422.8			579.9	18865	18865	110	1800
9844.3	19.0	21.3	348.0	414	723	5808	32870
303.7				58	116	836	9879

7-7 限额以上住宿和餐饮业

（2014年）

指标名称	法人企业数（个）	执行《2006年企业会计准则》企业数（个）	年初存货	期末资产负债		
				流动资产	#应收账款	存货
全市	69	15	4368.6	98201.9	28805.4	4671.5
住宿业	45	9	3612.9	88301.5	24572.8	3956.9
按住宿业行业分						
旅游饭店	39	7	3462.1	83537.6	20979.0	3751.5
一般旅馆	6	2	150.8	4763.9	3593.8	205.4
其他住宿业						
按登记注册类型分						
内资企业	45	9	3612.9	88301.5	24572.8	3956.9
国有企业	9		558.5	17051.7	973.3	530.1
集体企业	2		6.4	105.6	0.4	1.5
股份合作企业						
联营企业						
国有联营企业						
集体联营企业						
国有与集体联营企业						
其他联营企业						
有限责任公司	16	3	2527.5	53272.1	19154.1	2274.0
国有独资公司						
其他有限责任公司	16	3	2527.5	53272.1	19154.1	2274.0
股份有限公司	1			1734.4	46.1	95.2
私营企业	17	6	520.5	16137.7	4398.9	1056.1
私营独资企业						
私营合伙企业						
私营有限责任公司	15	5	484.6	13952.1	4109.7	875.7
私营股份有限公司	2	1	35.9	2185.6	289.2	180.4
其他企业						
港、澳、台商投资企业						
与港澳台商合资经营企业						
与港澳台商合作经营企业						
港澳台商独资企业						
港澳台商投资股份有限公司						
其他港澳台投资企业						
外商投资企业						
中外合资经营企业						
中外合作经营企业						
外资企业						
外商投资股份有限公司						
其他外商投资企业						

法人企业财务状况

单位：万元

期末资产负债								
固定资产	固定资产原　　价	累计折旧	#本年折旧	在建工程	资产总计	流动负债	#应付账款	非流动负债
106311.5	159281.4	53092.2	7786.0	20615.2	262410.1	216819.3	18384.3	27143.7
91606.3	139415.3	47931.4	7118.4	20583.2	233146.2	189843.2	17370.9	26625.2
84043.4	130959.2	47038.2	6875.7	15499.3	215286.1	177290.8	16553.6	25254.3
7562.9	8456.1	893.2	242.7	5083.9	17860.1	12552.4	817.3	1370.9
91606.3	139415.3	47931.4	7118.4	20583.2	233146.2	189843.2	17370.9	26625.2
11968.4	22649.2	10680.8	1223.5		35402.0	26675.4	2249.8	238.4
33.3	55.1	21.8	5.3		140.1	551.3	1.3	
54013.3	84224.0	30210.6	4707.8	14443.6	136396.1	102149.6	6087.3	23600.0
54013.3	84224.0	30210.6	4707.8	14443.6	136396.1	102149.6	6087.3	23600.0
4334.9	4434.2	99.3	99.3		6149.1	3731.1	1013.1	
21256.4	28052.8	6918.9	1082.5	6139.6	55058.9	56735.8	8019.4	2786.8
17072.0	22253.1	5451.7	877.6	5665.3	48214.6	50860.3	7870.3	2786.8
4184.4	5799.7	1467.2	204.9	474.3	6844.3	5875.5	149.1	

限额以上住宿和餐饮业

7—7 续表1 （2014年）

指标名称	期末资产负债					
	负债	所有者权益	#实收资本			
				国家资本	集体资本	法人资本
全市	**245643.4**	**16766.7**	**47251.3**	**11984.2**	**108.6**	**23740.6**
住宿业	216468.4	16677.8	43134.7	11866.2	108.6	20409.9
按住宿业行业分						
旅游饭店	202545.1	12741.0	36414.7	11836.2	108.6	13839.9
一般旅馆	13923.3	3936.8	6720.0	30.0		6570.0
其他住宿业						
按登记注册类型分						
内资企业	216468.4	16677.8	43134.7	11866.2	108.6	20409.9
国有企业	26913.8	8488.2	12309.2	11866.2		443.0
集体企业	551.3	-411.2	58.9		58.9	
股份合作企业						
联营企业						
国有联营企业						
集体联营企业						
国有与集体联营企业						
其他联营企业						
有限责任公司	125749.6	10646.5	17681.6		49.7	11886.9
国有独资公司						
其他有限责任公司	125749.6	10646.5	17681.6		49.7	11886.9
股份有限公司	3731.1	2418.0	400.0			
私营企业	59522.6	-4463.7	12685.0			8080.0
私营独资企业						
私营合伙企业						
私营有限责任公司	53647.1	-5432.5	12525.0			8020.0
私营股份有限公司	5875.5	968.8	160.0			60.0
其他企业						
港、澳、台商投资企业						
与港澳台商合资经营企业						
与港澳台商合作经营企业						
港澳台商独资企业						
港澳台商投资股份有限公司						
其他港澳台投资企业						
外商投资企业						
中外合资经营企业						
中外合作经营企业						
外资企业						
外商投资股份有限公司						
其他外商投资企业						

法人企业财务状况

单位：万元

			损益及分配					
个人资本	港澳台资本	外商资本	营业收入	#主营业务收入	营业成本	#主营业务成本	营业税金及附加	#主营业务税金及附加
11417.9			65810.7	65651.0	25634.7	25609.9	3824.1	3806.9
10750.0			50529.5	50369.8	15888.9	15888.9	3041.1	3040.9
10630.0			46499.7	46340.0	13126.8	13126.8	2743.8	2743.6
120.0			4029.8	4029.8	2762.1	2762.1	297.3	297.3
10750.0			50529.5	50369.8	15888.9	15888.9	3041.1	3040.9
			12385.9	12385.9	3593.7	3593.7	642.2	642.2
			103.8	103.8	21.3	21.3	5.7	5.7
5745.0			23247.9	23247.9	6226.4	6226.4	1507.0	1506.8
5745.0			23247.9	23247.9	6226.4	6226.4	1507.0	1506.8
400.0			985.1	985.1	320.8	320.8	54.1	54.1
4605.0			13806.8	13647.1	5726.7	5726.7	832.1	832.1
4505.0			12987.9	12828.2	5302.2	5302.2	727.7	727.7
100.0			818.9	818.9	424.5	424.5	104.4	104.4

限额以上住宿和餐饮业

7—7 续表2

（2014年）

指标名称	损益及分配							
	其他业务利润	销售费用	管理费用	#税金	财务费用	#利息收入	利息支出	资产减值损失
全市	**4658.5**	**28396.1**	**25419.2**	**451.3**	**7075.8**	**5.5**	**4216.9**	
住宿业	4658.5	25141.5	22700.8	391.2	6306.5	5.5	3841.0	
按住宿业行业分								
旅游饭店	4658.5	24187.0	21751.8	391.2	6055.0	5.2	3591.6	
一般旅馆		954.5	949.0		251.5	0.3	249.4	
其他住宿业								
按登记注册类型分								
内资企业	4658.5	25141.5	22700.8	391.2	6306.5	5.5	3841.0	
国有企业		5679.5	4236.9		190.4	0.8	28.6	
集体企业		130.7	44.9					
股份合作企业								
联营企业								
国有联营企业								
集体联营企业								
国有与集体联营企业								
其他联营企业								
有限责任公司	3783.4	11893.1	8363.2	357.6	5459.0	3.5	3221.1	
国有独资公司								
其他有限责任公司	3783.4	11893.1	8363.2	357.6	5459.0	3.5	3221.1	
股份有限公司		388.8	620.3		3.5	0.7		
私营企业	875.1	7049.4	9435.5	33.6	653.6	0.5	591.3	
私营独资企业								
私营合伙企业								
私营有限责任公司	875.1	6365.0	9252.9	2.1	622.7	0.5	591.3	
私营股份有限公司		684.4	182.6	31.5	30.9			
其他企业								
港、澳、台商投资企业								
与港澳台商合资经营企业								
与港澳台商合作经营企业								
港澳台商独资企业								
港澳台商投资股份有限公司								
其他港澳台投资企业								
外商投资企业								
中外合资经营企业								
中外合作经营企业								
外资企业								
外商投资股份有限公司								
其他外商投资企业								

法人企业财务状况

单位：万元

损益及分配							人工成本及增值税		从业人员平均人数（人）
公允价值变动收益	投资收益	营业利润	营业外收入	#补贴收入	利润总额	应交所得税	应付职工薪酬	应交增值税	
	30.2	-23810.9	589.8	0.8	-24156.5	143.6	21416.9		5924
	30.2	-22525.8	418.7	0.3	-22190.7	50.1	15971.6		4616
	30.2	-21341.1	378.7	0.3	-21040.5	37.8	15267.3		4304
		-1184.7	40.0		-1150.2	12.3	704.3		312
	30.2	-22525.8	418.7	0.3	-22190.7	50.1	15971.6		4616
	30.2	-1948.9	287.2		-1657.3	35.4	3289.1		1030
		-98.8			-98.8	0.5	98.6		48
		-10196.4	76.5	0.3	-10191.3	2.1	6023.7		1772
		-10196.4	76.5	0.3	-10191.3	2.1	6023.7		1772
		-402.6			-402.5		463.4		132
		9879.1	55.0		-9840.8	12.1	6096.8		1634
		-9271.2	55.0		-9232.9	12.1	5767.9		1490
		-607.9			-607.9		328.9		144

限额以上住宿和餐饮业

7—7 续表3

（2014年）

指标名称	法人企业数（个）	执行《2006年企业会计准则》企业数（个）	年初存货	期末资产负债 流动资产	#应收账款	存货
按控股情况分						
国有控股	9		558.5	17051.7	973.3	530.1
集体控股	3		257.1	1269.1	570.4	241.7
私人控股	28	9	2501.7	60800.1	22715.6	2806.8
港澳台商控股						
外商控股						
其他	5		295.6	9180.6	313.5	378.3
按经营形式分						
独立门店	45	9	3612.9	88301.5	24572.8	3956.9
连锁总店（总部）						
连锁门店						
其他						
按单位规模分						
大型						
中型	8	1	1220.7	40443.1	19596.0	1134.5
小型	33	8	2379.4	47743.2	4976.4	2814.5
微型	4		12.8	115.2	0.4	7.9
按星级分						
五星						
四星	11	1	1104.0	43022.0	22323.4	1220.6
三星	16	3	921.5	13910.1	695.8	858.3
二星	4		88.4	2414.1	320.8	231.1
一星						
其他	14	5	1499.0	28955.3	1232.8	1646.9
餐饮业	24	6	755.7	9900.4	4232.6	714.6
按餐饮业行业分						
正餐服务	24	6	755.7	9900.4	4232.6	714.6
快餐服务						
饮料及冷饮服务						
茶馆服务						
咖啡馆服务						
酒吧服务						
其他饮料及冷饮服务						
其他餐饮业						
小吃服务						
餐饮配送服务						
其他未列明餐饮业						
按登记注册类型分						

法人企业财务状况

单位：万元

期末资产负债								
固定资产	固定资产原价	累计折旧	#本年折旧	在建工程	资产总计	流动负债	#应付账款	非流动负债
11968.4	22649.2	10680.8	1223.5		35402.0	26675.4	2249.8	238.4
3743.3	8593.6	4850.3	407.6		7145.8	2731.7	202.8	
61528.3	84178.2	22772.4	4235.3	20347.8	162707.7	136912.8	13893.5	20286.8
14366.3	23994.3	9627.9	1252.0	235.4	27890.7	23523.3	1024.8	6100.0
91606.3	139415.3	47931.4	7118.4	20583.2	233146.2	189843.2	17370.9	26625.2
24217.0	46551.8	22605.3	2239.7		73881.9	38042.8	5339.7	17587.9
67122.3	92527.4	25257.0	4865.0	20583.2	158789.3	150847.5	11879.3	9037.3
267.0	336.1	69.1	13.7		475.0	952.9	151.9	
33184.5	59985.0	26800.5	3403.5	5240.0	87986.0	51767.6	7647.3	22860.4
24222.0	39035.3	15083.8	973.2	1766.9	48229.4	34493.0	4890.6	1654.3
2947.8	3862.6	766.7	165.1	18.1	7464.2	3099.4	163.1	1600.0
31252.0	36532.4	5280.4	2576.6	13558.2	89466.6	100483.2	4669.9	510.5
14705.2	19866.1	5160.8	667.6	32.0	29263.9	26976.1	1013.4	518.5
14705.2	19866.1	5160.8	667.6	32.0	29263.9	26976.1	1013.4	518.5

限额以上住宿和餐饮业

7—7 续表4

（2014年）

指标名称	期末资产负债					
	负 债	所有者权益	#实收资本	国家资本	集体资本	法人资本
按控股情况分						
国有控股	26913.8	8488.2	12309.2	11866.2		443.0
集体控股	2731.7	4414.1	5058.9		58.9	5000.0
私人控股	157199.6	5508.1	21166.6		49.7	13891.9
港澳台商控股						
外商控股						
其他	29623.3	-1732.6	4600.0			1075.0
按经营形式分						
独立门店	216468.4	16677.8	43134.7	11866.2	108.6	20409.9
连锁总店（总部）						
连锁门店						
其他						
按单位规模分						
大型						
中型	55630.7	18251.2	18481.3	6801.3		9680.0
小型	159884.8	-1095.5	24554.5	5064.9	49.7	10709.9
微型	952.9	-477.9	98.9		58.9	20.0
按星级分						
五星						
四星	74628.0	13358.0	16347.6	5927.6		5495.0
三星	36147.3	12082.1	17817.7	5772.2	58.6	6911.9
二星	4699.4	2764.8	680.0			680.0
一星						
其他	100993.7	-11527.1	8289.4	166.4	50.0	7323.0
餐饮业	29175.0	88.9	4116.6	118.0		3330.7
按餐饮业行业分						
正餐服务	29175.0	88.9	4116.6	118.0		3330.7
快餐服务						
饮料及冷饮服务						
茶馆服务						
咖啡馆服务						
酒吧服务						
其他饮料及冷饮服务						
其他餐饮业						
小吃服务						
餐饮配送服务						
其他未列明餐饮业						
按登记注册类型分						

法人企业财务状况

单位：万元

个人资本	港澳台资本	外商资本	损益及分配					
			营业收入	#主营业务收入	营业成本	#主营业务成本	营业税金及附加	#主营业务税金及附加
			12385.9	12385.9	3593.7	3593.7	642.2	642.2
			2391.4	2391.4	562.1	562.1	133.8	133.8
7225.0			27151.4	26991.7	9816.5	9816.5	1792.6	1792.6
3525.0			8600.8	8600.8	1916.6	1916.6	472.5	472.3
10750.0			50529.5	50369.8	15888.9	15888.9	3041.1	3040.9
2000.0			21774.0	21774.0	5399.1	5399.1	1156.2	1156.2
8730.0			28514.4	28354.7	10446.2	10446.2	1861.3	1861.1
20.0			241.1	241.1	43.6	43.6	23.6	23.6
4925.0			16440.1	16440.1	5555.8	5555.8	1119.0	1119.0
5075.0			19323.0	19163.3	5022.4	5022.4	1043.8	1043.8
			2654.5	2654.5	968.4	968.4	147.9	147.7
750.0			12111.9	12111.9	4342.3	4342.3	730.4	730.4
667.9			15281.2	15281.2	9745.8	9721.0	783.0	766.0
667.9			15281.2	15281.2	9745.8	9721.0	783.0	766.0

限额以上住宿和餐饮业

7—7 续表5

（2014年）

指标名称	损益及分配							
	其他业务利润	销售费用	管理费用	#税金	财务费用	#利息收入	利息支出	资产减值损失
按控股情况分								
国有控股		5679.5	4236.9		190.4	0.8	28.6	
集体控股		1100.7	965.4		16.7		10.0	
私人控股	875.1	14480.9	14881.9	340.2	4543.7	4.0	3700.5	
港澳台商控股								
外商控股								
其他	3783.4	3880.4	2616.6	51.0	1555.7	0.7	101.9	
按经营形式分								
独立门店	4658.5	25141.5	22700.8	391.2	6306.5	5.5	3841.0	
连锁总店（总部）								
连锁门店								
其他								
按单位规模分								
大型								
中型	3428.7	8687.7	6239.3		4395.1	0.7	2317.7	
小型	1229.8	16323.1	16254.0	391.2	1911.3	4.8	1523.3	
微型		130.7	207.5		0.1			
按星级分								
五星								
四星	880.1	8512.2	6418.7	12.9	2427.1	2.1	2236.0	
三星	3428.7	9583.1	4066.4	33.1	1882.8	1.3	414.7	
二星	349.7	652.6	915.4	71.5	129.3	0.2	98.9	
一星								
其他		6393.6	11300.3	273.7	1867.3	1.9	1091.4	
餐饮业		3254.6	2718.4	60.1	769.3		375.9	
按餐饮业行业分								
正餐服务		3254.6	2718.4	60.1	769.3		375.9	
快餐服务								
饮料及冷饮服务								
茶馆服务								
咖啡馆服务								
酒吧服务								
其他饮料及冷饮服务								
其他餐饮业								
小吃服务								
餐饮配送服务								
其他未列明餐饮业								
按登记注册类型分								

法人企业财务状况

单位：万元

损益及分配							人工成本及增值税		从业人员平均人数（人）
公允价值变动收益	投资收益	营业利润	营业外收入	#补贴收入	利润总额	应交所得税	应付职工薪酬	应交增值税	
	30.2	-1948.9	287.2		-1657.3	35.4	3289.1		1030
		-387.3	7.5		-379.8	0.5	454.2		196
		-18353.6	64.3		-18395.4	13.8	10129.5		2671
		-1836.0	59.7	0.3	-1758.2	0.4	2098.8		719
	30.2	-22525.8	418.7	0.3	-22190.7	50.1	15971.6		4616
	30.2	-4083.9	42.0		-4045.8		5023.6		1318
		-18277.2	376.7	0.3	-17980.2	47.9	10792.2		3225
		-164.7			-164.7	2.2	155.8		73
		-7580.1	115.8	0.3	-7527.7	10.6	4920.0		1595
	30.2	-2264.1	268.4		-1963.1	35.9	4280.7		1363
		-159.2	1.9		-157.3	0.4	527.0		266
		-12522.4	32.6		-12542.6	3.2	6243.9		1392
		-1285.1	171.1	0.5	-1965.8	93.5	5445.3		1308
		-1285.1	171.1	0.5	-1965.8	93.5	5445.3		1308

限额以上住宿和餐饮业

7—7 续表6

（2014年）

指标名称	法人企业数（个）	执行《2006年企业会计准则》企业数（个）	年初存货	期末资产负债		
				流动资产	#应收账款	存货
内资企业	24	6	755.7	9900.4	4232.6	714.6
国有企业	1		107.6	845.8	436.0	86.7
集体企业						
股份合作企业						
联营企业						
国有联营企业						
集体联营企业						
国有与集体联营企业						
其他联营企业						
有限责任公司	9	3	125.8	1052.3	228.0	151.1
国有独资公司						
其他有限责任公司	9	3	125.8	1052.3	228.0	151.1
股份有限公司						
私营企业	13	3	519.9	7978.4	3547.8	473.7
私营独资企业	3	2	94.1	285.8	5.8	96.9
私营合伙企业						
私营有限责任公司	8	1	342.5	5593.7	3303.7	303.3
私营股份有限公司	2		83.3	2098.9	238.3	73.5
其他企业	1		2.4	23.9	20.8	3.1
港、澳、台商投资企业						
与港澳台商合资经营企业						
与港澳台商合作经营企业						
港澳台商独资企业						
港澳台商投资股份有限公司						
其他港澳台投资企业						
外商投资企业						
中外合资经营企业						
中外合作经营企业						
外资企业						
外商投资股份有限公司						
其他外商投资企业						
按控股情况分						
国有控股	1		107.6	845.8	436.0	86.7
集体控股						
私人控股	21	6	645.7	9029.6	3775.8	624.8
港澳台商控股						
外商控股						
其他	2		2.4	25.0	20.8	3.1

法人企业财务状况

单位：万元

期末资产负债								
固定资产	固定资产原价	累计折旧	#本年折旧	在建工程	资产总计	流动负债	#应付账款	非流动负债
14705.2	19866.1	5160.8	667.6	32.0	29263.9	26976.1	1013.4	518.5
211.5	400.9	189.3	8.0		1057.4	745.1	79.4	16.3
1716.0	2049.3	333.3	73.9		5478.2	3685.6	270.3	
1716.0	2049.3	333.3	73.9		5478.2	3685.6	270.3	
12777.7	17415.9	4638.2	585.7	32.0	22704.4	22532.2	650.5	502.2
453.3	559.1	105.8	5.8		754.3	597.0		
7978.8	8810.0	831.2	278.6	32.0	15505.5	14389.4	528.0	502.2
4345.6	8046.8	3701.2	301.3		6444.6	7545.8	122.5	
					23.9	13.2	13.2	
211.5	400.9	189.3	8.0		1057.4	745.1	79.4	16.3
14493.7	19465.2	4971.5	659.6	32.0	28179.3	26217.8	920.8	502.2
					27.2	13.2	13.2	

限额以上住宿和餐饮业

7—7 续表7 （2014年）

指标名称	期末资产负债					
	负债	所有者权益	#实收资本	国家资本	集体资本	法人资本
内资企业	29175.0	88.9	4116.6	118.0		3330.7
国有企业	761.4	296.0	118.0	118.0		
集体企业						
股份合作企业						
联营企业						
国有联营企业						
集体联营企业						
国有与集体联营企业						
其他联营企业						
有限责任公司	3722.8	1755.4	1286.0			690.0
国有独资公司						
其他有限责任公司	3722.8	1755.4	1286.0			690.0
股份有限公司						
私营企业	24677.6	-1973.2	2701.9			2630.0
私营独资企业	627.3	127.0	31.9			
私营合伙企业						
私营有限责任公司	16504.5	-999.0	1510.0			1470.0
私营股份有限公司	7545.8	-1101.2	1160.0			1160.0
其他企业	13.2	10.7	10.7			10.7
港、澳、台商投资企业						
与港澳台商合资经营企业						
与港澳台商合作经营企业						
港澳台商独资企业						
港澳台商投资股份有限公司						
其他港澳台投资企业						
外商投资企业						
中外合资经营企业						
中外合作经营企业						
外资企业						
外商投资股份有限公司						
其他外商投资企业						
按控股情况分						
国有控股	761.4	296.0	118.0	118.0		
集体控股						
私人控股	28400.4	-221.1	3984.9			3320.0
港澳台商控股						
外商控股						
其他	13.2	14.0	13.7			10.7

法人企业财务状况

单位：万元

			损益及分配					
个人资本	港澳台资本	外商资本	营业收入	#主营业务收入	营业成本	#主营业务成本	营业税金及附加	#主营业务税金及附加
667.9			15281.2	15281.2	9745.8	9721.0	783.0	766.0
			1424.9	1424.9	955.9	955.9	78.0	78.0
596.0			4451.0	4451.0	2342.6	2342.6	214.9	214.9
596.0			4451.0	4451.0	2342.6	2342.6	214.9	214.9
71.9			9244.1	9244.1	6382.0	6357.2	468.2	451.2
31.9			540.5	540.5	310.6	310.6	28.6	28.6
40.0			7087.7	7087.7	5442.2	5417.4	325.9	308.9
			1615.9	1615.9	629.2	629.2	113.7	113.7
			161.2	161.2	65.3	65.3	21.9	21.9
			1424.9	1424.9	955.9	955.9	78.0	78.0
664.9			13510.2	13510.2	8554.8	8530.0	668.3	651.3
3.0			346.1	346.1	235.1	235.1	36.7	36.7

限额以上住宿和餐饮业

7—7 续表8

（2014年）

指标名称	损益及分配							
	其他业务利润	销售费用	管理费用	#税金	财务费用	#利息收入	利息支出	资产减值损失
内资企业		3254.6	2718.4	60.1	769.3		375.9	
国有企业		378.4	175.9					
集体企业								
股份合作企业								
联营企业								
国有联营企业								
集体联营企业								
国有与集体联营企业								
其他联营企业								
有限责任公司		533.5	1051.3	7.5	120.9		111.2	
国有独资公司								
其他有限责任公司		533.5	1051.3	7.5	120.9		111.2	
股份有限公司								
私营企业		2215.2	1484.7	52.4	646.6		262.9	
私营独资企业		151.1	83.9	0.5				
私营合伙企业								
私营有限责任公司		1247.8	813.2	51.9	523.7		262.9	
私营股份有限公司		816.3	587.6		122.9			
其他企业		127.5	6.5	0.2	1.8		1.8	
港、澳、台商投资企业								
与港澳台商合资经营企业								
与港澳台商合作经营企业								
港澳台商独资企业								
港澳台商投资股份有限公司								
其他港澳台投资企业								
外商投资企业								
中外合资经营企业								
中外合作经营企业								
外资企业								
外商投资股份有限公司								
其他外商投资企业								
按控股情况分								
国有控股		378.4	175.9					
集体控股								
私人控股		2748.7	2536.0	59.9	767.5		374.1	
港澳台商控股								
外商控股								
其他		127.5	6.5	0.2	1.8		1.8	

法人企业财务状况

单位：万元

损益及分配							人工成本及增值税		从业人员平均人数（人）
公允价值变动收益	投资收益	营业利润	营业外收入	#补贴收入	利润总额	应交所得税	应付职工薪酬	应交增值税	
		-1285.1	171.1	0.5	-1965.8	93.5	5445.3		1308
		-163.2	170.6		-18.1		311.0		98
		187.7			174.9	44.1	1122.9		436
		187.7			174.9	44.1	1122.9		436
		-1247.8	0.5	0.5	-2060.8	49.4	3918.4		745
		-24.7			-5.3	0.1	102.6		58
		-1223.4	0.5	0.5	-1401.6	8.5	3437.4		522
		0.3			-653.9	40.8	378.4		165
		-61.8			-61.8		93.0		29
		-163.2	170.6		-18.1		311.0		98
		-1060.4	0.5	0.5	-1886.2	93.5	5007.8		1164
		-61.5			-61.5		126.5		46

限额以上住宿和餐饮业

7—7 续表9

（2014年）

指标名称	法人企业数（个）	执行《2006年企业会计准则》企业数（个）	年初存货	期末资产负债		
				流动资产	#应收账款	存货
按经营形式分						
独立门店	23	5	730.5	9734.7	4214.6	651.0
连锁总店（总部）						
连锁门店	1	1	25.2	165.7	18.0	63.6
其他						
按单位规模分						
大型						
中型	1		148.8	3097.4	2780.7	95.6
小型	18	4	495.5	4866.8	1318.6	551.4
微型	5	2	111.4	1936.2	133.3	67.6
住宿业按地区分组	**45**	**9**	**3612.9**	**88301.5**	**24572.8**	**3956.9**
双桥区	28	2	1582.7	49266.2	19499.7	1807.4
双滦区	4	4	1434.0	24405.4	746.8	1250.9
营子区						
承德县	2		121.9	1999.8	46.1	217.1
兴隆县	1	1	74.0	439.2	14.0	79.3
平泉县	1	1	15.5	3095.3	3077.3	18.0
滦平县	2		125.3	1255.0	207.9	120.4
隆化县						
丰宁县	3		82.0	2407.7	320.8	224.7
宽城县	2		117.4	4781.5	298.7	125.9
围场县	1	1	10.0	360.0	300.0	60.0
高新区	1		50.1	291.4	61.5	53.2
餐饮业按地区分组	**24**	**6**	**755.7**	**9900.4**	**4232.6**	**714.6**
双桥区	11		227.0	2097.8	606.8	227.0
双滦区						
营子区						
承德县	2	2	57.2	255.2	65.7	83.8
兴隆县	2	1	15.0	303.2	160.2	37.2
平泉县	6	3	258.9	2308.1	514.7	241.0
滦平县						
隆化县						
丰宁县	1			20.9	18.9	2.0
宽城县	1		148.8	3097.4	2780.7	95.6
围场县						
高新区	1		48.8	1817.8	85.6	28

法人企业财务状况

单位：万元

期末资产负债								
固定资产	固定资产原价	累计折旧	#本年折旧	在建工程	资产总计	流动负债	#应付账款	非流动负债
14412.7	19526.1	5113.3	667.6	32.0	28805.6	26642.9	1013.4	518.5
292.5	340.0	47.5			458.3	333.2		
4204.7	4653.6	448.9	112.0	32.0	8192.7	8740.5	135.4	
6948.3	9927.4	2979.0	365.2		15432.8	10975.5	777.9	518.5
3552.2	5285.1	1732.9	190.4		5638.4	7260.1	100.1	
91606.3	**139415.3**	**47931.4**	**7118.4**	**20583.2**	**233146.2**	**189843.2**	**17370.9**	**26625.2**
44832.3	78625.8	33793.5	4466.6	2490.4	114685.1	82242.5	12504.1	23804.8
21052.5	25702.8	4650.3	1746.9	12990.8	65237.2	69885.7	920.9	
6758.0	8356.7	1598.7	263.7		8837.6	4827.1	2064.2	
1222.4	1713.1	490.7			2424.0	1854.0	169.6	
150.1	530.1	380.0	97.8		3245.4	4824.2	246.4	
6862.5	7213.7	351.2	110.4	5083.9	13200.8	7191.4	251.9	860.4
2946.1	3847.6	753.4	165.1	18.1	7364.5	2907.9	12.5	1600.0
3742.6	6810.9	3338.8	77.4		12720.7	15572.7	845.4	
300.0	340.0	40.0	10.0		1110.0	300.0	300.0	360.0
3739.8	6274.6	2534.8	180.5		4320.9	237.7	55.9	
14705.2	**19866.1**	**5160.8**	**667.6**	**32.0**	**29263.9**	**26976.1**	**1013.4**	**518.5**
1651.1	3917.9	2266.8	143.9		5306.4	3769.2	254.0	502.2
292.5	340.0	47.5			697.7	406.2	32.2	
1401.2	1502.1	100.9	73.9		2876.0	1829.9	148.2	
3641.4	4171.9	530.4	119.6		6838.0	4870.7	120.8	16.3
2.7	67.0	64.3	32.2		23.6	254.9	254.9	
4204.7	4653.6	448.9	112.0	32.0	8192.7	8740.5	135.4	
3511.6	5213.6	1702	186		5329.5	7104.7	67.9	

限额以上住宿和餐饮业

7—7 续表10

（2014年）

指标名称	期末资产负债					
	负债	所有者权益	#实收资本			
				国家资本	集体资本	法人资本
按经营形式分						
独立门店	28841.8	−36.2	4086.6	118.0		3330.7
连锁总店（总部）						
连锁门店	333.2	125.1	30.0			
其他						
按单位规模分						
大型						
中型	8740.5	−547.8	900.0			900.0
小型	13174.4	2258.4	1943.6	118.0		1330.7
微型	7260.1	−1621.7	1273.0			1100.0
住宿业按地区分组	**216468.4**	**16677.8**	**43134.7**	**11866.2**	**108.6**	**20409.9**
双桥区	106047.3	8637.8	22670.6	7273.7	58.9	7188.0
双滦区	69885.7	−4648.5	5841.6		49.7	5691.9
营子区						
承德县	4827.1	4010.5	1992.5	1592.5		
兴隆县	1854.0	570.0	1000.0			
平泉县	4824.2	−1578.8	100.0			
滦平县	8051.8	5149.0	6120.0			6120.0
隆化县						
丰宁县	4507.9	2856.6	660.0			660.0
宽城县	15572.7	−2852.0	1300.0			300.0
围场县	660.0	450.0	450.0			450.0
高新区	237.7	4083.2	3000.0	3000.0		
餐饮业按地区分组	**29175.0**	**88.9**	**4116.6**	**118.0**		**3330.7**
双桥区	4271.4	1035.0	646.7			210.7
双滦区						
营子区						
承德县	406.2	291.5	180.0			
兴隆县	1867.1	1008.9	660.0			660.0
平泉县	6530.2	307.8	499.9	118.0		330.0
滦平县						
隆化县						
丰宁县	254.9	−231.3	130.0			130.0
宽城县	8740.5	−547.8	900.0			900.0
围场县						
高新区	7104.7	−1775.2	1100			1100

法人企业财务状况

单位：万元

个人资本	港澳台资本	外商资本	损益及分配 营业收入	#主营业务收入	营业成本	#主营业务成本	营业税金及附加	#主营业务税金及附加
637.9			14958.7	14958.7	9596.4	9571.6	765.3	748.3
30.0			322.5	322.5	149.4	149.4	17.7	17.7
			3580.0	3580.0	3200.6	3200.6	98.2	98.2
494.9			11394.7	11394.7	6418.4	6393.6	669.0	652.0
173.0			306.5	306.5	126.8	126.8	15.8	15.8
10750.0			50529.5	50369.8	15888.9	15888.9	3041.1	3040.9
8150.0			27239.1	27079.4	7146.0	7146.0	1710.0	1710.0
100.0			6242.2	6242.2	2215.7	2215.7	410.4	410.4
400.0			2756.1	2756.1	912.8	912.8	151.5	151.5
1000.0			388.9	388.9	91.1	91.1	21.4	21.4
100.0			670.0	670.0	600.0	600.0	36.8	36.8
			2413.2	2413.2	1718.3	1718.3	183.3	183.3
			2570.2	2570.2	968.4	968.4	143.4	143.2
1000.0			6644.2	6644.2	1221.5	1221.5	307.2	307.2
			450.0	450.0	300.0	300.0	39.0	39.0
			1155.6	1155.6	715.1	715.1	38.1	38.1
667.9			15281.2	15281.2	9745.8	9721.0	783.0	766.0
436.0			6840.3	6840.3	3613.6	3613.6	398.5	398.5
180.0			345.0	345.0	158.0	158.0	18.9	18.9
			979.7	979.7	494.9	494.9	59.5	59.5
51.9			3300.4	3300.4	2051.8	2027.0	194.1	177.1
			235.8	235.8	226.9	226.9	13.8	13.8
			3580.0	3580.0	3200.6	3200.6	98.2	98.2

限额以上住宿和餐饮业

7—7 续表11

（2014年）

指标名称	损益及分配							
	其他业务利润	销售费用	管理费用	#税金	财务费用	#利息收入	利息支出	资产减值损失
按经营形式分								
独立门店		3222.4	2620.9	57.4	769.1		375.9	
连锁总店（总部）								
连锁门店		32.2	97.5	2.7	0.2			
其他								
按单位规模分								
大型								
中型		531.9	79.6		247.3			
小型		2646.3	1973.2	57.4	399.4		375.9	
微型		76.4	665.6	2.7	122.6			
住宿业按地区分组	**4658.5**	**25141.5**	**22700.8**	**391.2**	**6306.5**	**5.5**	**3841.0**	
双桥区	880.1	15406.5	15983.6	43.9	2251.6	2.7	2026.4	
双滦区		4270.6	2090.2	273.7	1883.2	1.0	1124.4	
营子区								
承德县		1538.5	1001.8		2.8	1.4		
兴隆县		246.1	29.1	2.1	27.1		27.1	
平泉县			36.0		1.0			
滦平县		653.0	872.4		239.5	0.2	238.3	
隆化县								
丰宁县	349.7	652.6	775.1	71.5	129.2	0.2	98.9	
宽城县	3428.7	2189.3	1606.4		1772.1		325.9	
围场县			5.0					
高新区		184.9	301.2					
餐饮业按地区分组		**3254.6**	**2718.4**	**60.1**	**769.3**		**375.9**	
双桥区		1710.7	1173.3	1.0	17.1		1.8	
双滦区								
营子区								
承德县		32.2	142.5	4.9	0.2			
兴隆县		149.7	141.9	1.8	111.2		111.2	
平泉县		753.5	538.2	52.4	271.0		262.9	
滦平县								
隆化县								
丰宁县		76.6	111.3					
宽城县		531.9	79.6		247.3			
围场县								
高新区			531.6		122.5			

法人企业财务状况

单位：万元

损益及分配							人工成本及增值税		从业人员平均人数（人）
公允价值变动收益	投资收益	营业利润	营业外收入	#补贴收入	利润总额	应交所得税	应付职工薪酬	应交增值税	
		-1310.6	171.1	0.5	-1983.1	93.5	5351.3		1271
		25.5			17.3		94.0		37
		-577.6			-577.6		256.7		118
		-660.8	171.1	0.5	-687.3	91.8	5041.7		1096
		-46.7			-700.9	1.7	146.9		94
	30.2	-22525.8	418.7	0.3	-22190.7	50.1	15971.6		4616
	30.2	-15246.8	123.6	0.3	-15207.4	3.7	10796.7		2885
		-4627.9	8.0		-4647.5		1994.8		488
		-851.5	242.6		-573.5	35.4	463.5		290
		-25.9			-25.9		153.7		79
		-3.8					330.0		95
		-1253.2	40.0		-1222.5	10.6	212.7		123
		-98.5	1.9		-96.6	0.4	492.2		251
		-440.5	2.6		-437.9		1362.0		310
		106.0			106.0		10.0		45
		-83.7			-85.4		156.0		50
		-1285.1	171.1	0.5	-1965.8	93.5	5445.3		1308
		-73.0	0.5	0.5	-82.8	86.6	1654.2		627
		-6.8			-15.0		125.2		55
		22.5			22.5	6.8	259.1		108
		-457.4	170.6		-292.9	0.1	3053.2		363
		-192.8			-365.8		96.9		34
		-577.6			-577.6		256.7		118
					-654.2				3

7-8 分县区社会消费品零售总额

单位：万元

县 区 名 称	2014年	2013年	比上年增长%
全 市	4418911.8(4468439.2)	3925745（3969745）	12.6（12.6）
双桥区	1021097.4	939372（978772）	8.7（8.7）
双滦区	154564.2	134684(139284)	14.8（11.0）
营子区	103230.5	93000	11.0
承德县	433270.7	383072	13.1
兴隆县	409115.6	362003	13.0
平泉县	487487.1	426847	14.2
滦平县	367027.4	321092	14.3
隆化县	352088.2	308785	14.0
丰宁县	352389	308528	14.2
宽城县	353671.5	309242	14.4
围场县	384970.2	339119	13.5

注：括号内的数据为国家贸易统计制度改革口径调整前数据，即在行业分组中含“其他行业”数据。

7-9 限额以上企业（单位）消费品零售额

单位：个、万元

县 区 名 称	限上单位个数		限额以上企业（单位）消费品零售额		
	2014年	2013年	2014年	2013年	比上年增长%
全 市	281	298	971861.6	905403.8	7.3
双桥区（含高新区）	108	108	602895.5	557615.7	8.1
#高新区	8	8	7047.4	7313.2	-3.6
双桥区（不含高新区）	100	100	595582.3	550302.5	8.2
双滦区	15	20	17055.2	14658.1	16.4
营子区	3	3	694.4	1278.7	-45.7
承德县	14	15	23699.4	31470.7	-24.7
兴隆县	13	13	5128.4	6385.2	-19.7
平泉县	26	29	81611.1	72345.8	12.8
滦平县	24	29	36097.5	32196.7	12.1
隆化县	11	11	42006.5	42060.2	-0.1
丰宁县	19	20	35709.3	33297.8	7.2
宽城县	37	39	60638.1	54202.5	11.9
围场县	11	11	66326.2	59892.4	10.7

7-10 亿元以上商品交易市场基本情况

单位：万元

市 场 名 称	2014年总成交额	2013年总成交额
合 计	422642	496849
承德市裕华路市场	145784	148495
平泉县榆树林子蔬菜果品批发市场有限公司	85000	110000
平泉县六河源牲畜交易市场	12060	22000
承德燕塞商贸有限责任公司	20564	51246
承德万泉花卉市场服务有限公司	36420	38400
承德市蔬菜果品批发市场	45368	48215
承德市商城	22685	21773
兴隆县市场服务中心	14585	13395
围场满族蒙古族自治县棋盘山大牲畜交易市场	17800	19500
围场满族蒙古族自治县二道河子胡萝卜市场	11000	12500
围场县兴源农产品交易综合服务中心	11376	11325

八

其他服务业

8-1 规模以上其他服务业法人单位财务状况

（2014年）

单位：万元、%

指标名称	单位数（个）	年初存货			流动资产合计		
		2014年	2013年	比上年增长	2014年	2013年	比上年增长
合计	161	231920.6	200341.5	15.8	842352.4	673120.0	25.1
道路运输业	32	1348.4	1010.7	33.4	97262.2	73164.6	32.9
装卸搬运和运输代理业	7	0.3	0.3		6036.6	2733.7	120.8
仓储业	10	181582.4	154488.3	17.5	237089.6	196100.7	20.9
邮政业	1	732.2	732.2		10907.9	10753.0	1.4
电信、广播电视和卫星传输服务	7	5321.5	5215.5	2.0	36890.6	33762.3	9.3
软件和信息技术服务业	1	42.5	255.3	-83.4	1140.6	761.0	49.9
物业管理	13				3828.7	1691.1	126.4
房地产中介服务	1						
租赁业	1				815.6	910.6	-10.4
商务服务业	26	21116.2	14909.7	41.6	280055.9	207355.8	35.1
研究和试验发展	1	369.2	280.9	31.4	17743.4	17142.1	3.5
专业技术服务业	26	1480.9	2135.3	-30.7	38689.2	41594.9	-7.0
水利管理业	1				1033.8	1049.3	-1.5
公共设施管理业	16	8223.0	10464.8	-21.4	37436.7	27957.9	33.9
居民服务业	1	0.8	1.0	-20.0	723.0	593.0	21.9
机动车、电子产品和日用产品修理业	5	1342.0	1531.3	-12.4	6611.6	4057.8	62.9
其他服务业	1	74.3	64.5	15.2	603.6	448.3	34.6
教育	1	2.2	2.2		97.8	107.2	-8.8
新闻和出版业	1	88.0	34.2	157.3	1076.3	750.2	43.5
广播、电视、电影和影视录音制作业	1	9855.1	9064.1	8.7	10687.1	10667.7	0.2
文化艺术业	3	275.1	93.4	194.5	52978.8	41056.6	29.0
娱乐业	5	66.5	57.8	15.1	643.4	462.2	39.2

注：规模以上服务业法人单位指年末从业人员在50人及以上，或年营业收入在1000万元及以上的执行企业会计制度的服务业法人单位。

规模以上其他服务

8－1 续表1

（2014年）

指标名称	#应收账款			存货		
	2014年	2013年	比上年增长	2014年	2013年	比上年增长
合计	263826.1	183648.8	43.7	250721.6	210041.4	19.4
道路运输业	47318.6	32712.7	44.7	1393.6	753.4	85.0
装卸搬运和运输代理业	2845.7	2186.3	30.2	24.2	6.5	272.3
仓储业	1350.6	3920.1	-65.6	222243.3	182396.6	21.9
邮政业	3999.6	5089.3	-21.4	536.9	732.2	-26.7
电信、广播电视和卫星传输服务	5997.9	5020.8	19.5	4392.9	4392.1	
软件和信息技术服务业	109.3	96.4	13.4	16.1	42.5	-62.1
物业管理	308.1	260.6	18.2			
房地产中介服务						
租赁业	570.3	894.3	-36.2			
商务服务业	159454.4	103742.5	53.7	162.6	152.3	6.8
研究和试验发展	1082.1	430.9	151.1	369.2	280.9	31.4
专业技术服务业	19275.8	18462.9	4.4	1879.8	1557.5	20.7
水利管理业	808.0	105.9	663.0			
公共设施管理业	17181.1	6786.9	153.2	8004.5	9062.6	-11.7
居民服务业				1.5	1.0	50.0
机动车、电子产品和日用产品修理业	1350.5	1204.5	12.1	1531.7	1379.1	11.1
其他服务业	523.3	375.7	39.3	59.2	68.0	-12.9
教育				2.5	2.2	13.6
新闻和出版业	189.0	113.7	66.2	88.0	2.1	4090.5
广播、电视、电影和影视录音制作业	862.0	1603.6	-46.3	9855.1	9064.1	8.7
文化艺术业	594.4	636.3	-6.6	94.0	90.5	3.9
娱乐业	5.4	5.4		66.5	57.8	15.1

业法人单位财务状况

单位：万元、%

固定资产原价			本年折旧			资产总计		
2014年	2013年	比上年增长	2014年	2013年	比上年增长	2014年	2013年	比上年增长
1093357.3	990152.8	10.4	99439.4	87120.8	14.1	1564769.1	1361406.5	14.9
104168.7	90858.2	14.7	28090.7	20759.9	35.3	182501.3	154310.5	18.3
5181.2	4418.4	17.3	381.4	371.2	2.8	8086.8	3701.4	118.5
41490.4	40223.4	3.2	1525.5	1017.5	49.9	270028.2	224963.8	20.0
21228.2	12574.5	68.8	767.6	630.7	21.7	25209.5	24375.8	3.4
769118.0	707520.5	8.7	55123.1	54453.7	1.2	360472.1	340849.1	5.8
92.4	175.0	-47.2	43.7	10.0	337.0	1189.2	807.0	47.4
380.2	264.8	43.6	28.4	25.0	13.6	5152.9	2696.5	91.1
26.3	25.1	4.8	1.9	4.8	-60.4	69.7	72.3	-3.6
655.8	223.5	193.4	46.9	23.6	98.7	1424.5	1110.5	28.3
20607.3	20228.1	1.9	1900.0	1551.0	22.5	307230.7	254058.1	20.9
17553.7	12012.6	46.1	527.6	295.6	78.5	38729.8	27808.3	39.3
13027.8	11465.3	13.6	2456.5	2053.7	19.6	52702.3	52085.7	1.2
6.7	2.4	179.2	1.3	0.1	1200.0	1033.8	1049.3	-1.5
55146.8	48984.2	12.6	3863.9	2971.3	30.0	97249.5	90476.2	7.5
664.0	664.0		30.0	30.0		1220.0	1120.0	8.9
1654.8	1740.9	-5.0	108.0	69.4	55.6	10534.4	7052.2	49.4
250.2	165.8	50.9	38.2	33.1	15.4	6026.4	8627.8	-30.2
1062.5	1141.8	-7.0	23.4	32.1	-27.1	434.8	682.5	-36.3
4584.3	4636.5	-1.1	111.7	167.3	-33.2	5236.2	4088.3	28.1
3557.9	3557.9		367.6	367.6		13095.7	13519.9	-3.1
25228.7	23187.8	8.8	3391.5	1775.8	91.0	168220.3	140892.6	19.4
7671.4	6082.1	26.1	610.5	477.4	27.9	8921.0	7058.7	26.4

规模以上其他服务

8－1 续表2

（2014年）

指标名称	负债合计			所有者权益合计		
	2014年	2013年	比上年增长	2014年	2013年	比上年增长
合计	1016597.9	849776.6	19.6	548171.2	511629.9	7.1
道路运输业	134522.7	111477.5	20.7	47978.6	42833.0	12.0
装卸搬运和运输代理业	8855.3	3556.7	149.0	-768.5	144.7	-631.1
仓储业	243842.7	200152.3	21.8	26185.5	24811.5	5.5
邮政业	20805.3	20808.0		4404.2	3567.8	23.4
电信、广播电视和卫星传输服务	150078.0	152182.0	-1.4	210394.1	188667.1	11.5
软件和信息技术服务业	356.0	136.9	160.0	833.2	670.1	24.3
物业管理	6545.8	4074.6	60.7	-1392.9	-1378.1	-1.1
房地产中介服务	1911.4	1513.8	26.3	-1841.7	-1441.5	-27.8
租赁业	1294.9	981.0	32.0	129.6	129.5	0.1
商务服务业	234088.6	181747.5	28.8	73142.1	72310.6	1.2
研究和试验发展	29877.5	21264.7	40.5	8852.3	6543.6	35.3
专业技术服务业	17694.6	19191.8	-7.8	35007.7	32893.9	6.4
水利管理业	199.3	158.3	25.9	834.5	891.0	-6.3
公共设施管理业	46292.0	45139.5	2.6	50957.5	45336.7	12.4
居民服务业	1030.6	931.0	10.7	189.4	189.0	0.2
机动车、电子产品和日用产品修理业	7512.9	3741.2	100.8	3021.5	3311.0	-8.7
其他服务业	5826.4	8427.8	-30.9	200.0	200.0	
教育	829.2	1064.8	-22.1	-394.4	-382.3	-3.2
新闻和出版业	1328.9	1996.7	-33.5	3907.3	2091.6	86.8
广播、电视、电影和影视录音制作业	2450.2	2631.4	-6.9	10645.5	10888.5	-2.2
文化艺术业	95792.9	64566.8	48.4	72427.4	76325.8	-5.1
娱乐业	5462.7	4032.3	35.5	3458.3	3026.4	14.3

业法人单位财务状况

单位：万元、%

营业收入			#主营业务收入			营业成本		
2014年	2013年	比上年增长	2014年	2013年	比上年增长	2014年	2013年	比上年增长
699893.0	659102.0	6.2	685931.9	644213.1	6.5	483869.1	439624.4	10.1
161766.6	126673.4	27.7	157665.4	124103.9	27.0	138562.1	100419.5	38.0
9853.9	9258.4	6.4	9853.9	9258.4	6.4	7587.0	6246.3	21.5
100763.3	95503.1	5.5	100094.3	94950.6	5.4	101637.1	95561.5	6.4
21613.1	20016.0	8.0	19665.4	19747.4	-0.4	19178.5	20793.9	-7.8
252172.1	263490.5	-4.3	248743.8	256031.2	-2.9	138274.2	141343.3	-2.2
1811.0	1906.4	-5.0	1811.0	1906.4	-5.0	1097.1	1446.6	-24.2
6747.8	5861.2	15.1	6598.3	5790.4	14.0	4476.7	4516.8	-0.9
	30.5			30.5				
935.2	1156.5	-19.1	935.2	1156.5	-19.1	782.5	1086.9	-28.0
40107.5	36903.7	8.7	39540.7	35952.6	10.0	8030.1	7275.2	10.4
6071.1	4749.6	27.8	4641.1	4088.4	13.5	3100.4	2813.8	10.2
47177.3	44995.2	4.9	46926.1	43964.6	6.7	25659.0	23592.3	8.8
1111.5	2152.9	-48.4	1111.5	2152.9	-48.4	1016.9	1403.4	-27.5
22364.3	23954.0	-6.6	21833.2	23361.3	-6.5	14495.8	15747.6	-8.0
2542.0	2185.0	16.3	2440.0	2083.0	17.1	2395.8	2065.0	16.0
6486.8	5649.1	14.8	6474.1	5617.6	15.3	5279.6	4703.7	12.2
2236.1	2156.8	3.7	2236.1	2156.8	3.7	270.2	349.6	-22.7
831.6	445.6	86.6	831.6	445.6	86.6	443.3	430.7	2.9
3172.7	3144.7	0.9	3172.7	3144.7	0.9	2832.5	2801.9	1.1
2191.2	1991.6	10.0	2191.2	1991.6	10.0	1198.6	947.1	26.6
5462.0	4324.3	26.3	4692.7	3725.6	26.0	4502.9	4275.5	5.3
4475.9	2553.5	75.3	4473.6	2553.1	75.2	3048.8	1803.8	69.0

规模以上其他服务

8—1 续表3

（2014年）

指 标 名 称	#主营业务成本			营业税金及附加		
	2014年	2013年	比上年增长	2014年	2013年	比上年增长
合 计	471591.5	419560.8	12.4	10234.3	17592.0	-41.8
道路运输业	134598.8	99041.1	35.9	1272.2	2880.0	-55.8
装卸搬运和运输代理业	7587.0	6246.3	21.5	90.2	244.3	-63.1
仓储业	99620.9	92295.6	7.9	6.2	732.3	-99.2
邮政业	19158.4	18500.2	3.6	203.4	323.6	-37.1
电信、广播电视和卫星传输服务	134631.5	132729.4	1.4	4015.5	8274.8	-51.5
软件和信息技术服务业	1097.1	1446.6	-24.2	52.9	79.4	-33.4
物业管理	4288.0	4434.7	-3.3	281.2	316.7	-11.2
房地产中介服务				0.2	1.7	-88.2
租赁业	782.5	1086.9	-28.0	1.8	9.1	-80.2
商务服务业	8028.5	6935.7	15.8	1703.1	1500.8	13.5
研究和试验发展	2100.4	1824.9	15.1	126.2	160.9	-21.6
专业技术服务业	25462.9	21664.9	17.5	821.9	1671.5	-50.8
水利管理业	1016.9	1403.4	-27.5	36.7	71.0	-48.3
公共设施管理业	13400.1	14745.9	-9.1	874.6	628.9	39.1
居民服务业	2395.8	2065.0	16.0	5.8	5.0	16.0
机动车、电子产品和日用产品修理业	5272.3	4693.3	12.3	35.4	25.6	38.3
其他服务业	270.2	349.6	-22.7	125.2	120.7	3.7
教育	415.4	392.4	5.9	27.9	38.3	-27.2
新闻和出版业	2832.5	2801.9	1.1	45.2	95.3	-52.6
广播、电视、电影和影视录音制作业	1198.6	947.1	26.6	121.9	110.8	10.0
文化艺术业	4385.5	4152.3	5.6	177.9	153.2	16.1
娱乐业	3048.2	1803.6	69.0	208.9	148.1	41.1

业法人单位财务状况

单位：万元、%

#主营业务税金及附加			销售费用			管理费用		
2014年	2013年	比上年增长	2014年	2013年	比上年增长	2014年	2013年	比上年增长
9858.2	**15860.8**	**-37.9**	**73438.3**	**72902.4**	**0.7**	**91751.7**	**87689.8**	**4.6**
1144.2	2201.8	-48.0	7128.5	9220.4	-22.7	16341.0	14647.4	11.6
90.2	242.8	-62.9				1397.7	2278.6	-38.7
1.1	165.9	-99.3	4928.5	5104.9	-3.5	5092.7	5217.0	-2.4
203.4	323.6	-37.1				3222.5	2574.5	25.2
3943.4	8037.6	-50.9	51280.7	50400.5	1.8	16626.9	16984.3	-2.1
52.9	79.4	-33.4	52.6	47.3	11.2	147.4	186.8	-21.1
270.7	310.0	-12.7	254.8	161.9	57.4	1994.7	1803.7	10.6
0.2	1.7	-88.2		13.6		363.3	404.9	-10.3
1.8	9.1	-80.2	29.5			121.0	60.4	100.3
1675.2	1465.8	14.3	3184.5	1530.8	108.0	16630.8	14501.7	14.7
			174.6	169.2	3.2	3504.3	3487.6	0.5
816.5	1637.7	-50.1	1363.8	910.9	49.7	11891.7	12068.3	-1.5
36.7	71.0	-48.3				114.8	105.3	9.0
874.6	628.6	39.1	1912.9	2078.8	-8.0	5951.3	6150.8	-3.2
5.8	5.0	16.0	39.0	33.0	18.2	51.5	43.0	19.8
35.4	25.6	38.3	179.8	104.7	71.7	790.5	774.1	2.1
125.2	120.7	3.7	709.8	693.2	2.4	734.8	497.9	47.6
27.9	38.3	-27.2				418.5	493.4	-15.2
45.2	95.3	-52.6	172.9	190.2	-9.1	1283.8	906.4	41.6
121.9	110.8	10.0				674.5	562.7	19.9
177.9	142.5	24.8	1946.3	2171.0	-10.4	3594.5	3727.1	-3.6
208.0	147.6	40.9	80.1	72.0	11.3	803.5	213.9	275.6

规模以上其他服务

8－1续表4

（2014年）

指标名称	#税金			财务费用		
	2014年	2013年	比上年增长	2014年	2013年	比上年增长
合计	2590.2	2292.9	13.0	16315.7	19205.7	-15.1
道路运输业	177.7	144.5	23.0	2055.5	1952.9	5.3
装卸搬运和运输代理业	39.6	60.5	-34.6	96.6	12.1	698.4
仓储业	5.2	2.9	79.3	5130.9	5254.0	-2.3
邮政业	102.3	170.6	-40.0	43.1	52.8	-18.4
电信、广播电视和卫星传输服务	792.9	737.8	7.5	1205.6	1630.6	-26.1
软件和信息技术服务业	0.1			-2.2	-0.9	144.4
物业管理	19.9	68.9	-71.1	-1.0	-1.2	-16.7
房地产中介服务				30.4	14.4	111.1
租赁业						
商务服务业	536.7	408.6	31.4	5870.6	9165.0	-36.0
研究和试验发展				103.7	59.8	73.4
专业技术服务业	31.0	32.5	-4.6	-62.9	-39.8	58.0
水利管理业	22.2	43.0	-48.4	0.5	0.2	150.0
公共设施管理业	80.5	9.4	756.4	273.3	116.6	134.4
居民服务业	18.0	17.0	5.9	44.0	34.0	29.4
机动车、电子产品和日用产品修理业	0.3	3.3	-90.9	193.8	43.5	345.5
其他服务业	439.8	375.0	17.3	291.2	606.5	-52.0
教育				-0.1	0.3	-133.3
新闻和出版业				-0.1	-0.3	-66.7
广播、电视、电影和影视录音制作业				124.1	95.4	30.1
文化艺术业	323.5	217.5	48.7	916.9	209.2	338.3
娱乐业	0.5	1.4	-64.3	1.8	0.6	200.0

业法人单位财务状况

单位：万元、%

#利息收入			#利息支出			投资收益		
2014年	2013年	比上年增长	2014年	2013年	比上年增长	2014年	2013年	比上年增长
1015.5	307.5	230.2	10767.2	9442.4	14.0	3071.0	2897.7	6.0
471.1	84.8	455.5	1177.9	346.6	239.8	1006.8	804.1	25.2
0.6	0.1	500.0	63.6	12.2	421.3			
72.9	44.5	63.8	5197.5	5288.8	-1.7			
7.3	7.4	-1.4						
19.0	-4.7	504.3	1163.5	1588.0	-26.7			
2.4	1.2	100.0						
2.5	1.4	78.6	0.1					
30.4	14.5	109.7		0.1				
48.0	19.5	146.2	1299.8	1070.4	21.4			
118.0	8.1	1356.8	14.5	62.7	-76.9	124.2	333.7	-62.8
218.7	113.4	92.9	152.8	78.0	95.9	636.5	1391.4	-54.3
0.5	0.2	150.0						
14.5	11.5	26.1	119.3	0.4	29725.0	1267.5	329.5	284.7
			44.0	34.0	29.4			
1.3	-0.5	360.0	192.0	43.1	345.5	36.0	36.0	
1.5	1.5		291.6	608.0	-52.0			
0.1	0.3	-66.7						
0.3	0.3						3.0	
3.2	3.0	6.7	127.3	98.4	29.4			
3.2	1.0	220.0	923.3	211.7	336.1			

规模以上其他服务

8－1续表5

（2014年）

指 标 名 称	营业利润			营业外收入		
	2014年	2013年	比上年增长	2014年	2013年	比上年增长
合 计	30474.9	30322.0	0.5	39783.2	26815.8	48.4
道路运输业	-1087.8	-1247.2	12.8	7755.4	5437.1	42.6
装卸搬运和运输代理业	679.3	177.2	283.4	7.5		
仓储业	-14647.0	-13430.4	-9.1	15183.1	13579.0	11.8
邮政业	-1034.4	-777.9	-33.0	0.3		
电信、广播电视和卫星传输服务	42329.8	42737.1	-1.0	923.8	1287.0	-28.2
软件和信息技术服务业	462.0	147.1	214.1	1.4		
物业管理	-258.4	-1010.2	74.4	43.6	12.7	243.3
房地产中介服务	-394.0	-412.3	4.4			
租赁业	0.1					
商务服务业	4737.5	3111.4	52.3	735.7	162.1	353.9
研究和试验发展	-864.1	-1639.9	47.3	3781.4	2850.1	32.7
专业技术服务业	8190.8	9172.9	-10.7	12.7	910.2	-98.6
水利管理业	-56.4	573.2	-109.8			
公共设施管理业	-1259.7	-63.0	-1899.5	7629.3	751.3	915.5
居民服务业	5.9	5.0	18.0			
机动车、电子产品和日用产品修理业	43.3	15.0	188.7	45.5	11.8	285.6
其他服务业	104.7	-111.2	194.2	0.8	0.2	300.0
教育	-29.6	-454.8	93.5	17.4		
新闻和出版业	-1161.7	-848.8	-36.9	1038.8	776.1	33.9
广播、电视、电影和影视录音制作业	72.1	275.6	-73.8			
文化艺术业	-5690.3	-6211.9	8.4	2606.3	1038.0	151.1
娱乐业	332.8	315.1	5.6	0.2	0.2	

业法人单位财务状况

单位：万元、%

#补贴收入			营业外支出			利润总额		
2014年	2013年	比上年增长	2014年	2013年	比上年增长	2014年	2013年	比上年增长
35570.0	23983.1	48.3	5860.9	2270.4	158.1	65062.2	55197.2	17.9
7570.7	5152.5	46.9	911.9	262.8	247.0	5716.3	3673.6	55.6
			1260.0			-573.2	129.3	-543.3
15156.8	13513.1	12.2	22.9	152.9	-85.0	458.9	267.8	71.4
			18.9			-1053.0	-786.0	-34.0
			2493.2	1046.8	138.2	40760.3	42550.0	-4.2
			4.9			458.5	147.1	211.7
39.2			25.4	0.1	25300.0	-239.1	-928.0	74.2
						-400.1	-412.3	3.0
						0.1		
76.7	28.9	165.4	66.7	276.0	-75.8	5574.7	3963.2	40.7
3761.5	2810.1	33.9	596.3	234.5	154.3	2321.0	975.6	137.9
4.0	16.0	-75.0	223.8	19.7	1036.0	7925.0	9112.2	-13.0
						-56.4	573.2	-109.8
7037.7	650.1	982.6	83.8	36.7	128.3	6936.7	591.8	1072.1
						5.9	5.0	18.0
			22.0	138.8	-84.2	66.8	-75.7	188.2
			1.8			102.9	-110.9	192.8
						-12.1	-452.5	97.3
979.7	774.3	26.5	0.1	17.1	-99.4	-122.9	-86.8	-41.6
						72.1	275.6	-73.8
943.6	1038.0	-9.1	126.4	84.6	49.4	-3210.4	-4664.8	31.2
0.1	0.1		2.8	0.4	600.0	330.2	449.8	-26.6

8－1续表6

（2014年）

指标名称	应交所得税			应付职工薪酬		
	2014年	2013年	比上年增长	2014年	2013年	比上年增长
合计	11848.8	5472.0	116.5	119338.8	108940.6	9.5
道路运输业	1531.0	1223.0	25.2	24175.3	23067.2	4.8
装卸搬运和运输代理业	165.0	65.2	153.1	2398.9	3833.7	-37.4
仓储业	25.9	0.6	4216.7	3193.9	2811.0	13.6
邮政业				11986.6	14485.9	-17.3
电信、广播电视和卫星传输服务	5686.4	743.8	664.5	32551.3	28879.3	12.7
软件和信息技术服务业	45.3	47.7	-5.0	210.1	166.2	26.4
物业管理	20.2	12.5	61.6	2383.6	2039.4	16.9
房地产中介服务	6.1			261.6	261.6	
租赁业		3.2		184.5	1.2	15275.0
商务服务业	1559.7	951.6	63.9	10029.5	7580.7	32.3
研究和试验发展	12.4	103.3	-88.0	4141.1	2583.0	60.3
专业技术服务业	1996.4	2026.2	-1.5	12868.9	11229.7	14.6
水利管理业	22.2	43.0	-48.4	74.1	31.0	139.0
公共设施管理业	657.7	102.1	544.2	5460.7	4075.4	34.0
居民服务业	1.5	1.3	15.4	38.5	34.7	11.0
机动车、电子产品和日用产品修理业	44.3	83.4	-46.9	806.4	652.7	23.6
其他服务业				576.3	513.5	12.2
教育				243.2	234.3	3.8
新闻和出版业				2158.0	1965.2	9.8
广播、电视、电影和影视录音制作业	2.0	8.3	-75.9	688.0	688.0	
文化艺术业				4048.2	3137.0	29.1
娱乐业	72.7	56.8	28.0	860.1	669.9	28.4

业法人单位财务状况

单位：万元、%

应交增值税			从业人员平均人数（人）		
2014年	2013年	比上年增长	2014年	2013年	比上年增长
9659.8	3610.2	167.6	20184.0	19232.0	5.0
2545.3	2501.6	1.8	4532.0	4313.0	5.1
197.2	75.2	162.2	873.0	1050.0	-16.9
3.0	21.1	-85.8	365.0	273.0	33.7
			1659.0	1652.0	0.4
4151.4	5.1	81300.0	3601.0	3716.0	-3.1
25.9	2.0	1195.0	34.0	35.0	-2.9
5.4	0.8	575.0	1116.0	1089.0	2.5
			86.0	92.0	-6.5
			58.0	58.0	
71.2	12.8	456.3	3407.0	2773.0	22.9
2279.2	660.8	244.9	2254.0	2104.0	7.1
			16.0	8.0	100.0
64.0	91.9	-30.4	907.0	879.0	3.2
			10.0	10.0	
171.5	203.3	-15.6	220.0	197.0	11.7
			104.0	104.0	
			61.0	64.0	-4.7
143.0	33.0	333.3	370.0	369.0	0.3
			57.0	55.0	3.6
2.7	2.6	3.9	173.0	169.0	2.4
			281.0	222.0	26.6

九

外经、旅游

9-1 历年利用外资情况（1992-2014年）

年 份	年末实有三资企业（个）	实际利用外资（万美元）	#直接利用外资（万美元）
1992	67	831	831
1993	123	1727	1036
1994	154	2429	1202
1995	147	3322	1715
1996	171	5004	3062
1997	141	7069	4046
1998	140	7427	5032
1999	144	4558	3834
2000	142	5178	3090
2001	138	4491	3315
2002	127	5475	5000
2003	128	7509	7200
2004	141	10085	9805
2005	118	11047	11001
2006	105	1144	457
2007	111	1933	1110
2008	120	5986	5574
2009	113	7127	6697
2010	115	10080	6994
2011	123	5695	5235
2012	104	13043	12020
2013	94	4137	3475
2014	91	14940	14375

9-2 分县区利用外资情况

单位：万美元

县区名称	实际利用外资			外商直接投资			企业个数（个）			对外借款		
	2014年	2013年	比上年增长%	2014年	2013年	比上年增长%	实有“三资”企业数	开工再建企业	投产开业企业	2014年	2013年	比上年增长%
全 市	14940	4137	261.1	14375	3475	313.7	92	8	36	565	662	-14.7
双桥区	602.0	217.0	177.4	602.0	217.0	177.4	21	4	13			
#高新区	602.0	7.0	8500	602.0	7.0	8500	10	1	7			
双滦区							3		2			
营子区							3					
承德县							23	2	3			
兴隆县							6	1	3			
平泉县	339			339			5		2			
滦平县	234			234			4	1	1			
隆化县							5					
丰宁县							9		1			
宽城县	326			326								
围场县	12874	3258	295.2	12874	3258	295.2	15		11			

9-3 外国和港澳台地区

（2014年）

项 目	新批合同			新注册三资企业		
	项目个数（个）	项目总投资	合同外资额	注册户数（户）	投资总额	注册资本
合 计	3	30903	10754	1	1900	760
#投资总额500万美元以上项目	2	30900	10752	1	1900	760
#世界500强						
#开发区合计	1	3	2			
国家级开发区						
省级开发区	1	3	2			
按投资方式分组						
港、澳、台投资经济	2	29003	9994			
与港澳台合资经营企业	1	29000	9992			
与港澳台合作经营企业						
港澳台商独资经营企业	1	3	2			
港澳台商投资股份公司						
外商投资经济	1	1900	760	1	1900	760
中合资经营企业						
中外合作经营企业						
外资企业	1	1900	760	1	1900	760
外商投资股份公司						
按产业分组						
第一产业	1	29000	9992			
第二产业						
#工业						
第三产业	2	1903	762	1	1900	760
按国民经济行业分组						
农、林、牧、渔业	2	30900	10752	1	1900	760
畜牧业	1	29000	9992			
其他畜牧业	1	29000	9992			
农、林、牧、渔服务业	1	1900	760	1	1900	760
农业服务业	1	1900	760	1	1900	760
采矿业						
煤炭开采和洗选业						
黑色金属矿采选业						
有色金属矿采选业						
制造业						
食品制造业						
酒、饮料和精制茶制造业						
酒的制造						
饮料制造						

在承直接投资情况

单位：万美元

客商注册资本	期末实有三资企业				外商直接投资			中方投资
	合 计（个）	开工在建	投产企业	#当年投产	合 计	#现 金	外方股东贷款	
760	92	8	36	1	14375	14036	339	361
760	43	3	15		14139	13800	339	
	4	1	2					
	12	1	9	1	602	602		
					600	600		
	12	1	9	1	2	2		
	45	4	16	1	14049	13710	339	361
	27	2	9		1173	834	339	361
	5							
	12	2	6	1	6834	6834		
	1		1		6042	6042		
760	47	4	20		326	326		
	28	2	13					
	9	1	2					
760	10	1	4		326	326		
			1					
	3		1					
	62	5	25		13539	13200	339	
	59	5	25		13200	13200		
760	27	3	10	1	836	836		361
760	5		1					
	2							
760	2							
760	2							
	6		1					
	1							
	1		1					
	4							
	45	5	18					
	3	2						
	6		3					
	2		2					
	4		1					

外国和港澳台地区

9-3 续表1

（2014年）

项 目	新批合同			新注册三资企业		
	项目个数（个）	项目总投资	合同外资额	注册户数（户）	投资总额	注册资本
纺织业						
棉纺织及印染精加工						
毛纺织及染整精加工						
丝绢纺织及印染精加工						
针织或钩针编织物及其制品制造						
家具制造业						
造纸和纸制品业						
医药制造业						
橡胶和塑料制品业						
非金属矿物制品业						
黑色金属冶炼和压延加工业						
通用设备制造业						
计算机、通信和其他电子设备制造业						
视听设备制造						
仪器仪表制造业						
电力、热力、燃气及水生产和供应业						
电力、热力生产和供应业						
水的生产和供应业						
建筑业						
土木工程建筑业						
建筑安装业						
批发和零售业						
批发业						
零售业						
综合零售						
超级市场零售						
交通运输、仓储和邮政业						
道路运输业						
仓储业						
住宿和餐饮业						
住宿业						
餐饮业						
金融业						
其他金融业						
房地产业						
房地产开发经营						

在承直接投资情况

单位：万美元

客商注册资本	期末实有三资企业				外商直接投资			中方投资
	合 计（个）	开工在建	投产企业	#当年投产	合 计	#现 金	外方股东贷款	
	6							
	1							
	1							
	1							
	3							
	2		1					
	2		1					
	1		1					
	1							
	8	1	3					
	1	1						
	3		2					
	1							
	1							
	1		1					
	8		6		13200	13200		
	7		6		13200	13200		
	1							
	3				339		339	
	2				339		339	
	1							
	4	1	2		234	234		361
	2				234	234		361
	2	1	2					
	1		1					
	1		1					
	4	1	3					
	3	1	2					
	1		1					
	8	1	3					
	6		2					
	2	1	1					
	1							
	1							
	4							
	4							

外国和港澳台地区

9-3 续表2

（2014年）

项 目	新批合同			新注册三资企业		
	项目个数（个）	项目总投资	合同外资额	注册户数（户）	投资总额	注册资本
租赁和商务服务业						
商务服务业						
科学研究和技术服务业	1	3	2			
专业技术服务业	1	3	2			
居民服务、修理和其他服务业						
机动车、电子产品和日用产品修理业						
按投资国别、地区分组						
亚洲	3	30903	10754	1	1900	760
#香港	2	29003	9994			
台湾						
印度尼西亚						
日本						
马来西亚						
新加坡						
韩国	1	1900	760	1	1900	760
东南亚联盟						
非洲						
欧洲						
英国						
德国						
希腊						
拉丁美洲						
开曼群岛						
北美洲						
#加拿大						
美国						
大洋洲						
#澳大利亚						
新西兰						
其他						
并购						
其他						
合同外资1000万美元以上项目	1	29000	9992			
省级工业聚集区						

在承直接投资情况

单位：万美元

客商注册资本	期末实有三资企业				外商直接投资			中方投资
	合计（个）	开工在建	投产企业	#当年投产	合计	#现金	外方股东贷款	
	2		1					
	2		1					
	2		1	1	2	2		
	2		1	1	2	2		
					600	600		
					600	600		
760	67	8	24	1	14049	13710	339	361
	39	4	13	1	14049	13710	339	361
	5		3					
	1							
	11	2	4					
	1	1						
	4	1	2					
	5		2					
	6	2	2					
	1							
	9		7					
	2							
	6		6					
	1		1					
	9		7					
	3		2					
	3		2					
	9		2		326	326		
	3		1		326	326		
	6		1					
	3		1					
	2							
	1		1					
	10		8		13200	13200		
	79	7	30		6381	6042	339	
	24	2	11		14139	13800	339	
	17	2	6					

9-4 外国和港澳台在承直接

（2014年）

项　目	期末投产企业个数	#亏损企业	总 产 值（当年价格）	劳动情况 全部从业人员平均人数	#外方及港澳台人员
合　计	32	12	2736464	3690	5
#国有企业与客商兴办合资合作企业	2	2		52	1
#以原有企业为依托的合资合作企业	10	3	1855630	1911	1
按投资方式分组					
港、澳、台投资经济	14	5	1314210	1513	3
与港澳台合资经营企业	8	3	828435	933	1
港澳台商独资经营企业	5	2	62960	495	2
港澳台商投资股份公司	1		422815	103	
外商投资经济	18	7	1422254	2159	2
中外合资经营企业	12	4	975029	1288	
中外合作经营企业	2	1	447225	773	
外资企业	3	2		38	2
外商投资股份公司	1			60	
按产业分组					
第二产业	25	6	2736464	3283	2
#工业	25	6	2736464	3283	2
第三产业	7	6		407	3
按国民经济行业分组					
采矿业	1		398269	550	
黑色金属矿采选业	1		398269	550	
制造业	17	6	1485844	2513	2
农副食品加工业	3	1	518127	415	1
食品制造业	2	1	16290	127	
酒、饮料和精制茶制造业	2	2	13613	167	
饮料制造	1	1	13213	142	
精制茶加工	1	1	400	25	
纺织服装、服饰业	2		15060	170	1
家具制造业	1		447225	763	
医药制造业	1		203096	144	
非金属矿物制品业	3	2	47729	152	
通用设备制造业	2		11330	298	
仪器仪表制造业	1		213374	277	
通用仪器仪表制造	1		213374	277	
电力、热力、燃气及水生产和供应业	7		852351	220	
电力、热力生产和供应业	7		852351	220	
批发和零售业	2	2		355	
零售业	2	2		355	
综合零售	1	1		340	
交通运输、仓储和邮政业	2	1		35	
道路运输业	2	1		35	
住宿和餐饮业	2	2		7	3
住宿业	1	1		4	1
餐饮业	1	1		3	2
租赁和商务服务业	1	1		10	
商务服务业	1	1		10	
高新技术产业	2		416470	421	

投资企业主要经济指标

单位：千元

期末从业人员劳动报酬	#外方及港澳台人员	资产负债			
		所有者权益	#实收资本（千美元）	中 方	外 方
155123	36	4047873	630969	301682	335227
762	36	-16343	551	466	85
79976	36	198481	300561	189961	110600
83791	36	2637669	407549	183346	224203
54406	36	1454003	153186	60555	92631
16301		302434	149204	17632	131572
13084		881232	105159	105159	
71332		1410204	229360	118336	111024
37633		1174658	105102	78126	26976
28085		44117	1648	920	728
750		11547	9250		9250
4864		179882	113360	39290	74070
144153	36	3974937	505958	300704	205254
144153	36	3974937	505958	300704	205254
10970		72936	130951	978	129973
39041		177649	8759	4467	4292
39041		177649	8759	4467	4292
82824	36	1274752	211559	97466	114093
9208	36	373904	24817	19053	5764
1609		-6328	951	887	64
5678		314698	56152	27547	28605
5288		314484	55971	27425	28545
390		214	181	121	60
7588		173624	113660	39290	74370
27965		37635	398	258	140
3881		112933	1807	1409	398
3291		33743	1956	1136	820
8762		63727	5671	4880	791
14842		170816	6147	3006	3141
14842		170816	6147	3006	3141
22288		2522536	285640	198771	86869
22288		2522536	285640	198771	86869
9860		-8115	2451	316	2135
9860		-8155	2451	316	2135
9482		-1692	2100		2100
744		11547	9245		9245
744		11547	9245		9245
246		63022	118005		118005
240		63022	118000		118000
6			5		5
120		6482	1250		588
120		6482	1250		588
18723		283749	7954		3539

外国和港澳台在承直接

9-4 续表1

（2014年）

项　目	资产总额	流动资产	#应收账款	固定资产原　值	无形资产	#场地使用权	负债总额	#流动负债
合　计	8764358	2717123	593785	6983487	202888	103552	4716461	2715976
#国有企业与客商兴办合资合作企业	21796	8478	1071	5424	2394		38139	38139
#以原有企业为依托的合资合作企业	4786428	1618485	401131	3589357	147099	71521	2801587	1423478
按投资方式分组								
港、澳、台投资经济	5335672	1092658	223621	5160192	72411		2698003	1081599
与港澳台合资经营企业	2509302	746241	112644	1945722	57981		1055299	907380
港澳台商独资经营企业	569534	96877	13177	535165	8810		267100	154315
港澳台商投资股份公司	2256836	249540	97800	2679305	5620		1375604	19904
外商投资经济	3428686	1624465	370164	1793295	130477	103552	2018458	1634377
中外合资经营企业	2407276	1014572	331749	1720157	52387	32291	1232618	848537
中外合作经营企业	324864	74437	36327	55854	78090	71261	280747	280747
外资企业	11614	8994		15813			43	43
外商投资股份公司	684932	526462	2088	1417			505050	505050
按产业分组								
第二产业	8575366	2678403	592000	6792673	194424	103552	4600429	2599944
#工业	8575366	2678403	592000	6792673	194424	103552	4600429	2599944
第三产业	188992	38720	1785	160814	8464		116032	116032
按国民经济行业分组								
采矿业	857326	507708	1808	347603			679677	679677
黑色金属矿采选业	857326	507708	1808	347603			679677	679677
制造业	2926261	1597843	371976	1041626	165045	95078	1651509	1625048
农副食品加工业	836447	470215	85105	403997	16756	8915	462543	440608
食品制造业	43015	23326	651	38597	4371		49343	49343
酒、饮料和精制茶制造业	393352	29785	1286	328458	45847		78654	77010
饮料制造	382616	29263	1158	318253	45838		68132	68132
精制茶加工	10736	522	128	10205	9		10522	8878
纺织服装、服饰业	701462	529056	2379	8830			527838	527838
家具制造业	317776	74219	36327	55848	71261	71261	280141	280141
医药制造业	143903	119173	61012	29571	1807		30970	30970
非金属矿物制品业	128059	76703	45012	58904	347	52	94316	91508
通用设备制造业	135521	84828	38192	24547	14590	14590	71794	71794
仪器仪表制造业	226726	190538	102012	92874	10066	260	55910	55836
通用仪器仪表制造	226726	190538	102012	92874	10066	260	55910	55836
电力、热力、燃气及水生产和供应业	4791779	572852	218216	5403444	29379	8474	2269243	295219
电力、热力生产和供应业	4791779	572852	218216	5403444	29379	8474	2269243	295219
批发和零售业	83733	23911	1785	65671			91848	91848
零售业	83733	23911	1785	65671			91848	91848
综合零售	80584	21045	1249	64058			82276	82276
交通运输、仓储和邮政业	11590	8970		15813			43	43
道路运输业	11590	8970		15813			43	43
住宿和餐饮业	86581	5621		79324	1635		23535	23535
住宿业	86557	5597		79324	1635		23535	23535
餐饮业	24	21						
租赁和商务服务业	7088	218		6	6829		606	606
商务服务业	7088	218		6	6829		606	606
高新技术产业	370629	309711	163024	122445	11873	260	86880	86806

投资企业主要经济指标

单位：千元

长期负债	其他负债	损益及分配								
		主营业务收入	#出口销售收入	主营业务成本	主营业务税金及附加	三项费用				
						合计	营业费用	管理费用	财务费用	#利息支出
583784	1000	3170989	46267	1960327	73009	625590	191773	260363	173454	151332
		3008		2484	4	1395	51	1344		
22408		1673835	42424	1046768	15324	321510	130180	74020	117310	110537
200704		1700135	60	921209	64753	431225	118030	196032	117163	97094
147919		1103801	60	596500	58457	281205	81032	171264	28909	11223
52785		185277		144432	1369	48960	36998	11268	694	18
		411057		180277	4927	101060		13500	87560	85853
383080	1000	1470854	46207	1039118	8256	194365	73743	64331	56291	54238
383080	1000	1113606	7860	795111	7353	150314	63565	40525	46224	44156
		347316	38347	242980	395	30272	8673	12051	6548	9510
		1715		39	112	1708	976	732		
		8217		988	396	12071	529	11023	519	572
583784	1000	3033964	46267	1853488	72024	581389	144065	254163	173161	151455
583784	1000	3033964	46267	1853488	72024	581389	154065	254163	173161	151455
		137025		106839	985	44201	37708	6200	293	-123
		775158		463283	54837	176228	11106	149794	15328	
		775158		463283	54837	176228	11106	149794	15328	
25460	1000	1461430	46267	1021423	11820	250933	142959	74635	33339	27152
21935		504065	1266	449429	2879	43475	16315	10727	16433	16433
		19773	1290	18822	9	3111	335	898	1878	14
644	1000	14395		15060	1996	7296	4431	2860	5	
		14025		14755	1992	6846	4175	2667	4	
644	1000	370		305	4	450	256	193	1	
		21906		13088	466	13030	846	11665	519	572
		347033	38347	242980	385	29825	8673	11604	9548	9510
		128450		33907	1624	75864	65643	7400	2821	129
2808		35958		19071	669	17327	13249	2992	1086	79
		145273	2517	116270	931	17754	8065	9161	528	415
73		244577	2847	112796	2861	43251	25402	17328	521	
73		244577	2847	112796	2861	43251	25402	17328	521	
558324		797376		368782	5367	154228		29734	124494	124303
558324		797376		368782	5367	154228		29734	124494	124303
		134797		106800	855	37351	36732	606	13	-123
		134797		106800	855	37351	36732	606	13	-123
		131789		104316	851	36694	36681		13	-123
		1703		39	112	1691	976	715		
		1703		39	112	1691	976	715		
		242			8	4712		4432	280	
		230			8	4695		4415	280	
		12				17		17		
		283			10	447		447		
		283			10	447		447		
73		373027	2847	146703	4485	119115	91045	24728	3342	129

外国和港澳台在承直接投资企业主要经济指标

9-4 续表2　　（2014年）　　单位：千元

项目	损益及分配						
	利润总额	亏损企业亏损额	应交税金	净利润	利润转作投资	可供分配利润	#外方应分利润
合　计	691913	29503	195530	542676	7382	590313	188038
#国有企业与客商兴办合资合作企业	-903	903		-903			
#以原有企业为依托的合资合作企业	461203	12399	82830	415469		124946	
按投资方式分组							
港、澳、台投资经济	300910	24827	129879	192680		594276	188970
与港澳台合资经营企业	163892	10471	116617	75988		404291	156817
港澳台商独资经营企业	-6536	14356	9549	-7675		65618	32153
港澳台商投资股份公司	143554		3713	124367		124367	
外商投资经济	391003	4676	65651	349996	7382	-3963	-932
中外合资经营企业	159961	4341	48368	118957	7382	-3963	-932
中外合作经营企业	73669	174	17283	73669			
外资企业	-146	161		-149			
外商投资股份公司	157519			157519			
按产业分组							
第二产业	706754	14647	195530	557520	7382	590313	188038
#工业	706754	14647	195530	557520	7382	590313	188038
第三产业	-14841	14856		-14844			
按国民经济行业分组							
采矿业	80810		89433	1241		83033	
黑色金属矿采选业	80810		89433	1241		83033	
制造业	331159	14647	87047	298901	7382	-3963	-932
农副食品加工业	8402	738	21302	2537			
食品制造业	-2011	2093	93	-2011			
酒、饮料和精制茶制造业	-9957	9957	2	-9959		-2800	-932
饮料制造	-9568	9568		-9568			
精制茶加工	-389	389	2	-391		-2800	-932
纺织服装、服饰业	158079		699	158079			
家具制造业	73843		17283	73843			
医药制造业	13068		20697	9335			
非金属矿物制品业	-1072	1859	590	-1345		579	
通用设备制造业	11841		6639	9197	7382	-1742	
仪器仪表制造业	78966		19742	59225			
通用仪器仪表制造	78966		19742	59225			
电力、热力、燃气及水生产和供应业	294785		19050	257378		511243	188970
电力、热力生产和供应业	294785		19050	257378		511243	188970
批发和零售业	-10048	10048		-10048			
零售业	-10048	10048		-10048			
综合零售	-9883	9883		-9883			
交通运输、仓储和邮政业	-141	156		-144			
道路运输业	-141	156		-144			
住宿和餐饮业	-4478	4478		-4478			
住宿业	-4478	4476		-4473			
餐饮业	-5	5		-5			
租赁和商务服务业	-174	174		-174			
商务服务业	-174	174		-174			
高新技术产业	92034		40439	68560			

9-5 历年进出口总额（1997-2014年）

单位：万美元

年份	进出口总额		出口总额		进口总额	
	本年	增长%	本年	增长%	本年	增长%
1997	13777	83.4	12376	112.5	1401	-17
1998	8947.8	-19.2	7215	-22.7	1732.8	-0.1
1999	6107.2	-31.7	4438.5	-38.5	1668.7	-3.7
2000	7627.8	24.9	5550.5	25.1	2077.3	24.5
2001	7376.7	-3.3	4564.1	-17.8	2812.7	35.4
2002	12154.9	64.8	5084.3	11.4	7070.6	151.4
2003	13575	11.7	5983	17.7	7592	7.4
2004	24702	82	11632	94.4	13070	72.2
2005	22758	-7.9	10629	-8.6	12130	-7.2
2006	16904	-25.7	14619	37.6	2286	-81.2
2007	24960	47.7	20663	41.3	4297	88
2008	43052.1	72.5	35154.3	70.1	7897.7	83.7
2009	23140	-46.2	10146	-71.1	12994	64.8
2010	31893	37.6	23449	131.1	8444	-35.2
2011	18826.5	-41	16216.2	-30.8	2610.3	-69.1
2012	15241.5	-19	14056.7	-13.3	1184.7	-54.6
2013	25581.4	67.7	23010.1	63.5	2571.2	117
2014	64539	152.3	52165	126.7	12375	381.2

9-6 分县区出口总额

单位：万美元

县区名称	2014年	2013年	比上年增长%
全市	52165	23016	126.7
双桥区	2108	2096	0.6
#高新区	1295	9886	50.8
双滦区	35841	15	262.5
营子区	14	859	-4.1
承德县	1378	1566	-12.0
兴隆县	1802	1481	21.7
平泉县	5471	3743	46.2
滦平县	2559	1785	43.4
隆化县	612	576	6.3
丰宁县	17	25	-32.5
宽城县	505	444	13.9
围场县	562	542	3.8

9-7 历年接待游客人数及收入（1978-2014年）

年 份	接待国内外游客（万人）		旅游总收入（万元）	
	合 计	#境外游客（人）	合 计	#接待境外游客收入
1978	0.006	61	1	1
1979	47.3	3457	517	40
1980	67.5	4781	734	46
1981	72.5	5422	808	74
1982	84.5	5319	924	61
1983	94.7	7155	1046	81
1984	111.7	7494	1899	86
1985	119.8	8824	2761	104
1986	117.4	14292	3182	169
1987	116.6	16277	4132	283
1988	119.6	1529	5388	367
1989	106.8	8454	4848	299
1990	106.1	11384	5406	416
1991	117.3	25508	7394	802
1992	124.8	32302	8160	931
1993	144	40201	10329	1082
1994	147.7	64139	21004	2511
1995	201.2	80973	22862	3000
1996	220	100103	74000	5000
1997	263	110210	86000	6000
1998	290	90142	96000	6000
1999	322	111273	117000	7830
2000	364.8	127863	132000	9527
2001	404.5	145062	146000	11439
2002	486.7	158000	201000	12763
2003	418.4	79846	173400	6497
2004	552	168643	233000	13905
2005	622	186013	302350	16126.3
2006	702.4	215516	387974	37946.6
2007	823.1	247883	471639.4	40378
2008	754.7	200979	505762.8	40088
2009	1081	205658	721731.9	37231.6
2010	1308	257913	914524.9	48773.2
2011	1698.8	311976	1260043.96	73095.6
2012	2010	339387	1620558.35	79262
2013	2463.3	332896	2046131	68530.3
2014	2931.6	307037	2650000	61034.4

9-8 接待境内外游客及收入

指 标 名 称	2014年	2013年	比上年增长%
接待境内外旅游人数(万人次)	**2931.6**	**2463.3**	**19.01**
接待境外旅游人数(人次)	307037	311976	8.79
#外国人	267657	260907	2.59
港澳台胞	61430	51069	19.03
接待境内旅游人数(万人次)	1976.06	1667.6	18.5
全年旅游总收入(亿元)	**265**	**126**	**28.61**
接待境内游客收入	154.1	118.8	29.73
接待境外游客收入(万美元)	10172.4	11075.09	10.1

十 能源

10-1 分行业规模以上工业能源消费量（标准量）

（2014年）

单位：吨标准煤

指 标 名 称	综合能源消费量	能源消费量合计		能源加工转换		回收利用
			工业生产消费	投入量	产出量	
合 计	9273219	15632944	15614943	5752895	4301643	2040081
采矿业	1117688	1355158	1339834	296199	222146	
煤炭开采和洗选业	88455	310840	310601	296199	222146	
黑色金属矿采选业	959800	974879	959800			
有色金属矿采选业	28218	28222	28218			
非金属矿采选业	41214	41217	41214			
制造业	6960117	12048019	12045343	3399397	3045145	2040081
农副食品加工业	27985	28087	27985			
食品制造业	61294	61341	61294			
酒、饮料和精制茶制造业	83300	86268	86228	5480	2927	
纺织业	2384	2384	2384			
纺织服装、服饰业	761	761	761			
木材加工和木、竹、藤、棕、草制品业	8460	8460	8460			
印刷和记录媒介复制业	818	818	818			
文教、工美、体育和娱乐用品制造业	1069	1086	1069			
石油加工、炼焦和核燃料加工业	183942	2355212	2355212	2110843	2065367	105903
化学原料和化学制品制造业	55696	55983	55696			
医药制造业	11517	11517	11517			
橡胶和塑料制品业	406	410	406			
非金属矿物制品业	464695	470103	469940	9646	3859	1387
黑色金属冶炼和压延加工业	5991275	8897072	8897058	1273430	972991	1932792
有色金属冶炼和压延加工业	35844	37823	35844			
金属制品业	6488	6509	6488			
通用设备制造业	5224	5224	5224			
专用设备制造业	1803	1803	1803			
汽车制造业	14296	14296	14296			
电气机械和器材制造业	2157	2157	2157			
仪器仪表制造业	704	704	704			
电力、热力、燃气及水生产和供应业	1195414	2229766	2229766	2057299	1034352	
电力、热力生产和供应业	1191644	2225995	2225995	2057299	1034352	
水的生产和供应业	3771	3771	3771			

10-2 分行业规模以上工

（2014年）

指标名称	原煤（吨）	无烟煤（吨）	炼焦烟煤（吨）	一般烟煤（吨）	褐煤（吨）	洗精煤（吨）
合计	7378948	1561905	411670	5339886	65487	2286408
采矿业	821718	18469	411620	382625	9004	37909
煤炭开采和洗选业	622397		411620	210777		
黑色金属矿采选业	161300	241		152055	9004	37909
有色金属矿采选业	4557			4557		
非金属矿采选业	33464	18228		15237		
制造业	2656845	1543436	50	1105954	7405	2248499
农副食品加工业	27881			25241	2639	
食品制造业	74854			74154	700	
酒、饮料和精制茶制造业	133797	436		133360		
纺织业	2984		50	2934		
纺织服装、服饰业	493			493		
木材加工和木、竹、藤、棕、草制品业	158			158		
印刷和记录媒介复制业	797			350	447	
文教、工美、体育和娱乐用品制造业	1164			127	1037	
石油加工、炼焦和核燃料加工业						2132595
化学原料和化学制品制造业	41982			41948	34	
医药制造业	8195			8195		
橡胶和塑料制品业						
非金属矿物制品业	501925	2401		499118	406	
黑色金属冶炼和压延加工业	1844287	1540599		303688		115903
有色金属冶炼和压延加工业	6729			6548	181	
金属制品业	6740			5640	1100	
通用设备制造业	1546			1486	60	
专用设备制造业	815			15	800	
汽车制造业	1230			1230		
电气机械和器材制造业	1268			1268		
仪器仪表制造业						
电力、热力、燃气及水生产和供应业	3900384			3851307	49078	
电力、热力生产和供应业	3899808			3851307	48502	
水的生产和供应业	576				576	

业各品种能源消费量

其它洗煤(吨)	煤制品(吨)	焦 炭(吨)	其它焦化产品(吨)	焦炉煤气(万立方米)	高炉煤气(万立方米)
510	9980	4014786	63501	66806	1442168
510		8018			
510					
		12			
		8006			
	9980	4006768	63501	66806	1442168
				27476	25540
		5600		2545	
	9980	3988643	63501	36727	1416628
		12030			
		486			
		9		58	

分行业规模以上工

10-2 续表1 （2014年）

指标名称	转炉煤气(万立方米)	天然气（气态）(万立方米)	汽油(吨)	煤油(吨)	柴油(吨)	液化石油气(吨)
合计	80242	466	5849	49	90313	290
采矿业			2342	34	80252	
煤炭开采和洗选业			87		2783	
黑色金属矿采选业			2061	34	73422	
有色金属矿采选业			66		2095	
非金属矿采选业			127		1952	
制造业	80242	466	1647	14	9823	290
农副食品加工业			176		292	
食品制造业			27		76	
酒、饮料和精制茶制造业			42		44	
纺织业			12			
纺织服装、服饰业			35		41	
木材加工和木、竹、藤、棕、草制品业						
印刷和记录媒介复制业			19		4	
文教、工美、体育和娱乐用品制造业			33		29	
石油加工、炼焦和核燃料加工业						
化学原料和化学制品制造业			220		642	2
医药制造业			9		42	
橡胶和塑料制品业			16		31	
非金属矿物制品业	10683		52		2745	288
黑色金属冶炼和压延加工业	69559		253		4968	
有色金属冶炼和压延加工业			179		377	
金属制品业			47		10	
通用设备制造业			220		108	
专用设备制造业			26		23	
汽车制造业		466	119	14	363	
电气机械和器材制造业			74		30	
仪器仪表制造业			87			
电力、热力、燃气及水生产和供应业			1860		238	
电力、热力生产和供应业			1737		238	
水的生产和供应业			123			

业各品种能源消费量

润滑油 (吨)	热 力 (百万千焦)	电 力 (万千瓦时)	煤矸石用于燃料 (吨)	生物质废料用于燃料 (吨)	余热余压 (百万千焦)
26	30048726	1296050	24569	218	9098053
25		612313			
		4253			
25		588403			
		17752			
		1904			
1	29815900	554529	24569	218	9098053
		6706			
		7213			
1	167409	6305			
		191			
		242			
		6792			
		279			
		374			
	1655260	7951			
		22554			
	121283	1183			
		278			
	5164	56138	24569		282865
	27830707	411030			8815188
		16736			
		1183			
	19665	2063		218	
	7795	905			
		5282			
	5059	753			
	3558	370			
	232826	129208			
	232826	126488			
		2720			

10-3 工业企业能源购进、

（2014年）

指标名称	单位	年初库存量	购进量		消费量
			实物量	金额（千元）	合计
原煤	吨	684350.4	7199370.1	3148052.0	7378947.6
#无烟煤	吨	123205.7	1566006.9	1052074.8	1561904.8
炼焦烟煤	吨	3433.0	418359.0	126682.0	411670.0
一般烟煤	吨	439825.2	5167415.0	1947960.4	5339886.2
褐煤	吨	117886.6	47589.2	21334.7	65486.6
洗精煤	吨	187507.7	2551659.0	2397573.7	2286407.7
其他洗煤	吨		510.0	174.0	510.0
煤制品	吨	978.8	9980.1	4990.1	9980.1
焦炭	吨	142348.4	4013696.5	4845847.9	4014786.1
其他焦化产品	吨	750.0	63591.0	55705.8	63501.1
焦炉煤气	万立方米		39330.0	209134.8	66806.3
高炉煤气	万立方米		25870.7	24074.7	1442167.6
转炉煤气	万立方米		10683.0	19853.0	80241.6
天然气（气态）	万立方米		466.1	21481.4	466.1
汽油	吨	9.9	5835.7	48961.8	5848.7
煤油	吨	0.3	14.4	185.7	48.6
柴油	吨	791.8	90327.0	659843.0	90312.8
液化石油气	吨		290.2	1460.8	290.2
润滑油	吨	0.3	25.7	271.7	25.7
热力	百万千焦		431672.6	33332.3	30048726.3
电力	万千瓦时		1258075.8	6967244.8	1296050.1
煤矸石用于燃料	吨	5905.7	18662.8	7876.0	24568.5
生物质废料用于燃料	吨		217.8	198.4	217.8
余热余压	百万千焦		242197.0	101669.0	9098052.6
能源合计	吨标准煤				15632943.7

消费与库存（一）

消费量				期末库存量
1.工业生产消费	用于原材料	2.非工业生产消费	合计中：运输工具消费	
7359955.3		18992.3		627580.8
1561904.8				127307.8
411670.0				10122.0
5320933.9		18952.3		390371.9
65446.6		40.0		99779.1
2286407.7				111097.5
255.0		255.0		
9980.1				978.8
4014786.1				141249.7
63501.1				840.0
66806.3				
1442167.6				
80241.6				
466.1				
5569.2	12.7	279.5	4360.5	6.3
14.4		34.2		0.3
89671.6	18.2	641.2	35431.1	697.7
290.2				
25.7				0.3
30048726.3				
1293699.2		2350.9		
24568.5				
217.8				
9098052.6				
15614943.3		18000.4		

10-4 工业企业能源购进、

（2014年）

指标名称	单位	工业生产消费量	加工转换投入合计	火力发电
原煤	吨	6255523.2	4517111.0	3245614.7
#无烟煤	吨	1540599.0		
炼焦烟煤	吨	411620.0	411620.0	
一般烟煤	吨	4254802.4	4056989.2	3217483.7
褐煤	吨	48501.8	48501.8	28131.0
洗精煤	吨	2132595.2	2132595.2	
其他洗煤	吨	255.0		
焦炭	吨	3084158.2		
焦炉煤气	万立方米	64203.5		
高炉煤气	万立方米	1441836.6	1254981.3	1887.8
转炉煤气	万立方米	69558.6		
汽油	吨	96.2	0.1	0.1
柴油	吨	5738.7	92.2	62.1
热力	百万千焦	29676107.7		
电力	万千瓦时	290600.3		
余热余压	百万千焦	9098052.6	282865.0	282865.0
能源合计	吨标准煤	12334511.5	5752895.2	1665946.2

消费与库存（二）

			能源加工转换产出	回收利用
供 热	原煤入洗	炼 焦		
859876.2	411620.0			
	411620.0			
839505.5				
20370.7				
		2132595.2	120202.0	
			128231.0	
			1693367.9	
			71282.7	
1253093.6				1442073.3
				84347.2
30.1				
			39860818.4	
			559902.4	
				11961513.2
1753216.4	222890.1	2110842.7	4301643.1	2040081.4

10-5 分县区规模以上工业能源消费量（标准量）

（2014年）

单位：吨标准煤

县区名称	综合能源消费量	能源消费量合计		能源加工转换		回收利用
			工业生产消费	投入量	产出量	
全市	9273219	15632944	15614943	5752895	4301643	2040081
双桥区	164220	164290	164220			
双滦区	5835637	11773191	11773012	5205463	3898681	2038695
营子区	598515	817111	817111	290852	218595	
承德县	285513	336165	321201	53486	35688	
兴隆县	529799	587391	586948	79232	57148	
平泉县	289961	330280	328711	48525	37363	1387
滦平县	207386	207386	207386			
隆化县	143918	156085	156085	17479	12166	
丰宁县	83111	83283	83111			
宽城县	1097500	1098101	1097500			
围场县	37659	79662	79659	57858	42001	

10-6 分县区规模以上工业各品种能源消费量

（2014年）

县区名称	原煤(吨)					洗精煤(吨)
		无烟煤(吨)	炼焦烟煤(吨)	一般烟煤(吨)	褐煤(吨)	
全市	7378948	1561905	411670	5339886	65487	2286408
双桥区	42442			37750	4692	
双滦区	5112032	1540599		3559140	12293	2170504
营子区	910637		402708	507929		74405
承德县	276081	18228	8912	248941		
兴隆县	384232	170		335560	48502	41499
平泉县	236096			236096		
滦平县	77334			77334		
隆化县	72581		50	72531		
丰宁县	17262			17262		
宽城县	146487	507		145980		
围场县	103765	2401		101364		

分县区规模以上工业各品种能源消费量

10-6续表1

（2014年）

县　区 名　称	其它洗煤 (吨)	煤制品 (吨)	焦　炭 (吨)	其它焦化产品 (吨)	焦炉煤气 (万立方米)	高炉煤气 (万立方米)
全　市	510	9980	4014786	63501	66806	1442168
双桥区			183			
双滦区			3084167		66806	1442168
营子区			144652	63501		
承德县	510		1921			
兴隆县			176484			
平泉县			15492			
滦平县						
隆化县						
丰宁县						
宽城县		9980	591887			
围场县						

10-6续表2

县　区 名　称	转炉煤气 (万立方米)	天然气 （气态） (万立方米)	汽　油 (吨)	煤　油 (吨)	柴　油 (吨)	液化石油气 (吨)
全　市	80242	466	5849	49	90313	290
双桥区			1891	14	1129	290
双滦区	80242	466	173		7612	
营子区			91		2190	
承德县			320		14808	
兴隆县			322		4164	
平泉县			560		14338	
滦平县			97		10775	
隆化县			163		9601	
丰宁县			691		11188	
宽城县			1286	34	13986	
围场县			255		522	

分县区规模以上工业各品种能源消费量

10-6续表3　　（2014年）

县　区 名　称	润滑油 (吨)	热　力 (百万千焦)	电　力 (万千瓦时)	煤矸石用于 燃料(吨)	生物质废料 用于燃料(吨)	余热余压 (百万千焦)
全　市	26	30048726	1296050	24569	218	9098053
双桥区		372619	99438		218	
双滦区		29485967	296522			8815188
营子区			61817			
承德县	1		84181	8896		242197
兴隆县		190141	87537			
平泉县	25		121541			40668
滦平县			110907			
隆化县			72018	15673		
丰宁县			43640			
宽城县			315310			
围场县			3140			

十一

财政、金融、保险

11-1 历年财政收支情况(1949-2014年)

单位：万元

年 份	全部财政收入	#地方一般预算收入	地方财政一般预算支出
1949	339		310
1952	1020		1285
1957	2132		1919
1962	2627		2905
1965	3257		3029
1970	4864		3894
1975	7450		7636
1978	8062		10635
1980	14595		15830
1983	11795		14823
1984	13432		18953
1985	17226		22150
1986	18952		26876
1987	22277		27274
1988	26824		32822
1989	30969		35376
1990	32172		38647
1991	34478		41564
1992	38394		46312
1993	57392		67056
1994	46468	26713	62689
1995	52396	32666	75279
1996	65741	42855	92585
1997	79169	54364	104940
1998	91363	63894	114471
1999	95193	67383	136432
2000	101810	70874	162468
2001	119676	84028	232672
2002	164481	74279	278157
2003	191996	84107	293053
2004	292908	120274	378111
2005	453298	172945	485209
2006	586112	244495	621812
2007	816406	326717	760474
2008	1036616	377967	1068293
2009	1000886	451766	1177777
2010	1139890	548354	1559205
2011	1533516	711003	1923582
2012	1755066	825131	2357968
2013	1924079	1025005	2617543
2014	1965841	1075609	2655455

注：2002年以前的地方一般预算收入为全部地方财政收入；地方一般预算支出为全部财政支出.

11-2 全市财政收入情况

单位：万元

指标名称	2014年	2013年
全部财政收入	**1965841**	**1924079**
#公共财政预算收入	1075609	1025005
税收收入	830848	808386
增值税	101639	84900
营业税	271559	286991
企业所得税	68360	60534
个人所得税	27074	26890
资源税	110535	117520
城市维护建设税	44296	44327
房产税	21178	20535
印花税	11359	12178
城镇土地使用税	31742	21366
土地增值税	40055	58951
车船税	9666	8246
耕地占用税	46987	12810
契税	46398	53138
非税收入	244761	216619

11-3 公共财政预算支出情况

单位：万元

指标名称	2014年	2013年
公共财政预算支出	**2655455**	**2617543**
一般公共服务	261282	288552
外交		
国防	4889	4948
公共安全	131355	129721
教育	483336	528348
科学技术	17353	21420
文化体育与传媒	43722	41120
社会保障和就业	267748	225318
医疗卫生	239804	206475
环境保护	167509	132937
城乡社区事务	142493	143942
农林水事务	418333	402485
交通运输	229393	269662
资源勘探电力信息等事务	57871	50351
商业服务业等事务	17635	24170
金融监管等事务支出	854	537
地震后恢复建设支出		
援助其他地区支出	717	655
国土资源气象等事务	25088	25578
住房保障支出	107439	88200
粮油物资储备事务	5665	4081
预备费		
国债还本付息支出	18299	14126
其他支出	14670	14917

11-4 分县区财政收入情况

单位：万元

县 区 名 称	全部财政收入		#公共财政预算收入	
	2014年	2013年	2014年	2013年
全 市	1965841	1924079	1075609	1025005
市本级	521454	478232	372933	342501
县 级	1234488	1217511	584307	557120
承德县	164975	163947	94190	86131
兴隆县	89218	91998	57201	54566
平泉县	171043	179982	96236	91951
滦平县	234939	229928	88211	77241
隆化县	112100	125045	48690	62147
丰宁县	113464	93504	66151	54014
宽城县	278692	274691	90391	96293
围场县	70057	58416	43237	34777
区 级	396378	418816	118369	125384
双桥区	162802	170090	45076	47870
高新区	92765	91666	27215	22657
双滦区	112054	131217	38420	47732
营子区	28757	25843	7658	7125

注：自2005年全部财政收入市本级中部分企业数已含在县、区中，故市本级与县、区级合计相加大于全市数。

11-5 分县区财政支出情况

单位：万元

县 区 名 称	2014年	2013年
全 市	2655455	2617543
市本级	564633	623655
县 级	1792600	1690622
承德县	214011	203630
兴隆县	178963	176786
平泉县	248990	246228
滦平县	229105	195086
隆化县	206162	204125
丰宁县	256697	238060
宽城县	210219	190799
围场县	248453	235908
区 级	298222	303266
双桥区	92350	93418
高新区	47961	49207
双滦区	95625	98439
营子区	62286	62202

11-6 全部金融机构人民币信贷收支情况

单位：亿元

指标名称	2014年	2013年
各项存款	1755.51	1601.3
单位存款	576.33	516.30
个人存款	1146.71	1039.6
财政性存款	17.35	19
临时性存款	4.13	17.5
其他存款	10.99	8.8
应付及暂收款	42.59	38.2
同业往来		1.5
各项准备	34.21	36.6
所有者权益	90.12	73.6
#实收资本	37.91	34.4
其他	-350.79	-308.5
资金来源合计	1588.19	1450.2
各项贷款	1296.95	1108.8
短期贷款	613.00	527
个人贷款及透支	177.20	152.6
#个人消费贷款	29.52	20
单位贷款及透支	413.25	340.7
#经营贷款	401.04	332.5
固定资产贷款	12.16	8.2
贸易融资	22.54	33.7
中长期贷款	653.96	571.2
个人贷款	233.31	197
#个人消费贷款	173.97	145.3
单位贷款	408.39	356.5
#经营贷款	79.63	68.2
固定资产贷款	328.76	288.3
银团贷款	12.25	17.6
票据融资	30.00	10.6
有价证券及投资	49.28	48.2
股权及其他投资	32.54	31.9
应收及预付款	13.11	14.8
同业往来	12.46	
系统内资金往来	122.60	197.9
外汇买卖	16.53	7.6
固定资产	28.49	26.1
库存现金	16.23	15
资金运用合计	1588.19	1450.2

11-7 保险业务情况

指标名称	单位	2014年	2013年
人身险			
保费收入	万元	276558.16	256830.65
赔付金额	万元	78761.91	72453.26
财产险（不含交强险）			
保费收入	万元	107379.99	92648.57
保险金额	亿元	5720.4	5712.6
赔付金额	万元	64307.79	52659.83
交强险			
保费收入	万元	30590.52	28069.43
保险金额	亿元	374.7	328.57
赔付金额	万元	18986.98	19351.66

十二

交通、邮电

12-1 铁路及公路运输

指标名称	单位	2014年	2013年
公路通车里程	公里	20701.2	20110.3
#干线公路	公里	2660.1	2660.1
县乡村公路	公里	17993.4	17402.6
专用公路	公里	47.6	47.6
公路运输量			
货运量	万吨	7241.58	8367
货运周转量	亿吨公里	187.02	188.4
客运量	万人	2449.28	5567
客运周转量	亿人公里	23.44	35.2
机动车保有量	辆	612347	590426
汽车	辆	331431	317180
货车	辆	55878	60181
#重型车	辆	20863	22991
中型车	辆	4419	6607
轻型车	辆	30369	30390
客车	辆	238212	219092
#大型	辆	2694	3218
中型	辆	1497	2634
小型	辆	228995	204750
其他汽车	辆	37341	37907
摩托车	辆	269176	261921
挂车	辆	10498	10083
拖拉机	辆	1163	1163
其他类型车	辆	79	79
铁路运输量			
货运量	万吨	622.53	787
客运量	万人	382	367.7

12-2 通讯网及邮电业务总量

指标名称	单位	2014年	2013年	比上年增长%
邮电通讯网				
年末邮政局（所）数	处	187	109	71.6
邮路总长度（单程）	公里			
局用交换机容量	万门	40	34.6	15.6
交换网业务电路容量（等效2M）	路			
国内长途电话交换机容量	路端			
邮电业务				
邮政业务总收入	万元	28800	26200	9.9
电信业务总收入	万元	214556	218515	-1.8
函件	万件	298.32	283.77	5.1
汇票	万张	19.78	28.71	-31.1
报纸期发数	万份	5502.95	5145.37	6.9
杂志期发数	万份	224.75	268.96	-16.4
固定电话用户数	万户	33.85	36.7	-7.8
移动电话年末用户数	万户	294.8	273.3	7.9
国际互联网用户数	万户	41.8	37.4	11.8
快递业务量	万件	405.26	340.37	19.1
快递业务收入	万元	7800	6000	30.0

十三

城镇就业

13-1 历年单位从业人员及工资情况（1949-2014年）

年 份	年末单位从业人员（人）		职工工资总额（万元）	职工平均工资（元）
	合计	#职工人数		
1949	–	21188	–	–
1952	–	30369	1230.5	487
1957	–	64193	3799.4	599
1962	–	82435	5649.4	594
1965	–	87284	5522.2	642
1970	–	129805	7423.4	592
1975	–	185718	10448.6	579
1978	–	262807	14844	569
1980	–	268342	19209.1	724
1985	–	300405	29558.2	991
1990	–	341548	63606.4	1887
1991	–	355444	70116.6	1995
1992	–	358586	82679.3	2320
1993	359912	353128	101567.9	2868
1994	352538	346238	126875.6	3677
1995	346221	339750	145399.2	4276
1996	344212	339419	157038	4603
1997	343176	338989	171507.7	5066
1998	336067	333035	173719.4	5172
1999	330450	328188	186262.4	5618
2000	319033	317023	205208.6	6382
2001	309459	306525	223544.5	7179
2002	295532	293544	251145.3	8403
2003	276177	274151	273322.5	9736
2004	228599	226713	3012420	12919
2005	235400	233587	3316316	13898
2006	237731	236108	3636817	14981
2007	241760	237815	462124	18961
2008	248297	234840	604990	24209
2009	254197	240537	675611.4	26732
2010	257248	242603	747026.2	29960
2011	254448	243655	869136.3	34134
2012	263951	234312	991389.3	37787
2013	302761	273671	1222407.6	41992
2014	299201	264644	1262858.7	44281

注:2004年至2011年职工工资情况为在岗职工，从2012年起职工工资情况为在岗职工（含劳务派遣）工资情况。

13-2 全部城镇非私营单位

（2014年）

指标名称	单位数	从业人员期末人数	#女性	#非全日制	在岗职工
合计	4570	299201	108422	1472	264644
企业	1162	158687	45771	1202	132225
事业	2010	96995	49530	217	92852
机关	1398	43519	13121	53	39567
农、林、牧、渔业	122	3613	1033		3610
农业	25	789	251		789
林业	74	2008	513		2005
畜牧业	2	132	56		132
农、林、牧、渔服务业	21	684	213		684
采矿业	22	7313	1220	17	6468
煤炭开采和洗选业	2	533	69	17	474
黑色金属矿采选业	16	6700	1132		5916
非金属矿采选业	4	80	19		78
制造业	94	49064	15194	8	48791
农副食品加工业	9	5293	3029		5293
食品制造业	6	595	364		595
酒、饮料和精制茶制造业	8	4190	1941		4190
纺织业	1	50	42	2	48
纺织服装、服饰业	1	86	76		86
木材加工和木、竹、藤、棕、草制品业	2	695	147		695
印刷和记录媒介复制业	3	68	44		67
文教、工美、体育和娱乐用品制造业	1	127	58		127
石油加工、炼焦和核燃料加工业	2	838	218		838
化学原料和化学制品制造业	4	2404	462		2404
医药制造业	4	1225	566		1223
橡胶和塑料制品业	2	242	93		242
非金属矿物制品业	20	4431	1134	6	4363
黑色金属冶炼和压延加工业	4	19323	3396		19323
有色金属冶炼和压延加工业	2	1844	491		1834
金属制品业	4	944	421		944
通用设备制造业	6	1807	582		1735
专用设备制造业	2	446	100		446
汽车制造业	3	2556	1589		2555
电气机械和器材制造业	6	1333	282		1226
计算机、通信和其他电子设备制造业	1	78	30		78
仪器仪表制造业	3	489	129		479
电力、热力、燃气及水生产和供应业	94	7962	2059		7622
电力、热力生产和供应业	29	6357	1459		6064
水的生产和供应业	65	1605	600		1558
建筑业	121	33343	3541	1099	24626
房屋建筑业	53	16599	1597	1014	13974
土木工程建筑业	39	7989	1027	76	7327
建筑安装业	17	2571	370	9	2295
建筑装饰和其他建筑业	12	6184	547		1030
批发和零售业	172	11551	5062	9	10059
批发业	72	7303	2347	9	5955
零售业	100	4248	2715		4104
交通运输、仓储和邮政业	83	11478	3089	4	10609
铁路运输业	2	1847	172		1847
道路运输业	58	6755	1957	4	6670

从业人员及工资总额情况

单位：人、元、万元

		从业人员平均人数				从业人员工资总额		
劳务派遣人员	其他从业人员		在岗职工	劳务派遣人员	其他从业人员		在岗职工	基本工资
14623	**19934**	**302346**	**270692**	**14498**	**17156**	**1309438.6**	**1204960.2**	**643785.8**
11650	14812	162972	138819	11692	12461	726270.5	638320.7	417424.5
1663	2480	96163	92264	1614	2285	416316.6	406829.7	163783.9
1310	2642	43211	39609	1192	2410	166851.5	159809.8	62577.4
1	2	3660	3657	1	2	12711.6	12706.2	5017.9
		794	794			2585.1	2585.1	1052.1
1	2	2051	2048	1	2	7606.6	7601.2	2854.3
		134	134			406.1	406.1	235.3
		681	681			2113.8	2113.8	876.2
186	659	7618	6731	223	664	29407.8	26782.3	18004.1
	59	514	456		58	1816.5	1598.9	525.9
186	598	7015	6188	223	604	27284.9	24880.4	17209.4
	2	89	87		2	306.4	303	268.8
139	134	49513	49204	147	162	232490.8	231453.7	185328.2
		5309	5309			19646.5	19646.5	17259.9
		566	566			2028.6	2028.6	1300.7
		4200	4200			17179.6	17179.6	7810.2
	2	50	48		2	110.3	103.1	86.8
		86	86			157.3	157.3	
		687	687			2812.4	2812.4	2707.1
	1	67	66		1	160.4	158	127.2
		130	130			325.3	325.3	49
		835	835			5542.1	5542.1	1893.9
		2382	2382			11491.6	11491.6	2277.8
	2	1241	1239		2	5014.2	5009.4	2609.3
		240	240			795.3	795.3	645.3
43	25	4440	4369	46	25	17268.7	17050.7	6446.9
		19514	19514			113114.5	113114.5	112586.2
	10	1851	1841		10	5535.2	5510.8	4988.7
		886	886			3248.3	3248.3	3001.5
	72	2045	1945		100	5216.8	4957.4	3582.2
		455	455			1428.6	1428.6	439.9
	1	2628	2627		1	13474.4	13465.1	11292.1
96	11	1338	1226	101	11	5605.4	5156.9	4033.2
		78	78			197.7	197.7	156.3
	10	485	475		10	2137.6	2074.5	2034
184	156	7813	7517	184	112	61437.6	60456.9	20346
167	126	6216	5968	166	82	55247	54382.9	17495.1
17	30	1597	1549	18	30	6190.6	6074	2850.9
6966	1751	39425	30847	6657	1921	141967	108522.7	82200.1
1354	1271	20219	17570	1373	1276	78118.6	65372.8	51419.8
370	292	10799	10090	357	352	29718.4	28315.6	18724.1
112	164	2582	2201	112	269	13073	11744.8	9405.7
5130	24	5825	986	4815	24	21057	3089.5	2650.5
1373	119	11498	9991	1369	138	46565.8	38921	22326.9
1271	77	7250	5912	1266	72	34475.9	27157.1	14353.9
102	42	4248	4079	103	66	12089.9	11763.9	7973
735	134	11672	10639	882	151	43389.6	39783.7	19908.7
		1902	1902			7760.6	7760.6	4876.3
25	60	6711	6614	25	72	23295.1	23108.2	10324.1

全部城镇非私营单位

13－2 续表1 (2014年)

指标名称	绩效工资	工资性津贴和补贴	其他工资	劳务派遣人员	其他从业人员
合计	349784.3	181797.9	29592.2	57898.5	46579.9
企业	174009.9	32128.3	14758	51728.3	36221.5
事业	156998.6	75929.2	10118	3821.6	5665.3
机关	18775.8	73740.4	4716.2	2348.6	4693.1
农、林、牧、渔业	6190.1	1323.6	174.6	1.8	3.6
农业	1337.1	195.9			
林业	3521.1	1055.2	170.6	1.8	3.6
畜牧业	106.1	64.7			
农、林、牧、渔服务业	1225.8	7.8	4		
采矿业	5157.6	1893.1	1727.5	582.6	2042.9
煤炭开采和洗选业	800.2	257	15.8		217.6
黑色金属矿采选业	4326.1	1633.2	1711.7	582.6	1821.9
非金属矿采选业	31.3	2.9			3.4
制造业	30999.8	10506.6	4619.1	572.5	464.6
农副食品加工业	1093.2	1293.4			
食品制造业	677.1	30.1	20.7		
酒、饮料和精制茶制造业	7618.6	830.7	920.1		
纺织业	5.5	10.8			7.2
纺织服装、服饰业	157.3				
木材加工和木、竹、藤、棕、草制品业	105.3				
印刷和记录媒介复制业		15.5	15.3		2.4
文教、工美、体育和娱乐用品制造业	276.3				
石油加工、炼焦和核燃料加工业	2344.3	757.6	546.3		
化学原料和化学制品制造业	9095.2		118.6		
医药制造业	1443.8	956.3			4.8
橡胶和塑料制品业	56	94			
非金属矿物制品业	2862.1	5007.7	2734	138.1	79.9
黑色金属冶炼和压延加工业	528.3				
有色金属冶炼和压延加工业	522.1				24.4
金属制品业	231.8	15			
通用设备制造业	922.9	373.2	79.1		259.4
专用设备制造业	684.9	139.6	164.2		
汽车制造业	1301.4	871.6			9.3
电气机械和器材制造业	1013.7	90	20	434.4	14.1
计算机、通信和其他电子设备制造业	39.6	1	0.8		
仪器仪表制造业	20.4	20.1			63.1
电力、热力、燃气及水生产和供应业	32849.1	6017	1244.8	709.7	271
电力、热力生产和供应业	30585.6	5305.2	997	662.2	201.9
水的生产和供应业	2263.5	711.8	247.8	47.5	69.1
建筑业	22111.9	3182.3	1028.4	29044.5	4399.8
房屋建筑业	12662.2	913.9	376.9	10169.1	2576.7
土木工程建筑业	7192	1842	557.5	676.5	726.3
建筑安装业	1912.2	335.9	91	293.4	1034.8
建筑装饰和其他建筑业	345.5	90.5	3	17905.5	62
批发和零售业	15224.9	1159.4	209.8	7320.2	324.6
批发业	11727.7	985.2	90.3	7143.5	175.3
零售业	3497.2	174.2	119.5	176.7	149.3
交通运输、仓储和邮政业	14619.7	3799.3	1456	3212.3	393.6
铁路运输业	2181.8	702.5			
道路运输业	8728.8	2599.3	1456	52	134.9

从业人员及工资总额情况

单位：人、元、万元

从业人员平均工资				在岗职工（含劳务派遣）			
	在岗职工	劳务派遣人员	其他从业人员	期末人数	平均人数	工资总额	平均工资
43309	44514	39936	27151	279267	285190	1262858.7	44281
44564	45982	44242	29068	143875	150511	690049	45847
43293	44094	23678	24793	94515	93878	410651.3	43743
38613	40347	19703	19473	40877	40801	162158.4	39744
34731	34745	18000	18000	3611	3658	12708	34740
32558	32558			789	794	2585.1	32558
37087	37115	18000	18000	2006	2049	7603	37106
30306	30306			132	134	406.1	30306
31040	31040			684	681	2113.8	31040
38603	39789	26126	30767	6654	6954	27364.9	39351
35340	35064		37517	474	456	1598.9	35064
38895	40207	26126	30164	6102	6411	25463	39718
34427	34828		17000	78	87	303	34828
46956	47040	38946	28679	48930	49351	232026.2	47016
37006	37006			5293	5309	19646.5	37006
35841	35841			595	566	2028.6	35841
40904	40904			4190	4200	17179.6	40904
22060	21479		36000	48	48	103.1	21479
18291	18291			86	86	157.3	18291
40937	40937			695	687	2812.4	40937
23940	23939		24000	67	66	158	23939
25023	25023			127	130	325.3	25023
66372	66372			838	835	5542.1	66372
48243	48243			2404	2382	11491.6	48243
40405	40431		24000	1223	1239	5009.4	40431
33138	33138			242	240	795.3	33138
38893	39027	30022	31960	4406	4415	17188.8	38933
57966	57966			19323	19514	113114.5	57966
29904	29934		24400	1834	1841	5510.8	29934
36663	36663			944	886	3248.3	36663
25510	25488		25940	1735	1945	4957.4	25488
31398	31398			446	455	1428.6	31398
51272	51257		93000	2555	2627	13465.1	51257
41894	42063	43010	12818	1322	1327	5591.3	42135
25346	25346			78	78	197.7	25346
44074	43674		63100	479	475	2074.5	43674
78635	80427	38571	24196	7806	7701	61166.6	79427
88879	91124	39892	24622	6231	6134	55045.1	89738
38764	39212	26389	23033	1575	1567	6121.5	39065
36009	35181	43630	22904	31592	37504	137567.2	36681
38636	37207	74065	20194	15328	18943	75541.9	39879
27520	28063	18950	20634	7697	10447	28992.1	27752
50631	53361	26196	38468	2407	2313	12038.2	52046
36149	31334	37187	25833	6160	5801	20995	36192
40499	38956	53471	23522	11432	11360	46241.2	40705
47553	45936	56426	24347	7226	7178	34300.6	47786
28460	28840	17155	22621	4206	4182	11940.6	28552
37174	37394	36421	26066	11344	11521	42996	37320
40802	40802			1847	1902	7760.6	40802
34712	34938	20800	18736	6695	6639	23160.2	34885

全部城镇非私营单位

13－2 续表2 （2014年）

指标名称	单位数	从业人员期末人数	#女性	#非全日制	在岗职工
装卸搬运和运输代理业	9	884	70		821
仓储业	13	423	117		391
邮政业	1	1569	773		880
住宿和餐饮业	47	3707	2380	21	3660
住宿业	34	3164	1999	21	3121
餐饮业	13	543	381		539
信息传输、软件和信息技术服务业	12	4666	1809	5	3774
电信、广播电视和卫星传输服务	12	4666	1809	5	3774
金融业	340	20309	8643	22	8580
货币金融服务业	289	7684	3176	14	7106
资本市场服务业	1	43	26		43
保险业	48	12547	5420	8	1396
其他金融业	2	35	21		35
房地产业	128	3801	1468	15	3576
#房地产开发经营	99	2660	964	10	2455
物业管理	11	856	400	5	851
房地产中介服务	1	12	6		12
租赁和商务服务业	73	4942	1034		4354
商务服务业	73	4942	1034		4354
科学研究、技术服务业	173	6473	1721	72	5634
研究和试验发展	5	1434	316		906
专业技术服务业	125	4455	1188	72	4144
科技推广和应用服务业	43	584	217		584
水利、环境和公共设施管理业	89	6983	2922	30	6537
水利管理业	43	1236	415		1137
生态保护和环境治理业	15	949	234		949
公共设施管理业	31	4798	2273	30	4451
居民服务、修理和其他服务业	15	558	244		557
居民服务业	10	253	132		252
机动车、电子产品和日用产品修理业	2	161	54		161
其他服务业	3	144	58		144
教育	877	46267	25634	1	45743
#初等教育	599	21231	12193		21033
中等教育	141	18776	9920		18638
高等教育	12	3505	1585	1	3339
卫生和社会工作	284	20477	13301	50	19218
卫生	258	19952	12961	47	18852
社会工作	26	525	340	3	366
文化、体育和娱乐业	140	3732	1569	9	3519
新闻和出版业	1	372	180		372
广播、电视、电影和影视录音制作业	26	1365	566		1322
文化艺术业	107	1845	746	9	1675
体育	5	90	51		90
娱乐业	1	60	26		60
公共管理、社会保障和社会组织	1684	52962	16499	110	47707
#中国共产党机关	100	2186	595	3	2092
国家机构	1482	49227	15255	103	44251
人民政协、民主党派	18	279	73		278
社会保障	24	571	219	1	484
群众社团、社会团体和其他成员组织	60	699	357	3	602

从业人员及工资总额情况

单位：人、元、万元

		从业人员平均人数				从业人员工资总额		
劳务派遣人员	其他从业人员		在岗职工	劳务派遣人员	其他从业人员		在岗职工	基本工资
	63	922	854		68	2824.3	2587.3	1273.9
21	11	478	451	16	11	1678.3	1625.9	1315.5
689		1659	818	841		7831.3	4701.7	2118.9
	47	3810	3712	3	95	12476.3	12079	9986.2
	43	3215	3121	3	91	10861.9	10476	8398.6
	4	595	591		4	1614.4	1603	1587.6
844	48	4726	3769	916	41	27132	20934.8	7714.8
844	48	4726	3769	916	41	27132	20934.8	7714.8
738	10991	17672	8526	781	8365	95705.3	67644.1	27028.6
512	66	7715	7143	514	58	59496.1	57909.6	22380.9
		45	45			674.7	674.7	196.8
226	10925	9877	1303	267	8307	35446	8971.3	4362.8
		35	35			88.5	88.5	88.1
84	141	3676	3397	137	142	14629.8	13955.1	11522.3
79	126	2549	2290	132	127	11758.4	11124.8	9619.3
	5	843	838		5	1702.3	1690.3	1517.1
		12	12			46.3	46.3	16.8
484	104	4977	4411	459	107	18120.2	16856.1	8212.9
484	104	4977	4411	459	107	18120.2	16856.1	8212.9
197	642	6515	5611	230	674	28380.5	25417.4	12392.2
	528	1435	876		559	4865	3105.8	2081.2
197	114	4504	4159	230	115	21158.3	19954.4	9425.5
		576	576			2357.2	2357.2	885.5
162	284	6927	6547	96	284	22321.9	21676.5	11782.1
4	95	1232	1133	4	95	4666	4499	1835.4
		941	941			4553.4	4553.4	1490.7
158	189	4754	4473	92	189	13102.5	12624.1	8456
1		547	546	1		1541.1	1538.3	1165
1		250	249	1		542.1	539.3	407
		160	160			574.5	574.5	573.4
		137	137			424.5	424.5	184.6
10	514	45879	45468	10	401	211054	209948.4	80716.9
	198	20985	20867		118	90997.6	90665	36459.2
	138	18646	18536		110	86629	86364.1	34547.8
	166	3485	3324		161	21899.3	21487.4	5701.9
868	391	20116	18868	852	396	92343.5	89302.5	38191.5
772	328	19591	18502	756	333	90849.4	88025.3	37581.4
96	63	525	366	96	63	1494.1	1277.2	610.1
79	134	3725	3516	77	132	15636.5	14916.8	6628.6
		370	370			1858	1858	65
3	40	1358	1317	3	38	5843.4	5521.9	3493.9
76	94	1847	1679	74	94	7530.3	7132.1	2924
		90	90			292.1	292.1	101.7
		60	60			112.7	112.7	44
1572	3683	52577	47735	1473	3369	202127.3	192064.7	75312.8
6	88	2138	2044	6	88	8590.6	8322.8	3446.7
1555	3421	48890	44323	1456	3111	187319.4	177826.5	69647.5
1		282	281	1		1425.2	1423.6	520.4
	87	569	485		84	2118.5	2002.2	751.9
10	87	698	602	10	86	2673.6	2489.6	946.3

全部城镇非私营单位

13－2 续表3

（2014年）

指标名称	绩效工资	工资性津贴和补贴	其他工资	劳务派遣人员	其他从业人员
装卸搬运和运输代理业	1303.4	10			237
仓储业	260.5	49.9		30.7	21.7
邮政业	2145.2	437.6		3129.6	
住宿和餐饮业	804.3	533.8	754.7	3	394.3
住宿业	789.6	533.1	754.7	3	382.9
餐饮业	14.7	0.7			11.4
信息传输、软件和信息技术服务业	12666.1	376	177.9	5967.9	229.3
电信、广播电视和卫星传输服务	12666.1	376	177.9	5967.9	229.3
金融业	37646.4	2474	495.1	3175.4	24885.8
货币金融服务业	33014.4	2251.3	263	1434.4	152.1
资本市场服务业	470.6	7.3			
保险业	4161	215.4	232.1	1741	24733.7
其他金融业	0.4				
房地产业	1381	865.7	186.1	209.3	465.4
#房地产开发经营	657.7	721.7	126.1	200.3	433.3
物业管理	140.4	32.8			12
房地产中介服务	2.5	21.1	5.9		
租赁和商务服务业	5659.7	1943.2	1040.3	936.8	327.3
商务服务业	5659.7	1943.2	1040.3	936.8	327.3
科学研究、技术服务业	8524.7	1997.9	2502.6	898.9	2064.2
研究和试验发展	601.1	280.8	142.7		1759.2
专业技术服务业	6869.2	1348.7	2311	898.9	305
科技推广和应用服务业	1054.4	368.4	48.9		
水利、环境和公共设施管理业	6604.5	1722	1567.9	68.9	576.5
水利管理业	2008.1	475.1	180.4	7.2	159.8
生态保护和环境治理业	2925	113.5	24.2		
公共设施管理业	1671.4	1133.4	1363.3	61.7	416.7
居民服务、修理和其他服务业	156.7	204.1	12.5	2.8	
居民服务业	72.4	49	10.9	2.8	
机动车、电子产品和日用产品修理业		1.1			
其他服务业	84.3	154	1.6		
教育	76471.4	48728.3	4031.8	49.8	1055.8
#初等教育	29107.8	23068.8	2029.2		332.6
中等教育	28380.7	21480.4	1955.2		264.9
高等教育	13809.4	1970.4	5.7		411.9
卫生和社会工作	39217.9	9321.5	2571.6	1983.3	1057.7
卫生	38676	9228.1	2539.8	1856.4	967.7
社会工作	541.9	93.4	31.8	126.9	90
文化、体育和娱乐业	5382	2543.1	363.1	182	537.7
新闻和出版业	1360.3	432.7			
广播、电视、电影和影视录音制作业	1340.4	488.2	199.4	5.8	315.7
文化艺术业	2522.7	1527.8	157.6	176.2	222
体育	119.6	64.7	6.1		
娱乐业	39	29.7			
公共管理、社会保障和社会组织	28116.5	83207	5428.4	2976.8	7085.8
#中国共产党机关	646.6	4135.5	94	10.7	257.1
国家机构	26466.8	76500.9	5211.3	2934.6	6558.3
人民政协、民主党派	49.4	842.9	10.9	1.6	
社会保障	714.1	481.5	54.7		116.3
群众社团、社会团体和其他成员组织	239.6	1246.2	57.5	29.9	154.1

从业人员及工资总额情况

单位：人、元、万元

从业人员平均工资				在岗职工（含劳务派遣）			
	在岗职工	劳务派遣人员	其他从业人员	期末人数	平均人数	工资总额	平均工资
30632	30296		34853	821	854	2587.3	30296
35111	36051	19188	19727	412	467	1656.6	35473
47205	57478	37213		1569	1659	7831.3	47205
32746	32540	10000	41505	3660	3715	12082	32522
33785	33566	10000	42077	3121	3124	10479	33544
27133	27124		28500	539	591	1603	27124
57410	55545	65152	55927	4618	4685	26902.7	57423
57410	55545	65152	55927	4618	4685	26902.7	57423
54156	79339	40658	29750	9318	9307	70819.5	76093
77117	81072	27907	26224	7618	7657	59344	77503
149933	149933			43	45	674.7	149933
35887	68851	65206	29775	1622	1570	10712.3	68231
25286	25286			35	35	88.5	25286
39798	41081	15277	32775	3660	3534	14164.4	40080
46129	48580	15174	34118	2534	2422	11325.1	46759
20193	20171		24000	851	838	1690.3	20171
38583	38583			12	12	46.3	38583
36408	38214	20410	30589	4838	4870	17792.9	36536
36408	38214	20410	30589	4838	4870	17792.9	36536
43562	45299	39083	30626	5831	5841	26316.3	45054
33902	35454		31470	906	876	3105.8	35454
46977	47979	39083	26522	4341	4389	20853.3	47513
40924	40924			584	576	2357.2	40924
32224	33109	7177	20299	6699	6643	21745.4	32734
37873	39709	18000	16821	1141	1137	4506.2	39632
48389	48389			949	941	4553.4	48389
27561	28223	6707	22048	4609	4565	12685.8	27789
28174	28174	28000		558	547	1541.1	28174
21684	21659	28000		253	250	542.1	21684
35906	35906			161	160	574.5	35906
30985	30985			144	137	424.5	30985
46002	46175	49800	26329	45753	45478	209998.2	46176
43363	43449		28186	21033	20867	90665	43449
46460	46593		24082	18638	18536	86364.1	46593
62839	64643		25584	3339	3324	21487.4	64643
45905	47330	23278	26710	20086	19720	91285.8	46291
46373	47576	24556	29060	19624	19258	89881.7	46672
28459	34896	13219	14286	462	462	1404.1	30392
41977	42425	23636	40735	3598	3593	15098.8	42023
50216	50216			372	370	1858	50216
43029	41928	19333	83079	1325	1320	5527.7	41877
40770	42478	23811	23617	1751	1753	7308.3	41690
32456	32456			90	90	292.1	32456
18783	18783			60	60	112.7	18783
38444	40236	20209	21032	49279	49208	195041.5	39636
40181	40718	17833	29216	2098	2050	8333.5	40651
38314	40121	20155	21081	45806	45779	180761.1	39486
50539	50662	16000		279	282	1425.2	50539
37232	41282		13845	484	485	2002.2	41282
38304	41355	29900	17919	612	612	2519.5	41168

13-3 全部城镇非私营企业单位

（2014年）

指标名称	单位数	从业人员期末人数	#女性	#非全日制	在岗职工
合计	1162	158687	45771	1202	132225
#国有控股	380	69017	21910	57	54488
集体控股	301	15685	3021	84	9080
农、林、牧、渔业	24	1025	279		1025
林　业	1	134	44		134
畜牧业	22	872	228		872
农、林、牧、渔服务业	1	19	7		19
采矿业	22	7313	1220	17	6468
煤炭开采和洗选业	2	533	69	17	474
黑色金属矿采选业	16	6700	1132		5916
非金属矿采选业	4	80	19		78
制造业	93	49031	15184	8	48758
农副食品加工业	9	5293	3029		5293
食品制造业	6	595	364		595
酒、饮料和精制茶制造业	8	4190	1941		4190
纺织业	1	50	42	2	48
纺织服装、服饰业	1	86	76		86
木材加工和木、竹、藤、棕、草制品业	2	695	147		695
印刷和记录媒介复制业	3	68	44		67
文教、工美、体育和娱乐用品制造业	1	127	58		127
石油加工、炼焦和核燃料加工业	2	838	218		838
化学原料和化学制品制造业	4	2404	462		2404
医药制造业	4	1225	566		1223
橡胶和塑料制品业	2	242	93		242
非金属矿物制品业	20	4431	1134	6	4363
黑色金属冶炼和压延加工业	4	19323	3396		19323
有色金属冶炼和压延加工业	2	1844	491		1834
金属制品业	3	911	411		911
通用设备制造业	6	1807	582		1735
专用设备制造业	2	446	100		446
汽车制造业	3	2556	1589		2555
电气机械和器材制造业	6	1333	282		1226
计算机、通信和其他电子设备制造业	1	78	30		78
仪器仪表制造业	3	489	129		479
电力、热力、燃气及水生产和供应业	91	7791	2014		7453
电力、热力生产和供应业	27	6263	1437		5970
水的生产和供应业	64	1528	577		1483
建筑业	118	33191	3511	1099	24474
房屋建筑业	53	16599	1597	1014	13974
土木工程建筑业	36	7837	997	76	7175
建筑安装业	17	2571	370	9	2295
建筑装饰和其他建筑业	12	6184	547		1030
批发和零售业	171	11509	5054	9	10017
批发业	72	7303	2347	9	5955
零售业	99	4206	2707		4062
交通运输、仓储和邮政业	41	8373	2231		7563
铁路运输业	1	1795	164		1795
道路运输业	18	3782	1121		3735

从业人员和工资总额情况

单位：人、元、万元

劳务派遣人员	其他从业人员	从业人员平均人数	在岗职工	劳务派遣人员	其他从业人员	从业人员工资总额	在岗职工	
								基本工资
11650	14812	162972	138819	11692	12461	726270.5	638320.7	417424.5
3556	10973	66895	54790	3731	8374	349847.6	304082.3	193293.3
5674	931	15428	9143	5367	918	63543.5	43148.6	24963.0
		1039	1039			3494.0	3494.0	1583.7
		139	139			244.9	244.9	244.9
		881	881			3178.8	3178.8	1279.7
		19	19			70.3	70.3	59.1
186	659	7618	6731	223	664	29407.8	26782.3	18004.1
	59	514	456		58	1816.5	1598.9	525.9
186	598	7015	6188	223	604	27284.9	24880.4	17209.4
	2	89	87		2	306.4	303.0	268.8
139	134	49478	49169	147	162	232375.2	231338.1	185227.6
		5309	5309			19646.5	19646.5	17259.9
		566	566			2028.6	2028.6	1300.7
		4200	4200			17179.6	17179.6	7810.2
	2	50	48		2	110.3	103.1	86.8
		86	86			157.3	157.3	
		687	687			2812.4	2812.4	2707.1
	1	67	66		1	160.4	158.0	127.2
		130	130			325.3	325.3	49.0
		835	835			5542.1	5542.1	1893.9
		2382	2382			11491.6	11491.6	2277.8
	2	1241	1239		2	5014.2	5009.4	2609.3
		240	240			795.3	795.3	645.3
43	25	4440	4369	46	25	17268.7	17050.7	6446.9
		19514	19514			113114.5	113114.5	112586.2
	10	1851	1841		10	5535.2	5510.8	4988.7
		851	851			3132.7	3132.7	2900.9
	72	2045	1945		100	5216.8	4957.4	3582.2
		455	455			1428.6	1428.6	439.9
	1	2628	2627		1	13474.4	13465.1	11292.1
96	11	1338	1226	101	11	5605.4	5156.9	4033.2
		78	78			197.7	197.7	156.3
	10	485	475		10	2137.6	2074.5	2034.0
184	154	7642	7348	184	110	61089.7	60113.0	20071.2
167	126	6122	5874	166	82	55127.9	54263.8	17391.2
17	28	1520	1474	18	28	5961.8	5849.2	2680.0
6966	1751	39274	30696	6657	1921	141492.6	108048.3	81985.5
1354	1271	20219	17570	1373	1276	78118.6	65372.8	51419.8
370	292	10648	9939	357	352	29244.0	27841.2	18509.5
112	164	2582	2201	112	269	13073.0	11744.8	9405.7
5130	24	5825	986	4815	24	21057.0	3089.5	2650.5
1373	119	11456	9949	1369	138	46397.7	38752.9	22274.3
1271	77	7250	5912	1266	72	34475.9	27157.1	14353.9
102	42	4206	4037	103	66	11921.8	11595.8	7920.4
689	121	8557	7576	841	140	32495.9	28997.0	15468.2
		1850	1850			7592.4	7592.4	4808.9
	47	3733	3672		61	12799.6	12689.0	6054.9

全部城镇非私营企业单位

13—3 续表1

（2014年）

指标名称					
	绩效工资	工资性津贴和补贴	其他工资	劳务派遣人员	其他从业人员
合　计	174009.9	32128.3	14758.0	51728.3	36221.5
#国有控股	87860.8	17160.5	5767.7	19487.0	26278.3
集体控股	16686.0	1290.4	209.2	18886.2	1508.7
农、林、牧、渔业	1235.4	653.7	21.2		
林　业					
畜牧业	1224.2	653.7	21.2		
农、林、牧、渔服务业	11.2				
采矿业	5157.6	1893.1	1727.5	582.6	2042.9
煤炭开采和洗选业	800.2	257.0	15.8		217.6
黑色金属矿采选业	4326.1	1633.2	1711.7	582.6	1821.9
非金属矿采选业	31.3	2.9			3.4
制造业	30999.8	10491.6	4619.1	572.5	464.6
农副食品加工业	1093.2	1293.4			
食品制造业	677.1	30.1	20.7		
酒、饮料和精制茶制造业	7618.6	830.7	920.1		
纺织业	5.5	10.8			7.2
纺织服装、服饰业	157.3				
木材加工和木、竹、藤、棕、草制品业	105.3				
印刷和记录媒介复制业		15.5	15.3		2.4
文教、工美、体育和娱乐用品制造业	276.3				
石油加工、炼焦和核燃料加工业	2344.3	757.6	546.3		
化学原料和化学制品制造业	9095.2		118.6		
医药制造业	1443.8	956.3			4.8
橡胶和塑料制品业	56.0	94.0			
非金属矿物制品业	2862.1	5007.7	2734.0	138.1	79.9
黑色金属冶炼和压延加工业	528.3				
有色金属冶炼和压延加工业	522.1				24.4
金属制品业	231.8				
通用设备制造业	922.9	373.2	79.1		259.4
专用设备制造业	684.9	139.6	164.2		
汽车制造业	1301.4	871.6			9.3
电气机械和器材制造业	1013.7	90.0	20.0	434.4	14.1
计算机、通信和其他电子设备制造业	39.6	1.0	0.8		
仪器仪表制造业	20.4	20.1			63.1
电力、热力、燃气及水生产和供应业	32811.4	6000.4	1230.0	709.7	267.0
电力、热力生产和供应业	30576.8	5298.8	997.0	662.2	201.9
水的生产和供应业	2234.6	701.6	233.0	47.5	65.1
建筑业	21901.9	3137.0	1023.9	29044.5	4399.8
房屋建筑业	12662.2	913.9	376.9	10169.1	2576.7
土木工程建筑业	6982.0	1796.7	553.0	676.5	726.3
建筑安装业	1912.2	335.9	91.0	293.4	1034.8
建筑装饰和其他建筑业	345.5	90.5	3.0	17905.5	62.0
批发和零售业	15109.4	1159.4	209.8	7320.2	324.6
批发业	11727.7	985.2	90.3	7143.5	175.3
零售业	3381.7	174.2	119.5	176.7	149.3
交通运输、仓储和邮政业	10153.9	2525.3	849.6	3129.6	369.3
铁路运输业	2090.7	692.8			
道路运输业	4439.6	1344.9	849.6		110.6

从业人员和工资总额情况

单位：人、元、万元

从业人员平均工资				在岗职工（含劳务派遣）			
	在岗职工	劳务派遣人员	其他从业人员	期末人数	平均人数	工资总额	平均工资
44564	**45982**	**44242**	**29068**	**143875**	**150511**	**690049.0**	**45847**
52298	55500	52230	31381	58044	58521	323569.3	55291
41187	47193	35189	16435	14754	14510	62034.8	42753
33628	33628			1025	1039	3494.0	33628
17619	17619			134	139	244.9	17619
36082	36082			872	881	3178.8	36082
37000	37000			19	19	70.3	37000
38603	39789	26126	30767	6654	6954	27364.9	39351
35340	35064		37517	474	456	1598.9	35064
38895	40207	26126	30164	6102	6411	25463.0	39718
34427	34828		17000	78	87	303.0	34828
46965	47050	38946	28679	48897	49316	231910.6	47025
37006	37006			5293	5309	19646.5	37006
35841	35841			595	566	2028.6	35841
40904	40904			4190	4200	17179.6	40904
22060	21479		36000	48	48	103.1	21479
18291	18291			86	86	157.3	18291
40937	40937			695	687	2812.4	40937
23940	23939		24000	67	66	158.0	23939
25023	25023			127	130	325.3	25023
66372	66372			838	835	5542.1	66372
48243	48243			2404	2382	11491.6	48243
40405	40431		24000	1223	1239	5009.4	40431
33138	33138			242	240	795.3	33138
38893	39027	30022	31960	4406	4415	17188.8	38933
57966	57966			19323	19514	113114.5	57966
29904	29934		24400	1834	1841	5510.8	29934
36812	36812			911	851	3132.7	36812
25510	25488		25940	1735	1945	4957.4	25488
31398	31398			446	455	1428.6	31398
51272	51257		93000	2555	2627	13465.1	51257
41894	42063	43010	12818	1322	1327	5591.3	42135
25346	25346			78	78	197.7	25346
44074	43674		63100	479	475	2074.5	43674
79939	81809	38571	24273	7637	7532	60822.7	80752
90049	92380	39892	24622	6137	6040	54926.0	90937
39222	39682	26389	23250	1500	1492	5896.7	39522
36027	35199	43630	22904	31440	37353	137092.8	36702
38636	37207	74065	20194	15328	18943	75541.9	39879
27464	28012	18950	20634	7545	10296	28517.7	27698
50631	53361	26196	38468	2407	2313	12038.2	52046
36149	31334	37187	25833	6160	5801	20995.0	36192
40501	38952	53471	23522	11390	11318	46073.1	40708
47553	45936	56426	24347	7226	7178	34300.6	47786
28345	28724	17155	22621	4164	4140	11772.5	28436
37976	38275	37213	26379	8252	8417	32126.6	38169
41040	41040			1795	1850	7592.4	41040
34288	34556		18131	3735	3672	12689.0	34556

全部城镇非私营企业单位

13－3 续表2

（2014年）

指标名称	单位数	从业人员期末人数	#女性	#非全日制	在岗职工
装卸搬运和运输代理业	9	884	70		821
仓储业	12	343	103		332
邮政业	1	1569	773		880
住宿和餐饮业	47	3707	2380	21	3660
住宿业	34	3164	1999	21	3121
餐饮业	13	543	381		539
信息传输、软件和信息技术服务业	9	4530	1773	5	3638
电信、广播电视和卫星传输服务	9	4530	1773	5	3638
金融业	334	19951	8533	22	8273
货币金融服务业	284	7331	3068	14	6804
资本市场服务业	1	43	26		43
保险业	48	12547	5420	8	1396
其他金融业	1	30	19		30
房地产业	112	3545	1378	15	3325
#房地产开发经营	99	2660	964	10	2455
物业管理	10	843	397	5	838
租赁和商务服务业	29	3223	488		2657
商务服务业	29	3223	488		2657
科学研究、技术服务业	36	3347	761	6	2785
研究和试验发展	1	1312	292		784
专业技术服务业	34	2003	463	6	1969
科技推广和应用服务业	1	32	6		32
水利、环境和公共设施管理业	18	994	437		993
水利管理业	3	33	3		32
生态保护和环境治理业	2	88	27		88
公共设施管理业	13	873	407		873
居民服务、修理和其他服务业	5	435	224		435
居民服务业	2	169	117		169
机动车、电子产品和日用产品修理业	2	161	54		161
其他服务业	1	105	53		105
教育	2	33	9		32
文化、体育和娱乐业	10	689	295		669
新闻和出版业	1	372	180		372
广播、电视、电影和影视录音制作业	6	205	69		185
文化艺术业	3	112	46		112

从业人员和工资总额情况

单位：人、元、万元

劳务派遣人员	其他从业人员	从业人员平均人数	在岗职工	劳务派遣人员	其他从业人员	从业人员工资总额	在岗职工	基本工资
	63	922	854		68	2824.3	2587.3	1273.9
	11	393	382		11	1448.3	1426.6	1211.6
689		1659	818	841		7831.3	4701.7	2118.9
	47	3810	3712	3	95	12476.3	12079.0	9986.2
	43	3215	3121	3	91	10861.9	10476.0	8398.6
	4	595	591		4	1614.4	1603.0	1587.6
844	48	4590	3633	916	41	26686.4	20489.2	7529.0
844	48	4590	3633	916	41	26686.4	20489.2	7529.0
694	10984	17311	8216	736	8359	94289.7	66307.2	26428.3
468	59	7359	6838	469	52	58094.9	56587.1	21794.6
		45	45			674.7	674.7	196.8
226	10925	9877	1303	267	8307	35446.0	8971.3	4362.8
		30	30			74.1	74.1	74.1
79	141	3420	3146	132	142	13563.6	12897.9	11171.2
79	126	2549	2290	132	127	11758.4	11124.8	9619.3
	5	830	825		5	1665.1	1653.1	1502.3
483	83	3228	2684	458	86	9351.2	8139.4	5777.2
483	83	3228	2684	458	86	9351.2	8139.4	5777.2
13	549	3350	2743	26	581	15042.5	13049.7	7984.6
	528	1311	752		559	4226.5	2467.3	1875.7
13	21	2014	1966	26	22	10691.5	10457.9	6074.4
		25	25			124.5	124.5	34.5
	1	1056	1055		1	3758.8	3757.1	2279.7
	1	33	32		1	128.8	127.1	57.9
		83	83			230.4	230.4	192.4
		940	940			3399.6	3399.6	2029.4
		424	424			1089.0	1089.0	958.3
		166	166			247.4	247.4	247.4
		160	160			574.5	574.5	573.4
		98	98			267.1	267.1	137.5
	1	32	31		1	64.6	63.1	63.1
	20	687	667		20	3195.5	2923.5	632.3
		370	370			1858.0	1858.0	65.0
	20	205	185		20	1088.9	816.9	479.7
		112	112			248.6	248.6	87.6

全部企业单位从业

13－3 续表3

（2014年）

指标名称					
	绩效工资	工资性津贴和补贴	其他工资	劳务派遣人员	其他从业人员
装卸搬运和运输代理业	1303.4	10.0			237.0
仓储业	175.0	40.0			21.7
邮政业	2145.2	437.6		3129.6	
住宿和餐饮业	804.3	533.8	754.7	3.0	394.3
住宿业	789.6	533.1	754.7	3.0	382.9
餐饮业	14.7	0.7			11.4
信息传输、软件和信息技术服务业	12558.2	224.1	177.9	5967.9	229.3
电信、广播电视和卫星传输服务	12558.2	224.1	177.9	5967.9	229.3
金融业	37162.8	2221.0	495.1	3104.1	24878.4
货币金融服务业	32531.2	1998.3	263.0	1363.1	144.7
资本市场服务业	470.6	7.3			
保险业	4161.0	215.4	232.1	1741.0	24733.7
其他金融业					
房地产业	794.3	796.7	135.7	200.3	465.4
#房地产开发经营	657.7	721.7	126.1	200.3	433.3
物业管理	121.2	29.6			12.0
租赁和商务服务业	983.5	938.3	440.4	935.2	276.6
商务服务业	983.5	938.3	440.4	935.2	276.6
科学研究、技术服务业	2301.0	630.5	2133.6	158.7	1834.1
研究和试验发展	206.3	242.6	142.7		1759.2
专业技术服务业	2079.2	313.4	1990.9	158.7	74.9
科技推广和应用服务业	15.5	74.5			
水利、环境和公共设施管理业	485.7	210.2	781.5		1.7
水利管理业	25.8	43.4			1.7
生态保护和环境治理业	38.0				
公共设施管理业	421.9	166.8	781.5		
居民服务、修理和其他服务业		130.7			
居民服务业					
机动车、电子产品和日用产品修理业		1.1			
其他服务业		129.6			
教育					1.5
文化、体育和娱乐业	1550.7	582.5	158.0		272.0
新闻和出版业	1360.3	432.7			
广播、电视、电影和影视录音制作业	136.1	43.1	158.0		272.0
文化艺术业	54.3	106.7			

人员和工资总额情况

单位：人、元、万元

从业人员平均工资	在岗职工	劳务派遣人员	其他从业人员	在岗职工（含劳务派遣）			
				期末人数	平均人数	工资总额	平均工资
30632	30296		34853	821	854	2587.3	30296
36852	37346		19727	332	382	1426.6	37346
47205	57478	37213		1569	1659	7831.3	47205
32746	32540	10000	41505	3660	3715	12082.0	32522
33785	33566	10000	42077	3121	3124	10479.0	33544
27133	27124		28500	539	591	1603.0	27124
58140	56397	65152	55927	4482	4549	26457.1	58160
58140	56397	65152	55927	4482	4549	26457.1	58160
54468	80705	42175	29762	8967	8952	69411.3	77537
78944	82754	29064	27827	7272	7307	57950.2	79308
149933	149933			43	45	674.7	149933
35887	68851	65206	29775	1622	1570	10712.3	68231
24700	24700			30	30	74.1	24700
39660	40998	15174	32775	3404	3278	13098.2	39958
46129	48580	15174	34118	2534	2422	11325.1	46759
20061	20038		24000	838	825	1653.1	20038
28969	30326	20419	32163	3140	3142	9074.6	28882
28969	30326	20419	32163	3140	3142	9074.6	28882
44903	47575	61038	31568	2798	2769	13208.4	47701
32239	32810		31470	784	752	2467.3	32810
53086	53194	61038	34045	1982	1992	10616.6	53296
49800	49800			32	25	124.5	49800
35595	35612		17000	993	1055	3757.1	35612
39030	39719		17000	32	32	127.1	39719
27759	27759			88	83	230.4	27759
36166	36166			873	940	3399.6	36166
25684	25684			435	424	1089.0	25684
14904	14904			169	166	247.4	14904
35906	35906			161	160	574.5	35906
27255	27255			105	98	267.1	27255
20188	20355		15000	32	31	63.1	20355
46514	43831		136000	669	667	2923.5	43831
50216	50216			372	370	1858.0	50216
53117	44157		136000	185	185	816.9	44157
22196	22196			112	112	248.6	22196

13-4 全部机关单位从业

（2014年）

指标名称	单位数	从业人员期末人数			
			#女性	#非全日制	在岗职工
机关单位合计	**1398**	**43519**	**13121**	**53**	**39567**
公共管理、社会保障和社会组织	1398	43519	13121	53	39567
#中国共产党机关	99	2174	590	3	2080
国家机构	1241	40651	12262	49	36814
人民政协、民主党派	18	279	73		278
群众社团、社会团体和其他成员组织	40	415	196	1	395

13－4 续表1

指标名称					
	基本工资	绩效工资	工资性津贴和补贴	其他工资	劳务派遣人员
机关单位合计	**62577.4**	**18775.8**	**73740.4**	**4716.2**	**2348.6**
公共管理、社会保障和社会组织	62577.4	18775.8	73740.4	4716.2	2348.6
#中国共产党机关	3425.3	646.6	4100.7	94.0	10.7
国家机构	57976.6	17952.2	68017.9	4566.0	2336.3
人民政协、民主党派	520.4	49.4	842.9	10.9	1.6
群众社团、社会团体和其他成员组织	655.1	127.6	778.9	45.3	

人员和工资总额情况

单位：人、元、万元

		从业人员平均人数				从业人员工资总额	
劳务派遣人员	其他从业人员		在岗职工	劳务派遣人员	其他从业人员		在岗职工
1310	2642	43211	39609	1192	2410	166851.5	159809.8
1310	2642	43211	39609	1192	2410	166851.5	159809.8
6	88	2126	2032	6	88	8534.4	8266.6
1303	2534	40389	36901	1185	2303	155259.2	148512.7
1		282	281	1		1425.2	1423.6
	20	414	395		19	1632.7	1606.9

单位：人、元、万元

	从业人员平均工资				在岗职工（含劳务派遣）			
其他从业人员		在岗职工	劳务派遣人员	其他从业人员	期末人数	平均人数	工资总额	平均工资
4693.1	38613	40347	19703	19473	40877	40801	162158.4	39744
4693.1	38613	40347	19703	19473	40877	40801	162158.4	39744
257.1	40143	40682	17833	29216	2086	2038	8277.3	40615
4410.2	38441	40246	19716	19150	38117	38086	150849.0	39607
	50539	50662	16000		279	282	1425.2	50539
25.8	39437	40681		13579	395	395	1606.9	40681

13-5 全部事业单位从业

（2014年）

指标名称	单位数	从业人员期末人数	#女性	#非全日制	在岗职工
合计	2010	96995	49530	217	92852
农、林、牧、渔业	98	2588	754		2585
农业	24	655	207		655
林业	52	1136	285		1133
畜牧业	1	113	49		113
农、林、牧、渔服务业	21	684	213		684
制造业	1	33	10		33
金属制品业	1	33	10		33
电力、热力、燃气及水生产和供应业	3	171	45		169
电力、热力生产和供应业	2	94	22		94
水的生产和供应业	1	77	23		75
建筑业	3	152	30		152
土木工程建筑业	3	152	30		152
批发和零售业	1	42	8		42
零售业	1	42	8		42
交通运输、仓储和邮政业	42	3105	858	4	3046
道路运输业	1	52	8		52
装卸搬运和运输代理业	40	2973	836	4	2935
仓储业	1	80	14		59
信息传输、软件和信息技术服务业	3	136	36		136
电信、广播电视和卫星传输服务	3	136	36		136
金融业	6	358	110		307
货币金融服务业	5	353	108		302
其他金融业	1	5	2		5
房地产业	16	256	90		251
物业管理	1	13	3		13
房地产中介服务	1	12	6		12
租赁和商务服务业	44	1719	546		1697
商务服务业	44	1719	546		1697
科学研究、技术服务业	137	3126	960	66	2849
研究和试验发展	4	122	24		122

人员和工资总额情况

单位：人、元、万元

劳务派遣人员	其他从业人员	从业人员平均人数	在岗职工	劳务派遣人员	其他从业人员	从业人员工资总额	在岗职工	基本工资
1663	2480	96163	92264	1614	2285	416316.6	406829.7	163783.9
1	2	2621	2618	1	2	9217.6	9212.2	3434.2
		655	655			2340.2	2340.2	807.2
1	2	1170	1167	1	2	4427.8	4422.4	1574.6
		115	115			335.8	335.8	176.2
		681	681			2113.8	2113.8	876.2
		35	35			115.6	115.6	100.6
		35	35			115.6	115.6	100.6
	2	171	169		2	347.9	343.9	274.8
		94	94			119.1	119.1	103.9
	2	77	75		2	228.8	224.8	170.9
		151	151			474.4	474.4	214.6
		151	151			474.4	474.4	214.6
		42	42			168.1	168.1	52.6
		42	42			168.1	168.1	52.6
46	13	3115	3063	41	11	10893.7	10786.7	4440.5
		52	52			168.2	168.2	67.4
25	13	2978	2942	25	11	10495.5	10419.2	4269.2
21		85	69	16		230.0	199.3	103.9
		136	136			445.6	445.6	185.8
		136	136			445.6	445.6	185.8
44	7	361	310	45	6	1415.6	1336.9	600.3
44	7	356	305	45	6	1401.2	1322.5	586.3
		5	5			14.4	14.4	14.0
5		256	251	5		1066.2	1057.2	351.1
		13	13			37.2	37.2	14.8
		12	12			46.3	46.3	16.8
1	21	1749	1727	1	21	8769.0	8716.7	2435.7
1	21	1749	1727	1	21	8769.0	8716.7	2435.7
184	93	3165	2868	204	93	13338.0	12367.7	4407.6
		124	124			638.5	638.5	205.5

全部事业单位从业

13－5 续表1

（2014年）

指标名称	绩效工资	工资性津贴和补贴	其他工资	劳务派遣人员	其他从业人员
合计	156998.6	75929.2	10118.0	3821.6	5665.3
农、林、牧、渔业	4954.7	669.9	153.4	1.8	3.6
农业	1337.1	195.9			
林业	2296.9	401.5	149.4	1.8	3.6
畜牧业	94.9	64.7			
农、林、牧、渔服务业	1225.8	7.8	4.0		
制造业		15.0			
金属制品业		15.0			
电力、热力、燃气及水生产和供应业	37.7	16.6	14.8		4.0
电力、热力生产和供应业	8.8	6.4			
水的生产和供应业	28.9	10.2	14.8		4.0
建筑业	210.0	45.3	4.5		
土木工程建筑业	210.0	45.3	4.5		
批发和零售业	115.5				
零售业	115.5				
交通运输、仓储和邮政业	4465.8	1274.0	606.4	82.7	24.3
道路运输业	91.1	9.7			
装卸搬运和运输代理业	4289.2	1254.4	606.4	52.0	24.3
仓储业	85.5	9.9		30.7	
信息传输、软件和信息技术服务业	107.9	151.9			
电信、广播电视和卫星传输服务	107.9	151.9			
金融业	483.6	253.0		71.3	7.4
货币金融服务业	483.2	253.0		71.3	7.4
其他金融业	0.4				
房地产业	586.7	69.0	50.4	9.0	
物业管理	19.2	3.2			
房地产中介服务	2.5	21.1	5.9		
租赁和商务服务业	4676.2	1004.9	599.9	1.6	50.7
商务服务业	4676.2	1004.9	599.9	1.6	50.7
科学研究、技术服务业	6223.7	1367.4	369.0	740.2	230.1
研究和试验发展	394.8	38.2			

人员和工资总额情况

单位：人、元、万元

从业人员平均工资				在岗职工（含劳务派遣）			
	在岗职工	劳务派遣人员	其他从业人员	期末人数	平均人数	工资总额	平均工资
43293	44094	23678	24793	94515	93878	410651.3	43743
35168	35188	18000	18000	2586	2619	9214.0	35181
35728	35728			655	655	2340.2	35728
37844	37895	18000	18000	1134	1168	4424.2	37878
29200	29200			113	115	335.8	29200
31040	31040			684	681	2113.8	31040
33029	33029			33	35	115.6	33029
33029	33029			33	35	115.6	33029
20345	20349		20000	169	169	343.9	20349
12670	12670			94	94	119.1	12670
29714	29973		20000	75	75	224.8	29973
31417	31417			152	151	474.4	31417
31417	31417			152	151	474.4	31417
40024	40024			42	42	168.1	40024
40024	40024			42	42	168.1	40024
34972	35216	20171	22091	3092	3104	10869.4	35017
32346	32346			52	52	168.2	32346
35243	35415	20800	22091	2960	2967	10471.2	35292
27059	28884	19188		80	85	230.0	27059
32765	32765			136	136	445.6	32765
32765	32765			136	136	445.6	32765
39213	43126	15844	12333	351	355	1408.2	39668
39360	43361	15844	12333	346	350	1393.8	39823
28800	28800			5	5	14.4	28800
41648	42120	18000		256	256	1066.2	41648
28615	28615			13	13	37.2	28615
38583	38583			12	12	46.3	38583
50137	50473	16000	24143	1698	1728	8718.3	50453
50137	50473	16000	24143	1698	1728	8718.3	50453
42142	43123	36284	24742	3033	3072	13107.9	42669
51492	51492			122	124	638.5	51492

全部事业单位从业

13－5 续表2

（2014年）

指标名称	单位数	从业人员期末人数	#女性	#非全日制	在岗职工
专业技术服务业	91	2452	725	66	2175
科技推广和应用服务业	42	552	211		552
水利、环境和公共设施管理业	71	5989	2485	30	5544
水利管理业	40	1203	412		1105
生态保护和环境治理业	13	861	207		861
公共设施管理业	18	3925	1866	30	3578
居民服务、修理和其他服务业	10	123	20		122
居民服务业	8	84	15		83
其他服务业	2	39	5		39
教育	875	46234	25625	1	45711
#初等教育	599	21231	12193		21033
中等教育	141	18776	9920		18638
高等教育	12	3505	1585	1	3339
卫生和社会工作	284	20477	13301	50	19218
卫生	258	19952	12961	47	18852
社会工作	26	525	340	3	366
文化、体育和娱乐业	130	3043	1274	9	2850
广播、电视、电影和影视录音制作业	20	1160	497		1137
文化艺术业	104	1733	700	9	1563
体育	5	90	51		90
娱乐业	1	60	26		60
公共管理、社会保障和社会组织	286	9443	3378	57	8140
#中国共产党机关	1	12	5		12
国家机构	241	8576	2993	54	7437
社会保障	24	571	219	1	484
群众社团、社会团体和其他成员组织	20	284	161	2	207

人员和工资总额情况

单位：人、元、万元

劳 务 派遣人员	其 他 从业人员	从业人员平均人数	在岗职工	劳 务 派遣人员	其 他 从业人员	从业人员工资总额	在岗职工	
								基本工资
184	93	2490	2193	204	93	10466.8	9496.5	3351.1
		551	551			2232.7	2232.7	851.0
162	283	5871	5492	96	283	18563.1	17919.4	9502.4
4	94	1199	1101	4	94	4537.2	4371.9	1777.5
		858	858			4323.0	4323.0	1298.3
158	189	3814	3533	92	189	9702.9	9224.5	6426.6
1		123	122	1		452.1	449.3	206.7
1		84	83	1		294.7	291.9	159.6
		39	39			157.4	157.4	47.1
10	513	45847	45437	10	400	210989.4	209885.3	80653.8
	198	20985	20867		118	90997.6	90665.0	36459.2
	138	18646	18536		110	86629.0	86364.1	34547.8
	166	3485	3324		161	21899.3	21487.4	5701.9
868	391	20116	18868	852	396	92343.5	89302.5	38191.5
772	328	19591	18502	756	333	90849.4	88025.3	37581.4
96	63	525	366	96	63	1494.1	1277.2	610.1
79	114	3038	2849	77	112	12441.0	11993.3	5996.3
3	20	1153	1132	3	18	4754.5	4705.0	3014.2
76	94	1735	1567	74	94	7281.7	6883.5	2836.4
		90	90			292.1	292.1	101.7
		60	60			112.7	112.7	44.0
262	1041	9366	8126	281	959	35275.8	32254.9	12735.4
		12	12			56.2	56.2	21.4
252	887	8501	7422	271	808	32060.2	29313.8	11670.9
	87	569	485		84	2118.5	2002.2	751.9
10	67	284	207	10	67	1040.9	882.7	291.2

全部事业单位从业

13－5 续表3

（2014年）

指标名称					
	绩效工资	工资性津贴和补贴	其他工资	劳务派遣人员	其他从业人员
专业技术服务业	4790.0	1035.3	320.1	740.2	230.1
科技推广和应用服务业	1038.9	293.9	48.9		
水利、环境和公共设施管理业	6118.8	1511.8	786.4	68.9	574.8
水利管理业	1982.3	431.7	180.4	7.2	158.1
生态保护和环境治理业	2887.0	113.5	24.2		
公共设施管理业	1249.5	966.6	581.8	61.7	416.7
居民服务、修理和其他服务业	156.7	73.4	12.5	2.8	
居民服务业	72.4	49.0	10.9	2.8	
其他服务业	84.3	24.4	1.6		
教育	76471.4	48728.3	4031.8	49.8	1054.3
#初等教育	29107.8	23068.8	2029.2		332.6
中等教育	28380.7	21480.4	1955.2		264.9
高等教育	13809.4	1970.4	5.7		411.9
卫生和社会工作	39217.9	9321.5	2571.6	1983.3	1057.7
卫生	38676.0	9228.1	2539.8	1856.4	967.7
社会工作	541.9	93.4	31.8	126.9	90.0
文化、体育和娱乐业	3831.3	1960.6	205.1	182.0	265.7
广播、电视、电影和影视录音制作业	1204.3	445.1	41.4	5.8	43.7
文化艺术业	2468.4	1421.1	157.6	176.2	222.0
体育	119.6	64.7	6.1		
娱乐业	39.0	29.7			
公共管理、社会保障和社会组织	9340.7	9466.6	712.2	628.2	2392.7
#中国共产党机关		34.8			
国家机构	8514.6	8483.0	645.3	598.3	2148.1
社会保障	714.1	481.5	54.7		116.3
群众社团、社会团体和其他成员组织	112.0	467.3	12.2	29.9	128.3

人员和工资总额情况

单位：人、元、万元

从业人员平均工资				在岗职工（含劳务派遣）			
	在岗职工	劳务派遣人员	其他从业人员	期末人数	平均人数	工资总额	平均工资
42035	43304	36284	24742	2359	2397	10236.7	42706
40521	40521			552	551	2232.7	40521
31618	32628	7177	20311	5706	5588	17988.3	32191
37842	39708	18000	16819	1109	1105	4379.1	39630
50385	50385			861	858	4323.0	50385
25440	26110	6707	22048	3736	3625	9286.2	25617
36756	36828	28000		123	123	452.1	36756
35083	35169	28000		84	84	294.7	35083
40359	40359			39	39	157.4	40359
46020	46193	49800	26358	45721	45447	209935.1	46193
43363	43449		28186	21033	20867	90665.0	43449
46460	46593		24082	18638	18536	86364.1	46593
62839	64643		25584	3339	3324	21487.4	64643
45905	47330	23278	26710	20086	19720	91285.8	46291
46373	47576	24556	29060	19624	19258	89881.7	46672
28459	34896	13219	14286	462	462	1404.1	30392
40951	42097	23636	23723	2929	2926	12175.3	41611
41236	41564	19333	24278	1140	1135	4710.8	41505
41969	43928	23811	23617	1639	1641	7059.7	43021
32456	32456			90	90	292.1	32456
18783	18783			60	60	112.7	18783
37664	39693	22356	24950	8402	8407	32883.1	39114
46833	46833			12	12	56.2	46833
37713	39496	22077	26585	7689	7693	29912.1	38882
37232	41282		13845	484	485	2002.2	41282
36651	42643	29900	19149	217	217	912.6	42055

13-6 全部国有城镇非私营单位

（2014年）

指标名称	单位数	从业人员期末人数	#女性	#非全日制	在岗职工
国有单位合计	**3597**	**152278**	**65705**	**295**	**142873**
中央	57	2851	927	4	2520
地方	3540	149427	64778	291	140353
省、自治区、直辖市	130	14788	5888	101	13196
地区	428	26981	10752	11	25345
县及县以下	2973	107049	47953	179	101235
其他	9	609	185		577
企业	234	14458	4609	25	13054
中央	38	2018	748	4	1785
地方	196	12440	3861	21	11269
省直属	16	3157	1283	1	2285
省辖市属	40	4708	1258		4652
县	137	4375	1250	20	4132
其他	3	200	70		200
事业	1965	94301	47975	217	90252
中央	7	384	107		324
地方	1958	93917	47868	217	89928
省直属	48	8479	3786	100	7879
省辖市属	208	15404	7451	1	14499
县	1698	69972	36601	116	67488
其他	4	62	30		62
机关	1398	43519	13121	53	39567
中央	12	449	72		411
地方	1386	43070	13049	53	39156
省直属	66	3152	819		3032
省辖市属	180	6869	2043	10	6194
县	1073	32319	9932	35	29308
县以下	65	383	170	8	307
其他	2	347	85		315
农、林、牧、渔业	122	3613	1033		3610
农业	25	789	251		789
林业	74	2008	513		2005
畜牧业	2	132	56		132
农、林、牧、渔服务业	21	684	213		684
采矿业	1	22	7		20
非金属矿采选业	1	22	7		20
制造业	4	847	126		841
食品制造业	1	80	31		80

从业人员和工资总额情况

单位：人、元、万元

劳务派遣人员	其他从业人员	从业人员平均人数	在岗职工	劳务派遣人员	其他从业人员	从业人员工资总额	在岗职工	基本工资
3991	**5414**	**151491**	**142523**	**3997**	**4971**	**641338.8**	**619159.3**	**252183.5**
267	64	2868	2547	267	54	21047.7	19883.4	5636.0
3724	5350	148623	139976	3730	4917	620291.1	599275.9	246547.5
1297	295	14781	13022	1466	293	77148.2	71111.4	22656.9
1151	485	27019	25379	1139	501	121248.1	117275.8	50499.4
1246	4568	106212	100993	1098	4121	419538.0	408586.6	172410.3
30	2	611	582	27	2	2356.8	2302.1	980.9
1028	376	14796	13235	1201	360	68598.9	62733.5	29560.9
209	24	2028	1800	214	14	17479.4	16504.2	4427.7
819	352	12768	11435	987	346	51119.5	46229.3	25133.2
772	100	3250	2224	927	99	14905.4	10899.5	5023.2
13	43	4821	4734	16	71	20373.9	19979.8	10757.5
34	209	4496	4276	44	176	15191.8	14701.6	8948.2
		201	201			648.4	648.4	404.3
1653	2396	93484	89679	1604	2201	405888.4	396616.0	160045.2
58	2	390	335	53	2	1556.6	1458.3	642.9
1595	2394	93094	89344	1551	2199	404331.8	395157.7	159402.3
453	147	8408	7794	468	146	49403.0	47620.8	12660.3
540	365	15368	14482	527	359	71772.7	69321.8	29218.0
602	1882	69253	67003	556	1694	282883.5	277942.5	117435.4
		65	65			272.6	272.6	88.6
1310	2642	43211	39609	1192	2410	166851.5	159809.8	62577.4
	38	450	412		38	2011.7	1920.9	565.4
1310	2604	42761	39197	1192	2372	164839.8	157888.9	62012.0
72	48	3123	3004	71	48	12839.8	12591.1	4973.4
598	77	6830	6163	596	71	29101.5	27974.2	10523.9
610	2401	32076	29404	498	2174	119983.7	114616.1	45468.4
	76	387	310		77	1479.0	1326.4	558.3
30	2	345	316	27	2	1435.8	1381.1	488.0
1	2	3660	3657	1	2	12711.6	12706.2	5017.9
		794	794			2585.1	2585.1	1052.1
1	2	2051	2048	1	2	7606.6	7601.2	2854.3
		134	134			406.1	406.1	235.3
		681	681			2113.8	2113.8	876.2
	2	22	20		2	68.8	65.4	34.1
	2	22	20		2	68.8	65.4	34.1
	6	848	842		6	4391.6	4385.6	1545.8
		80	80			416.7	416.7	144.2

全部国有城镇非私营单位

13－6 续表1

（2014年）

指标名称					
				劳务派遣人员	其他从业人员
	绩效工资	工资性津贴和补贴	其他工资		
国有单位合计	**196373.1**	**154659.9**	**15942.8**	**10742.7**	**11436.8**
中央	12308.4	1658.0	281.0	1030.7	133.6
地方	184064.7	153001.9	15661.8	9712.0	11303.2
省、自治区、直辖市	36855.2	9321.3	2278.0	5037.4	999.4
地区	37318.3	27234.4	2223.7	2399.4	1572.9
县及县以下	109439.2	115626.2	11110.9	2223.6	8727.8
其他	452.0	820.0	49.2	51.6	3.1
企业	25352.3	6011.1	1809.2	4622.3	1243.1
中央	11688.3	387.4	0.8	938.4	36.8
地方	13664.0	5623.7	1808.4	3683.9	1206.3
省直属	3707.6	1771.8	396.9	3525.6	480.3
省辖市属	6816.9	1560.7	844.7	49.6	344.5
县	2907.4	2279.2	566.8	108.7	381.5
其他	232.1	12.0			
事业	152245.0	74908.4	9417.4	3771.8	5500.6
中央	496.3	319.1		92.3	6.0
地方	151748.7	74589.3	9417.4	3679.5	5494.6
省直属	32536.7	1376.2	1047.6	1381.6	400.6
省辖市属	28034.6	11515.4	553.8	1330.3	1120.6
县	91013.0	61680.9	7813.2	967.6	3973.4
其他	164.4	16.8	2.8		
机关	18775.8	73740.4	4716.2	2348.6	4693.1
中央	123.8	951.5	280.2		90.8
地方	18652.0	72788.9	4436.0	2348.6	4602.3
省直属	610.9	6173.3	833.5	130.2	118.5
省辖市属	2466.8	14158.3	825.2	1019.5	107.8
县	15458.0	51064.6	2625.1	1147.3	4220.3
县以下	60.8	601.5	105.8		152.6
其他	55.5	791.2	46.4	51.6	3.1
农、林、牧、渔业	6190.1	1323.6	174.6	1.8	3.6
农业	1337.1	195.9			
林业	3521.1	1055.2	170.6	1.8	3.6
畜牧业	106.1	64.7			
农、林、牧、渔服务业	1225.8	7.8	4.0		
采矿业	31.3				3.4
非金属矿采选业	31.3				3.4
制造业	1105.7	1340.2	393.9		6.0
食品制造业	272.5				

从业人员和工资总额情况

单位：人、元、万元

从业人员平均工资				在岗职工（含劳务派遣）			
	在岗职工	劳务派遣人员	其他从业人员	期末人数	平均人数	工资总额	平均工资
42335	43443	26877	23007	146864	146520	629902.0	42991
73388	78066	38603	24741	2787	2814	20914.1	74322
41736	42813	26038	22988	144077	143706	608987.9	42377
52194	54609	34362	34109	14493	14488	76148.8	52560
44875	46210	21066	31395	26496	26518	119675.2	45130
39500	40457	20251	21179	102481	102091	410810.2	40240
38573	39555	19111	15500	607	609	2353.7	38649
46363	47400	38487	34531	14082	14436	67355.8	46658
86190	91690	43850	26286	1994	2014	17442.6	86607
40037	40428	37324	34864	12088	12422	49913.2	40181
45863	49009	38032	48515	3057	3151	14425.1	45779
42261	42205	31000	48521	4665	4750	20029.4	42167
33790	34382	24705	21676	4166	4320	14810.3	34283
32259	32259			200	201	648.4	32259
43418	44226	23515	24991	91905	91283	400387.8	43862
39913	43531	17415	30000	382	388	1550.6	39964
43433	44229	23723	24987	91523	90895	398837.2	43879
58757	61099	29521	27438	8332	8262	49002.4	59311
46703	47868	25243	31214	15039	15009	70652.1	47073
40848	41482	17403	23456	68090	67559	278910.1	41284
41938	41938			62	65	272.6	41938
38613	40347	19703	19473	40877	40801	162158.4	39744
44704	46624		23895	411	412	1920.9	46624
38549	40281	19703	19403	40466	40389	160237.5	39674
41114	41914	18338	24688	3104	3075	12721.3	41370
42608	45391	17106	15183	6792	6759	28993.7	42896
37406	38980	23038	19413	29918	29902	115763.4	38714
38217	42787		19818	307	310	1326.4	42787
41617	43706	19111	15500	345	343	1432.7	41770
34731	34745	18000	18000	3611	3658	12708.0	34740
32558	32558			789	794	2585.1	32558
37087	37115	18000	18000	2006	2049	7603.0	37106
30306	30306			132	134	406.1	30306
31040	31040			684	681	2113.8	31040
31273	32700		17000	20	20	65.4	32700
31273	32700		17000	20	20	65.4	32700
51788	52086		10000	841	842	4385.6	52086
52088	52088			80	80	416.7	52088

全部国有城镇非私营单位

13－6 续表2 （2014年）

指 标 名 称	单位数	从业人员期末人数	#女 性	#非全日制	在岗职工
非金属矿物制品业	1	508	47		508
通用设备制造业	1	75	16		69
电气机械和器材制造业	1	184	32		184
电力、热力、燃气及水生产和供应业	77	1418	430		1253
电力、热力生产和供应业	13	424	66		289
水的生产和供应业	64	994	364		964
建筑业	14	2084	379		2044
房屋建筑业	1	2	1		2
土木工程建筑业	10	1422	174		1382
建筑装饰和其他建筑业	3	660	204		660
批发和零售业	21	1229	459	1	1130
批发业	13	828	279	1	769
零售业	8	401	180		361
交通运输、仓储和邮政业	49	6819	1859	4	6055
铁路运输业	2	1847	172		1847
道路运输业	42	3163	857	4	3118
仓 储 业	4	240	57		210
邮政业	1	1569	773		880
住宿和餐饮业	16	1201	692	20	1158
住宿业	14	1100	626	20	1058
餐饮业	2	101	66		100
信息传输、软件和信息技术服务业	4	136	36		136
电信、广播电视和卫星传输服务	4	136	36		136
金融业	44	1974	813	4	1615
货币金融服务业	41	1829	751	4	1524
资本市场服务业	1	110	41		56
其他金融业	2	35	21		35
房地产业	19	298	107		283
物业管理	1	13	3		13
房地产中介服务	1	12	6		12
租赁和商务服务业	49	1937	639		1918
商务服务业	49	1937	639		1918

从业人员和工资总额情况

单位：人、元、万元

劳务派遣人员	其他从业人员	从业人员平均人数	在岗职工	劳务派遣人员	其他从业人员	从业人员工资总额	在岗职工	基本工资
		505	505			2344.3	2344.3	655.6
	6	75	69		6	238.1	232.1	108.2
		188	188			1392.5	1392.5	637.8
12	153	1371	1250	12	109	4530.2	4221.4	2712.2
12	123	380	289	12	79	1045.8	806.1	553.2
	30	991	961		30	3484.4	3415.3	2159.0
20	20	2263	2202	30	31	7531.9	7378.4	4898.2
		2	2			2.0	2.0	2.0
20	20	1617	1556	30	31	5725.3	5571.8	3494.9
		644	644			1804.6	1804.6	1401.3
49	50	1219	1121	49	49	9204.2	8658.2	3035.3
49	10	821	762	49	10	7877.4	7380.5	2342.2
	40	398	359		39	1326.8	1277.7	693.1
735	29	6975	6066	882	27	27899.9	24637.3	12079.4
		1902	1902			7760.6	7760.6	4876.3
25	20	3168	3125	25	18	11318.6	11237.3	4416.9
21	9	246	221	16	9	989.4	937.7	667.3
689		1659	818	841		7831.3	4701.7	2118.9
	43	1248	1174	3	71	4593.4	4257.9	2891.9
	42	1148	1075	3	70	4277.1	3943.0	2578.5
	1	100	99		1	316.3	314.9	313.4
		136	136			445.6	445.6	185.8
		136	136			445.6	445.6	185.8
289	70	1973	1616	298	59	13843.1	12498.0	3800.6
286	19	1828	1526	294	8	13065.4	12150.6	3527.7
3	51	110	55	4	51	689.2	258.9	184.8
		35	35			88.5	88.5	88.1
5	10	297	282	5	10	1206.3	1177.2	400.7
		13	13			37.2	37.2	14.8
		12	12			46.3	46.3	16.8
1	18	1963	1944	1	18	9621.0	9581.3	3110.5
1	18	1963	1944	1	18	9621.0	9581.3	3110.5

全部国有城镇非私营单位

13－6 续表3

（2014年）

指标名称	绩效工资	工资性津贴和补贴	其他工资	劳务派遣人员	其他从业人员
非金属矿物制品业	85.3	1209.5	393.9		
通用设备制造业	83.2	40.7			6.0
电气机械和器材制造业	664.7	90.0			
电力、热力、燃气及水生产和供应业	620.1	631.2	257.9	43.2	265.6
电力、热力生产和供应业	172.4	70.4	10.1	43.2	196.5
水的生产和供应业	447.7	560.8	247.8		69.1
建筑业	1851.0	580.7	48.5	75.5	78.0
房屋建筑业					
土木工程建筑业	1534.7	496.7	45.5	75.5	78.0
建筑装饰和其他建筑业	316.3	84.0	3.0		
批发和零售业	5582.2	22.5	18.2	480.6	65.4
批发业	4999.5	20.6	18.2	480.6	16.3
零售业	582.7	1.9			49.1
交通运输、仓储和邮政业	8994.1	2736.1	827.7	3212.3	50.3
铁路运输业	2181.8	702.5			
道路运输业	4406.6	1586.1	827.7	52.0	29.3
仓 储 业	260.5	9.9		30.7	21.0
邮政业	2145.2	437.6		3129.6	
住宿和餐饮业	527.9	90.1	748.0	3.0	332.5
住宿业	526.4	90.1	748.0	3.0	331.1
餐饮业	1.5				1.4
信息传输、软件和信息技术服务业	107.9	151.9			
电信、广播电视和卫星传输服务	107.9	151.9			
金融业	8062.3	634.3	0.8	915.1	430.0
货币金融服务业	7987.8	634.3	0.8	904.8	10.0
资本市场服务业	74.1			10.3	420.0
其他金融业	0.4				
房地产业	602.1	114.4	60.0	9.0	20.1
物业管理	19.2	3.2			
房地产中介服务	2.5	21.1	5.9		
租赁和商务服务业	4727.7	1056.6	686.5	1.6	38.1
商务服务业	4727.7	1056.6	686.5	1.6	38.1

从业人员和工资总额情况

单位：人、元、万元

从业人员平均工资				在岗职工（含劳务派遣）			
	在岗职工	劳务派遣人员	其他从业人员	期末人数	平均人数	工资总额	平均工资
46422	46422			508	505	2344.3	46422
31747	33638		10000	69	69	232.1	33638
74069	74069			184	188	1392.5	74069
33043	33771	36000	24367	1265	1262	4264.6	33792
27521	27893	36000	24873	301	301	849.3	28216
35160	35539		23033	964	961	3415.3	35539
33283	33508	25167	25161	2064	2232	7453.9	33396
10000	10000			2	2	2.0	10000
35407	35808	25167	25161	1402	1586	5647.3	35607
28022	28022			660	644	1804.6	28022
75506	77236	98082	13347	1179	1170	9138.8	78109
95949	96857	98082	16300	818	811	7861.1	96931
33337	35591		12590	361	359	1277.7	35591
40000	40615	36421	18630	6790	6948	27849.6	40083
40802	40802			1847	1902	7760.6	40802
35728	35959	20800	16278	3143	3150	11289.3	35839
40220	42430	19188	23333	231	237	968.4	40861
47205	57478	37213		1569	1659	7831.3	47205
36806	36268	10000	46831	1158	1177	4260.9	36201
37257	36679	10000	47300	1058	1078	3946.0	36605
31630	31808		14000	100	99	314.9	31808
32765	32765			136	136	445.6	32765
32765	32765			136	136	445.6	32765
70163	77339	30708	72881	1904	1914	13413.1	70079
71474	79624	30776	12500	1810	1820	13055.4	71733
62655	47073	25750	82353	59	59	269.2	45627
25286	25286			35	35	88.5	25286
40616	41745	18000	20100	288	287	1186.2	41331
28615	28615			13	13	37.2	28615
38583	38583			12	12	46.3	38583
49012	49287	16000	21167	1919	1945	9582.9	49269
49012	49287	16000	21167	1919	1945	9582.9	49269

全部国有城镇非私营单位

13－6 续表4

（2014年）

指标名称	单位数	从业人员期末人数	#女性	#非全日制	在岗职工
科学研究、技术服务业	147	3436	1060	66	3133
研究和试验发展	4	122	24		122
专业技术服务业	100	2730	819	66	2427
科技推广和应用服务业	43	584	217		584
水利、环境和公共设施管理业	76	6207	2561	30	5782
水利管理业	40	1154	381		1076
生态保护和环境治理业	15	949	234		949
公共设施管理业	21	4104	1946	30	3757
居民服务、修理和其他服务业	10	123	20		122
居民服务业	8	84	15		83
其他服务业	2	39	5		39
教育	871	45940	25470	1	45438
#初等教育	598	20979	12051		20781
中等教育	141	18776	9920		18638
高等教育	12	3505	1585	1	3339
卫生和社会工作	254	18481	12003	50	17270
卫生	228	17956	11663	47	16904
社会工作	26	525	340	3	366
文化、体育和娱乐业	137	3579	1519	9	3386
新闻和出版业	1	372	180		372
广播、电视、电影和影视录音制作业	25	1308	551		1285
文化艺术业	105	1749	711	9	1579
体育	5	90	51		90
娱乐业	1	60	26		60
公共管理、社会保障和社会组织	1682	52934	16492	110	47679
#中国共产党机关	100	2186	595	3	2092
国家机构	1480	49199	15248	103	44223
人民政协、民主党派	18	279	73		278
社会保障	24	571	219	1	484
群众社团、社会团体和其他成员组织	60	699	357	3	602

从业人员和工资总额情况

单位：人、元、万元

		从业人员平均人数				从业人员工资总额		
劳务派遣人员	其他从业人员		在岗职工	劳务派遣人员	其他从业人员		在岗职工	基本工资
197	106	3469	3146	217	106	14550.2	13511.9	4929.6
		124	124			638.5	638.5	205.5
197	106	2769	2446	217	106	11554.5	10516.2	3838.6
		576	576			2357.2	2357.2	885.5
162	263	6113	5754	96	263	19315.2	18689.9	10011.3
4	74	1150	1072	4	74	4411.6	4264.7	1644.2
		941	941			4553.4	4553.4	1490.7
158	189	4022	3741	92	189	10350.2	9871.8	6876.4
1		123	122	1		452.1	449.3	206.7
1		84	83	1		294.7	291.9	159.6
		39	39			157.4	157.4	47.1
	502	45553	45164		389	210164.0	209154.6	80368.4
	198	20733	20615		118	90363.3	90030.7	36202.7
	138	18646	18536		110	86629.0	86364.1	34547.8
	166	3485	3324		161	21899.3	21487.4	5701.9
868	343	18139	16939	852	348	83977.9	81019.6	35423.6
772	280	17614	16573	756	285	82483.8	79742.4	34813.5
96	63	525	366	96	63	1494.1	1277.2	610.1
79	114	3572	3383	77	112	14815.3	14367.6	6257.4
		370	370			1858.0	1858.0	65.0
3	20	1301	1280	3	18	5155.4	5105.9	3235.9
76	94	1751	1583	74	94	7397.1	6998.9	2810.8
		90	90			292.1	292.1	101.7
		60	60			112.7	112.7	44.0
1572	3683	52547	47705	1473	3369	202016.5	191953.9	75274.1
6	88	2138	2044	6	88	8590.6	8322.8	3446.7
1555	3421	48860	44293	1456	3111	187208.6	177715.7	69608.8
1		282	281	1		1425.2	1423.6	520.4
	87	569	485		84	2118.5	2002.2	751.9
10	87	698	602	10	86	2673.6	2489.6	946.3

全部国有城镇非私营单位

13－6 续表5

（2014年）

指标名称	绩效工资	工资性津贴和补贴	其他工资	劳务派遣人员	其他从业人员
科学研究、技术服务业	6780.1	1440.7	361.5	786.8	251.5
研究和试验发展	394.8	38.2			
专业技术服务业	5330.9	1034.1	312.6	786.8	251.5
科技推广和应用服务业	1054.4	368.4	48.9		
水利、环境和公共设施管理业	6357.0	1535.2	786.4	68.9	556.4
水利管理业	1985.0	455.1	180.4	7.2	139.7
生态保护和环境治理业	2925.0	113.5	24.2		
公共设施管理业	1447.0	966.6	581.8	61.7	416.7
居民服务、修理和其他服务业	156.7	73.4	12.5	2.8	
居民服务业	72.4	49.0	10.9	2.8	
其他服务业	84.3	24.4	1.6		
教育	76237.3	48518.7	4030.2		1009.4
#初等教育	28932.5	22866.3	2029.2		332.6
中等教育	28380.7	21480.4	1955.2		264.9
高等教育	13809.4	1970.4	5.7		411.9
卫生和社会工作	35028.2	8665.2	1902.6	1983.3	975.0
卫生	34486.3	8571.8	1870.8	1856.4	885.0
社会工作	541.9	93.4	31.8	126.9	90.0
文化、体育和娱乐业	5362.0	2543.1	205.1	182.0	265.7
新闻和出版业	1360.3	432.7			
广播、电视、电影和影视录音制作业	1340.4	488.2	41.4	5.8	43.7
文化艺术业	2502.7	1527.8	157.6	176.2	222.0
体育	119.6	64.7	6.1		
娱乐业	39.0	29.7			
公共管理、社会保障和社会组织	28049.4	83202.0	5428.4	2976.8	7085.8
#中国共产党机关	646.6	4135.5	94.0	10.7	257.1
国家机构	26399.7	76495.9	5211.3	2934.6	6558.3
人民政协、民主党派	49.4	842.9	10.9	1.6	
社会保障	714.1	481.5	54.7		116.3
群众社团、社会团体和其他成员组织	239.6	1246.2	57.5	29.9	154.1

从业人员和工资总额情况

单位：人、元、万元

从业人员平均工资				在岗职工（含劳务派遣）			
	在岗职工	劳务派遣人员	其他从业人员	期末人数	平均人数	工资总额	平均工资
41943	42949	36258	23726	3330	3363	14298.7	42518
51492	51492			122	124	638.5	51492
41728	42993	36258	23726	2624	2663	11303.0	42445
40924	40924			584	576	2357.2	40924
31597	32482	7177	21156	5944	5850	18758.8	32066
38362	39783	18000	18878	1080	1076	4271.9	39702
48389	48389			949	941	4553.4	48389
25734	26388	6707	22048	3915	3833	9933.5	25916
36756	36828	28000		123	123	452.1	36756
35083	35169	28000		84	84	294.7	35083
40359	40359			39	39	157.4	40359
46136	46310		25949	45438	45164	209154.6	46310
43584	43672		28186	20781	20615	90030.7	43672
46460	46593		24082	18638	18536	86364.1	46593
62839	64643		25584	3339	3324	21487.4	64643
46297	47830	23278	28017	18138	17791	83002.9	46654
46829	48116	24556	31053	17676	17329	81598.8	47088
28459	34896	13219	14286	462	462	1404.1	30392
41476	42470	23636	23723	3465	3460	14549.6	42051
50216	50216			372	370	1858.0	50216
39626	39890	19333	24278	1288	1283	5111.7	39842
42245	44213	23811	23617	1655	1657	7175.1	43302
32456	32456			90	90	292.1	32456
18783	18783			60	60	112.7	18783
38445	40238	20209	21032	49251	49178	194930.7	39638
40181	40718	17833	29216	2098	2050	8333.5	40651
38315	40123	20155	21081	45778	45749	180650.3	39487
50539	50662	16000		279	282	1425.2	50539
37232	41282		13845	484	485	2002.2	41282
38304	41355	29900	17919	612	612	2519.5	41168

13-7 全部集体城镇非私营单位

（2014年）

指标名称	单位数	从业人员期末人数	#女性	#非全日制	在岗职工
合计	238	6712	2361	10	6555
企业	202	4653	1188	10	4548
事业	36	2059	1173		2007
制造业	6	377	72	6	360
印刷和记录媒介复制业	3	68	44		67
非金属矿物制品业	1	86	15	6	80
有色金属冶炼和压延加工业	1	190	3		180
金属制品业	1	33	10		33
建筑业	4	508	50		508
土木工程建筑业	3	254	46		254
建筑安装业	1	254	4		254
批发和零售业	62	509	156	4	497
批发业	10	119	29	4	107
零售业	52	390	127		390
交通运输、仓储和邮政业	5	494	30		494
装卸搬运和运输代理业	5	494	30		494
住宿和餐饮业	5	104	85		104
住宿业	4	101	83		101
餐饮业	1	3	2		3
金融业	117	1627	615		1551
货币金融服务业	117	1627	615		1551
租赁和商务服务业	5	1152	201		1148
商务服务业	5	1152	201		1148
科学研究、技术服务业	1	83			83
专业技术服务业	1	83			83
居民服务、修理和其他服务业	2	52	20		52
居民服务业	1	12	2		12
机动车、电子产品和日用产品修理业	1	40	18		40
卫生和社会工作	28	1743	1113		1695
卫生	28	1743	1113		1695
文化、体育和娱乐业	1	35	12		35
文化艺术业	1	35	12		35
公共管理、社会保障和社会组织	2	28	7		28
国家机构	2	28	7		28

从业人员和工资总额情况

单位：人、元、万元

		从业人员平均人数				从业人员工资总额		
劳务派遣人员	其他从业人员		在岗职工	劳务派遣人员	其他从业人员		在岗职工	基本工资
60	97	6749	6599	60	90	28113.7	27834.8	12287
60	45	4704	4606	60	38	19568.4	19389.2	9564.8
	52	2045	1993		52	8545.3	8445.6	2722.2
	17	377	360		17	1075.2	1035.2	950.1
	1	67	66		1	160.4	158	127.2
	6	86	80		6	265	251.8	212.5
	10	189	179		10	534.2	509.8	509.8
		35	35			115.6	115.6	100.6
		504	504			1393.9	1393.9	775.3
		252	252			769.3	769.3	428.7
		252	252			624.6	624.6	346.6
	12	512	508		4	1028.2	1022	917.4
	12	115	111		4	338.7	332.5	265.9
		397	397			689.5	689.5	651.5
		485	485			1504.4	1504.4	235.4
		485	485			1504.4	1504.4	235.4
		106	106			296.8	296.8	291.8
		103	103			288.2	288.2	288.2
		3	3			8.6	8.6	3.6
60	16	1655	1578	60	17	11448.3	11315.3	3861.4
60	16	1655	1578	60	17	11448.3	11315.3	3861.4
	4	1185	1181		4	3166.5	3149.5	2617.2
	4	1185	1181		4	3166.5	3149.5	2617.2
		83	83			219.1	219.1	79.6
		83	83			219.1	219.1	79.6
		52	52			196.8	196.8	196.8
		12	12			28.8	28.8	28.8
		40	40			168	168	168
	48	1725	1677		48	7576.5	7493.8	2226.1
	48	1725	1677		48	7576.5	7493.8	2226.1
		35	35			97.2	97.2	97.2
		35	35			97.2	97.2	97.2
		30	30			110.8	110.8	38.7
		30	30			110.8	110.8	38.7

全部集体城镇非私营单位

13－7 续表1

（2014年）

指标名称					
	绩效工资	工资性津贴和补贴	其他工资	劳务派遣人员	其他从业人员
合计	13079.3	1721.9	746.6	108	170.9
企业	8865.5	911.3	47.6	108	71.2
事业	4213.8	810.6	699		99.7
制造业	22.2	40.3	22.6		40
印刷和记录媒介复制业		15.5	15.3		2.4
非金属矿物制品业	22.2	9.8	7.3		13.2
有色金属冶炼和压延加工业					24.4
金属制品业		15			
建筑业	367	231.4	20.2		
土木工程建筑业	227	93.4	20.2		
建筑安装业	140	138			
批发和零售业	90	9.8	4.8		6.2
批发业	55.5	6.3	4.8		6.2
零售业	34.5	3.5			
交通运输、仓储和邮政业	1269				
装卸搬运和运输代理业	1269				
住宿和餐饮业	5				
住宿业					
餐饮业	5				
金融业	7157.8	296.1		108	25
货币金融服务业	7157.8	296.1		108	25
租赁和商务服务业	138.3	394			17
商务服务业	138.3	394			17
科学研究、技术服务业	19.9	89.6	30		
专业技术服务业	19.9	89.6	30		
居民服务、修理和其他服务业					
居民服务业					
机动车、电子产品和日用产品修理业					
卫生和社会工作	3943	655.7	669		82.7
卫生	3943	655.7	669		82.7
文化、体育和娱乐业					
文化艺术业					
公共管理、社会保障和社会组织	67.1	5			
国家机构	67.1	5			

从业人员和工资总额情况

单位：人、元、万元

从业人员平均工资				在岗职工（含劳务派遣）			
	在岗职工	劳务派遣人员	其他从业人员	期末人数	平均人数	工资总额	平均工资
41656	42180	18000	18989	6615	6659	27942.8	41962
41599	42096	18000	18737	4608	4666	19497.2	41786
41786	42376		19173	2007	1993	8445.6	42376
28520	28756		23529	360	360	1035.2	28756
23940	23939		24000	67	66	158	23939
30814	31475		22000	80	80	251.8	31475
28265	28480		24400	180	179	509.8	28480
33029	33029			33	35	115.6	33029
27657	27657			508	504	1393.9	27657
30528	30528			254	252	769.3	30528
24786	24786			254	252	624.6	24786
20082	20118		15500	497	508	1022	20118
29452	29955		15500	107	111	332.5	29955
17368	17368			390	397	689.5	17368
31019	31019			494	485	1504.4	31019
31019	31019			494	485	1504.4	31019
28000	28000			104	106	296.8	28000
27981	27981			101	103	288.2	27981
28667	28667			3	3	8.6	28667
69174	71707	18000	14706	1611	1638	11423.3	69739
69174	71707	18000	14706	1611	1638	11423.3	69739
26722	26668		42500	1148	1181	3149.5	26668
26722	26668		42500	1148	1181	3149.5	26668
26398	26398			83	83	219.1	26398
26398	26398			83	83	219.1	26398
37846	37846			52	52	196.8	37846
24000	24000			12	12	28.8	24000
42000	42000			40	40	168	42000
43922	44686		17229	1695	1677	7493.8	44686
43922	44686		17229	1695	1677	7493.8	44686
27771	27771			35	35	97.2	27771
27771	27771			35	35	97.2	27771
36933	36933			28	30	110.8	36933
36933	36933			28	30	110.8	36933

13-8 全部其他城镇非私营单位

（2014年）

指标名称	单位数	从业人员期末人数	#女性	#非全日制	在岗职工
合计	735	140211	40356	1167	115216
内资	714	134799	37897	1167	110701
股份合作	76	1193	335		1086
有限责任公司	495	107368	26741	1083	95781
#国有独资	22	3700	956		3638
股份有限公司	129	24768	10263	84	12410
其他	14	1470	558		1424
港、澳、台商投资	9	2188	899		1998
外商投资	12	3224	1560		2517
企业	726	139576	39974	1167	114623
事业	9	635	382		593
采矿业	21	7291	1213	17	6448
煤炭开采和洗选业	2	533	69	17	474
黑色金属矿采选业	16	6700	1132		5916
非金属矿采选业	3	58	12		58
制造业	84	47840	14996	2	47590
农副食品加工业	9	5293	3029		5293
食品制造业	5	515	333		515
酒、饮料和精制茶制造业	8	4190	1941		4190
纺织业	1	50	42	2	48
纺织服装、服饰业	1	86	76		86
木材加工和木、竹、藤、棕、草制品业	2	695	147		695
文教、工美、体育和娱乐用品制造业	1	127	58		127
石油加工、炼焦和核燃料加工业	2	838	218		838
化学原料和化学制品制造业	4	2404	462		2404
医药制造业	4	1225	566		1223
橡胶和塑料制品业	2	242	93		242
非金属矿物制品业	18	3837	1072		3775
黑色金属冶炼和压延加工业	4	19323	3396		19323
有色金属冶炼和压延加工业	1	1654	488		1654
金属制品业	3	911	411		911
通用设备制造业	5	1732	566		1666
专用设备制造业	2	446	100		446
汽车制造业	3	2556	1589		2555
电气机械和器材制造业	5	1149	250		1042

从业人员和工资总额情况

单位：人、元、万元

		从业人员平均人数				从业人员工资总额		
劳务派遣人员	其他从业人员		在岗职工	劳务派遣人员	其他从业人员		在岗职工	基本工资
10572	14423	144106	121570	10441	12095	639986.1	557966.1	379315.3
9728	14370	138671	117112	9525	12034	610367	534637.4	366636.3
90	17	1300	1198	85	17	10255.4	10027.2	4196.7
8247	3340	113731	102101	8007	3623	492861.7	449586.5	321870.2
50	12	3794	3733	49	12	37159.5	36863.1	11652.9
1381	10977	22154	12378	1423	8353	102163.3	70075.1	38664.4
10	36	1486	1435	10	41	5086.6	4948.6	1905
188	2	2281	2018	261	2	11045.1	10337.7	3895.2
656	51	3154	2440	655	59	18574	12991	8783.8
10562	14391	143472	120978	10431	12063	638103.2	556198	378298.8
10	32	634	592	10	32	1882.9	1768.1	1016.5
186	657	7596	6711	223	662	29339	26716.9	17970
	59	514	456		58	1816.5	1598.9	525.9
186	598	7015	6188	223	604	27284.9	24880.4	17209.4
		67	67			237.6	237.6	234.7
139	111	48288	48002	147	139	227024	226032.9	182832.3
		5309	5309			19646.5	19646.5	17259.9
		486	486			1611.9	1611.9	1156.5
		4200	4200			17179.6	17179.6	7810.2
	2	50	48		2	110.3	103.1	86.8
		86	86			157.3	157.3	
		687	687			2812.4	2812.4	2707.1
		130	130			325.3	325.3	49
		835	835			5542.1	5542.1	1893.9
		2382	2382			11491.6	11491.6	2277.8
	2	1241	1239		2	5014.2	5009.4	2609.3
		240	240			795.3	795.3	645.3
43	19	3849	3784	46	19	14659.4	14454.6	5578.8
		19514	19514			113114.5	113114.5	112586.2
		1662	1662			5001	5001	4478.9
		851	851			3132.7	3132.7	2900.9
	66	1970	1876		94	4978.7	4725.3	3474
		455	455			1428.6	1428.6	439.9
	1	2628	2627		1	13474.4	13465.1	11292.1
96	11	1150	1038	101	11	4212.9	3764.4	3395.4

全部其他城镇非私营单位

13－8 续表1

（2014年）

指标名称					
				劳务派遣人员	其他从业人员
	绩效工资	工资性津贴和补贴	其他工资		
合计	140331.9	25416.1	12902.8	47047.8	34972.2
内资	130143.3	24955	12902.8	40938.9	34790.7
股份合作	5741.2	89.3		180.8	47.4
有限责任公司	95188.8	21851.9	10675.6	33189.8	10085.4
#国有独资	19549.4	5459.3	201.5	259.7	36.7
股份有限公司	26427.4	2769.7	2213.6	7518.5	24569.7
其他	2785.9	244.1	13.6	49.8	88.2
港、澳、台商投资	6318.6	123.9		702.6	4.8
外商投资	3870	337.2		5406.3	176.7
企业	139792.1	25205.9	12901.2	46998	34907.2
事业	539.8	210.2	1.6	49.8	65
采矿业	5126.3	1893.1	1727.5	582.6	2039.5
煤炭开采和洗选业	800.2	257	15.8		217.6
黑色金属矿采选业	4326.1	1633.2	1711.7	582.6	1821.9
非金属矿采选业		2.9			
制造业	29871.9	9126.1	4202.6	572.5	418.6
农副食品加工业	1093.2	1293.4			
食品制造业	404.6	30.1	20.7		
酒、饮料和精制茶制造业	7618.6	830.7	920.1		
纺织业	5.5	10.8			7.2
纺织服装、服饰业	157.3				
木材加工和木、竹、藤、棕、草制品业	105.3				
文教、工美、体育和娱乐用品制造业	276.3				
石油加工、炼焦和核燃料加工业	2344.3	757.6	546.3		
化学原料和化学制品制造业	9095.2		118.6		
医药制造业	1443.8	956.3			4.8
橡胶和塑料制品业	56	94			
非金属矿物制品业	2754.6	3788.4	2332.8	138.1	66.7
黑色金属冶炼和压延加工业	528.3				
有色金属冶炼和压延加工业	522.1				
金属制品业	231.8				
通用设备制造业	839.7	332.5	79.1		253.4
专用设备制造业	684.9	139.6	164.2		
汽车制造业	1301.4	871.6			9.3
电气机械和器材制造业	349		20	434.4	14.1

从业人员和工资总额情况

单位：人、元、万元

从业人员平均工资	在岗职工	劳务派遣人员	其他从业人员	在岗职工（含劳务派遣）期末人数	平均人数	工资总额	平均工资
44411	**45897**	**45061**	**28915**	**125788**	**132011**	**605013.9**	**45831**
44015	45652	42980	28910	120429	126637	575576.3	45451
78888	83699	21271	27882	1176	1283	10208.0	79564
43336	44034	41451	27837	104028	110108	482776.3	43846
97943	98749	53000	30583	3688	3782	37122.8	98157
46115	56613	52836	29414	13791	13801	77593.6	56223
34230	34485	49800	21512	1434	1445	4998.4	34591
48422	51227	26920	24000	2186	2279	11040.3	48444
58890	53242	82539	29949	3173	3095	18397.3	59442
44476	45975	45056	28937	125185	131409	603196.0	45902
29699	29867	49800	20313	603	602	1817.9	30198
38624	39811	26126	30808	6634	6934	27299.5	39370
35340	35064		37517	474	456	1598.9	35064
38895	40207	26126	30164	6102	6411	25463.0	39718
35463	35463			58	67	237.6	35463
47015	47088	38946	30115	47729	48149	226605.4	47063
37006	37006			5293	5309	19646.5	37006
33167	33167			515	486	1611.9	33167
40904	40904			4190	4200	17179.6	40904
22060	21479		36000	48	48	103.1	21479
18291	18291			86	86	157.3	18291
40937	40937			695	687	2812.4	40937
25023	25023			127	130	325.3	25023
66372	66372			838	835	5542.1	66372
48243	48243			2404	2382	11491.6	48243
40405	40431		24000	1223	1239	5009.4	40431
33138	33138			242	240	795.3	33138
38086	38199	30022	35105	3818	3830	14592.7	38101
57966	57966			19323	19514	113114.5	57966
30090	30090			1654	1662	5001.0	30090
36812	36812			911	851	3132.7	36812
25273	25188		26957	1666	1876	4725.3	25188
31398	31398			446	455	1428.6	31398
51272	51257		93000	2555	2627	13465.1	51257
36634	36266	43010	12818	1138	1139	4198.8	36864

全部其他城镇非私营单位

13－8 续表2

（2014年）

指标名称	单位数	从业人员期末人数	#女性	#非全日制	在岗职工
计算机、通信和其他电子设备制造业	1	78	30		78
仪器仪表制造业	3	489	129		479
电力、热力、燃气及水生产和供应业	17	6544	1629		6369
电力、热力生产和供应业	16	5933	1393		5775
水的生产和供应业	1	611	236		594
建筑业	103	30751	3112	1099	22074
房屋建筑业	52	16597	1596	1014	13972
土木工程建筑业	26	6313	807	76	5691
建筑安装业	16	2317	366	9	2041
建筑装饰和其他建筑业	9	5524	343		370
批发和零售业	89	9813	4447	4	8432
批发业	49	6356	2039	4	5079
零售业	40	3457	2408		3353
交通运输、仓储和邮政业	29	4165	1200		4060
道路运输业	16	3592	1100		3552
装卸搬运和运输代理业	4	390	40		327
仓 储 业	9	183	60		181
住宿和餐饮业	26	2402	1603	1	2398
住宿业	16	1963	1290	1	1962
餐饮业	10	439	313		436
信息传输、软件和信息技术服务业	8	4530	1773	5	3638
电信、广播电视和卫星传输服务	8	4530	1773	5	3638
金融业	179	16708	7215	18	5414
货币金融服务业	131	4228	1810	10	4031
资本市场服务业	1	43	26		43
保险业	47	12437	5379	8	1340
房地产业	109	3503	1361	15	3293
#房地产开发经营	99	2660	964	10	2455
物业管理	10	843	397	5	838
租赁和商务服务业	19	1853	194		1288
商务服务业	19	1853	194		1288
科学研究、技术服务业	25	2954	661	6	2418
研究和试验发展	1	1312	292		784
专业技术服务业	24	1642	369	6	1634
水利、环境和公共设施管理业	13	776	361		755
水利管理业	3	82	34		61
公共设施管理业	10	694	327		694
居民服务、修理和其他服务业	3	383	204		383
居民服务业	1	157	115		157
机动车、电子产品和日用产品修理业	1	121	36		121
其他服务业	1	105	53		105
教育	6	327	164		305
#初等教育	1	252	142		252
卫生和社会工作	2	253	185		253
卫生	2	253	185		253
文化、体育和娱乐业	2	118	38		98
广播、电视、电影和影视录音制作业	1	57	15		37
文化艺术业	1	61	23		61

从业人员和工资总额情况

单位：人、元、万元

劳务派遣人员	其他从业人员	从业人员平均人数	在岗职工	劳务派遣人员	其他从业人员	从业人员工资总额	在岗职工	基本工资
		78	78			197.7	197.7	156.3
	10	485	475		10	2137.6	2074.5	2034
172	3	6442	6267	172	3	56907.4	56235.5	17633.8
155	3	5836	5679	154	3	54201.2	53576.8	16941.9
17		606	588	18		2706.2	2658.7	691.9
6946	1731	36658	28141	6627	1890	133041.2	99750.4	76526.6
1354	1271	20217	17568	1373	1276	78116.6	65370.8	51417.8
350	272	8930	8282	327	321	23223.8	21974.5	14800.5
112	164	2330	1949	112	269	12448.4	11120.2	9059.1
5130	24	5181	342	4815	24	19252.4	1284.9	1249.2
1324	57	9767	8362	1320	85	36333.4	29240.8	18374.2
1222	55	6314	5039	1217	58	26259.8	19444.1	11745.8
102	2	3453	3323	103	27	10073.6	9796.7	6628.4
	105	4212	4088		124	13985.3	13642	7593.9
	40	3543	3489		54	11976.5	11870.9	5907.2
	63	437	369		68	1319.9	1082.9	1038.5
	2	232	230		2	688.9	688.2	648.2
	4	2456	2432		24	7586.1	7524.3	6802.5
	1	1964	1943		21	6296.6	6244.8	5531.9
	3	492	489		3	1289.5	1279.5	1270.6
844	48	4590	3633	916	41	26686.4	20489.2	7529
844	48	4590	3633	916	41	26686.4	20489.2	7529
389	10905	14044	5332	423	8289	70413.9	43830.8	19366.6
166	31	4232	4039	160	33	34982.4	34443.7	14991.8
		45	45			674.7	674.7	196.8
223	10874	9767	1248	263	8256	34756.8	8712.4	4178
79	131	3379	3115	132	132	13423.5	12777.9	11121.6
79	126	2549	2290	132	127	11758.4	11124.8	9619.3
	5	830	825		5	1665.1	1653.1	1502.3
483	82	1829	1286	458	85	5332.7	4125.3	2485.2
483	82	1829	1286	458	85	5332.7	4125.3	2485.2
	536	2963	2382	13	568	13611.2	11686.4	7383
	528	1311	752		559	4226.5	2467.3	1875.7
	8	1652	1630	13	9	9384.7	9219.1	5507.3
	21	814	793		21	3006.7	2986.6	1770.8
	21	82	61		21	254.4	234.3	191.2
		732	732			2752.3	2752.3	1579.6
		372	372			892.2	892.2	761.5
		154	154			218.6	218.6	218.6
		120	120			406.5	406.5	405.4
		98	98			267.1	267.1	137.5
10	12	326	304	10	12	890	793.8	348.5
		252	252			634.3	634.3	256.5
		252	252			789.1	789.1	541.8
		252	252			789.1	789.1	541.8
	20	118	98		20	724	452	274
	20	57	37		20	688	416	258
		61	61			36	36	16

全部其他城镇非私营单位

13－8 续表3

（2014年）

指 标 名 称	绩效工资	工资性津贴和补贴	其他工资	劳务派遣人员	其他从业人员
计算机、通信和其他电子设备制造业	39.6	1	0.8		
仪器仪表制造业	20.4	20.1			63.1
电力、热力、燃气及水生产和供应业	32229	5385.8	986.9	666.5	5.4
电力、热力生产和供应业	30413.2	5234.8	986.9	619	5.4
水的生产和供应业	1815.8	151		47.5	
建筑业	19893.9	2370.2	959.7	28969	4321.8
房屋建筑业	12662.2	913.9	376.9	10169.1	2576.7
土木工程建筑业	5430.3	1251.9	491.8	601	648.3
建筑安装业	1772.2	197.9	91	293.4	1034.8
建筑装饰和其他建筑业	29.2	6.5		17905.5	62
批发和零售业	9552.7	1127.1	186.8	6839.6	253
批发业	6672.7	958.3	67.3	6662.9	152.8
零售业	2880	168.8	119.5	176.7	100.2
交通运输、仓储和邮政业	4356.6	1063.2	628.3		343.3
道路运输业	4322.2	1013.2	628.3		105.6
装卸搬运和运输代理业	34.4	10			237
仓 储 业		40			0.7
住宿和餐饮业	271.4	443.7	6.7		61.8
住宿业	263.2	443	6.7		51.8
餐饮业	8.2	0.7			10
信息传输、软件和信息技术服务业	12558.2	224.1	177.9	5967.9	229.3
电信、广播电视和卫星传输服务	12558.2	224.1	177.9	5967.9	229.3
金融业	22426.3	1543.6	494.3	2152.3	24430.8
货币金融服务业	17868.8	1320.9	262.2	421.6	117.1
资本市场服务业	470.6	7.3			
保险业	4086.9	215.4	232.1	1730.7	24313.7
房地产业	778.9	751.3	126.1	200.3	445.3
#房地产开发经营	657.7	721.7	126.1	200.3	433.3
物业管理	121.2	29.6			12
租赁和商务服务业	793.7	492.6	353.8	935.2	272.2
商务服务业	793.7	492.6	353.8	935.2	272.2
科学研究、技术服务业	1724.7	467.6	2111.1	112.1	1812.7
研究和试验发展	206.3	242.6	142.7		1759.2
专业技术服务业	1518.4	225	1968.4	112.1	53.5
水利、环境和公共设施管理业	247.5	186.8	781.5		20.1
水利管理业	23.1	20			20.1
公共设施管理业	224.4	166.8	781.5		
居民服务、修理和其他服务业		130.7			
居民服务业					
机动车、电子产品和日用产品修理业		1.1			
其他服务业		129.6			
教育	234.1	209.6	1.6	49.8	46.4
#初等教育	175.3	202.5			
卫生和社会工作	246.7	0.6			
卫生	246.7	0.6			
文化、体育和娱乐业	20		158		272
广播、电视、电影和影视录音制作业			158		272
文化艺术业	20				

从业人员和工资总额情况

单位：人、元、万元

从业人员平均工资				在岗职工（含劳务派遣）			
	在岗职工	劳务派遣人员	其他从业人员	期末人数	平均人数	工资总额	平均工资
25346	25346			78	78	197.7	25346
44074	43674		63100	479	475	2074.5	43674
88338	89733	38750	18000	6541	6439	56902.0	88371
92874	94342	40195	18000	5930	5833	54195.8	92912
44657	45216	26389		611	606	2706.2	44657
36293	35447	43714	22867	29020	34768	128719.4	37022
38639	37210	74065	20194	15326	18941	75539.9	39882
26006	26533	18379	20196	6041	8609	22575.5	26223
53427	57056	26196	38468	2153	2061	11413.6	55379
37160	37570	37187	25833	5500	5157	19190.4	37212
37200	34969	51815	29765	9756	9682	36080.4	37265
41590	38587	54749	26345	6301	6256	26107.0	41731
29173	29481	17155	37111	3455	3426	9973.4	29111
33203	33371		27685	4060	4088	13642.0	33371
33803	34024		19556	3552	3489	11870.9	34024
30204	29347		34853	327	369	1082.9	29347
29694	29922		3500	181	230	688.2	29922
30888	30939		25750	2398	2432	7524.3	30939
32060	32140		24667	1962	1943	6244.8	32140
26209	26166		33333	436	489	1279.5	26166
58140	56397	65152	55927	4482	4549	26457.1	58160
58140	56397	65152	55927	4482	4549	26457.1	58160
50138	82203	50882	29474	5803	5755	45983.1	79901
82662	85278	26350	35485	4197	4199	34865.3	83032
149933	149933			43	45	674.7	149933
35586	69811	65806	29450	1563	1511	10443.1	69114
39726	41021	15174	33735	3372	3247	12978.2	39970
46129	48580	15174	34118	2534	2422	11325.1	46759
20061	20038		24000	838	825	1653.1	20038
29156	32079	20419	32024	1771	1744	5060.5	29017
29156	32079	20419	32024	1771	1744	5060.5	29017
45937	49061	86231	31914	2418	2395	11798.5	49263
32239	32810		31470	784	752	2467.3	32810
56808	56559	86231	59444	1634	1643	9331.2	56794
36937	37662		9571	755	793	2986.6	37662
31024	38410		9571	61	61	234.3	38410
37600	37600			694	732	2752.3	37600
23984	23984			383	372	892.2	23984
14195	14195			157	154	218.6	14195
33875	33875			121	120	406.5	33875
27255	27255			105	98	267.1	27255
27301	26112	49800	38667	315	314	843.6	26866
25171	25171			252	252	634.3	25171
31313	31313			253	252	789.1	31313
31313	31313			253	252	789.1	31313
61356	46122		136000	98	98	452.0	46122
120702	112432		136000	37	37	416.0	112432
5902	5902			61	61	36.0	5902

13-9 分县区全部城镇非私营

（2014年）

县 区 名 称	单位数	从业人员 期末人数			
			#女 性	#非全日制	在岗职工
全 市	**4570**	**299201**	**108422**	**1472**	**264644**
双桥区	836	76044	29625	1131	57937
高新区	127	24854	8768	85	23268
双滦区	192	30396	8093	12	29079
营子区	110	9378	2291	34	8203
承德县	297	19803	7531	47	18597
兴隆县	322	14112	5730	43	13698
平泉县	359	23655	9809		22603
滦平县	603	15671	7288		14719
隆化县	314	18031	6107	9	17745
丰宁县	367	24687	7761	10	19062
宽城县	509	22149	7216	60	20556
围场县	534	20421	8203	41	19177

13－9 续表1

县 区 名 称					
	绩效工资	工资性津贴 和 补 贴	其他工资	劳务派遣人员	其他从业人员
全 市	**349784.3**	**181797.9**	**29592.2**	**57898.5**	**46579.9**
双桥区	100586.4	42213.9	7792.3	25174.2	30264.7
高新区	53530.2	14323.8	2011.9	6793.0	1659.1
双滦区	24952.9	12401.7	1572.4	1055.9	2645.3
营子区	8193.0	7717.7	4631.7	1570.3	1812.9
承德县	23644.2	12440.2	4369.5	1436.4	1316.2
兴隆县	12821.0	11817.2	508.3	281.7	548.8
平泉县	39882.1	11157.2	1919.6	401.8	1384.9
滦平县	15783.7	11620.9	1293.2	1444.8	431.6
隆化县	10012.4	21327.4	2873.0	205.0	131.3
丰宁县	23363.2	9244.2	482.6	18913.0	506.9
宽城县	13024.6	16777.8	543.0	145.3	2969.7
围场县	23990.6	10755.9	1594.7	477.1	2908.5

单位从业人员和工资总额情况

单位：人、元、万元

劳务派遣人员	其他从业人员	从业人员平均人数	在岗职工	劳务派遣人员	其他从业人员	从业人员工资总额	在岗职工	基本工资
14623	19934	302346	270692	14498	17156	1309438.6	1204960.2	643785.8
5083	13024	74173	58215	5385	10573	340320.7	284881.8	134289.2
1062	524	25757	24146	1076	535	145174.3	136722.2	66856.3
403	914	33954	32684	408	862	161185.9	157484.7	118557.7
418	757	9357	8189	416	752	36847.1	33463.9	12921.5
655	551	19981	18780	626	575	80408.9	77656.3	37202.4
136	278	14007	13602	132	273	49722.5	48892.0	23745.5
169	883	24167	23101	174	892	96415.7	94629.0	41670.1
747	205	15705	14776	725	204	62432.1	60555.7	31857.9
221	65	18932	18714	156	62	70152.1	69815.8	35603.0
5533	92	24123	18803	5212	108	87424.6	68004.7	34914.7
66	1527	22136	20769	64	1303	99886.0	96771.0	66425.6
130	1114	20054	18913	124	1017	79468.7	76083.1	39741.9

单位：人、元、万元

从业人员平均工资				在岗职工（含劳务派遣）			
	在岗职工	劳务派遣人员	其他从业人员	期末人数	平均人数	工资总额	平均工资
43309	44514	39936	27151	279267	285190	1262858.7	44281
45882	48936	46749	28625	63020	63600	310056	48751
56363	56623	63132	31011	24330	25222	143515.2	56901
47472	48184	25880	30688	29482	33092	158540.6	47909
39379	40864	37748	24108	8621	8605	35034.2	40714
40243	41351	22946	22890	19252	19406	79092.7	40757
35498	35945	21341	20103	13834	13734	49173.7	35804
39896	40963	23092	15526	22772	23275	95030.8	40830
39753	40982	19928	21157	15466	15501	62000.5	39998
37055	37307	13141	21177	17966	18870	70020.8	37107
36241	36167	36287	46935	24595	24015	86917.7	36193
45124	46594	22703	22791	20622	20833	96916.3	46521
39627	40228	38476	28599	19307	19037	76560.2	40217

十四 价格

14-1 居民消费价格指数

（2014年）

指 标 名 称	定基指数	同比指数	环比指数	累计指数	比上年12月指数
居民消费价格总指数	**112.3**	**101.4**	**100.5**	**102.4**	**101.4**
食品	128.1	102.6	101.8	103.2	102.6
粮食	130.6	102.4	100.1	104.4	102.4
淀粉及制品	142.4	101.1	100.4	109.0	101.1
干豆类及豆制品	117.8	106.4	100.8	106.6	106.4
油脂	122.6	99.8	98.2	102.5	99.8
肉禽及其制品	137.7	95.0	98.5	99.1	95.0
蛋	133.3	116.7	97.3	111.7	116.7
水产品	139.6	108.6	101.4	112.9	108.6
菜	125.1	106.8	119.4	90.8	106.8
调 味 品	123.1	109.4	100.0	108.9	109.4
糖	120.7	102.2	100.0	103.7	102.2
茶及饮料	108.3	103.3	100.4	102.4	103.3
干鲜瓜果	137.3	107.2	102.3	118.8	107.2
糕点饼干面包	116.1	102.0	100.4	103.7	102.0
液体乳及乳制品	133.8	103.6	100.1	114.3	103.6
在外用膳食品	115.9	102.3	100.0	103.1	102.3
其他食品	123.2	103.9	99.6	102.6	103.9
烟酒	102.9	101.8	99.7	102.4	101.8
烟草	99.0	102.9	100.0	102.7	102.9
酒	106.6	100.9	99.5	102.1	100.9
衣着	108.8	101.1	99.6	104.4	101.1
服 装	110.3	101.1	99.6	104.7	101.1
衣着材料	118.3	100.0	100.0	102.2	100.0
鞋袜帽	104.9	100.8	99.4	103.5	100.8
衣着加工服务费	111.1	105.8	101.4	105.8	105.8
家庭设备用品及维修服务	108.9	101.7	100.1	102.3	101.7
耐用消费品	104.5	100.7	100.1	101.9	100.7
室内装饰品	109.9	100.4	100.0	101.9	100.4
床上用品	113.9	100.9	100.0	102.2	100.9
家庭日用杂品	110.9	103.0	100.2	102.0	103.0
家庭服务及加工维修服务	132.3	107.3	100.0	107.0	107.3
医疗保健和个人用品	111.4	103.1	100.0	103.6	103.1
医疗保健	113.9	104.2	100.2	105.0	104.2
个人用品及服务	105.3	100.2	99.7	100.4	100.2
交通和通信	100.5	99.1	99.8	100.6	99.1
交通	104.2	98.7	99.5	100.6	98.7
通信	97.1	99.5	100.0	100.7	99.5
娱乐教育文化用品及服务	103.8	103.8	99.8	104.9	103.8
文娱用耐用消费品及服务	91.2	100.6	100.0	101.7	100.6
教育	108.6	106.6	100.1	106.0	106.6
文化娱乐类	100.0	100.2	100.0	101.4	100.2
旅游	104.4	97.1	97.1	111.5	97.1
居住	104.5	98.8	100.0	98.9	98.8
建房及装修材料	113.8	102.5	100.0	101.8	102.5
住房租金	114.3	99.1	100.0	99.1	99.1
自有住房	100.9	98.5	100.0	100.2	98.5
水、电、燃料	106.0	97.5	100.0	95.3	97.5

14-2 城市居民消费价格指数

（2014年）

指标名称	定基指数	同比指数	环比指数	累计指数	比上年12月指数
居民消费价格总指数	111.6	101.4	100.8	102.4	101.4
食品	125.3	102.7	102.6	102.8	102.7
粮食	134.6	103.3	101.5	104.2	103.3
淀粉及制品	136.1	96.8	100.0	102.1	96.8
干豆类及豆制品	110.8	106.5	100.9	107.6	106.5
油脂	116.5	97.3	97.5	97.3	97.3
肉禽及其制品	140.7	96.6	99.1	99.3	96.6
蛋	143.6	120.4	97.4	116.0	120.4
水产品	126.5	108.4	103.5	110.7	108.4
菜	117.7	110.8	118.3	93.3	110.8
调 味 品	131.4	115.4	99.8	106.4	115.4
糖	121.9	99.3	99.9	102.0	99.3
茶及饮料	111.6	103.7	99.8	103.5	103.7
干鲜瓜果	123.2	97.9	106.4	109.8	97.9
糕点饼干面包	120.3	100.5	100.4	101.9	100.5
液体乳及乳制品	147.0	107.1	100.0	119.4	107.1
在外用膳食品	105.2	101.4	100.0	100.6	101.4
其他食品	130.2	98.8	99.4	102.0	98.8
烟酒	106.8	100.3	98.7	100.8	100.3
烟草	101.5	100.0	100.0	100.0	100.0
酒	111.4	100.5	97.8	101.4	100.5
衣着	116.6	100.1	100.2	103.4	100.1
服　装	117.1	100.7	100.2	104.5	100.7
衣着材料	132.5	100.0	100.0	105.6	100.0
鞋袜帽	115.4	98.6	100.1	100.8	98.6
衣着加工服务费	101.8	102.1	100.0	100.6	102.1
家庭设备用品及维修服务	117.7	102.2	100.4	104.4	102.2
耐用消费品	110.7	100.6	100.5	104.2	100.6
室内装饰品	124.4	101.1	100.0	106.3	101.1
床上用品	129.8	100.2	100.0	102.4	100.2
家庭日用杂品	116.5	105.0	100.7	104.2	105.0
家庭服务及加工维修服务	162.7	110.6	100.0	109.9	110.6
医疗保健和个人用品	108.4	100.4	99.9	101.3	100.4
医疗保健	110.8	101.3	100.0	102.2	101.3
个人用品及服务	102.7	98.2	99.6	99.1	98.2
交通和通信	98.4	99.8	99.9	100.7	99.8
交通	101.2	99.2	99.6	100.9	99.2
通信	95.9	100.3	100.1	100.6	100.3
娱乐教育文化用品及服务	103.9	104.6	99.7	107.1	104.6
文娱用耐用消费品及服务	91.7	98.8	100.0	100.8	98.8
教育	112.0	110.5	100.2	108.9	110.5
文化娱乐类	92.4	97.6	100.1	100.8	97.6
旅游	95.0	91.1	95.3	115.1	91.1
居住	99.3	99.6	100.0	99.4	99.6
建房及装修材料	125.7	101.8	100.0	104.3	101.8
住房租金	95.5	103.7	100.0	97.5	103.7
自有住房	93.7	99.3	100.0	99.2	99.3
水、电、燃料	111.8	99.8	100.0	99.3	99.8

14-3 农村居民消费价格指数

（2014年）

指标名称	定基指数	同比指数	环比指数	累计指数	比上年12月指数
居民消费价格总指数	112.6	101.4	100.4	102.4	101.4
食品	129.3	102.5	101.5	103.4	102.5
粮食	129.3	102.1	99.6	104.5	102.1
淀粉及制品	147.5	104.6	100.7	114.8	104.6
干豆类及豆制品	122.1	106.3	100.7	106.0	106.3
油脂	124.5	100.5	98.3	104.0	100.5
肉禽及其制品	136.5	94.4	98.2	99.0	94.4
蛋	130.6	115.7	97.3	110.6	115.7
水产品	146.8	108.7	100.4	114.0	108.7
菜	128.6	105.2	119.9	89.8	105.2
调味品	120.4	107.5	100.0	109.7	107.5
糖	120.4	102.9	100.0	104.2	102.9
茶及饮料	106.0	103.0	100.8	101.4	103.0
干鲜瓜果	144.6	111.9	100.6	123.2	111.9
糕点饼干面包	114.5	102.7	100.4	104.5	102.7
液体乳及乳制品	127.1	101.7	100.2	111.5	101.7
在外用膳食品	120.5	102.7	100.0	104.0	102.7
其他食品	122.1	104.8	99.6	102.7	104.8
烟酒	101.9	102.2	100.0	102.8	102.2
烟草	98.4	103.7	100.0	103.5	103.7
酒	105.2	101.0	100.0	102.3	101.0
衣着	105.3	101.5	99.3	104.9	101.5
服 装	107.4	101.3	99.3	104.9	101.3
衣着材料	112.0	100.0	100.0	100.5	100.0
鞋袜帽	100.0	102.1	99.0	104.9	102.1
衣着加工服务费	121.4	109.5	102.7	111.1	109.5
家庭设备用品及维修服务	105.0	101.4	100.0	101.3	101.4
耐用消费品	101.8	100.7	99.9	100.9	100.7
室内装饰品	104.4	100.0	100.0	100.0	100.0
床上用品	105.3	101.3	100.0	102.0	101.3
家庭日用杂品	108.5	102.0	100.0	101.0	102.0
家庭服务及加工维修服务	120.3	105.6	100.0	105.5	105.6
医疗保健和个人用品	112.8	104.3	100.1	104.8	104.3
医疗保健	115.4	105.6	100.2	106.3	105.6
个人用品及服务	106.5	101.2	99.8	101.0	101.2
交通和通信	101.3	98.8	99.7	100.6	98.8
交通	105.3	98.5	99.4	100.5	98.5
通信	97.5	99.2	100.0	100.7	99.2
娱乐教育文化用品及服务	103.7	103.3	99.9	103.7	103.3
文娱用耐用消费品及服务	91.0	101.4	100.0	102.2	101.4
教育	106.7	104.5	100.0	104.4	104.5
文化娱乐类	103.5	101.3	100.0	101.6	101.3
旅游	114.4	103.1	98.8	108.2	103.1
居住	106.4	98.5	100.0	98.7	98.5
建房及装修材料	112.8	102.6	100.0	101.6	102.6
住房租金	127.2	96.9	100.0	99.9	96.9
自有住房	104.8	98.1	100.0	100.6	98.1
水、电、燃料	104.4	96.8	100.0	94.2	96.8

14-4 商品零售价格指数

（2014年）

指标名称	定基指数	同比指数	环比指数	累计指数	比上年12月指数
商品零售价格总指数	112.2	100.6	100.6	101.9	100.6
食品	126.9	102.7	102.3	103.0	102.7
粮食	132.6	102.9	100.9	104.3	102.9
淀粉及制品	139.2	98.5	100.1	104.7	98.5
干豆类及豆制品	113.1	106.4	100.9	107.2	106.4
油脂	118.8	98.3	97.9	99.3	98.3
肉禽及其制品	139.5	96.0	98.8	99.3	96.0
蛋	139.0	119.1	97.4	114.2	119.1
水产品	130.6	108.3	102.7	111.3	108.3
菜	120.9	109.4	118.8	92.3	109.4
调味品	128.2	112.8	99.9	107.6	112.8
糖	121.1	100.7	99.9	102.8	100.7
干鲜瓜果	128.1	101.0	104.8	113.2	101.0
糕点饼干面包	118.8	101.1	100.4	102.7	101.1
液体乳及乳制品	142.2	105.8	100.1	117.6	105.8
在外用膳食品	109.2	101.7	100.0	101.6	101.7
其他食品	125.4	101.4	99.5	102.3	101.4
饮料、烟酒	106.2	101.5	99.4	101.8	101.5
茶及饮料	110.3	103.5	100.0	103.1	103.5
烟草	100.5	101.2	100.0	101.1	101.2
酒	109.5	100.7	98.5	101.7	100.7
服装、鞋帽	113.0	100.4	99.9	103.8	100.4
服装	114.3	100.8	99.9	104.6	100.8
鞋袜帽	110.6	99.5	99.8	102.0	99.5
其他	101.5	100.0	100.0	102.1	100.0
纺织品	121.1	100.5	100.0	102.7	100.5
衣着材料	125.3	100.0	100.0	104.0	100.0
床上用品	119.4	100.7	100.0	102.2	100.7
家用电器及音像器材	98.9	99.8	100.3	102.1	99.8
家庭设备	104.4	99.8	100.5	102.4	99.8

商品零售价格指数

14-4 续表1

（2014年）

指标名称	定基指数	同比指数	环比指数	累计指数	比上年12月指数
文娱用耐用消费品	90.4	99.5	100.0	101.6	99.5
专业音像器材	106.0	105.2	100.0	102.1	105.2
文化办公用品	95.8	98.9	99.7	100.5	98.9
日用品	104.3	100.4	100.2	101.2	100.4
日用百货	102.2	99.9	100.1	101.4	99.9
日用杂品	112.4	106.0	101.2	104.6	106.0
洗涤用品	108.1	100.7	100.0	99.9	100.7
其他日用品	99.4	97.7	100.0	100.3	97.7
体育娱乐用品	114.5	103.5	100.3	104.8	103.5
体育用品	116.8	104.2	100.0	105.6	104.2
娱乐用品	112.2	102.7	100.6	104.0	102.7
交通、通信用品	94.7	101.3	100.1	102.6	101.3
交通运输机械	96.4	101.7	100.0	101.4	101.7
通信器材	90.4	100.3	100.3	106.1	100.3
家具	119.2	102.8	100.0	105.9	102.8
化妆品	106.1	100.4	100.1	101.0	100.4
金银珠宝	96.8	93.9	98.1	91.9	93.9
中西药品及医疗保健用品	119.2	103.7	100.1	105.0	103.7
医疗器具及用品	102.7	99.6	99.7	100.0	99.6
中药材及中成药	141.4	104.8	100.0	106.6	104.8
西药	108.8	101.9	100.3	104.2	101.9
保健器具及用品	120.6	107.7	100.0	105.4	107.7
书报杂志及电子出版物	103.2	101.0	100.0	101.5	101.0
教材及参考书	104.3	100.3	100.0	101.9	100.3
书报杂志	102.7	102.4	100.0	101.6	102.4
电子音像制品	101.1	100.0	100.0	100.0	100.0
燃料	101.9	91.4	98.5	94.3	91.4
煤炭及制品	84.2	88.7	100.0	81.5	88.7
石油及制品	110.1	92.4	98.0	99.6	92.4
建筑材料及五金电料	113.4	101.4	100.8	102.1	101.4
建筑装潢材料	114.7	99.6	99.9	102.3	99.6
五金电料	109.1	108.2	103.9	101.2	108.2

14-5 城市商品零售价格指数

（2014年）

指标名称	定基指数	同比指数	环比指数	累计指数	比上年12月指数
商品零售价格总指数	112.6	100.4	100.7	101.7	100.4
食品	125.8	102.7	102.6	102.8	102.7
粮食	134.6	103.3	101.5	104.2	103.3
淀粉及制品	136.1	96.8	100.0	102.1	96.8
干豆类及豆制品	110.8	106.5	100.9	107.6	106.5
油脂	116.5	97.3	97.5	97.3	97.3
肉禽及其制品	140.7	96.6	99.1	99.3	96.6
蛋	143.6	120.4	97.4	116.0	120.4
水产品	126.5	108.4	103.5	110.7	108.4
菜	117.7	110.8	118.3	93.3	110.8
调味品	131.4	115.4	99.8	106.4	115.4
糖	121.9	99.3	99.9	102.0	99.3
干鲜瓜果	123.2	97.9	106.4	109.8	97.9
糕点饼干面包	120.3	100.5	100.4	101.9	100.5
液体乳及乳制品	147.0	107.1	100.0	119.4	107.1
在外用膳食品	105.2	101.4	100.0	100.6	101.4
其他食品	130.2	98.8	99.4	102.0	98.8
饮料、烟酒	107.6	101.1	99.1	101.4	101.1
茶及饮料	111.6	103.7	99.8	103.5	103.7
烟草	101.5	100.0	100.0	100.0	100.0
酒	111.4	100.5	97.8	101.4	100.5
服装、鞋帽	116.3	100.1	100.2	103.4	100.1
服装	117.1	100.7	100.2	104.5	100.7
鞋袜帽	115.4	98.6	100.1	100.8	98.6
其他	102.3	100.0	100.0	103.3	100.0
纺织品	130.3	100.2	100.0	103.5	100.2
衣着材料	132.5	100.0	100.0	105.6	100.0
床上用品	129.4	100.3	100.0	102.7	100.3
家用电器及音像器材	99.6	99.7	100.4	102.6	99.7
家庭设备	105.7	99.9	100.7	103.1	99.9

城市商品零售价格指数

14-5 续表1

（2014年）

指 标 名 称	定基指数	同比指数	环比指数	累计指数	比上年12月指数
文娱用耐用消费品	89.9	98.9	100.0	101.7	98.9
专业音像器材	106.1	105.2	100.0	101.9	105.2
文化办公用品	94.1	97.8	99.6	99.4	97.8
日用品	103.8	100.0	100.3	101.2	100.0
日用百货	102.6	99.7	100.2	101.6	99.7
日用杂品	115.9	107.7	101.7	106.2	107.7
洗涤用品	105.2	99.6	100.0	98.7	99.6
其他日用品	98.0	96.6	100.0	100.2	96.6
体育娱乐用品	117.8	103.8	100.4	105.5	103.8
体育用品	122.0	105.0	100.0	106.6	105.0
娱乐用品	114.0	102.6	100.8	104.5	102.6
交通、通信用品	94.2	102.0	100.1	102.5	102.0
交通运输机械	95.0	102.1	100.0	101.7	102.1
通信器材	91.7	101.6	100.5	105.2	101.6
家具	125.1	102.9	100.0	107.3	102.9
化妆品	106.1	100.3	100.2	101.0	100.3
金银珠宝	99.4	95.4	98.5	93.4	95.4
中西药品及医疗保健用品	117.3	102.4	100.0	103.7	102.4
医疗器具及用品	102.1	100.0	100.0	100.0	100.0
中药材及中成药	136.9	101.1	100.0	104.1	101.1
西药	106.5	100.7	100.0	103.0	100.7
保健器具及用品	123.8	109.3	100.0	105.9	109.3
书报杂志及电子出版物	103.9	101.2	100.0	101.9	101.2
教材及参考书	105.1	100.0	100.0	102.4	100.0
书报杂志	103.6	103.3	100.0	102.2	103.3
电子音像制品	101.4	100.0	100.0	100.0	100.0
燃料	103.0	91.4	98.4	94.6	91.4
煤炭及制品	77.8	86.0	100.0	75.5	86.0
石油及制品	111.0	92.7	98.1	99.7	92.7
建筑材料及五金电料	115.4	101.8	101.1	102.3	101.8
建筑装潢材料	116.3	99.1	99.9	102.5	99.1
五金电料	112.7	111.7	105.4	101.3	111.7

14-6 农村商品零售价格指数

（2014年）

指标名称	定基指数	同比指数	环比指数	累计指数	比上年12月指数
商品零售价格总指数	111.2	101.0	100.4	102.2	101.0
食品	129.8	102.5	101.5	103.5	102.5
粮食	128.4	102.1	99.6	104.5	102.1
淀粉及制品	152.2	105.3	100.5	115.8	105.3
干豆类及豆制品	122.3	105.9	100.8	105.7	105.9
油脂	123.5	100.3	98.6	103.3	100.3
肉禽及其制品	136.6	94.8	98.1	99.1	94.8
蛋	130.3	116.3	97.4	110.8	116.3
水产品	145.7	108.2	100.4	113.5	108.2
菜	130.1	105.7	120.3	89.8	105.7
调味品	121.4	107.5	100.0	110.3	107.5
糖	119.7	103.0	100.0	104.1	103.0
干鲜瓜果	144.2	110.9	100.5	123.9	110.9
糕点饼干面包	114.9	102.6	100.3	104.9	102.6
液体乳及乳制品	126.8	101.3	100.2	111.5	101.3
在外用膳食品	120.9	102.6	100.0	104.1	102.6
其他食品	120.4	104.3	99.6	102.7	104.3
饮料、烟酒	102.8	102.5	100.1	102.8	102.5
茶及饮料	105.9	102.9	100.6	101.5	102.9
烟草	98.2	104.2	100.0	103.9	104.2
酒	105.7	101.0	100.0	102.4	101.0
服装、鞋帽	104.4	101.3	99.2	104.9	101.3
服装	106.9	101.0	99.3	104.9	101.0
鞋袜帽	99.3	102.1	98.9	105.4	102.1
其他	100.0	100.0	100.0	100.0	100.0
纺织品	106.1	101.1	100.0	101.0	101.1
衣着材料	111.9	100.0	100.0	100.5	100.0
床上用品	104.0	101.5	100.0	101.2	101.5
家用电器及音像器材	97.3	100.2	99.9	100.8	100.2
家庭设备	101.1	99.7	99.9	100.2	99.7

农村商品零售价格指数

14-6 续表1

（2014年）

指标名称	定基指数	同比指数	环比指数	累计指数	比上年12月指数
文娱用耐用消费品	91.7	100.8	100.0	101.5	100.8
专业音像器材	105.0	105.0	100.0	103.4	105.0
文化办公用品	100.9	102.4	100.0	104.1	102.4
日用品	105.4	101.3	100.0	101.2	101.3
日用百货	101.2	100.3	100.0	100.8	100.3
日用杂品	104.6	102.2	100.0	101.1	102.2
洗涤用品	115.3	103.1	100.0	102.6	103.1
其他日用品	102.9	100.4	100.0	100.5	100.4
体育娱乐用品	102.7	102.1	100.0	102.0	102.1
体育用品	100.8	101.0	100.0	101.9	101.0
娱乐用品	104.9	103.4	100.0	102.2	103.4
交通、通信用品	96.0	99.7	100.0	102.9	99.7
交通运输机械	100.9	100.7	100.0	100.4	100.7
通信器材	88.3	98.1	100.0	107.5	98.1
家具	103.9	102.5	100.0	102.1	102.5
化妆品	106.3	100.5	100.0	100.8	100.5
金银珠宝	90.0	89.7	96.8	88.2	89.7
中西药品及医疗保健用品	124.5	107.2	100.5	108.4	107.2
医疗器具及用品	106.7	97.1	97.9	99.9	97.1
中药材及中成药	152.0	113.7	100.0	112.8	113.7
西药	114.3	104.7	101.0	107.1	104.7
保健器具及用品	106.4	100.3	100.0	102.7	100.3
书报杂志及电子出版物	101.3	100.6	100.0	100.3	100.6
教材及参考书	102.3	101.2	100.0	100.6	101.2
书报杂志	100.5	100.0	100.0	100.0	100.0
电子音像制品	100.2	100.0	100.0	100.0	100.0
燃料	98.6	91.2	98.8	93.6	91.2
煤炭及制品	92.9	91.9	100.0	89.0	91.9
石油及制品	105.6	90.4	97.6	99.0	90.4
建筑材料及五金电料	108.6	100.5	100.0	101.6	100.5
建筑装璜材料	111.0	100.7	100.0	101.8	100.7
五金电料	100.8	100.2	100.0	100.8	100.2

14-7 农业生产资料价格指数

（2014年）

指标名称	定基指数	同比指数	环比指数	累计指数	比上年12月指数
农业生产资料价格指数	129.9	96.6	99.8	102.0	96.6
农用手工工具	107.4	100.0	100.0	100.0	100.0
饲料	159.3	99.0	100.0	112.8	99.0
混合饲料	168.9	98.4	100.0	115.4	98.4
其　他	129.3	101.7	100.0	103.4	101.7
产品畜	121.3	90.0	100.0	94.1	90.0
幼禽家畜	121.3	90.0	100.0	94.1	90.0
半机械化农具	107.3	100.9	100.0	98.7	100.9
机械化农具	109.3	100.0	100.0	100.1	100.0
化学肥料	114.6	89.4	100.0	91.8	89.4
氮　肥	116.4	86.5	100.0	91.8	86.5
磷　肥	109.4	92.3	100.0	91.8	92.3
钾　肥	141.0	96.1	100.0	95.8	96.1
复合肥料	108.8	90.3	100.0	90.6	90.3
农药及农药器械	108.7	104.3	100.0	103.0	104.3
化学农药	109.6	105.2	100.0	103.7	105.2
杀虫剂	107.2	102.4	100.0	101.2	102.4
杀菌剂	121.1	116.8	100.0	112.1	116.8
除草剂	103.5	99.4	100.0	99.9	99.4
农药器械	105.3	101.1	100.0	100.4	101.1
农用机油	174.8	90.4	94.9	98.1	90.4
其他农业生产资料	128.3	103.3	100.0	104.1	103.3
农用种子	134.9	104.0	100.0	104.7	104.0
其他	98.0	99.2	100.0	100.2	99.2
农用薄膜	97.9	99.2	100.0	100.2	99.2
其　他	100.0	100.0	100.0	99.9	100.0
农业生产服务	118.1	103.9	100.0	101.8	103.9
排灌费	100.9	100.0	100.0	100.0	100.0
机械作业费	107.2	100.0	100.0	100.0	100.0
农业用电	100.0	100.0	100.0	100.0	100.0
农业用工	143.9	109.5	100.0	104.5	109.5

14-8 历年工业生产者价格分类指数(2010-2014年)

指 标 名 称	2010年	2011年	2012年	2013年	2014年
全部工业品	116.38	93.93	91.7	98.9	90.2
轻工业	109.35	100.97	99.9	100.0	101
以农产品为原料	112.06	100.97	99.8	99.9	101
以非农产品为原料	99.88	101.19	101.9	101.1	101.6
重工业	117.35	93.17	90.8	98.8	89
采掘	118.61	89.30	87.5	100.1	85.4
原料	111.77	98.25	99.9	98.0	93.3
加工	119.84	94.39	87.8	97.7	90.4
生产资料	117.33	93.13	90.8	98.7	89.2
采掘	118.61	89.30	87.5	100.1	85.4
原料	113.71	97.87	99.8	97.8	93.9
加工	118.39	94.29	87.5	97.8	90.3
生活资料	105.98	102.54	100.4	100.5	100.9
食品	106.91	102.46	100.7	100.5	100.9
衣着	100.00	100.00	99.5	100.0	100
一般日用品	96.79	107.82	90.9	102.0	99.9
黑色金属矿采选业	119.48	89.00	87.00	100.70	84.7
黑色金属冶炼及压延加工业	119.58	94.00	89.10	97.80	88.6

十五

科学技术

15-1 规模以上工业企业科技活动基本情况

（2014年）

单位：人、万元

指 标 名 称	企业数（个）			从业人员期末人数	从业人员平均人数
		#有R&D活动	有科技机构		
合 计	572	28	26	139004	141524
按企业规模分组					
大型	18	4	3	55051	55780
中型	68	4	5	41509	41874
小型	445	20	18	41982	42900
微型	41			462	970
按隶属关系分组					
中央	11	1	1	6563	6602
省(自治区、直辖市)	11			11474	11788
地(区、市、州、盟)	12		1	4949	4871
县(区、市、旗)	26	2	1	3932	3914
镇	4			338	340
村委会	1			190	189
其他	507	25	23	111558	113820
按登记注册类型分组					
内资企业	562	26	24	136483	139070
国有企业	8			1296	1253
集体企业	3			416	417
有限责任公司	175	10	10	67022	68368
国有独资公司	5			6947	7013
其他有限责任公司	170	10	10	60075	61355
股份有限公司	11	2	2	6470	6534
私营企业	365	14	12	61279	62498
私营独资企业	15			1258	1286
私营合伙企业	5			346	372
私营有限责任公司	328	14	12	54679	55797
私营股份有限公司	17			4996	5043
港、澳、台商投资企业	3			821	820
合资经营企业(港或澳、台资)	2			221	220
合作经营企业(港或澳、台资)	1			600	600
外商投资企业	7	2	2	1700	1634
中外合资经营企业	6	2	2	877	871
中外合作经营企业	1			823	763
按国民经济行业分组					
采矿业	257	2	2	53015	54919
煤炭开采和洗选业	4			3891	4167
黑色金属矿采选业	223		1	46119	47764
有色金属矿采选业	9	1		1825	1797
非金属矿采选业	21	1	1	1180	1191

规模以上工业企业

15-1 续表1

（2014年）

指 标 名 称	工业总产值	主营业务收入	利润总额	主营业务税金及附加
合　计	17955129.7	16769301.2	992674.8	229617.9
按企业规模分组				
大型	8366078.3	8158845.7	285433.1	64484.1
中型	4259350.4	3881107.9	413149.4	98413.9
小型	5047136.6	4448332.2	284548.5	64303.1
微型	282564.4	281015.4	9543.8	2416.8
按隶属关系分组				
中央	1277177.7	1252505.3	88671.5	5081.4
省(自治区、直辖市)	735844.9	902923.9	39270.8	2529.9
地(区、市、州、盟)	113274.9	119037.9	4685.6	1534.1
县(区、市、旗)	328580.4	325600.0	35413.4	1637.2
镇	12961.2	12260.8	578.8	89.4
村委会	1594.3	1594.3	-254.1	3.3
其他	15485696.3	14155379.0	824308.8	218742.6
按登记注册类型分组				
内资企业	17713256.3	16572335.2	957650.8	223399.2
国有企业	61094.9	44288.5	17446.9	510.8
集体企业	9654.5	9654.5	-222.6	85.9
有限责任公司	8774812.7	8372664.8	442500.5	95940.2
国有独资公司	1027639.1	1271671.0	27545.5	3558.6
其他有限责任公司	7747173.6	7100993.8	414955.0	92381.6
股份有限公司	589266.4	694972.4	77589.1	4304.2
私营企业	8278427.8	7450755.0	420336.9	122558.1
私营独资企业	140915.3	117032.1	11499.4	6590.2
私营合伙企业	27591.8	27951.8	854.1	337.8
私营有限责任公司	6772528.2	6018024.4	345504.2	113293.1
私营股份有限公司	1337392.5	1287746.7	62479.2	2337.0
港、澳、台商投资企业	148848.4	112485.8	18154.2	5690.1
合资经营企业(港或澳、台资)	53424.0	34970.0	10073.2	206.4
合作经营企业(港或澳、台资)	95424.4	77515.8	8081.0	5483.7
外商投资企业	93025.0	84480.2	16869.8	528.6
中外合资经营企业	48302.5	49776.9	9485.5	490.1
中外合作经营企业	44722.5	34703.3	7384.3	38.5
按国民经济行业分组				
采矿业	7573321.3	6908543.6	466131.7	165476.5
煤炭开采和洗选业	53252.0	290334.5	-2767.4	761.4
黑色金属矿采选业	7127626.8	6271566.7	408919.3	160834.7
有色金属矿采选业	331169.5	290094.6	61349.0	2943.1
非金属矿采选业	61273.0	56547.8	-1369.2	937.3

科技活动基本情况

单位：人、万元

管理费用中的税金	应交增值税	资产总计	出口交货值
34604.4	634514.4	22019286.2	337654.7
12270.9	243732.5	9567094.0	236776.1
13612.7	234075.4	5642511.4	56728.3
8624.1	149182.4	6490077.2	41841.5
96.7	7524.1	319603.6	2308.8
444.1	52097.0	1909602.1	
1760.3	17456.7	863554.5	15332.8
1209.2	6970.0	438541.9	10752.4
1179.7	22141.7	1072544.3	1288.2
190.1	865.3	19544.3	
1.6		2468.8	
29819.4	534983.7	17713030.3	310281.3
31349.0	619139.0	21681808.9	308527.8
234.6	7372.1	135297.3	
187.1	821.4	10228.3	
16180.7	281002.4	12419352.3	272171.6
822.3	36323.3	1423347.0	
15358.4	244679.1	10996005.3	272171.6
2066.7	27849.6	876269.2	120.2
12679.9	302093.5	8240661.8	35936.0
145.4	9213.4	754470.3	
10.1	657.3	35081.8	
11742.0	278097.1	7097013.2	34196.2
782.4	14125.7	354096.5	1739.8
2891.0	11123.5	245094.0	
164.9	2180.2	163111.4	
2726.1	8943.3	81982.6	
364.4	4251.9	92383.3	29126.9
161.3	2609.6	60605.7	4066.3
203.1	1642.3	31777.6	25060.6
13150.3	341840.0	8381475.8	6.8
457.4	3365.7	264371.4	
12229.0	314198.3	7821128.7	6.8
249.4	22120.7	218726.3	
214.5	2155.3	77249.4	

规模以上工业企业

15-1 续表2

（2014年）

指 标 名 称	企业数（个）	#有R&D活动	有科技机构	从业人员期末人数	从业人员平均人数
制造业	288	26	24	78540	79317
农副食品加工业	35	1	1	7271	7293
食品制造业	27	1	1	6322	6071
酒、饮料和精制茶制造业	20	4	3	5046	5171
纺织业	3			568	560
纺织服装、服饰业	3			1114	1108
木材加工和木、竹、藤、棕、草制品业	2			695	687
家具制造业	1			96	90
造纸和纸制品业	1			121	121
印刷和记录媒介复制业	3			319	320
文教、工美、体育和娱乐用品制造业	9	1		556	552
石油加工、炼焦和核燃料加工业	1			831	828
化学原料和化学制品制造业	23	3	3	3829	3816
医药制造业	11	2	2	1869	1870
橡胶和塑料制品业	3			277	275
非金属矿物制品业	64			7145	7565
黑色金属冶炼和压延加工业	15	3	3	27751	27978
有色金属冶炼和压延加工业	11	1	1	3872	3966
金属制品业	11			1582	1503
通用设备制造业	17	2	2	3083	3301
专用设备制造业	5	3	2	605	612
汽车制造业	4	1	1	3207	3283
电气机械和器材制造业	11	1	2	1534	1521
仪器仪表制造业	8	3	3	847	826
电力、热力、燃气及水生产和供应业	27			7449	7288
电力、热力生产和供应业	23			6518	6362
燃气生产和供应业	1			54	54
水的生产和供应业	3			877	872

科技活动基本情况

单位：人、万元

工业总产值	主营业务收入	利润总额	主营业务税金及附加
8909258.8	8418483.8	388434.5	58284.3
546492.7	478016.0	32300.2	1306.8
367121.0	363755.5	20694.5	1591.8
642204.0	729150.3	102347.2	36357.8
15254.2	14989.3	1020.2	51.5
11411.0	11358.8	-776.9	36.6
69059.8	64781.1	8464.3	133.7
3107.9	2656.4	659.4	20.4
2346.2	2118.0	-877.1	37.6
12558.8	12269.3	-49.7	40.7
22696.9	21639.1	-525.4	245.1
255372.0	241622.9	8000.6	317.8
217203.5	201974.0	28685.6	1073.0
133591.4	118418.8	9936.4	1338.0
12103.5	9543.8	-120.8	15.6
365918.8	345794.1	5050.9	3335.7
5243101.1	4885766.0	98156.2	7999.8
228218.6	207066.4	21035.9	1241.3
73276.3	60383.3	5519.9	159.5
126323.7	139297.3	932.6	1234.1
27715.4	26360.8	1122.9	297.9
145188.5	113079.4	10103.0	725.0
351945.4	327308.0	28024.6	301.1
37048.1	41135.2	8730.0	423.5
1472549.6	1442273.8	138108.6	5857.1
1457265.0	1427521.6	137844.4	5573.4
2992.0	2992.0	372.0	8.6
12292.6	11760.2	-107.8	275.1

规模以上工业企业科技活动基本情况

15-1 续表3　　（2014年）　　单位：人、万元

指标名称	管理费用中的税金	应交增值税	资产总计	出口交货值
制造业	19815.1	225210.7	10372678.2	337647.9
农副食品加工业	654.4	4658.7	510497.1	26831.5
食品制造业	1067.7	10762.8	278782.8	21308.6
酒、饮料和精制茶制造业	1400.6	28169.9	639832.0	
纺织业	59.6	179.1	17766.8	955.7
纺织服装、服饰业	14.1	349.5	17461.6	6856.4
木材加工和木、竹、藤、棕、草制品业	79.5	2801.9	92558.6	
家具制造业	9.3		7840.8	
造纸和纸制品业		371.6	78686.2	
印刷和记录媒介复制业	29.9	93.8	22205.6	267.9
文教、工美、体育和娱乐用品制造业	151.5	736.0	20634.6	14.6
石油加工、炼焦和核燃料加工业	592.5	3202.9	180505.9	
化学原料和化学制品制造业	700.4	8055.8	318392.7	
医药制造业	419.0	9879.0	154538.1	5419.5
橡胶和塑料制品业	51.4	133.7	33446.5	
非金属矿物制品业	1921.7	10857.6	1082387.0	13061.2
黑色金属冶炼和压延加工业	9990.5	110387.9	5928916.9	221443.3
有色金属冶炼和压延加工业	218.6	4024.0	221654.7	
金属制品业	356.2	1902.6	90967.3	25258.6
通用设备制造业	556.5	5608.6	225356.4	14013.1
专用设备制造业	287.3	1871.7	47898.8	
汽车制造业	880.7	5128.7	192922.5	420.2
电气机械和器材制造业	212.0	13138.9	159383.0	
仪器仪表制造业	161.7	2896.0	50042.3	1797.3
电力、热力、燃气及水生产和供应业	1639.0	67463.7	3265132.2	
电力、热力生产和供应业	1446.8	67102.4	3213290.8	
燃气生产和供应业	1.2	-23.7	6214.1	
水的生产和供应业	191.0	385.0	45627.3	

规模以上工业企业科技活动基本情况

15-1 续表4　　（2014年）　　单位：人、万元

指 标 名 称	企业数（个）	#有R&D活动	有科技机构	从业人员期末人数	从业人员平均人数
按经济成分分组					
公有经济	62	3	4	40772	41269
非公有经济	510	25	22	98232	100255
按企业控股情况分组					
国有控股	58	3	4	39575	39902
集体控股	4			1197	1367
私人控股	488	23	21	91794	93682
港澳台商控股	2			221	220
外商控股	1	1	1	274	276
其他	19	1		5943	6077
按地区分组					
双桥区	11	2	3	1905	1840
双滦区	42	1	1	21336	21867
营子区	24	2		8086	8273
承德县	75		2	11494	11712
兴隆县	64	2	1	11919	11907
平泉县	78	4	4	16550	16871
滦平县	55			12968	13610
隆化县	49			4646	4904
丰宁县	51	2		6386	6398
宽城县	53	1	1	28261	28833
围场县	35	2	4	3273	3153
高新区	35	12	10	12180	12156

规模以上工业企业

15-1 续表5

（2014年）

指标名称	工业总产值	主营业务收入	利润总额	主营业务税金及附加
按经济成分分组				
公有经济	5354349.5	5223586.8	197077.8	18849.4
非公有经济	12600780.2	11545714.4	795597.0	210768.5
按企业控股情况分组				
国有控股	5032442.4	4908522.5	162031.3	16822.1
集体控股	321907.1	315064.3	35046.5	2027.3
私人控股	11769306.2	10763447.0	737799.7	197911.5
港澳台商控股	53424.0	34970.0	10073.2	206.4
外商控股	21337.4	24455.4	7896.6	286.1
其他	756712.6	722842.0	39827.5	12364.5
按地区分组				
双桥区	75532.3	74890.5	4532.6	520.9
双滦区	3337388.2	3045666.9	61491.5	11027.1
营子区	679075.1	898729.7	32004.9	2932.9
承德县	1617895.0	1436476.1	110805.5	20633.0
兴隆县	1446897.4	1361731.3	50979.0	7154.2
平泉县	1502272.8	1392363.5	171358.5	70386.8
滦平县	2323872.8	1782144.2	116484.6	52862.3
隆化县	1128070.0	1026599.7	86402.8	10935.1
丰宁县	784342.1	726425.9	109292.0	11403.2
宽城县	3243918.9	3123990.3	103788.4	33158.2
围场县	353757.4	320991.6	64274.9	1664.3
高新区	1462107.7	1579291.5	81260.1	6939.9

科技活动基本情况

单位：人、万元

管理费用中的税金	应交增值税	资产总计	出口交货值
12250.1	135605.3	8854438.7	238345.5
22354.3	498909.1	13164847.5	99309.2
11998.9	126221.0	8535243.1	238345.5
251.2	9384.3	319195.6	
18101.2	462562.2	12325948.7	85255.5
164.9	2180.2	163111.4	
69.5	2112.1	22809.8	1750.6
4018.7	32054.6	652977.6	12303.1
480.6	2949.2	216624.9	35.8
10761.1	60354.8	5499449.1	221443.3
1521.0	31980.0	588318.3	
1971.1	45641.4	1267998.5	7054.4
2401.4	33018.1	1041450.0	5365.4
6252.5	55765.6	2111088.4	55336.7
4017.3	119546.1	1530558.2	16482.0
634.3	35835.0	675307.6	139.0
591.5	49498.1	1306528.6	6.8
3117.4	117888.1	4450879.5	7960.7
943.5	19972.1	1404829.7	6914.7
1912.7	62065.9	1926253.4	16915.9

15-2 规模以上工业

（2014年）

指标名称	R&D人员合计（人）				
		参加项目人员	管理和服务人员	女性	研究人员
合计	2684	2264	420	417	1518
按企业规模分组					
大型	2003	1649	354	213	1339
中型	239	222	17	97	60
小型	442	393	49	107	119
按隶属关系分组					
中央	30	24	6	8	14
县(区、市、旗)	43	42	1	17	6
其他	2611	2198	413	392	1498
按登记注册类型分组					
内资企业	2668	2253	415	414	1514
有限责任公司	1861	1636	225	244	1229
其他有限责任公司	1861	1636	225	244	1229
股份有限公司	272	232	40	71	117
私营企业	535	385	150	99	168
私营有限责任公司	535	385	150	99	168
外商投资企业	16	11	5	3	4
中外合资经营企业	16	11	5	3	4
按国民经济行业分					
采矿业	25	20	5	1	2
有色金属矿采选业	6	6		1	1
非金属矿采选业	19	14	5		1
制造业	2659	2244	415	416	1516

企业R&D人员情况

单位：人、万元

		R&D人员折合全时当量合计（人年）			
全时人员	非全时人员		研究人员	应用研究人员	试验发展人员
1274	1410	1374.3	679.7	20.5	1353.9
803	1200	912.3	553.8	17.5	894.8
192	47	147.9	43.1		147.9
279	163	314.2	82.8	3.0	311.2
30		30.0	14.0		30.0
27	16	27.5	4.5		27.5
1217	1394	1316.8	661.3	20.5	1296.3
1270	1398	1358.3	675.7	20.5	1337.9
588	1273	856.3	517.5	13.0	843.3
588	1273	856.3	517.5	13.0	843.3
261	11	80.8	27.5	4.5	76.2
421	114	421.3	130.7	3.0	418.4
421	114	421.3	130.7	3.0	418.4
4	12	16.0	4.0		16.0
4	12	16.0	4.0		16.0
21	4	2.7	0.2		2.7
5	1	0.6	0.1		0.6
16	3	2.1	0.1		2.1
1253	1406	1371.7	679.5	20.5	1351.2

规模以上工业

15-2 续表1

（2014年）

指 标 名 称	R&D人员合计（人）	参加项目人员	管理和服务人员	女 性	研究人员
农副食品加工业	9	7	2	2	9
食品制造业	25	22	3	5	11
酒、饮料和精制茶制造业	251	205	46	85	114
文教、工美、体育和娱乐用品制造业	11	11		3	10
石油加工、炼焦和核燃料加工业					
化学原料和化学制品制造业	39	35	4	7	14
医药制造业	90	85	5	45	35
黑色金属冶炼和压延加工业	1836	1517	319	175	1237
有色金属冶炼和压延加工业	59	57	2	25	16
通用设备制造业	83	76	7	17	20
专用设备制造业	63	46	17	13	28
汽车制造业	105	100	5	33	15
电气机械和器材制造业	7	7			1
仪器仪表制造业	81	76	5	6	6
按经济成分分组					
公有经济	1676	1466	210	192	1178
非公有经济	1008	798	210	225	340
按企业控股情况分组					
国有控股	1676	1466	210	192	1178
私人控股	992	787	205	222	336
外商控股	4	3	1	1	1
其他	12	8	4	2	3
按地区分组					
双桥区	38	32	6	11	20
双滦区	1541	1342	199	151	1149
营子区	63	56	7	7	24
兴隆县	252	137	115	22	83
平泉县	69	54	15	19	24
滦平县	9	8	1	1	3
宽城县	17	15	2	9	7
围场县	59	54	5	17	5
高新区	636	566	70	180	203

企业R&D人员情况

单位：人、万元

		R&D人员折合全时当量合计（人年）			
全时人员	非全时人员		研究人员	应用研究人员	试验发展人员
9		9.0	9.0		9.0
5	20	20.0	8.8		20.0
199	52	77.1	25.5	4.5	72.6
11		5.2	4.7		5.2
18	21	31.7	8.6		31.7
52	38	57.3	22.1		57.3
647	1189	878.2	532.9	13.0	865.3
40	19	35.2	9.5	3.0	32.2
34	49	83.0	20.0		83.0
51	12	58.0	26.0		58.0
105		46.7	6.7		46.7
6	1	7.0	1.0		7.0
76	5	63.3	4.7		63.3
487	1189	682.4	472.3	13.0	669.4
787	221	691.9	207.4	7.5	684.4
487	1189	682.4	472.3	13.0	669.4
783	209	675.9	203.4	7.5	668.4
4		4.0	1.0		4.0
	12	12.0	3.0		12.0
30	8	30.7	14.6		30.7
352	1189	605.7	451.6	13.0	592.8
63		52.7	17.5		52.7
252		234.0	77.5		234.0
23	46	52.4	17.4		52.4
5	4	3.6	2.1		3.6
11	6	3.1	1.3		3.1
43	16	26.6	2.6		26.6
495	141	365.4	95.2	7.5	357.9

15-3 规模以上工业

（2014年）

指标名称	R&D经费内部支出	应用研究支出	试验发展支出	经常费支出	#人员劳务费	资产性支出	#土建工程支出
合计	**76931.6**	**765.3**	**76166.3**	**73954.6**	**18338.5**	**2977.0**	**34.7**
按企业规模分组							
大型	66566.8	660.2	65906.6	64948.1	15564.1	1618.7	
中型	3381.2		3381.2	3304.7	1413.8	76.5	0.1
小型	6983.6	105.1	6878.5	5701.8	1360.6	1281.8	34.6
按隶属关系分组							
中央	1000.0		1000.0	1000.0	350.0		
县(区、市、旗)	390.5		390.5	390.5	111.4		
其他	75541.1	765.3	74775.8	72564.1	17877.1	2977.0	34.7
按登记注册类型分组							
内资企业	76897.9	765.3	76132.6	73920.9	18306.3	2977.0	34.7
有限责任公司	41809.5	38.6	41770.9	41278.4	13925.4	531.1	0.1
其他有限责任公司	41809.5	38.6	41770.9	41278.4	13925.4	531.1	0.1
股份有限公司	10294.7	621.6	9673.1	9272.5	2407.8	1022.2	
私营企业	24793.7	105.1	24688.6	23370.0	1973.1	1423.7	34.6
私营有限责任公司	24793.7	105.1	24688.6	23370.0	1973.1	1423.7	34.6
外商投资企业	33.7		33.7	33.7	32.2		
中外合资经营企业	33.7		33.7	33.7	32.2		
按国民经济行业分组							
采矿业	301.6		301.6	283.8	117.0	17.8	
有色金属矿采选业	58.6		58.6	46.8	35.0	11.8	
非金属矿采选业	243.0		243.0	237.0	82.0	6.0	
制造业	76630.0	765.3	75864.7	73670.8	18221.5	2959.2	34.7
农副食品加工业	14.0		14.0	7.0	5.0	7.0	
食品制造业	130.0		130.0	110.0	30.0	20.0	
酒、饮料和精制茶制造业	10307.8	621.6	9686.2	9168.7	2027.7	1139.1	1.0
文教、工美、体育和娱乐用品制造业	17.0		17.0	17.0	12.0		
化学原料和化学制品制造业	1120.5		1120.5	739.2	150.1	381.3	0.4

企业R&D经费情况

单位：万元

仪器设备	政府资金	企业资金	境外资金	其他资金	R&D经费外部支出	对境内研究机构支出	对境内高等学校支出
2942.3	**686.7**	**76084.8**	**56.0**	**104.1**	**483.8**	**224.2**	**259.6**
1618.7	327.5	66239.3			425.9	224.2	201.7
76.4	12.7	3312.5	56.0		2.9		2.9
1247.2	346.5	6533.0		104.1	55.0		55.0
		1000.0					
	16.5	374.0					
2942.3	670.2	74710.8	56.0	104.1	483.8	224.2	259.6
2942.3	686.7	76051.1	56.0	104.1	483.8	224.2	259.6
531.0	381.7	41306.8	56.0	65.0	208.6	120.7	87.9
531.0	381.7	41306.8	56.0	65.0	208.6	120.7	87.9
1022.2		10294.7			92.8	71.9	20.9
1389.1	305.0	24449.6		39.1	182.4	31.6	150.8
1389.1	305.0	24449.6		39.1	182.4	31.6	150.8
		33.7					
		33.7					
17.8		301.6					
11.8		58.6					
6.0		243.0					
2924.5	686.7	75783.2	56.0	104.1	483.8	224.2	259.6
7.0		14.0					
20.0		65.0		65.0	20.0		20.0
1138.1	16.5	10235.3	56.0		124.9	71.9	53.0
		17.0					
380.9	65.0	1016.4		39.1			

规模以上工业

15-3 续表1

（2014年）

指标名称	R&D经费内部支出	应用研究支出	试验发展支出	经常费支出	#人员劳务费	资产性支出	#土建工程支出
医药制造业	1530.9		1530.9	1488.5	423.1	42.4	0.1
黑色金属冶炼和压延加工业	57064.7	38.6	57026.1	56434.1	13743.8	630.6	
有色金属冶炼和压延加工业	834.0	105.1	728.9	600.0	68.0	234.0	24.0
通用设备制造业	3004.6		3004.6	2637.3	592.1	367.3	9.2
专用设备制造业	1362.7		1362.7	1362.7	449.0		
汽车制造业	792.6		792.6	758.5	587.5	34.1	
电气机械和器材制造业	86.0		86.0	86.0	26.0		
仪器仪表制造业	365.2		365.2	261.8	107.2	103.4	
按经济成分分组							
公有经济	37395.7	38.6	37357.1	36991.1	13533.0	404.6	
非公有经济	39535.9	726.7	38809.2	36963.5	4805.5	2572.4	34.7
按企业控股情况分组							
国有控股	37395.7	38.6	37357.1	36991.1	13533.0	404.6	
私人控股	39502.2	726.7	38775.5	36929.8	4773.3	2572.4	34.7
外商控股	32.5		32.5	32.5	31.8		
其他	1.2		1.2	1.2	0.4		
按地区分组							
双桥区	1762.0		1762.0	1412.0	398.0	350.0	
双滦区	35603.1	38.6	35564.5	35232.6	12595.5	370.5	
营子区	2822.6		2822.6	2724.4	282.0	98.2	
兴隆县	18670.0		18670.0	18501.1	883.3	168.9	
平泉县	858.7		858.7	656.4	165.1	202.3	1.4
滦平县	93.6		93.6	81.8	45.0	11.8	
宽城县	22.3		22.3	22.3	19.8		
围场县	598.5		598.5	592.5	183.4	6.0	
高新区	16500.8	726.7	15774.1	14731.5	3766.4	1769.3	33.3

企业R&D经费情况

单位：万元

仪器设备	政府资金	企业资金	境外资金	其他资金	R&D经费外部支出	对境内研究机构支出	对境内高等学校支出
42.3	12.7	1518.2					
630.6	327.5	56737.2			336.0	152.3	183.7
210.0		834.0					
358.1	240.0	2764.6					
		1362.7					
34.1		792.6			2.9		2.9
	15.0	71.0					
103.4	10.0	355.2					
404.6	327.5	37068.2			191.5	120.7	70.8
2537.7	359.2	39016.6	56.0	104.1	292.3	103.5	188.8
404.6	327.5	37068.2			191.5	120.7	70.8
2537.7	359.2	38982.9	56.0	104.1	292.3	103.5	188.8
		32.5					
		1.2					
350.0	30.0	1732.0					
370.5	327.5	35275.6			188.6	120.7	67.9
98.2		2822.6					
168.9		18670.0			147.4	31.6	115.8
200.9	35.0	719.6		104.1	55.0		55.0
11.8		93.6					
		22.3					
6.0	16.5	582.0					
1736	277.7	16167.1	56.0		92.8	71.9	20.9

15-4 规模以上工业企业R&D项目情况

（2014年）

指标名称	项目数（项）	参加项目人员（人）	项目人员折合全时当量（人年）	全部项目经费内部支出（万元）
合　计	178	2264	1134.0	75417.4
按企业规模分组				
大型	97	1649	715.9	66238.5
中型	21	222	135.8	3381.1
小型	60	393	282.4	5797.8
按隶属关系分组				
中央	1	24	24.0	1000.0
县(区、市、旗)	2	42	26.5	374.0
其他	175	2198	1083.5	74043.4
按登记注册类型分组				
内资企业	176	2253	1123.0	75383.7
有限责任公司	87	1636	756.0	41648.9
其他有限责任公司	87	1636	756.0	41648.9
股份有限公司	30	232	71.4	10294.6
私营企业	59	385	295.7	23440.2
私营有限责任公司	59	385	295.7	23440.2
外商投资企业	2	11	11.0	33.7
中外合资经营企业	2	11	11.0	33.7
按国民经济行业分组				
采矿业	9	20	2.1	289.8
有色金属矿采选业	1	6	0.6	46.8
非金属矿采选业	8	14	1.6	243.0
制造业	169	2244	1131.9	75127.6
农副食品加工业	1	7	7.0	7.0
食品制造业	2	22	17.6	110.0
酒、饮料和精制茶制造业	27	205	67.4	10164.0
文教、工美、体育和娱乐用品制造业	1	11	5.2	17.0
化学原料和化学制品制造业	3	35	27.7	625.5

规模以上工业企业R&D项目情况

15-4 续表1

（2014年）

指标名称	项目数（项）	参加项目人员（人）	项目人员折合全时当量（人年）	全部项目经费内部支出（万元）
医药制造业	14	85	54.7	1530.8
黑色金属冶炼和压延加工业	73	1517	689.0	56736.5
有色金属冶炼和压延加工业	7	57	34.0	730.0
通用设备制造业	13	76	76.0	2717.1
专用设备制造业	10	46	42.7	1362.7
汽车制造业	6	100	44.4	792.6
电气机械和器材制造业	1	7	7.0	80.0
仪器仪表制造业	11	76	59.2	254.4
按经济成分分组				
公有经济	67	1466	595.9	37385.9
非公有经济	111	798	538.1	38031.5
按企业控股情况分组				
国有控股	67	1466	595.9	37385.9
私人控股	109	787	527.1	37997.8
外商控股	1	3	3.0	32.5
其他	1	8	8.0	1.2
按地区分组				
双桥区	2	32	24.7	1278.0
双滦区	60	1342	527.5	35593.3
营子区	4	56	46.3	2724.4
兴隆县	11	137	127.4	18442.8
平泉县	5	54	45.1	700.5
丰宁县	2	8	2.6	81.8
宽城县	1	15	2.8	22.3
围场县	9	54	26.1	582.0
高新区	84	566	331.6	15992.3

15-5 规模以上工业企业限额以上R&D项目情况

（2014年）

指标名称	项目数（项）	参加项目人员（人）	项目经费内部支出（万元）	#政府资金
合计	147	1527	73108.3	470.6
按项目来源分组				
国家科技项目	3	35	1089.6	227.1
地方科技项目	11	142	6676.9	203.5
本企业自选科技项目	129	1290	65084.3	40.0
来自境外的科技项目	1	28	80.0	
其他科技项目	3	32	177.5	
按项目合作形式分组				
与境外机构合作	1	7	96.0	
与境内高校合作	10	84	2731.8	83.0
与境内独立研究院所合作	6	63	647.3	225.1
与境内注册的其他企业合作	6	39	715.7	
独立研究	122	1305	63524.5	132.5
其他	2	29	5393.0	30.0
按项目活动类型分组				
应用研究	6	62	615.5	
试验发展	141	1465	72492.8	470.6
按项目成果形式分组				
论文或专著	1	7	160.0	
自主研制的新产品原型或样机、样件、样品、配方、新装置	47	317	5310.0	112.5
自主开发的新技术或新工艺、新工法	93	1129	66929.3	358.1
发明专利	6	74	709.0	
按项目技术经济目标分组				
科学原理的探索、发现	5	30	1082.0	
技术原理的研究	8	87	533.5	
开发全新产品	83	828	45103.3	113.0

规模以上工业企业限额以上R&D项目情况

15-5 续表1

（2014年）

指 标 名 称	项目数（项）	参加项目人员（人）	项目经费内部支出（万元）	#政府资金
增加产品功能或提高性能	19	200	6238.8	132.5
提高劳动生产率	11	174	1342.9	
减少能源消耗或提高能源使用效率	8	83	4193.6	
节约原材料	2	24	70.5	
减少环境污染	6	48	1025.0	225.1
其他	5	53	13518.7	
按企业规模分组				
大型	74	927	64027.4	323.1
中型	21	222	3381.1	4.5
小型	52	378	5699.8	143.0
按隶属关系分组				
中央	1	24	1000.0	
县(区、市、旗)	2	42	374.0	
其他	144	1461	71734.3	470.6
按登记注册类型分组				
内资企业	145	1516	73074.6	470.6
有限责任公司	70	914	41525.8	352.6
其他有限责任公司	70	914	41525.8	352.6
股份有限公司	24	232	8206.6	
私营企业	51	370	23342.2	118.0
私营有限责任公司	51	370	23342.2	118.0
外商投资企业	2	11	33.7	
中外合资经营企业	2	11	33.7	
按国民经济行业分组				
采矿业	2	16	286.8	
有色金属矿采选业	1	6	46.8	
非金属矿采选业	1	10	240.0	

规模以上工业企业限额以上R&D项目情况

15-5 续表2

（2014年）

指标名称	项目数（项）	参加项目人员（人）	项目经费内部支出（万元）	#政府资金
制造业	145	1511	72821.5	470.6
农副食品加工业	1	7	7.0	
食品制造业	2	22	110.0	
酒、饮料和精制茶制造业	21	205	8076.0	
文教、工美、体育和娱乐用品制造业	1	11	17.0	
化学原料和化学制品制造业	3	35	625.5	65.0
医药制造业	14	85	1530.8	4.5
黑色金属冶炼和压延加工业	56	795	56613.4	323.1
有色金属冶炼和压延加工业	7	57	730.0	
通用设备制造业	12	65	2622.1	53.0
专用设备制造业	10	46	1362.7	
汽车制造业	6	100	792.6	
电气机械和器材制造业	1	7	80.0	15.0
仪器仪表制造业	11	76	254.4	10.0
按经济成分分组				
公有经济	50	744	37262.8	323.1
非公有经济	97	783	35845.5	147.5
按企业控股情况分组				
国有控股	50	744	37262.8	323.1
私人控股	95	772	35811.8	147.5
外商控股	1	3	32.5	
其他	1	8	1.2	
按地区分组				
双桥区	2	32	1278.0	30.0
双滦区	43	620	35470.2	323.1
营子区	4	56	2724.4	
兴隆县	11	137	18442.8	
平泉县	5	54	700.5	35.0
丰宁县	2	8	81.8	
宽城县	1	15	22.3	
围场县	2	50	579.0	
高新区	77	555	13809.3	82.5

15-6 规模以上工业企业办科技机构情况

（2014年）

指标名称	机构数（个）	机构人员合计（人）	#博士毕业	硕士毕业	本科毕业	机构经费支出（万元）	仪器和设备原价（万元）	#进口
合计	29	1214	22	65	620	46262.9	26544.6	6816.7
按企业规模分组								
大型	3	568	13	39	324	37794.6	15466.6	5911.4
中型	7	260	1	13	106	4482.5	5133.0	115.3
小型	19	386	8	13	190	3985.8	5945.0	790.0
按隶属关系分组								
中央	1	35			35	1000.0	21.7	
地(区、市、州、盟)	2	20			13	100.0	20.0	
县(区、市、旗)	1	10			6	613.5	285.7	
其他	25	1149	22	65	566	44549.4	26217.2	6816.7
按登记注册类型分组								
内资企业	27	1176	22	63	602	46057.4	25719.6	6026.7
有限责任公司	13	456	6	38	316	7703.7	9192.7	
其他有限责任公司	13	456	6	38	316	7703.7	9192.7	
股份有限公司	2	288	7	12	163	3594.5	6917.8	4739.3
私营企业	12	432	9	13	123	34759.2	9609.1	1287.4
私营有限责任公司	12	432	9	13	123	34759.2	9609.1	1287.4
外商投资企业	2	38		2	18	205.5	825.0	790.0
中外合资经营企业	2	38		2	18	205.5	825.0	790.0
按国民经济行业分组								
采矿业	2	29		1	11	268.8	3007.0	
黑色金属矿采选业	1	15		1	6	25.8	3000.0	
非金属矿采选业	1	14			5	243.0	7.0	
制造业	27	1185	22	64	609	45994.1	23537.6	6816.7
农副食品加工业	1	5			5	512.0	100.0	
食品制造业	1	25			7	108.0	790.0	790.0

规模以上工业企业办科技机构情况

15-6 续表1

（2014年）

指 标 名 称	机构数（个）	机构人员合计（人）	#博士毕业	硕士毕业	本科毕业	机构经费支出（万元）	仪器和设备原价（万元）	#进 口
酒、饮料和精制茶制造业	5	256	7	9	146	3120.0	5745.7	4624.0
化学原料和化学制品制造业	3	42	4	4	29	384.5	392.8	
医药制造业	2	101	1	10	47	2349.6	3641.4	
黑色金属冶炼和压延加工业	3	391	6	30	193	35494.6	10452.1	1287.4
有色金属冶炼和压延加工业	1	61	4	3	20	753.0	56.0	
通用设备制造业	2	31		2	16	295.4	166.0	
专用设备制造业	2	98			42	1450.9	595.6	
汽车制造业	1	76		3	27	1094.5	1477.8	115.3
电气机械和器材制造业	3	27		1	19	126.0	30.0	
仪器仪表制造业	3	72		2	58	305.6	90.2	
按经济成分分组								
公有经济	5	321	5	30	233	5594.5	6658.2	115.3
非公有经济	24	893	17	35	387	40668.4	19886.4	6701.4
按企业控股情况分组								
国有控股	5	321	5	30	233	5594.5	6658.2	115.3
私人控股	23	880	17	33	376	40570.9	19851.4	6701.4
外商控股	1	13		2	11	97.5	35.0	
按地区分组								
双桥区	3	82			82	1064.4	384.3	
双滦区	1	190	5	27	158	3400.0	5138.7	
承德县	2	21		1	12	28.2	3036.0	
兴隆县	1	166	1	3	30	31894.6	4887.9	1287.4
平泉县	4	64	4	6	36	1137.5	272.8	
宽城县	1	35			5	200.0	425.5	
围场县	4	70			30	1132.6	1536.1	790.0
高新区	13	586	12	28	267	7405.6	10863.3	4739.3

15-7 规模以上工业企业新产品开发、生产及销售情况

（2014年）

单位：万元

指标名称	新产品开发项目数（项）	新产品开发经费支出	新产品产值	新产品销售收入	#出口
合计	177	76745.1	861432.4	847118.5	19794.1
按企业规模分组					
大型	76	61390.0	697025.3	698868.0	14563.8
中型	23	5752.9	52779.9	47062.8	427.6
小型	78	9602.2	111627.2	101187.7	4802.7
按隶属关系分组					
中央	1	1000.0	2500.0	2000.0	
省(自治区、直辖市)			623.9	623.9	
地(区、市、州、盟)			2937.5	995.5	
县(区、市、旗)	4	1293.0	26633.7	23296.1	
其他	172	74452.1	828737.3	820203.0	19794.1
按登记注册类型分组					
内资企业	171	76473.1	860626.8	846338.5	19494.1
国有企业			19.5	19.5	
有限责任公司	80	30640.6	593068.4	582832.1	14636.3
其他有限责任公司	80	30640.6	593068.4	582832.1	14636.3
股份有限公司	9	8124.8	100281.6	99404.4	
私营企业	82	37707.7	167257.3	164082.5	4857.8
私营有限责任公司	82	37707.7	167257.3	164082.5	4857.8
外商投资企业	6	272.0	805.6	780.0	300.0
中外合资经营企业	6	272.0	805.6	780.0	300.0
按国民经济行业分组					
采矿业	8	243.0	19140.0	21026.5	
黑色金属矿采选业			15550.0	17450.0	
非金属矿采选业	8	243.0	3590.0	3576.5	
制造业	169	76502.1	842292.4	826092.0	19794.1
农副食品加工业	3	1058.7	2000.0	180.0	50.0
食品制造业	3	256.0	819.5	799.5	300.0
酒、饮料和精制茶制造业	12	9597.8	85187.9	84441.1	
纺织业			2268.0	2234.0	372.0
文教、工美、体育和娱乐用品制造业	2	40.2			
化学原料和化学制品制造业	4	1240.7	11258.0	11101.0	

规模以上工业企业新产品开发、生产及销售情况

15-7 续表1 （2014年） 单位：万元

指标名称	新产品开发项目数（项）	新产品开发经费支出	新产品产值	新产品销售收入	#出口
医药制造业	19	1727.8	8694.5	6027.4	5.6
黑色金属冶炼和压延加工业	70	55830.0	631662.9	631662.9	14563.8
有色金属冶炼和压延加工业	7	928.5	27866.3	27388.3	
通用设备制造业	18	3454.4	15991.8	13679.1	1230.0
专用设备制造业	12	1450.9	10292.8	7707.6	3218.0
汽车制造业	2	190.2	41103.5	37635.5	
电气机械和器材制造业	1	86.0	2918.0	976.0	
仪器仪表制造业	16	640.9	2229.2	2259.6	54.7
按经济成分分组					
公有经济	49	26372.4	595706.7	589796.7	14526.0
非公有经济	128	50372.7	265725.7	257321.8	5268.1
按企业控股情况分组					
国有控股	49	26372.4	595706.7	589796.7	14526.0
私人控股	123	50226.7	265720.1	257321.8	5268.1
外商控股	4	144.8			
其他	1	1.2	5.6		
按地区分组					
双桥区	3	1907.5	13758.0	13101.0	
双滦区	46	25182.2	558993.4	558245.3	14526.0
营子区	4	450.3			
承德县	2	44.1	15550.0	17450.0	
兴隆县	22	27877.1	80121.1	80121.1	37.8
平泉县	8	1914.0	5012.3	3014.2	1230.0
滦平县	1	199.6	24306.3	24306.3	
宽城县	3	2879.5	5000.0	3180.0	50.0
围场县	13	1662.0	30893.5	25464.5	672.0
高新区	75	14628.8	127797.8	122236.1	3278.3

15-8 规模以上工业企业政府相关政策落实情况

（2014年）

单位：万元

指标名称	来自政府部门的科技活动资金	研究开发费用加计扣除减免税	高新技术企业减免税
合计	1550.4	1202.1	1040.7
按企业规模分组			
大型	383.1	766.5	
中型	718.3	226.9	692.9
小型	449.0	208.7	347.8
按隶属关系分组			
县(区、市、旗)	60.0		
其他	1490.4	1202.1	1040.7
按登记注册类型分组			
内资企业	1550.4	1202.1	1040.7
有限责任公司	686.4	330.0	536.2
其他有限责任公司	686.4	330.0	536.2
股份有限公司		603.4	186.9
私营企业	864.0	268.7	317.6
私营有限责任公司	864.0	268.7	317.6
按国民经济行业分组			
制造业	1550.4	1202.1	1040.7
农副食品加工业	200.0		
酒、饮料和精制茶制造业	60.0	560.9	
文教、工美、体育和娱乐用品制造业	10.0		
化学原料和化学制品制造业	65.0	25.0	105.0
医药制造业	18.3	186.1	506.0
非金属矿物制品业	20.0		
黑色金属冶炼和压延加工业	883.1	205.6	
有色金属冶炼和压延加工业	25.0		
通用设备制造业	244.0	133.4	170.4
专用设备制造业		38.8	42.2
汽车制造业		42.5	186.9
电气机械和器材制造业	15.0		
仪器仪表制造业	10.0	9.8	30.2
按经济成分分组			
公有经济	383.1	178.3	186.9
非公有经济	1167.3	1023.8	853.8
按企业控股情况分组			
国有控股	383.1	178.3	186.9
私人控股	1167.3	1023.8	853.8
按地区分组			
双桥区	30.0		
双滦区	383.1	135.8	
营子区	10.0		
承德县	4.0		
兴隆县		69.8	
平泉县	35.0	25.0	105.0
滦平县	45.0		
宽城县	700.0	1.7	
围场县	60.0		
高新区	283.3	969.8	935.7

15-9 规模以上工业企业

（2014年）

指标名称	专利申请数（件）	发明专利	期末有效发明专利数（件）	已被实施	专利所有权转让及许可数（项）
合计	201	66	101	40	8
按企业规模分组					
大型	108	32	49	10	
中型	32	5	16	10	
小型	56	24	31	20	8
微型	5	5	5		
按隶属关系分组					
中央	18	2	1		
县(区、市、旗)	3	3	2		
其他	180	61	98	40	8
按登记注册类型分组					
内资企业	194	65	101	40	8
有限责任公司	135	36	56	10	
其他有限责任公司	135	36	56	10	
股份有限公司	6		3		
私营企业	53	29	42	30	8
私营有限责任公司	53	29	42	30	8
外商投资企业	7	1			
中外合资经营企业	7	1			
按国民经济行业分					
采矿业	2	2			
非金属矿采选业	2	2			
制造业	199	64	101	40	8
农副食品加工业	3	2	2	1	
食品制造业	7	1			
酒、饮料和精制茶制造业	14	3	5		
化学原料和化学制品制造业	11	6	8	8	8
医药制造业	4	2	23	16	

自主知识产权保护情况

专利所有权转让与许可收入(万元)	发表科技论文(篇)	拥有注册商标(件)	境外注册	形成国家或行业标准数(项)
0.2	224	226	15	20
	207	166	15	3
	17	13		2
0.2		46		15
		1		
		3		
0.2	224	221	15	20
0.2	224	225	15	19
	219	28		5
	219	28		5
		165	15	3
0.2	5	30		11
0.2	5	28		11
		1		1
		1		1
		1		2
		1		2
0.2	224	225	15	18
		4		1
		2		
		176	15	2
0.2		11		
	17	15		1

规模以上工业企业

15-9 续表1

（2014年）

指标名称	专利申请数（件）	发明专利	期末有效发明专利数（件）	已被实施	专利所有权转让及许可数（项）
非金属矿物制品业	5	5	5		
黑色金属冶炼和压延加工业	106	33	47	10	
有色金属冶炼和压延加工业	8	7	6	2	
通用设备制造业	8		1	1	
专用设备制造业	26	5	2	1	
汽车制造业	3				
仪器仪表制造业	4		2	1	
按经济成分分组					
公有经济	121	31	37		
非公有经济	80	35	64	40	8
按企业控股情况分组					
国有控股	121	31	37		
私人控股	80	35	64	40	8
按地区分组					
双桥区	20	4	1		
双滦区	100	29	36		
承德县	2				
兴隆县	6	4	11	11	
平泉县	16	6	9	8	8
滦平县	4	3	4		
丰宁县	1	1			
宽城县	1	1	8	6	
围场县	18	10	9		
高新区	33	8	23	15	

自主知识产权保护情况

专利所有权转让与许可收入(万元)	发表科技论文(篇)	拥有注册商标(件)	境外注册	形成国家或行业标准数(项)
		1		
	207	2		1
		4		8
		1		1
		2		
		1		1
		6		3
	202	5		2
0.2	22	221	15	18
	202	5		2
0.2	22	220	15	17
		3		
	202	6		1
	5			
0.2		9		1
		2		
		9		
		10		2
	17	187	15	16

15-10 规模以上工业企业技术获取和技术改造情况

（2014年）

单位：万元

指标名称	消化吸收经费支出	技术改造经费支出
合计	525.5	96017.9
按企业规模分组		
大型		91362.9
中型	20.0	4054.0
小型	505.5	601.0
按隶属关系分组		
中央		1000.0
其他	525.5	95017.9
按登记注册类型分组		
内资企业	525.5	96017.9
有限责任公司	20.0	71354.0
其他有限责任公司	20.0	71354.0
股份有限公司		9862.0
私营企业	505.5	14801.9
私营有限责任公司	505.5	14801.9
按国民经济行业分组		
采矿业	505.5	601.0
黑色金属矿采选业	505.5	501.0
非金属矿采选业		100.0
制造业	20.0	95416.9
农副食品加工业	20.0	
酒、饮料和精制茶制造业		6816.0
黑色金属冶炼和压延加工业		84550.9
专用设备制造业		1000.0
汽车制造业		3050.0
按经济成分分组		
公有经济		74400.0
非公有经济	525.5	21617.9
按企业控股情况分组		
国有控股		74400.0
私人控股	525.5	21617.9
按地区分组		
双桥区		1000.0
双滦区		70350.0
承德县	505.5	501.0
兴隆县		14200.9
宽城县	20.0	
围场县		100.0
高新区		9866

15-11 规模以上工业高新技术产业企业基本情况

（2014年）

单位：个、人、万元

指标名称	企业数	#有R&D活动	有科技机构	从业人员期末人数
合　计	69	12	14	11242
按企业规模分组				
大型	1			1455
中型	7	3	3	4928
小型	57	9	11	4829
微型	4			30
按隶属关系分组				
中央	4	1	1	552
地(区、市、州、盟)	3		1	238
县(区、市、旗)	4			645
其他	58	11	12	9807
按登记注册类型分组				
内资企业	66	11	13	10747
国有企业	1			184
有限责任公司	23	4	7	5400
国有独资公司	1			83
其他有限责任公司	22	4	7	5317
股份有限公司	3	1	1	735
私营企业	39	6	5	4428
私营独资企业	1			173
私营有限责任公司	38	6	5	4255
港、澳、台商投资企业	2			221
合资经营企业(港或澳、台资)	2			221
外商投资企业	1	1	1	274
中外合资经营企业	1	1	1	274

规模以上工业高新

15-11 续表1 （2014年）

指标名称	从业人员平均人数	工业总产值	主营业务收入	利润总额
合计	11168	1140786.4	1018105.1	141385.0
按企业规模分组				
大型	1568	95653.7	66287.6	11558.8
中型	4819	186595.9	172692.7	7533.0
小型	4751	817336.0	746479.4	118853.6
微型	30	41200.8	32645.4	3439.6
按隶属关系分组				
中央	555	81523.9	79038.6	27300.3
地(区、市、州、盟)	242	21211.7	18084.3	473.3
县(区、市、旗)	636	107293.8	103810.9	18620.6
其他	9735	930757.0	817171.3	94990.8
按登记注册类型分组				
内资企业	10672	1066025.0	958679.7	123415.2
国有企业	188	16345.0	15231.8	372.0
有限责任公司	5498	696052.3	642841.7	88217.2
国有独资公司	78	33883.6	40088.6	17111.5
其他有限责任公司	5420	662168.7	602753.1	71105.7
股份有限公司	702	76795.1	72853.3	17389.5
私营企业	4284	276832.6	227752.9	17436.5
私营独资企业	174	9939.0	6018.1	-302.5
私营有限责任公司	4110	266893.6	221734.8	17739.0
港、澳、台商投资企业	220	53424.0	34970.0	10073.2
合资经营企业(港或澳、台资)	220	53424.0	34970.0	10073.2
外商投资企业	276	21337.4	24455.4	7896.6
中外合资经营企业	276	21337.4	24455.4	7896.6

技术产业企业基本情况

单位：个、人、万元

主营业务税金及附加	管理费用中的税金	应交增值税	资产总计	出口交货值
4762.9	3066.7	61453.5	2370189.7	25429.0
556.9	59.6	3489.4	21104.6	
1246.6	1594.0	12775.2	410371.7	5872.1
2892.1	1400.8	42866.6	1926150.9	19556.9
67.3	12.3	2322.3	12562.5	
147.2	337.5	6542.0	556987.6	
167.9	63.3	1677.8	19200.9	
1.4	764.6	12388.6	710871.8	
4446.4	1901.3	40845.1	1083129.4	25429.0
4270.4	2832.3	57161.2	2184268.5	23678.4
152.6	63.1	1557.6	15014.4	
1791.3	1849.6	41760.2	1586204.3	133.2
		4584.0	295508.2	
1791.3	1849.6	37176.2	1290696.1	133.2
622.1	288.0	5900.9	266366.1	420.2
1704.4	631.6	7942.5	316683.7	23125.0
17.5	1.8	175.0	3921.1	
1686.9	629.8	7767.5	312762.6	23125.0
206.4	164.9	2180.2	163111.4	
206.4	164.9	2180.2	163111.4	
286.1	69.5	2112.1	22809.8	1750.6
286.1	69.5	2112.1	22809.8	1750.6

规模以上工业高新

15-11 续表2

（2014年）

指 标 名 称	企业数	#有R&D活动	有科技机构	从业人员期末人数
按主要领域分组				
生物	21	4	4	3566
其他调味品、发酵制品制造	1			30
保健食品制造	1			120
食品及饲料添加剂制造	1			1213
其他肥料制造	1			65
林产化学产品制造	6	2	2	269
中药饮片加工	1			
中成药制造	2			245
兽用药品制造	5	2	2	1465
生物药品制造	2			123
电子信息	1			36
纪录媒介复制	7	1	1	1007
信息化学品制造	1			97
变压器、整流器和电感器制造	1			20
配电开关控制设备制造	3			800
其他输配电及控制设备制造	2	1	1	90
新材料	12	1	1	795
其他合成材料制造	1			59
化学试剂、制剂制造	1			35
耐火陶瓷制品及其他陶瓷制品制造	3			187
石墨及碳素制品制造	2			205
其他常用有色金属冶炼	2			105
有色金属合金制造	3	1	1	204

技术产业企业基本情况

单位：个、人、万元

从业人员平均人数	工业总产值	主营业务收入	利润总额
3452	215822.8	186066.2	14443.8
30	5216.8	5216.8	718.6
110	3017.9	2033.6	136.2
1109	32936.2	26315.8	2077.4
65	8506.9	8506.9	611.0
268	32553.6	25574.3	964.2
235	7831.6	5558.1	312.7
1480	120728.7	104757.6	8296.3
119	2842.1	5987.3	1024.4
36	2189.0	2115.8	303.0
1008	49086.7	45115.4	2028.6
97	7807.5	8502.5	228.6
20	5526.2	5419.4	50.2
806	30211.8	26230.5	1512.4
85	5541.2	4963.0	237.4
772	114148.4	86374.8	7538.8
42		514.6	53.0
35	2124.4	2124.4	150.9
185	8532.8	8053.1	1278.0
204	12440.2	8446.8	-204.4
105	44686.0	34226.2	3183.8
201	46365.0	33009.7	3077.5

规模以上工业高新技术产业企业基本情况

15-11 续表3

（2014年）

单位：个、人、万元

指标名称	主营业务税金及附加	管理费用中的税金	应交增值税	资产总计	出口交货值
按主要领域分组					
生物	1549.3	763.2	10983.8	244723.1	10784.9
其他调味品、发酵制品制造	27.1	2.6	34.5	4179.7	
保健食品制造		3.9		21893.6	
食品及饲料添加剂制造	62.4	185.8	623.5	35865.8	5365.4
其他肥料制造				7495.7	
林产化学产品制造	121.8	151.9	446.8	20750.2	
中药饮片加工					
中成药制造	49.5	2.0		7412.0	5333.0
兽用药品制造	1231.0	411.0	9862.2	129232.4	86.5
生物药品制造	40.9	5.7	16.8	15539.8	
电子信息	16.6	0.3		2353.9	
纪录媒介复制	81.9	195.2	1886.0	126071.5	
信息化学品制造	2.2	48.7		14689.4	
变压器、整流器和电感器制造	16.3	16.2	162.6	3234.4	
配电开关控制设备制造	44.2	117.9	1612.4	103963.7	
其他输配电及控制设备制造	19.2	12.4	111.0	4184.0	
新材料	595.9	73.2	4422.1	83351.7	
其他合成材料制造	10.4	0.2	86.4	3800.9	
化学试剂、制剂制造	9.6	5.2		2557.9	
耐火陶瓷制品及其他陶瓷制品制造	413.2	19.6	556.5	23184.2	
石墨及碳素制品制造	22.6	2.1	301.5	4204.4	
其他常用有色金属冶炼	62.2	10.3	2294.4	13638.1	
有色金属合金制造	77.9	35.8	1183.3	35966.2	

规模以上工业高新技术产业企业基本情况

15-11 续表4　　（2014年）　　单位：个、人、万元

指标名称	企业数	#有R&D活动	有科技机构	从业人员期末人数
高端技术装备制造	19	6	8	5208
风能原动设备制造	1		1	60
汽车零部件及配件制造	4	1	1	3207
石油钻采专用设备制造	2	2	2	500
发电机及发电机组制造	3		1	410
电动机制造	1			184
工业自动控制系统装置制造	4	1	1	533
试验机制造	2	1	2	215
供应用仪表及其他通用仪器制造	1			45
其他专用仪器制造	1	1		54
新能源	9			542
风力发电	7			477
太阳能发电	2			65
环保产业	1			124
环境污染处理专用药剂材料制造	1			124
按企业控股情况分组				
国有控股	13	2	3	2079
私人控股	52	9	10	8408
港澳台商控股	2			221
外商控股	1	1	1	274
其他	1			260
按地区分组				
双桥区	4	1	2	544
双滦区	3			562
营子区	3			133
承德县	4			220
兴隆县	4			1424
平泉县	11	2	3	2552
滦平县	2			133
隆化县	5			666
丰宁县	3			299
宽城县	5	1		265
围场县	8		1	801
高新区	17	8	8	3643

规模以上工业高新

15-11 续表5

（2014年）

指标名称	从业人员平均人数	工业总产值	主营业务收入	利润总额
高端技术装备制造	5265	521600.7	474000.5	45569.6
风能原动设备制造	65	12426.6	12426.6	380.1
汽车零部件及配件制造	3283	145188.5	113079.4	10103.0
石油钻采专用设备制造	501	19060.9	18753.5	413.9
发电机及发电机组制造	402	291531.6	273374.0	25570.6
电动机制造	188	16345.0	15231.8	372.0
工业自动控制系统装置制造	518	27172.0	30645.4	8036.3
试验机制造	209	5279.9	5289.2	483.7
供应用仪表及其他通用仪器制造	45	2932.6	2932.6	38.1
其他专用仪器制造	54	1663.6	2268.0	171.9
新能源	535	237666.0	224086.4	71697.4
风力发电	470	230118.7	216539.1	69307.5
太阳能发电	65	7547.3	7547.3	2389.9
环保产业	136	2461.8	2461.8	106.8
环境污染处理专用药剂材料制造	136	2461.8	2461.8	106.8
按企业控股情况分组				
国有控股	2029	231873.8	228165.0	44511.9
私人控股	8383	549486.3	462043.2	53668.2
港澳台商控股	220	53424.0	34970.0	10073.2
外商控股	276	21337.4	24455.4	7896.6
其他	260	284664.9	268471.5	25235.1
按地区分组				
双桥区	550	13310.2	15434.9	30.3
双滦区	553	19376.4	19006.7	-3070.1
营子区	132	7565.4	7351.5	323.1
承德县	220	57602.9	48015.1	5456.9
兴隆县	1318	57871.4	43713.9	3633.2
平泉县	2673	154817.2	118457.7	13561.2
滦平县	132	42470.8	28577.7	2976.4
隆化县	658	311804.7	291238.8	25768.8
丰宁县	280	37243.6	45804.4	17645.6
宽城县	265	21048.8	20398.6	2150.9
围场县	788	213191.1	186564.0	52761.1
高新区	3599	204483.9	193541.8	20147.6

技术产业企业基本情况

单位：个、人、万元

主营业务税金及附加	管理费用中的税金	应交增值税	资产总计	出口交货值
1980.5	1376.9	21116.9	340069.1	14644.1
342.7	99.6	86.2	10768.0	12426.6
725.0	880.7	5128.7	192922.5	420.2
270.0	171.5	1774.5	40478.2	
66.7	0.3	9673.9	30843.7	
152.6	63.1	1557.6	15014.4	
361.6	75.9	2542.7	36972.6	1750.6
38.2	54.1	270.9	7150.7	46.7
18.9	0.1	74.9	2496.6	
4.8	31.6	7.5	3422.4	
536.7	655.7	22207.6	1571439.1	
536.7	422.0	22207.6	1455490.6	
	233.7		115948.5	
18.6	2.5	837.1	4535.2	
18.6	2.5	837.1	4535.2	
411.1	1335.2	21353.7	1340660.9	420.2
3836.1	1497.1	26253.8	823768.1	23258.2
206.4	164.9	2180.2	163111.4	
286.1	69.5	2112.1	22809.8	1750.6
23.2		9553.7	19839.5	
133.2	128.8	1530.0	28880.6	
43.1	738.0	357.2	150523.8	
385.5	0.9	202.0	7216.7	
108.0	150.5	2304.2	123319.1	
239.5	221.6	2299.0	53097.3	5365.4
1075.2	477.6	4517.4	82566.5	12426.6
68.7	19.5	1046.1	15324.4	
178.5	5.7	9994.2	41839.4	
1.1	7.5	4600.8	330065.6	
84.6	15.5	213.4	19139.0	
616.2	430.4	17922.7	1183463.8	5333.0
1829.3	870.7	16466.5	334753.5	2304

十六

教育、卫生、广播、体育

16-1 幼儿园基本情况

（2014年）

单位：所、人

指标名称	幼儿园数	在园幼儿数	教职工数	
			总计	#专任教师
合计	990	100149	5499	3525
城区	116	12412	1609	977
教育部门办	17	6050	537	417
其他部门办	1	172	32	19
集体办				
民办	98	6190	1040	541
镇区	262	41955	2679	1640
教育部门办	110	26212	1089	782
其他部门办	1	80	9	4
集体办	1	82	1	
民办	150	15581	1580	854
乡村	612	45782	1211	908
教育部门办	574	42799	1008	786
其他部门办				
集体办	4	245	12	4
民办	34	2738	191	118

16-2 教育部门办中、小学基本情况

（2014年）

单位：所、人

指标名称	总计	小学	初中	高中
学校数	609	487	99	23
毕业生数	86194	36815	29612	19767
招生数	101297	46360	37021	17916
在校学生数	424478	262360	103873	58245
教职工数	33770	18245	10897	4628
#专任教师数	28614	16613	8021	3980

16-3 大中专院校基本情况

（2014年）

单位：人、平方米

指标名称	毕业生	招生	在校生	教职工		校舍面积
					#专任教师	
高等学校	13776	12814	40567	3610	2686	1096041
承德医学院	2284	2365	9131	843	638	229971
承德石油高等专科学校	3932	3991	11696	708	570	246518
承德民族师范学院	3290	3616	11010	804	594	248839
河北旅游职业学院	3276	1759	5797	744	531	234942
承德电视大学				167	89	38656
承德护理职业学院	994	1083	2933	344	264	97115
中等专业学校	15088	12925	39343	2807	1992	500398
普通中专	6850	6069	18406	1069	723	
成人中专	1210	1029	3317	224	163	500398
职业高中	7028	5827	17620	1514	1106	

16-4 卫生机构、床位和人员情况

（2014年）

单位名称	机构数（个）	床位数（张）	人员数（人）		
				卫生技术人员	#执业（助理）医师
合计	3751	17588	24757	17623	7979
医院合计	47	11566	12202	9983	3787
综合医院	27	8291	9087	7424	2759
中医院	11	2731	2543	2110	828
中西医结合医院	1	20	40	40	16
专科医院	8	524	532	409	184
#口腔医院	1	10	136	114	78
肿瘤医院	1	174	173	129	37
心血管病医院	1	60	58	46	28
妇产(科)医院	2	30	63	47	16
精神病院	2	220	66	44	17
其他专科医院	1	30	36	29	8
基层医疗卫生机构	3641	5427	10220	5866	3404
社区卫生服务中心(站)	91	288	553	493	223
社区卫生服务中心	11	151	157	146	60
社区卫生服务站	80	137	396	347	163
卫生院	204	5006	4065	3548	2000
乡镇卫生院	204	5006	4065	3548	2000
中心卫生院	66	2420	2083	1773	979
乡卫生院	138	2586	1982	1775	1021
村卫生室	2574		4084	334	312
门诊部	20	133	144	138	65
综合门诊部	20	133	144	138	65
诊所.卫生所.医务室	752		1374	1353	804
诊所	639		1122	1103	659
卫生所、医务室	113		252	250	145
专业公共卫生机构	47	595	2140	1689	739
疾病预防控制中心	12		631	434	222
妇幼保健院(所、站)	19	595	1059	895	471
妇幼保健院	11	472	803	680	355
妇幼保健站	3	68	130	106	54
采供血机构	1		97	54	10
卫生监督所(中心)	12		301	257	
其他卫生机构	16		195	85	49
其他	15		172	77	42

注：本表中床位数指实有床位数。人员数为在岗职工数。

16-5 广播、电视基本情况

指标名称	单位	2014年	2013年
广播电台	座	9	9
广播节目套数	套	10	11
#市级	套	3	3
县级	套	8	8
广播电台平均每日播出时间	时：分	1800:00:00	1800:00:00
#自办节目	时：分	480:00:00	480:00:00
中、短波发射台和转播台	座	5	5
#市级	座	2	2
县级	座	3	3
中、短波发射功率	千瓦	34	34
调频发射台	座	10	10
广播覆盖率	%	94.20	94.14
电视台	座	9	9
电视台节目套数	套	10	10
#市级	套	2	2
县级	套	8	8
电视台平均每周播出时间	时：分	1152:00:00	1152:00:00
电视发射台和转播台	座	15	15
#一千瓦以上	座	3	3
电视发射功率	千瓦	23.05	23.05
#一千瓦以上	千瓦	3	3
电视覆盖率	%	96.53	96.52
有线电视用户数	户	551288	548460
有线电视入户率	%	42	42

16-6 体育事业基本情况

单位：人、个、枚

指标名称	2014年	2013年
等级运动员、裁判员		
二级运动员/女	31/6	53/19
二级裁判员/女	214/57	
体校及业余体校		
体校及业余体校个数	1	7
#重点体校及业余体校个数	1	1
获省及以上级比赛情况		
获奖牌总数	58	72
金牌	23	22
银牌	23	24
铜牌	12	26
群众体育		
社会体育指导员（二级）	457	676
群众体育活动（年活动次数/总人数）	96/49000	20/15000
国民体质监测站点（个数/年度受测试人数）	3/2592	1/400
体育社团组织数	22	24
体育俱乐部（个数/教练员数/会员数）		
体育场馆数	40	8

十七

居民生活

17-1 历年农村居民家庭收支情况（1980-2014年）

单位:元

年 份	人均纯收入	劳动者报酬	家庭经营收入	人均生活消费支出	#生活消费品支出	#食品消费品支出
1980	156	83	52	133	131	85
1981	182	82	72	146	143	79
1982	233	103	102	179	174	105
1983	279	25	22	212	208	115
1984	272	22	213	236	230	135
1985	311	26	262	265	257	140
1986	276	29	220	274	263	148
1987	321	34	264	280	265	149
1988	411	33	345	377	357	202
1989	414	36	350	380	352	213
1990	516	42	449	426	394	251
1991	573	44	503	353	309	121
1992	650	45	576	572	508	307
1993	790	48	714	514	449	242
1994	911	268	633	804	651	478
1995	1382	393	970	1183	939	695
1996	1776	594	1151	1398	1077	769
1997	1983	752	1207	1389	1018	713
1998	2101	802	1271	1398	1007	731
1999	1642	723	897	1350	1122	705
2000	1272	631	629	1264	1064	561
2001	1512	718	766	1303	1113	563
2002	1561	822	276	1310	1105	576
2003	1696	863	805	1524	1322	663
2004	2110	1054	943	1759	1287	785
2005	2582	1392	996	2180	1543	930
2006	2918	1659	1061	2391	1655	795
2007	3285	1797	1228	2688	1956	1103
2008	3656	1997	1268	3284	2452	1190
2009	3926	2346	1181	3403	2519	1312
2010	4382	2587	1346	3672	2767	1697
2011	4935	3226	1324	4984	3739	1778
2012	5546	3753	1439	5524	4101	2001
2013	6381	3136	1839	6325	4224	1318
2014	7163	4555	2406	7696	5454	1789

注:从2013年开始启用新口径，为农村居民人均可支配收入数据。

17-2 农村居民家庭分组调查资料

（2014年）

单位：元

指标名称	合计	20%农村低收入户	20%农村中低收入户	20%农村中等收入户	20%农村中高收入户	20%农村高收入户
总收入	8144.55	3202.70	5631.69	7579.77	10499.99	16655.49
可支配收入	7163.23	1935.36	4810.42	6863.05	9475.57	15529.76
工资性收入	4555.17	1230.00	3090.57	4667.93	5610.61	9910.83
工资	3180.20	714.39	1780.10	3416.35	3411.92	8057.73
实物福利	1.39		1.13	1.89	1.02	3.44
其他	1373.59	515.61	1309.33	1249.69	2197.67	1849.65
经营性收入	2406.06	1479.05	1935.21	1959.84	3191.32	4056.51
第一产业经营收入	1859.58	1347.03	1612.65	1729.69	2369.87	2502.96
第二产业经营收入	24.18					154.79
第三产业经营收入	522.30	132.02	322.57	230.15	821.45	1398.76
财产性收入	129.16	52.93	46.28	50.71	191.97	388.26
利息收入	21.22	10.39	7.14	16.95	32.16	49.66
红利收入	3.05	0.21			7.35	10.50
转让承包土地经营权租金净收入	94.27	17.72	32.06	33.76	133.64	327.13
出租机械、专利、版权等资产的净收入	4.97	19.52	3.17			
其他财产净收入	5.15	3.79	3.91		17.68	0.97
转移性收入	1054.16	440.72	559.63	901.29	1506.09	2299.90
养老金或离退休金	285.99	105.30	69.72	105.04	170.66	1236.65
社会救济和补助	83.63	71.01	89.59	114.19	86.60	47.34
政策性生活补贴	10.91	2.54	6.07	6.60		48.45
家庭外出从业人员寄回带回收入	381.98	88.34	228.21	346.26	854.82	501.10
赡养收入	87.62	18.70	15.27	141.86	178.66	106.92
报销医疗费	37.92	18.90	13.06	47.69	36.83	88.67
从政府和组织得到的实物产品和服务折价	2.98	2.75	2.86	2.03	4.38	3.09
现金政策性惠农补贴	119.52	124.42	116.95	104.36	115.35	142.07
其他转移性收入	43.61	8.76	17.91	33.27	58.78	125.61
非收入所得	374.62	314.03	190.72	495.76	499.39	413.89
出售资产所得	53.85	1.95	27.03	16.32	175.25	71.86
非经常性转移所得	312.28	292.35	163.69	461.35	322.38	341.85
借贷性所得	1119.08	2026.92	461.25	649.53	1331.06	1202.48
总支出	7696.34	7327.91	5620.06	6451.76	9151.07	11202.25
消费支出	5454.48	4332.18	4398.07	5010.69	6324.19	8127.33

农村居民家庭分组调查资料

17-2 续表1　　（2014年）　　单位：元

指标名称	合计	20%农村低收入户	20%农村中低收入户	20%农村中等收入户	20%农村中高收入户	20%农村高收入户
食品烟酒	1788.70	1453.20	1476.98	1742.74	1897.56	2643.51
食品	1360.38	1115.16	1139.84	1325.24	1475.62	1934.17
烟酒	271.63	221.30	210.94	261.01	278.89	436.05
饮料	43.23	34.49	35.17	52.13	42.63	55.73
饮食服务	113.46	82.24	91.03	104.35	100.42	217.56
衣着	353.71	258.95	288.19	339.82	396.45	549.26
衣类	248.14	176.85	203.62	231.42	277.97	399.61
鞋类	105.56	82.09	84.57	108.40	118.47	149.64
居住	1290.44	1042.05	841.52	1205.02	1678.03	1946.33
生活用品及服务	246.19	192.96	188.29	268.54	259.28	358.75
交通通信	671.80	434.85	653.04	437.17	845.47	1141.78
交通	403.53	222.30	442.52	229.57	522.75	693.90
通信	268.27	212.55	210.53	207.60	322.72	447.88
教育文化娱乐	455.92	436.11	430.45	335.79	642.84	461.81
教育	310.98	309.26	306.76	209.73	491.10	243.06
文化娱乐	144.94	126.85	123.70	126.05	151.73	218.75
医疗保健	565.14	459.59	454.71	615.78	502.12	879.21
医疗器具及药品	293.60	240.79	274.25	303.44	296.16	378.87
医疗服务	271.55	218.80	180.46	312.35	205.96	500.34
其他用品和服务	82.58	54.48	64.89	65.83	102.44	146.67
生产经营费用支出	556.92	681.88	486.81	412.52	584.40	649.21
第一产业经营费用支出	488.74	664.36	431.87	400.23	505.73	427.55
第二产业经营费用支出	4.42					28.28
第三产业经营费用支出	63.77	17.51	54.94	12.29	78.66	193.38
财产性支出	5.09	17.03			6.42	1.25
生活贷款利息支出	5.07	16.93			6.42	1.25
转移性支出	121.49	90.79	97.97	98.89	153.12	191.65
部分商业保险支出	38.15	7.97	53.75	32.36	58.25	41.35
购置资产及非经常性转移支出	1304.85	1979.34	543.30	686.30	1645.44	1914.21
借贷性支出	215.36	218.73	40.17	211.00	379.25	277.25
附：住房建筑面积(平方米）	25.51	22.79	20.31	24.58	27.94	35.24

17-3 农村居民家庭

（2014年）

县 区 名 称	家用汽车 （辆）	摩托车 （辆）	助力车 （辆）	洗衣机 （台）	电冰箱 （台）	微波炉 （台）	彩色电视机 （台）	#接入 有线电视	空调 （台）	热水器 （台）	#太阳能 热水器
全 市	**9**	**71**	**13**	**86**	**77**	**10**	**104**	**91**	**1**	**16**	**12**
双桥区	27	67	27	99	74	26	134	115	3	14	6
双滦区	8	106	3	96	92	16	117	117	9	9	4
营子区		98	24	95	91	19	100	77		27	22
承德县	8	65	5	88	78	5	101	93		20	18
兴隆县	11	72	5	85	82	14	104	103	3	27	24
平泉县	7	87	35	93	87	9	104	100		22	12
滦平县	13	83	18	97	91	9	103	101	3	19	17
隆化县	9	47	10	71	65	9	103	66	2	9	7
丰宁县	8	59	2	67	58	2	99	64		3	3
宽城县	7	82	5	99	74	13	101	101		4	3
围场县	8	65	14	85	84	17	113	101		22	21

17-4 分县区农村居民

（2014年）

县 区 名 称	可支配 收 入	一、工资 性 收 入	工 资	实物福利	其 他	二、经营 净 收 入	第一产业经 营 净 收 入	农 业	林 业
全 市	**7163.23**	**4555.17**	**3180.20**	**1.39**	**1373.59**	**1572.97**	**1142.52**	**1022.34**	**87.13**
双桥区	8689.30	6947.92	6826.67	0.30	120.95	1074.27	469.88	466.03	-0.26
双滦区	8603.92	7657.24	7655.70	1.04	0.50	719.86	239.03	239.51	
营子区	7022.81	6370.18	6370.18			589.83	589.83	585.47	13.12
承德县	7374.62	4609.19	1727.88		2881.31	1414.07	807.50	752.60	38.85
兴隆县	8131.34	5920.72	5660.44		260.28	2020.99	1465.90	1464.61	-3.05
平泉县	8196.60	2614.23	2512.67	3.04	98.53	2672.22	2007.26	1474.62	380.03
滦平县	6434.94	4772.85	4417.32		355.53	734.41	630.77	759.36	65.25
隆化县	5904.77	4446.95	535.48		3911.47	1030.25	1031.18	1111.88	-3.66
丰宁县	5543.91	3870.12	741.09		3129.03	1140.50	1140.50	910.17	23.61
宽城县	8636.29	5500.93	5418.88	8.20	73.85	2056.55	1467.50	1279.66	96.35
围场县	5741.75	3386.57	3384.05	2.52		1929.66	780.15	575.33	91.57

每百户耐用品拥有量

消毒碗柜（台）	洗碗机（台）	排油烟机（台）	固定电话（部）	移动电话（部）	#接入互联网	计算机（台）	#接入互联网	摄像机（台）	照相机（台）	组合音响（套）
		9	27	189	49	13	9		2	5
		13	14	285	30	40	40		8	9
		8		249	143	61	24		5	8
		16	68	145	50	17	17			
		16	14	189	48	6	6		2	6
		14	51	162	18	4	4	3	2	1
2		7	34	210	74	25	18		6	20
		7	40	207	13	19	19		1	
		3	41	186	14	2				
	1	3	12	124	7				1	1
	2	10	14	189	179	9	8			
		7	13	234	64	27	10		3	1

人均可支配收入

单位：元

牧业	渔业	第二产业经营净收入	采矿业	建筑业	第三产业经营净收入	批发和零售	交通运输、仓储和邮政业
41.64	-8.58	18.92	2.85	16.07	411.53	171.11	176.04
4.24	-0.12				604.38	367.57	
-0.48					480.83		400.49
-4.19	-4.56						
16.05					606.56	403.21	209.81
4.41	-0.06	23.39	23.39		531.70	67.95	463.75
152.61		106.31		106.31	558.65	179.09	408.15
-122.07	-71.78				103.64	108.95	-25.96
-76.12	-0.92				-0.93		
206.72							
91.49					589.05	393.12	151.17
113.24					1149.51	265.36	96.52

分县区农村居民

17-4 续表1　　（2014年）

县区名称					三、财产净收入		
	住宿和餐饮业	居民服务、修理和其他服务业	其他	农林牧渔服务业		利息净收入	红利收入
全　市	10.30	18.93	-0.75	35.90	123.02	15.11	3.05
双桥区		239.02		-2.20	198.66	198.66	
双滦区	80.34				62.89	64.89	
营子区					1.89	1.89	
承德县		-3.19		-3.27	0.58	0.58	
兴隆县			0.00		25.66	24.37	
平泉县		31.52		-60.10	125.48	-19.41	19.89
滦平县		20.65			645.11	23.11	0.40
隆化县		-0.44		-0.49			
丰宁县					27.50	6.70	
宽城县	44.76				30.92	29.35	
围场县	61.69	51.85	-11.34	685.43	150.11	-3.62	

17-4 续表2

县区名称	养老金或离退休金	社会救济和补助	政策性生活补贴	报销医疗费	家庭外出从业人员寄回带回收入	赡养收入
全　市	285.99	83.63	10.91	37.92	381.98	87.62
双桥区	259.35	37.48		176.31		34.77
双滦区	106.42	7.20	6.07	11.98		184.37
营子区	4.91	65.27		47.21		53.08
承德县	248.86	71.59			808.42	197.23
兴隆县	59.12	11.53			180.51	15.63
平泉县	516.15	157.29	50.06	108.84	1579.99	203.36
滦平县	272.21	32.89	8.79	4.23		
隆化县	399.94	32.29			48.49	
丰宁县	165.73	140.94		6.52		110.11
宽城县	548.72	219.33	11.82	139.56		48.76
围场县	35.01	42.02	16.50	14.84		46.79

人均可支配收入

单位：元

			四、转移净收入	
转让承包土地经营权租金净收入	出租机械、专利、版权等资产的收入	其他财产净收入		转移性收入
94.27	4.97	5.13	912.06	1316.71
			468.46	615.61
			163.93	307.35
			60.92	824.95
			1350.78	1175.41
		1.29	163.98	1159.24
112.13		12.87	2784.66	2125.95
579.35	42.25		282.56	706.34
			427.56	1400.03
16.48		2.01	505.79	1314.72
		1.56	1047.89	1620.73
109.57		39.91	275.42	1433.92

单位：元

			转移性支出	附：住房建筑面积（平方米）
其他经常转移收入	从政府和组织得到的实物产品和服务折价	现金政策性惠农补贴		
43.61	2.98	119.52	142.09	25.51
	79.83	17.83	137.10	35.15
10.78	0.08	3.07	166.05	37.15
		18.70	128.25	22.30
25.16		93.30	93.77	25.47
		6.73	109.54	25.06
116.20	0.08	252.12	199.44	25.47
		136.31	171.88	24.04
		129.76	182.92	23.26
3.68		180.97	102.16	22.53
204.52		45.72	170.55	27.40
57.27	0.36	132.24	69.60	26.03

17-5 主要年份城市居民家庭收支情况（1965-2014年）

单位：元

年 份	人均可支配收入	人均家庭支出	#人均消费性支出	
				#人均食品类支出
1965	208.56	204.84	202.20	114.60
1966	221.76	218.04	204.84	116.92
1967	224.04	222.84	212.64	117.65
1980	360.60	443.76	416.88	111.88
1981	426.84	458.52	433.32	227.68
1982	466.20	448.56	427.92	235.45
1983	467.76	479.76	450.96	248.36
1984	526.20	534.96	487.92	443.19
1985	632.64	654.24	602.40	322.57
1986	781.44	767.64	690.72	372.77
1987	854.76	859.68	778.20	443.47
1988	1099.32	1335.60	1234.56	578.49
1989	1300.44	1355.04	1241.28	672.19
1990	1396.20	1521.72	1359.24	683.24
1991	1493.52	1451.28	1296.96	693.08
1992	1896.84	1920.72	1659.48	870.02
1993	2261.04	2388.36	2100.00	936.27
1994	3179.88	2888.16	2611.80	1320.56
1995	3721.80	3785.76	3103.92	1590.52

主要年份城市居民家庭收支情况（1965-2014）

17-5 续表1　　　　单位：元

年 份	人均可支配收入	人均家庭支出	#人均消费性支出	
				#人均食品类支出
1996	4458.72	4198.56	3757.80	1760.25
1997	4258.08	4547.64	3755.28	1723.63
1998	4730.28	4738.32	3878.16	1700.96
1999	4538.76	4260.60	3498.12	1578.96
2000	5150.00	5371.44	4603.00	1869.00
2001	5703.13	5985.31	4982.02	2001.93
2002	6661.80	6104.23	5070.59	1981.59
2003	7142.76	7321.32	5538.96	2200.68
2004	7538.17	6673.30	5649.92	2268.87
2005	7844.61	7852.58	5945.57	2241.51
2006	8476.91	7376.85	6128.81	2327.92
2007	10394.83	9254.06	7731.78	2967.53
2008	12061.83	10771.15	8953.38	3307.33
2009	13282.24	11308.52	8979.87	3391.21
2010	14667.55	11923.14	9490.05	3647.32
2011	16637.56	13754.06	10902.6	4402.35
2012	18706.01	14699.18	11604.5	4816.4
2013	19137.55	16005.8	11712.87	3476.99
2014	20982.84	19252.33	14113.74	4134.28

注:从2013年开始启用新口径数据,为城镇居民人均可支配收入数据。

17-6 城镇居民家庭人均分组调查资料

（2014年）

单位：元

指标名称	合 计	20%城镇低收入户	20%城镇中低收入户	20%城镇中等收入户	20%城镇中高收入户	20%城镇高收入户
总收入	22310.79	11110.38	16565.73	21899.95	27231.99	40931.29
可支配收入	20982.84	10144.87	15708.62	20720.12	25721.63	38489.45
工资性收入	15107.54	8784.53	11373.94	15214.97	19208.47	24449.22
工资	13919.12	7807.85	10411.49	13918.99	17898.68	22931.14
实物福利	28.87	1.61	23.66	37.59	41.02	50.53
其他	1159.55	975.06	938.79	1258.38	1268.76	1467.56
经营性收入	1254.18	700.24	496.81	1261.03	254.96	4045.52
第一产业经营收入	20.75	51.52	0.14	1.09	47.05	0.92
第三产业经营收入	1233.43	648.71	496.67	1259.93	207.90	4044.60
财产性收入	1940.19	796.05	1466.86	1721.68	2232.79	4135.40
利息收入	219.66	53.73	119.03	175.52	313.52	541.24
红利收入	232.98	3.14	8.64	17.52		1358.73
储蓄性保险净收益	0.73		3.40			
转让承包土地经营权租金净收入	0.29	1.24				
出租房屋财产性净收入	144.37	127.07	123.19	91.60	48.60	361.78
其他财产净收入	37.50	16.73	80.78	3.50		92.62
房屋虚拟租金	1304.66	594.14	1131.82	1433.54	1870.67	1781.03
转移性收入	4008.88	829.56	3228.12	3702.27	5535.77	8301.15
养老金或离退休金	3555.79	484.79	2921.05	3202.93	5258.87	7381.03
社会救济和补助	96.84	182.86	168.81	57.53	2.04	30.37
政策性生活补贴	20.94	2.99	1.62			119.15
家庭外出从业人员寄回带回收入	9.17		42.64			
赡养收入	147.89	105.40	35.76	305.41	16.57	292.52
报销医疗费	86.78	2.93	14.68	55.72	125.66	296.50
其他转移性收入	90.72	49.71	43.56	78.43	132.63	181.14
非收入所得	393.84	376.61	174.36	494.20	453.25	513.71
出售资产所得	2.61	0.08	12.04			
非经常性转移所得	390.70	374.30	162.32	494.20	453.25	513.71
借贷性所得	1027.39	172.62	73.34	260.82	548.36	4921.28

城镇居民家庭人均分组调查资料

17-6 续表1　　（2014年）　　单位：元

指标名称	合 计	20%城镇低收入户	20%城镇中低收入户	20%城镇中等收入户	20%城镇中高收入户	20%城镇高收入户
总支出	**19252.33**	**10727.39**	**14196.38**	**19341.25**	**21527.79**	**35335.34**
消费支出	14113.74	8570.84	11453.66	14776.84	16428.32	22136.74
食品烟酒	4134.28	2709.36	3583.45	4391.76	4930.64	5706.98
食品	2858.01	2055.10	2557.20	2856.59	3523.39	3689.10
烟酒	416.78	248.66	357.34	480.54	437.81	629.48
饮料	131.38	75.86	135.31	140.32	136.08	188.72
饮食服务	728.11	329.75	533.59	914.30	833.36	1199.68
衣着	1356.28	741.30	1045.55	1361.02	1662.68	2300.78
衣类	960.01	504.14	703.96	951.69	1224.70	1668.95
鞋类	396.27	237.16	341.59	409.34	437.98	631.83
居住	3704.63	2475.26	3029.41	3775.01	4768.43	5116.19
生活用品及服务	880.12	404.23	620.43	858.17	1042.17	1746.04
交通通信	1165.96	685.84	916.51	1181.80	1202.66	2108.04
交通	465.87	188.61	306.51	386.31	401.99	1229.03
通信	700.10	497.23	610.00	795.49	800.68	879.01
教育文化娱乐	1466.47	844.57	1387.54	1587.32	1219.97	2553.15
教育	963.79	595.88	1085.42	1094.75	573.08	1570.68
文化娱乐	502.67	248.68	302.12	492.56	646.90	982.47
医疗保健	994.78	550.16	577.24	1105.10	1208.60	1800.70
医疗器具及药品	545.91	364.47	405.92	614.76	575.35	866.13
医疗服务	448.87	185.68	171.32	490.35	633.25	934.57
其他用品和服务	411.21	160.12	293.54	516.66	393.17	804.86
生产经营费用支出	228.46	115.41	70.95	106.69	23.44	956.87
第一产业经营费用支出	8.46	26.56	5.28	0.60	4.68	0.71
第三产业经营费用支出	220.00	88.85	65.67	106.10	18.76	956.17
财产性支出	35.07	56.50		14.27	30.89	80.33
生活贷款利息支出	34.82	55.41		14.27	30.89	80.33
转移性支出	1048.35	763.83	797.78	1065.17	1542.55	1237.45
部分商业保险支出	57.53	39.21	9.25	68.21	97.95	90.19
购置资产及非经常性转移支出	2762.09	753.83	1342.11	1602.07	2170.56	9495.43
借贷性支出	1007.09	427.76	522.63	1708.01	1234.06	1338.33
附：住房建筑面积（平方米）	28.91	25.40	24.95	30.59	31.10	34.60

17-7 城镇居民家庭每百户耐用品拥有量

（2014年）

县 区 名 称	家用汽车（辆）	摩托车（辆）	助力车（辆）	洗衣机（台）	电冰箱（台）	微波炉（台）	彩色电视机（台）
全 市	16	26	21	98	94	59	108
双桥区	18	16	15	100	96	86	112
双滦区	24	25	13	100	102	17	105
营子区	8	21	9	84	79	10	97
承德县	10	20		96	68	38	100
兴隆县		33	13	100	90	23	107
平泉县	16	21	60	100	104	65	111
滦平县	17	20	24	100	100	80	100
隆化县	14	23	23	90	89	52	98
丰宁县	28	22	30	93	89	35	100
宽城县	12	79	8	103	100	94	120
围场县	26	33	40	98	104	66	137

17-7 续表1

县 区 名 称		空 调（台）	热水器（台）		消毒碗柜（台）	洗碗机（台）	排油烟机（台）	固定电话（部）	移动电话（部）
	#接入有线电视			#太阳能热水器					
全 市	99	26	68	26	1		75	35	214
双桥区	106	58	92	19	3		99	25	219
双滦区	89	10	71	41			87	5	238
营子区	97		24	13			47	46	171
承德县	93	3	51	29		3	48	6	192
兴隆县	107		57				43	90	194
平泉县	104	17	63	39	3		88	32	238
滦平县	93	37	71	23			48	33	223
隆化县	77	5	47	43			68	60	224
丰宁县	100		35	3			46	24	155
宽城县	97	51	96	46			98	71	216
围场县	132		58	44			78	20	280

17-7 续表2

县 区 名 称		计算机（台）		摄像机（台）	照相机（台）	中高档乐器（架）	健身器材（台）	组合音响（套）
	#接 入 互联网		#接 入 互联网					
全 市	72	63	58	7	26	6	2	4
双桥区	79	88	84	21	56	22	3	8
双滦区	36	60	60		16			7
营子区	64	31	27		3			
承德县	48	45	29	3	19			
兴隆县	34	27	23					
平泉县	81	81	81	3	14	3		7
滦平县	44	94	80		31			
隆化县	97	14	12	1	8			2
丰宁县		25	14		21			
宽城县	183	79	73		10		9	3
围场县	146	86	86	7	32	3	7	3

17-8 分县区城镇居民人均可支配收入

（2014年）

单位：元

县区名称	可支配收入	一、工资性收入				二、经营净收入		
			工资	实物福利	其他		第一产业经营净收入	
								农业
全市	20982.84	15107.54	13919.12	28.87	1159.55	942.08	13.42	8.87
双桥区	23643.41	15328.03	14367.65	10.28	950.09	563.51		
双滦区	24660.35	17678.71	16224.70	129.97	1324.03	451.89	36.03	36.03
营子区	18356.64	11250.26	10189.96	0.58	1059.72	807.51	129.41	-1.59
承德县	19555.18	16356.66	15562.15	1.58	792.94	225.28	-0.14	-0.14
兴隆县	18530.97	14143.76	13651.82	204.41	287.53	-1.95	-1.95	-1.78
平泉县	19988.31	12505.22	11843.86		661.36	1735.60	-1.02	-1.02
滦平县	21043.90	15739.88	15211.14	2.61	526.12	3571.00	-5.02	-4.98
隆化县	18835.13	16872.11	14969.76		1902.35	93.84	93.84	93.98
丰宁县	16883.42	12542.01	7276.46		5265.55	-12.89	-12.89	-12.89
宽城县	22349.53	18397.13	18216.84	1.13	179.16	1629.70		
围场县	17581.00	12302.10	11548.50	4.90	748.70	2202.04	-4.42	

17-8 续表1

单位：元

县区名称	林业	牧业	渔业	第二产业经营净收入	#建筑业	第三产业经营净收入	批发和零售业	交通运输、仓储和邮政业
全市	-0.01	4.57	-0.01	-5.03	-5.03	933.68	512.27	98.55
双桥区						563.51		
双滦区						415.86	415.86	
营子区		131.00				678.09	440.99	
承德县						225.42	225.42	
兴隆县			-0.16					
平泉县						1736.63	261.87	645.97
滦平县		-0.05		-62.64	-62.64	3638.66	3284.43	7.99
隆化县	-0.15							
丰宁县								
宽城县						1629.70	1371.25	
围场县		-4.42				2206.46	1223.22	529.62

分县区城镇居民

17-8 续表2

（2014年）

县区名称	住宿和餐饮业	租赁和商务服务业	居民服务、修理和其他服务业	三、财产净收入	利息净收入	红利收入	出租房屋财产性收入	其他财产净收入	房屋虚拟租金
全市	101.38	7.47	214.02	1906.59	186.29	232.98	144.37	37.28	1304.66
双桥区			563.51	3202.90	517.45	251.85		-0.85	2434.45
双滦区				2009.70	586.37	5.67			1417.66
营子区			237.10	2836.01	141.39	1741.33	324.47		628.82
承德县				642.87	0.84	3.93	154.97		483.13
兴隆县				2020.28	196.30	331.69	735.77	253.66	489.40
平泉县	828.79			981.37	-26.48				1007.84
滦平县			346.25	1479.70	-66.69	507.06	166.88		872.46
隆化县				441.79					441.79
丰宁县				1919.51			388.69	206.56	1324.26
宽城县			258.44	1978.04	70.16	472.48	180.18		1255.22
围场县		209.28	244.34	1042.14	-347.55		283.29	110.81	995.58

17-9 城乡（全体）居民家庭人均

（2014年）

指标名称	人均数	指标名称	人均数
总收入	14481.83	红利收入	105.91
可支配收入	13345.45	转让承包土地经营权租金净收入	52.23
工资性收入	9275.78	出租房屋财产性净收入	64.86
工资	7984.27	出租机械、专利、版权等资产的净收入	2.74
实物福利	13.68	其他财产净收入	19.62
其他	1277.84	房屋虚拟租金	583.64
经营性收入	1890.77	转移性收入	2375.96
第一产业经营收入	1036.98	养老金或离退休金	1748.74
第二产业经营收入	13.36	社会救济和补助	89.54
第三产业经营收入	840.43	政策性生活补贴	15.39
财产性收入	939.33	家庭外出从业人员寄回带回收入	215.20
利息收入	110.00	赡养收入	114.58

人均可支配收入

单位：元

四、转移净收入	转移性收入								转移性支出	附：住房建筑面积（平方米）
		养老金或离退休金	社会救济和补助	政策性生活补贴	报销医疗费	家庭外出从业人员寄回带回收入	赡养收入	其他经常转移收入		
3026.64	4008.88	3555.79	96.84	20.94	86.78	9.17	147.89	90.72	982.24	28.91
4548.96	5650.39	5081.57	104.45	16.20	99.58		250.61	97.96	1101.43	25.59
4520.05	6375.13	4853.09	65.86	202.86	191.62		660.38	398.18	1855.08	29.33
3462.87	3976.01	2993.25	418.96	29.19	15.55		354.26	158.51	513.14	25.28
2330.37	3532.53	3373.28			12.62	115.65		30.98	1202.16	31.48
2368.88	3521.67	3331.06			43.73		144.15		1152.79	28.72
4766.12	6017.95	5637.09	174.72		103.94			101.59	1251.83	28.59
253.32	1038.15	892.51	143.07					2.57	784.83	31.47
1427.38	1667.00	1661.99	5.01						239.62	27.43
2434.79	2476.80	2476.80							42.01	30.51
344.67	1549.78	1052.58	152.88		90.65		82.27	171.40	1205.12	38.01
2034.73	2437.50	1718.48	107.68		590.41		20.93		402.78	26.58

总收入与总支出

单位：元

指标名称	人均数	指标名称	人均数
报销医疗费	59.78	烟酒	336.56
从政府和组织得到的实物产品和服务折价	1.78	饮料	82.66
现金政策性惠农补贴	66.26	饮食服务	388.43
其他转移性收入	64.68	衣着	802.21
非收入所得	383.22	衣类	566.60
出售资产所得	30.92	鞋类	235.61
非经常性转移所得	347.36	居住	2370.43
借贷性所得	1078.06	生活用品及服务	529.78
总支出	**12865.92**	交通通信	892.86
消费支出	9328.21	交通	431.42
食品烟酒	2838.00	通信	461.45
食品	2030.35	教育文化娱乐	907.99

城乡（全体）居民家庭人均总收入与总支出

17-9 续表1　（2014年）　单位：元

指标名称	人均数	指标名称	人均数
文化娱乐	304.97	第三产业经营费用支出	133.66
医疗保健	757.34	财产性支出	18.50
医疗器具及药品	406.47	生活贷款利息支出	18.38
医疗服务	350.87	转移性支出	536.12
其他用品和服务	229.59	部分商业保险支出	46.82
生产经营费用支出	409.98	购置资产及非经常性转移支出	1956.75
第一产业经营费用支出	273.88	借贷性支出	569.54
第二产业经营费用支出	2.44	附：住房建筑面积（平方米）	27.03

17-10 全市城乡(全体)居民家庭人均可支配收入

（2014年）　单位：元

指标名称	人均数	指标名称	人均数
可支配收入	13345.45	财产净收入	920.90
工资性收入	9275.78	利息净收入	91.68
工资	7984.27	红利收入	105.91
实物福利	13.68	转让承包土地经营权租金净收入	52.23
其他	1277.84	出租房屋财产性收入	64.86
经营净收入	1290.74	出租机械、专利、版权等资产的收入	2.74
第一产业经营净收入	637.42	其他财产净收入	19.51
农业	568.96	房屋虚拟租金	583.64
林业	48.15	转移净收入	1858.02
牧业	25.05	转移性收入	2375.96
渔业	-4.75	养老金或离退休金	1748.74
第二产业经营净收入	8.21	社会救济和补助	89.54
采矿业	1.58	政策性生活补贴	15.39
建筑业	6.63	报销医疗费	59.78
第三产业经营净收入	645.12	家庭外出从业人员寄回带回收入	215.20
批发和零售业	323.73	赡养收入	114.58
交通运输、仓储和邮政业	141.38	其他经常转移收入	64.68
住宿和餐饮业	51.05	从政府和组织得到的实物产品和服务折价	1.78
租赁和商务服务业	3.34	现金政策性惠农补贴	66.26
居民服务、修理和其他服务业	106.20	转移性支出	517.93
农林牧渔服务业	19.84		

17-11 分县区城镇、农村居民人均可支配收入

（2014年）

单位：元 %

县区名称	城镇居民人均可支配收入			农村居民人均可支配收入		
	2014年	2013年	比上年增长	2014年	2013年	比上年增长
全　市	20983	19138	9.6	7163	6381	12.3
双桥区	23643	21561	9.7	8689	7836	10.9
双滦区	24660	22656	8.8	8604	7565	13.7
营子区	18357	16537	11	7023	6212	13.1
承德县	19555	17923	9.1	7375	6519	13.1
兴隆县	18531	16866	9.9	8131	7247	12.2
平泉县	19988	18203	9.8	8197	7299	12.3
滦平县	21044	19093	10.2	6435	5725	12.4
隆化县	18835	17201	9.5	5905	5244	12.6
丰宁县	16883	15632	8	5544	5060	9.6
宽城县	22350	20245	10.4	8636	7663	12.7
围场县	17581	15911	10.5	5742	5090	12.8